W0064543

Mark Leibovich

Politzirkus Washington

Wer regiert eigentlich die Welt?
Mit einem Vorwort von Nikolaus Brender

Aus dem Amerikanischen
von Ulrike Bischoff

sagas.edition

Alle Rechte vorbehalten, einschließlich des Rechts auf Vervielfältigung des ganzen Buchs oder von Teilen davon in jeglicher Form. Diese Ausgabe wurde mit Genehmigung des Verlags Blue Rider Press, einer Tochter der Penguin Group (USA) LLC, A Penguin Random House Company, veröffentlicht.
Die Originalausgabe erschien 2013 unter dem Titel »This Town« im Verlag Blue Rider Press, New York, USA. © Mark Leibovich
Für die deutschsprachige Ausgabe: © sagas.edition, Stuttgart 2014
Lektorat: Martin Mühleis, Lena Stadelmann
Korrektorat: Dr. Birgit Gläser
Satz: Anja Pfennig-Mische
Umschlagillustration: Wieslaw Smetek
Gestaltung: b3K-design Max Bartholl, Andrea Schneider
Druck und Bindung: GGP Media GmbH, Pößneck
ISBN 978-3-944660-06-6

Meiner Familie

Inhalt

Vorwort

von Nikolaus Brender

Wenn deutsche Journalisten über die Lage des deutschen Journalismus – im Grunde also über sich selbst – schreiben, wird es verdammt ernst. Mit einem deutschen Journalisten nämlich ist in der Regel nicht zu spaßen und noch weniger, wenn es um dessen Befindlichkeiten geht.

In dieser Selbstbetrachtung unterscheidet sich der typische Vertreter der sogenannten Vierten Gewalt auch wenig vom Repräsentanten der ersten drei Gewalten dieser Republik: In ihren biografischen Erzählungen sind Heroik und Larmoyanz seit jeher beliebte und gängige Erzählmuster von Mitgliedern der politisch-medialen Gattung. Nicht, dass es am Ernst der Lage der Beteiligten fehlen würde. Gründe zur Besorgnis gibt es zuhauf: der galoppierende Akzeptanzschwund bei den Wählern ebenso wie bei den Lesern, Hörern und Zuschauern. Die verstörende Konfrontation mit einer neuen Öffentlichkeit in Form der sozialen Medien, durch die sich Politiker wie Journalisten existenziell infrage gestellt sehen. Der rapide Ansehensverlust von Politik und Medien gerade auch in der bürgerlichen Welt und vernichtende Urteile über den geringen Wertgehalt ihrer gesellschaftlichen Produktivität. Die gegenseitigen Schuldzuweisungen für ihre so empfundene erbarmungswürdige Lage verbinden diese Kreise ebenso wie ihre gleichzeitigen inzestuösen Umarmungen. Dieses krampfhafte Verhältnis zwischen Politik, Wirtschaft und Journalismus in Deutschland ist von Wissenschaftlern, Journalisten und Politikern vielfach beschrieben worden: im besten Fall analytisch, durchaus auch selbstkritisch, oft aber verbittert, verbiestert und selbstgerecht.

Die Beobachtungen und Erfahrungen des langjährigen Chef-korrespondenten des *New York Times Magazine*, Mark Leibovich, lassen durchaus Vergleiche zwischen dem amerikanischen Medien- und Politikbetrieb und der deutschen Szenerie zu. Nur wählt er zu ihrer Diagnose nicht den kalt-distanzierten Stil eines ärztlichen Befundberichts mit quälender Leidens- und Krankenge-schichte in der Anlage. Mark Leibovich versagt sich auch vollmun-dige Therapieempfehlungen, wie sie uns deutschen Journalisten zur Heilung allfälliger gesellschaftlicher Krankheiten so leicht aus der Feder fließen oder ins Mikrofon rollen.

Von Episode zu Episode führt sein Buch tiefer in die Welt des Absurden. Zeitweilig fühlt man sich in die Kulissen amerika-nischer Fernsehserien wie *The West Wing* versetzt, so gescriptet lesen sich seine Gespräche mit Politikern, Begegnungen mit Journalistenkollegen und Begebenheiten aus der Washingtoner Alltagswelt. In Balzac'scher Manier – so nennt die *Financial Times* seinen Schreibstil – zeichnen seine feinen Beobachtungen einen polit-medialen Komplex aus Abhängigkeiten, gesellschaftlichen und profitablen Kompromissen, der zwar belächelt, aber nie verändert wird. Da ist Andrea Mitchell, NBC-Korrespondentin und Ehefrau von Alan Greenspan, dem machtvollen damaligen Chef der amerikanischen Bundesbank. Das Paar gehört zum Edel-interieur der Hauptstadt und fehlt bei keinem Dinner und keiner Party. Dass die eheliche Nähe zu ihrem Mann ihre Berichte über Wirtschaft und Finanzpolitik behindern könnte, kann sie genauso wenig einsehen wie ihr Gatte. Die verschwurbelte Konstruktion ihres Fernsehsenders, sie doch zur Berichterstattung zuzulassen,

ist Realsatire pur. (Anmerkung: Vergleichbare Paar- und Arbeits-
konstruktionen kennt auch das deutsche öffentlich-rechtliche
Fernsehsystem.) Da sind die Senatoren und Mitglieder des Repräsentantenhauses, die sich unter tosendem Beifall ihres Publikums
hinter eine Idee stellen und bei veränderten persönlichen Verhältnissen exakt das Gegenteil vom vorher Gepriesenen praktizieren.
Dann unter Beifall der Mitglieder des »Clubs« derer, die in Washington ihr Aus- und vor allem millionenschwere Einkommen gefunden haben.

Mit großem Vergnügen lesen sich die Washingtoner Anek-
doten, bis man verblüfft aufschreckt und feststellt, dass Mark
Leibovich keine Romanpassagen rezitiert und auch aus keinem
Drehbuch zitiert, sondern Ausschnitte aus der politischen Wirk-
lichkeit beschreibt. Und diese wiederum scheint dem Genre
Dokudrama näher als der realen Welt.

Der Unterschied zu Deutschland: In der Darstellung der politischen Wirklichkeit wie im Dokudrama beweist Amerika größeres Talent. Seine Politiker und Journalisten spielen ihren Part im
realen wie im virtuellen Hauptstadtspiel höchst rollengerecht.
Auch in Washington treten Minister zurück, aber nicht wegen
eines lächerlichen Plagiats. Das wäre dann doch zu klein.

Auch in der amerikanischen Hauptstadt zwingt die Presse Präsidenten mit dramatisch-journalistischen Mitteln zum Rücktritt.
Aber sie würde es nie zulassen, dass sich der öffentliche Eindruck
durchsetzt, die böse Presse habe den Präsidenten über ein Bobby
Car stolpern lassen.

Dass amerikanische Serienautoren der Wirklichkeitserwartung
ihres Publikums näherkommen als ihre deutschen Kollegen, mag
auch an der dürr-deutschen Politikinszenierung liegen, die mangels dramaturgischer Elemente weder beim Publikum noch bei
Autoren Fantasien weckt. Gegenüber der großen Bühne des Staats-

theaters Washington ist Berlin immer noch eine überschaubare Kleinkunststätte.

Doch Berlin holt auf. Es schafft sich an, was Washington schon lange zum Bedeutungsgewinn seiner Akteure nutzt: riesige Windmaschinen, atemberaubende Zeitraffer, optische und akustische Selbstbespiegelungssäle, sich immer schneller windende Drehtüren, Zugangssperren und exklusive VIP-Zonen.

Noch machen die Kommunikations- und Beraterfirmen rund um die Abgeordnetenbüros des Bundestags keine Milliardenumsätze wie ihre Vorbilder in Washington. Zahlenmäßig haben sie den Reichstag inzwischen aber voll umzingelt: Über 6000 Lobbyisten, Einflüsterer, Schmeichler und interessensteuernde Ratgeber bevölkern das Regierungsviertel. Ein buntes Volk aus Fachleuten, ehemaligen Politikern, Staatsbeamten und Journalisten. Vor Jahren im kleinen Bonn waren die journalistischen Seitenwechsler noch die Ausnahme. In Berlin trifft man sie heute an jeder Ministeriumsecke. Von Verbänden, Banken und Großunternehmen als Kontaktpersonen zu Redaktionen und Ministerien eingekauft. Gleichgültig, ob mit gutem oder zweifelhaftem Leumund: Hauptsache einigermaßen bekannt. Am liebsten Fernsehgesicht. So vertreten sie die Interessen der Nahrungsmittelindustrie ebenso wie die kleiner Investmentbanken. Sie sind Präsidenten von Bundesverbänden oder Mitgesellschafter von Beratungsunternehmen. Bei Wikipedia heißt es dann: »Er ist ein deutscher Journalist und Lobbyist.« Eine janusköpfige Berufsbezeichnung ohne einer weiteren Rede wert. So, als würde beides einfach zusammenpassen. In Berlin fällt das noch auf. In Washington gehört es zur Normalität, dass Goldman-Sachs-Banker zu Finanzministern berufen werden und ohne Anstand zurückkehren, dass Journalisten großer Zeitungen ins Weiße Haus ziehen (19 Journalisten haben sich beim Regierungswechsel von

Obama anheuern lassen), in die Presseabteilung eines multinationalen Unternehmens wechseln und im Anschluss daran wieder als Journalisten arbeiten. Leibovich erzählt die Geschichte eines Lobbyisten, von dem man sagt, er sei häufiger durch die Drehtür gegangen als ein Page im Mayflower Hotel. Soweit ist Berlin noch nicht gekommen. Die Hauptstadt ist aber auf einem guten – eher schlechten – Weg dorthin: Ein Nachrichtenmoderator eines nationalen öffentlich-rechtlichen Senders wird flugs zum Regierungssprecher ernannt. Sein Vorgänger im Amt des Kanzlersprechers wird im Austausch als Intendant in eine ARD-Anstalt geschickt. Direkt aus Merkels Amtssitz zieht der Kanzleramtsminister in die Lobby-Chefetage des größten deutschen Automobilbauers nach Stuttgart. Der FDP-Entwicklungsminister a. D. verdingt sich als Rüstungslobbyist. Ein FDP-Staatssekretär wird von der Raucherlobby beschäftigt.

Das sind allerdings kleine Fische gegen den Hecht im Karpfenteich, den vormaligen Kanzler Gerhard Schröder, der sich nach der verlorenen Wahl schnurstracks beim russischen Staatskonzern Gazprom verdingte und auf Ethik und Ehre des Amtes pfiff. Diese Nummer hätte sich allerdings auch im Politzirkus Washington kein Regisseur auszudenken gewagt.

Die Vermischung von Politik, Journalismus, Wirtschaft und Lobbyismus verwischt Verantwortung, institutionelle Aufgabenteilung und persönliche Perspektiven. Sie schafft für die Akteure völlig neue Profile. Die Rolle des Celebrity ist für Journalisten eigentlich nicht vorgesehen. Und doch finden einige von ihnen immer häufiger Gefallen daran. In Washington wie in Berlin. Sie lassen sich auf roten Teppichen feiern, als Nummerngirls (so Friedrich Küppersbusch) in Talkshows laden, stolzieren durch Fernsehspots und prangen überlebensgroß auf leuchtenden Werbeflächen. Auch Politiker, hohe Beamte, manche Wissenschaftler, Manager und Kirchenleute finden sich in der Rolle der Celebritys zunehmend wohl. So verlagert sich ihr eigentlicher Dienst am Altar, am Kunden, an der Wissenschaft, am Staat und am Leser, Hörer oder Zuschauer in die Arbeit am Personal Branding, um sich im Club der Eingebetteten für immer einen festen Platz zu sichern.

Das Buch von Mark Leibovich spielt im Politzirkus Washington nicht den Pausenclown.

Prolog

Juni 2008

Tim Russert ist tot. Aber der Saal lebt.

Bei einer Trauerfeier darf man sich natürlich nicht allzu sehr ins Zeug legen. So etwas fällt auf. Aber eine hochkarätige Beerdigung in Washington ist einfach ideal, um Kontakte zu pflegen. Hinter den feierlichen Mienen ist der Eifer förmlich zu spüren: Ein wahrer Ansturm von gut 2000 mächtigen Trauergästen strapaziert die roten Teppiche in den Gängen des Kennedy Center.

Vor der Trauerfeier eilen ständig Leute den linken Gang hinunter zu Robert Gibbs, dem Wahlkampf-Pressesprecher, der mit dem richtigen Arbeitgeber das große Los gezogen hat: Barack Obama soll bald als erster Afroamerikaner von einer der beiden großen Parteien zum Präsidentschaftskandidaten gekürt werden. Falls Obama gewählt wird, hat Gibbs gute Aussichten, Pressesprecher des Weißen Hauses zu werden. Seine Eltern sind Bibliothekare und gehören zu den zehn Prozent der Weißen in Alabama, die Obama im November unterstützen werden.[1] »Bobby«, wie er zu Hause genannt wurde, las als Kind äußerst ungern und entwickelte sich zu einem mittlerweile immer glühenderen Redner.

Ständig wird er an Flughäfen und auf der Straße um Autogramme gebeten. Er ist eine gute Adresse für Leute, die menschliche

---

1   Leibovich, Mark (2008): Between Obama and the Press.
     In: The New York Times, 17. Dezember 2008.

Beziehungen unter dem Aspekt sehen: »Wie kann dieser Mensch für mich nützlich sein?« Potenziell ist Gibbs mittlerweile kolossal nützlich. Viele sprechen ihn an und gratulieren ihm zu seinem Erfolg und dem seines Kandidaten, besonders bei Stammestreffen wie diesem, einem grandiosen Abschied für den Moderator der Fernsehsendung *Meet the Press*.

Neben Gibbs präsidiert eine weitere hilfreiche Adresse: David Axelrod, Medienberater der Demokratischen Partei und ein Walross von einem Kerl, der zu allem seinen Senf dazugibt und Obamas Wahlkampf um die Nominierung zum Präsidentschaftskandidaten 2008 inszeniert hat. Axelrod, kurz »Axe« genannt, ist aus sentimentaler Anhänglichkeit an Robert F. Kennedy Demokrat und in seiner Schwärmerei für Obama nicht einmal von Gibbs zu übertreffen. (Gibbs nannte Axe einmal »den Burschen, der mit Rosenblättern vor Obama hergeht«.)[2] Ein Politico-Kolumnist, der den großen Ansturm auf Gibbs und Axelrod bemerkt, sagt zu mir, die beiden seien die »It-Guys« der Trauerfeier, und das sind sie – nicht zuletzt wegen ihrer Medienstrategie, die darauf beruht, Washingtons Meinungsführer geflissentlich zu ignorieren.

Auch Joe Scarborough und Mika Brzezinski, die TV-Journalistin und Tochter von Jimmy Carters einstigem Sicherheitsberater, werden umlagert und kommen kaum zu ihren Sitzplätzen durch: Sie werden mit Komplimenten für den Erfolg ihrer Sendung *Morning Joe* bestürmt, der beliebten morgendlichen Talkshow des Fernsehsenders MSNBC, die als eine Hauptschlagader im Kreislauf der Meinungsführer rangiert. Viele drücken den beiden Moderatoren ihre Visitenkarte in die Hand, versessen darauf, dass Joe und Mika sie oder ihre Klienten in ihre Show einladen oder

2   Leibovich, Mark (2010): Message Maven Finds Fingers Pointing at Him. In: The New York Times, 6. März 2010.

zumindest ihr Buch erwähnen. »Ein neuer Tiefpunkt, selbst für das vulgäre Washington«, wird Mika das Gedränge bei der Trauerfeier später beklagen. Aber es ist wichtig, im Gespräch zu sein, das begreift doch wohl jeder. Man nutzt seine Chance, wenn sie sich bietet.

Bill und Hillary Clinton gehen steif den linken Gang entlang. Köpfe drehen sich und die kollektive Wirkung ist unverkennbar: Im ganzen Saal ist das exotische Hauptstadtprickeln zu spüren, das die Nähe zu Supermächtigen auslöst. Bill und Hill. Alle gehen auf Abstand. Es war ein hartes Rennen. Hillary hat gerade ihre Bewerbung um die Nominierung zur Präsidentschaftskandidatin der Demokratischen Partei zurückgezogen und damit einen endlos langen Vorwahlkampf beendet, in dem Bill sich blamiert und eines Ex-Präsidenten unwürdige und vielleicht sogar rassistisch befrachtete Äußerungen über Obama gemacht hat. Keiner der beiden Clintons steht im Moment auf sonderlich gutem Fuß mit Washington, den Medien, der Demokratischen Partei – vielleicht auch miteinander.

Bills Spitzenberater nach der Präsidentschaft, Doug Band, führt auf seinem Blackberry eine Liste aller Leute, die die Clintons im Wahlkampf in die Pfanne gehauen haben und die jetzt »für uns gestorben« sind. Manche dieser Gestorbenen sind ebenfalls hier im Kennedy Center. In Clinton-Kreisen kursieren Witze über all das Schlechte, das Leuten zustößt, die es sich mit den Clintons verderben. Ted Kennedy, der Obama im Januar entscheidend unterstützt hat, leidet an einem Hirntumor und liegt im Sterben. (Nachdem er sich für Obama ausgesprochen hatte, fragte sein Kollege Lindsey Graham ihn Monate bevor sein Hirntumor entdeckt wurde, ob er sein Senatsbüro erben könne. Wieso? »Weil die Clintons Sie umbringen werden«, scherzte Graham.) Bei John Edwards, der Obama ebenfalls unterstützt hat, ist aufgeflogen, dass er seine sterbende Frau betrogen hat; seine Popularität befindet sich im freien Fall. Der Bundesstaat Iowa, dessen demokratische Wähler Hillary bei den Vorwahlen im Januar auf einen demütigenden dritten Platz verwiesen haben, ist im Frühjahr von sintflutartigen Überschwemmungen heimgesucht worden.

Hillary bleibt ihrer stoischen, zähen Art treu, setzt ein Lächeln wie hart gewordenes Kaugummi auf und verbreitet die Ausstrahlung: »Bleibt mir vom Leib.« Eine eifrige Produzentin der MSNBC-Nachrichtensendung *Countdown* ignoriert diese Signale, geht schnurstracks auf die Allmächtige zu, stellt sich ihr vor und setzt auf gut Glück zu einer »Anfrage« an, ob die Senatorin vielleicht an diesem Abend in die Sendung kommen würde.

»Es *freut* mich, Sie kennenzulernen«, erwidert Clinton der eifrigen Produzentin mit starrem Lächeln und geht unbeirrt weiter. Hillary hat an einer Trauerfeier teilzunehmen: einer Gedenkfeier für einen Mann, den sie und ihr Mann rundheraus nicht ausstehen konnten und von dem sie (zu Recht) annahmen, dass er sie ebenso verabscheute.

Aber die Clintons sind Profis in Sachen Tod und Krankheit. Sie kommen, spielen die ihnen zugedachte Rolle, schicken nette Karten und spenden den Hinterbliebenen auf ihre warmherzige, offene Clinton-Art Trost. Sie sind hier, um dem Verstorbenen mit mitfühlendem Blick Respekt zu zollen wie es die Oberhäupter von Mafiafamilien tun, wenn der Pate eines rivalisierenden Clans fällt. So ähnlich ist es bei Trauerfeiern in Washington, wenn die verschiedenen Persönlichkeitskulte zusammenkommen: Bill und Hillary gehen ein paar Schritte entfernt am ehemaligen republikanischen Sprecher des Repräsentantenhauses Newt Gingrich und seiner dritten Frau, Callista, vorbei und schneiden David Shuster, den Fernsehmoderator bei MSNBC, der gerade wegen seiner Äußerung suspendiert wurde, die Clintons hätten ihre

Tochter Chelsea im Wahlkampf »eingespannt wie Zuhälter«, indem sie sie bei Superdelegierten anrufen ließen. (Seitdem hat man von Shuster kaum etwas gehört. Noch mal: Leg dich nicht mit den Clintons an!) Bill und Hill haben offenbar keine Plätze reservieren lassen, finden aber zwei freie Stühle neben der ehemaligen Außenministerin Madeleine Albright und der gegenwärtigen Außenministerin Condoleezza Rice.

Unweit der Begrüßungsschlange vor Gibbs und Axelrod kommt die NBC-Journalistin Andrea Mitchell mit ihrem Mann Alan Greenspan herein, dem konservativen Orakel der Geldpolitik und ehemaligen Vorsitzenden der US-Notenbank. Andrea ist eine der hartnäckigsten Reporterinnen der US-Hauptstadt und liebt ihre Arbeit, ihre Freunde, vor allem aber Alan. Er gehört zur Elite der Meinungsführer in Washington und gibt bei gesellschaftlichen Ereignissen immer an Andreas Arm den höflichen alten Würdenträger, selbst wenn viele ihm vorwerfen, die Wirtschaft in den Abgrund getrieben zu haben. Wäre Washington ein Comic – was in gewisser Weise zutrifft –, dann wäre Greenspan auf jedem Bild im Hintergrund zu sehen.

Einige Reihen von Alan Greenspan und Andrea Mitchell entfernt sitzt Barbara Walters, die TV-Interview-Koryphäe und Greenspans ehemalige Freundin. Als Alan und Andrea sich gerade näher gekommen waren, nahmen sie in der Amtszeit von George H. W. Bush an einem Abendessen zu Ehren von Queen Elizabeth in der Britischen Botschaft teil. Bush stellte Andrea der Königin vor: »Eure Majestät, das ist eine unserer führenden amerikanischen Journalistinnen.«[3] Dann wandte er sich an Mitchell: »Hallo, *Barbara*«. Am nächsten Tag schickte er Andrea eine persönliche Entschuldigung.

---

3 Mitchell, Andrea (2006): Talking Back. New York 2006, S. 177.

Bei der Trauerfeier sitzt Barbara in der Nähe von Ken Duberstein, einem Urgestein in Washington, der in Ronald Reagans zweiter Amtsperiode kurze Zeit Stabschef des Weißen Hauses war. Duberstein und Mitchell sind alte Freunde. Beide sind jüdisch, gehören per Akklamation zum lokalen Hochadel und verbrachten einmal den höchsten Feiertag des jüdischen Kalenders, Jom Kippur, auf denkwürdige Weise an einer der heiligsten Stätten der Hauptstadt: in der Villa des saudi-arabischen Botschafters in den USA, Prinz Bandar bin Sultan, und seiner Frau Haifa in McLean, Virginia. Dick und Lynne Cheney waren ebenfalls da. Mitchell und Duberstein hatten wegen des jüdischen Fastentags ein schlechtes Gewissen, konnten sich aber dieser heiligen Pflicht unmöglich entziehen. »Letztlich fanden wir beide, dass Gott und unsere Eltern uns wohl verstehen würden«, schrieb Mitchell später in ihrem Buch *Talking Back*.

Mittlerweile ist Duberstein Lobbyist, fährt seit Jahren auf dem Washington-Karussell und hat sein Rolodex voller einträglicher Kontakte. Er ist der Inbegriff des »Ehemaligen«, der als früherer Amtsinhaber ohne Weiteres ein siebenstelliges Einkommen als Weiser, Experte, Staatsmann oder, krass gesagt (was ein wahrer Staatsmann nie tun würde), als Söldner erzielen kann. »Ehemalige« klebten an Washington wie geschmolzener Käse an einem vergoldeten Toaster.

In Zusammenhang mit Duberstein hört man häufig: »Man weiß nicht so recht, was Kenny eigentlich macht.« Sobald man das über jemanden sagt, ist klar, dass er es in Washington geschafft hat. Früher umgab solche Leute etwas Geheimnisvolles. Man vermutete, dass sie etwas Ausgefallenes taten und vielleicht für die CIA arbeiteten. Heute nimmt man eher an, dass die kuwaitische Regierung oder sonst jemand sie für etwas nicht ganz Astreines bezahlt. Sie reden lieber nicht über ihre Arbeit, wenn's recht ist, und man muss ihre Diskretion respektieren. Zweideutigkeit zahlt sich hier gut aus.

Duberstein ist regelmäßig bei Ben Bradlee und Sally Quinn eingeladen, telefoniert ständig mit seinem engen Freund Colin Powell und erzählt allen unablässig, was »Colin mir gerade gesagt hat«. Wie die meisten »Ehemaligen« sitzt Duberstein in zahlreichen Verwaltungsräten und liest seinen Namen gern in der Zeitung und im Internet – wenn ihn nicht gerade jemand, Gott bewahre, als »ehemaligen Mitarbeiter der Reagan-Regierung« bezeichnet statt als Reagans »ehemaligen Stabschef«, denn dann fühlt er sich um seine früheren Lorbeeren gebracht und beschwert sich. Ein gängiger Spruch über Duberstein ist, dass er sechseinhalb Monate Reagans Stabschef war und (bis jetzt) 24 Jahre davon gelebt hat.

Als John McCain die Nominierung zum republikanischen Präsidentschaftskandidaten so gut wie sicher war, streckte Duberstein, laut einigen Wahlkampfberatern, die Fühler aus, um die Leitung seines potenziellen Übergangsteams zu bekommen – genau die richtige Aufgabe für jemanden wie Duberstein, der ein Gespür dafür besitzt, welche üblichen Verdächtigen der Grand Old Party die neue Regierung bilden könnten.[4] Duberstein bestreitet, dass er sich je um diesen Job bemüht hat, aber das McCain-Team war ohnehin nicht an seinen Diensten interessiert und so unterstützte er schließlich Obama, kurz nachdem Colin Powell es tat.

Duberstein schüttelt Hände, winkt und schaut mitten im Satz über den Kopf seines Gegenübers, um zu sehen, wer sonst noch in der Nähe ist. Er trägt ein breites, herzliches Lächeln zur Schau und wechselt im passenden Augenblick zu einer ernsten Trauermiene über den Verlust von Timothy John Russert.

---

4   Tapper, Jake (2008): McCain Camp: Duberstein Lobbied to Be Our Transition Chief; Duberstein Calls That »Bulls***«. In: ABC News, 21. Oktober 2008.

— ★ ★ ★ —

»Die wichtigsten Vertreter aus Politik und Medien sind in einem Raum versammelt«, wird die Kolumnistin Anne Schroeder Mullins später in Politico schreiben, dem aufstrebenden Wirtschafts- und Stadtorgan des politischen Washington oder von »This Town«, wie die Leute hier mit gespieltem Abscheu und ironischer Distanz gern sagen – ein verbaler Tick als geheime Verbrüderung.[5] »Und wenn Sie ebenfalls dabei sind, gehören Sie zu den wichtigen Akteuren«, schließt Schroeder Mullins. Es ist unmöglich, sich nicht bestätigt zu fühlen, wenn man das liest.

Die heutige Veranstaltung ist ein Tribut an den Verstorbenen, Tim Russert, den Moderator der Fernsehsendung mit der längsten Laufzeit und die einflussreichste nicht gewählte Persönlichkeit in der mächtigsten, reichsten und enttäuschendsten Stadt der USA. Mit ihm ging ein lebendiger Teil der Hauptstadt unter, wurde eine Ära auf dem Rock Creek Cemetery zu Grabe getragen, und selbst Präsident George W. Bush und First Lady Laura hatten sich für 45 Minuten bei der Totenwache in St. Albans der Familie angeschlossen.

Der Aufgalopp ist aber zugleich eine Bestätigung für den Club der »Leute in Politik und Medien« und ihre Berater und Mitarbeiter, die nie abgewählt werden, nie das Ende ihrer Amtszeit erreichen oder, Gott bewahre, aus freien Stücken beschließen, dass es an der Zeit ist, auf ihre Farm zurückzukehren. Dieser Club kann in Washington ebenso mächtig sein wie der Kongress und seine Mitglieder sind noch schwerer wieder loszuwerden als altgediente Abgeordnete nach zehn Legislaturperioden. Sie sind die eigentlichen Stadtväter der Hauptstadt. Sie sind nicht alle gleich und

---

sicher auch keine schlechten Menschen. Sie kommen mit unterschiedlichen Vorgeschichten hierher, mit unterschiedlichen Absichten und in vielen Fällen – vielleicht sogar in den meisten – aus vernünftigen Gründen. Sobald sie aber hier Fuß gefasst haben, geraten ihre Einstellungen ein bisschen durcheinander, und vielleicht auch ihre Motive. Nicht immer: Der Mensch ist ein kompliziertes Wesen, hier wie überall, und manchmal sogar ein widersprüchliches. Aber irgendwie erlangt die Mitgliedschaft im »Club« übergroße, prägende Bedeutung. Wer dazugehört, wird Teil eines Systems, das vor allem den belohnt, der sich darin zu halten vermag.

Wenn die Clubmitglieder bei Stammestreffen wie diesem im Kennedy Center in Erscheinung treten, pflegen sie den Eindruck, die Hauptakteure des Landes redeten täglich immer nur mit denselben zwölf Leuten. Wie in einer Zeitschleife vermitteln sie das Bild eines politischen Rudels, das niemals stirbt oder altert, sondern nur reicher wird und schlaffer im Gesicht und sich stärker schminkt. Ob real oder inszeniert, diese Insider waren schon immer da – entweder sie im wörtlichen Sinne oder weiter gefasst als »Establishment«. Statt eines Rudels bilden sie mittlerweile eher einen Schwarm: größer, glanzvoller, online und erheblich umtriebiger.

Obwohl ein großer Teil der amerikanischen Bevölkerung Washington verabscheut, hat ein Goldrausch die Stadt erfasst. In den letzten Jahren ist sie zum Schmelztiegel für schnellen Reichtum, Ruhm, Vergebung und neue Vergehen geworden. Als oberste Aufgabe des Journalismus gilt nicht mehr die Berichterstattung, sondern Expertentum – eine Entwicklung, die mit einer wilden Hatz nach Self-Branding einhergeht, um einen Begriff zu verwenden, der die Stadt inzwischen durch und durch infiziert hat: Jeder ist versessen darauf, sich am Markt als Marke zu etablieren (Russert war das lokale Coca-Cola). Für den Insider-Schwarm gibt es verschiedene Begriffe: das »permanente Washington«. »Die politische Klasse«. »Klatschkreise«. »Die üblichen Verdächtigen«. Das »Beltway-Establishment«, benannt nach dem Autobahnring rund um Washington. Die »Echokammer«. Das »Echosystem«. »Die Gang der 500«. »Die Gang der 600«. »Der Club«. »This Town«.

Diese Stadt, die Hauptstadt.

Dieses Buch schildert die Geschichte der Hauptstadt in einer Zeit angeblicher Korrekturen. »Wechselwahlen« erschüttern ständig die lokale Ordnung, sagen die Experten. Eine fand 2006 in den USA statt, weitere wird es wahrscheinlich auch in den kommenden Jahrzehnten geben. Die Politiker speien das Wort »Washington« aus wie eine Beschimpfung. Das ist nichts Neues: Seit Jahrhunderten wird in der amerikanischen Politik der Anti-Washington-Reflex gepflegt, häufig von Kandidaten, die die Hauptstadt als Sumpf schmähen, nur um sich darin wohlig wie in einem Whirlpool zu aalen, sobald sie gewählt sind. Die Stadt ist nur dazu da, verdammt zu werden.

Es gab in Washington immer schon einen gewissen Anteil Wohlhabender, die meist zum alten Geldadel gehörten: Banker, Eisenbahnbarone und Sprösslinge alter Familien aus anderen Teilen der USA, die im Staatsdienst (und als Botschafter im Ausland) tätig waren. Die Tatsache, dass die Bundesregierung ihren Sitz in Washington hat und nicht umziehen wird, hat durchweg für eine gewisse wirtschaftliche Stabilität gesorgt. In den letzten Jahren hat die Stadt sich allerdings trotz der landesweiten Wirtschaftskrise zur reichsten Metropolregion der USA gemausert.[6] Reich zu werden ist mittlerweile das große parteiübergreifende

---

6 Thompson, Derek (2011): Report: Washington, D.C., Is Now the Richest U.S. City. In: The Atlantic, 19. Oktober 2011.

Ideal: »In Washington gibt es keine Demokraten und Republikaner mehr, nur noch Millionäre«, lautet die Devise. Noch immer wird mit dem Begriff »Dienst an der Öffentlichkeit« um sich geworfen, aber häufig wird er ironisch und in dem vollen Bewusstsein verwendet, dass »Selbstbedienung« das eigentliche Insider-Spiel ist.

Seit den ausgehenden 1990er-Jahren erschütterten weit über das Weiße Haus hinausreichende Megameldungen diese Stadt: Monica Lewinsky, 9/11 und die anschließenden Kriege. Politik und Washington avancierten zum angesagten Spiel und vielleicht zur dominierenden Story des noch jungen Jahrhunderts. George W. Bushs Washington wurde als Polarstern der nationalen Sicherheit und Demokratie in der Welt hingestellt. Das kostete Geld, das großenteils hier ausgegeben wurde, und wo man schon mal dabei war, mästete man auch Sozialprogramme wie Medicare. Mit einem Mal war es so einfach wie nie zuvor, den vom Steuerzahler finanzierten Staatsdienst zu »monetarisieren«. Dann gipfelte 2008 ein Jahrhundertwahlkampf in einer historischen Präsidentschaftswahl. Da sie zeitlich mit einer Finanzkrise zusammenfiel, kam Washington nun auch noch die Aufgabe zu, die Wirtschaft des Landes zu retten. Unter der einen wie der anderen Regierung wirkte Washington politisch zutiefst gespalten, aber die Auseinandersetzungen waren hart und laut genug, um die ungemeine Bedeutung aller zu belegen – und zu begründen, warum sie (Medien, Wirtschaft und ausländische Staaten) Leute bezahlen, die erklären, »wie Washington eigentlich funktioniert«. Denn diese Leute sind Bestandteil dieser Stadt und das an sich gilt schon als Wert, der zentral für die Marke ist.

Mit Obamas Aufstieg stellte sich wieder einmal unmittelbar die Frage: Konnte Washington sich wirklich ändern? Denn eins stand fest: Diese Stadt, wie wir sie kannten, würde in dem Präsidentschaftskandidaten der Demokratischen Partei keinen Freund haben – keine Lobbyisten mehr im Weißen Haus, keine Politik »as usual«, kein Bedienen der gierigen Orakel des Beltway-Gruppendenkens, die konsensfähige Ansichten schüren wie: an Hillary »führt kein Weg vorbei« oder »Amerika ist noch nicht bereit für einen schwarzen Präsidenten«. Was sollte aus dem Hauptstadtclub werden in einem Wilden Westen voller widerstreitender Megafone, charismatischer Rebellen, Hoffnung und Resignation?

Ganz egal, wie enttäuscht die Menschen von ihrer Hauptstadt auch sind, haben doch selbst die bestinformierten Konsumenten keine Ahnung, wie die moderne, filmreife Version »der Hauptstadt« tatsächlich aussieht. Sie kennen vielleicht die Standardfloskeln über »Leute, die schon zu lange in Washington sind«, über die mangelnde parteiübergreifende Zusammenarbeit und über zu viele, die aus dem Politikbetrieb hervorgegangen sind.

Aber diese Äußerungen gehen an den fortwährenden existenziellen Widersprüchen der Hauptstadt vorbei, in der »Authentizität und Fantasie enge Gefährten sind«, wie Henry Allen von der *Washington Post* einmal schrieb. Sie übersehen, dass die Stadt nicht etwa hoffnungslos gespalten, sondern in Wirklichkeit hoffnungslos verflochten ist. Sie erfassen nicht, in welchem Maße die neuen Medien die politische Debatte demokratisiert und Washingtons inselhafte, kurzsichtige und selbstverliebte Tendenzen hervorgehoben haben. Vor allem aber liefern sie keine umfassende Aufklärung, wie Washington vielleicht nicht dem Land, wohl aber sich selbst hervorragende Dienste leistet – einer Stadt voller viel beschäftigter Menschen, die ständig die Geschichte ihres eigenen Lebens schreiben.

— ★ ★ ★ —

Was will ich? Viele fragen mich, ob ich ein Mitglied dieses Clubs bin. Diese Frage wurde mir in unzähligen Varianten gestellt, seit ich anfing, dieses Buch zu schreiben. Ja, ich bekenne mich schuldig. Ich schreibe für eine große Zeitung über nationale Politik. Ich bin seit 16 Jahren in der Hauptstadt und habe davon neun Jahre für die *Washington Post* und die letzten sieben Jahre für die *New York Times* gearbeitet. Ich habe eine berufliche Stellung, einen Arbeitgeber und eine Visitenkarte, die offenbar imponieren. Allem Anschein nach halten Leute mich für wichtig genug, mich kennenzulernen (und das muss ich wohl auch sein, denn manchmal werde ich in die Sendung *Morning Joe* eingeladen). Ich habe viele Hauptstadtfreunde und auch einige echte Freunde.

Nun fragen mich viele durchaus zu Recht, ob es möglich ist, von innen aufrichtig über den Club zu schreiben. »Wer hat das Wasser entdeckt?«, lautet eine alte jüdische Scherzfrage. »Ich weiß es nicht, aber es war kein Fisch.« Ich bin ein Fisch. Ich habe mich entschlossen, im trüben Wasser zu leben, zu arbeiten und meine Kinder aufzuziehen. Das mag für einen Menschen, der fest auf dem Boden steht, durchaus einfacher sein. Aber ich habe nicht vor, wegzuziehen. Auch danach fragen mich viele. Warum? Schließlich verdiene ich mein Geld nicht mit Lobbyarbeit oder Fernsehen. Ich führe die Realität ins Feld: Meine Frau und ich haben uns hier ein gutes Leben aufgebaut.

Und ich führe Optimismus ins Feld: Wenn Washington, D. C., ein Versuchslabor unserer Nation in ihrer übersteigerten Form ist – und alle guten und schlechten Tendenzen, konzentriert auf einigen Quadratkilometern voller Monumentalbauten, in sich trägt –, dann wollen wir doch wohl glauben, dass das, was hier vorgeht, ein hoffnungsvoller Mikrokosmos sein kann, oder nicht? Das mag für einen bestimmten Zeitpunkt oder ein bestimm-

tes Jahrzehnt nicht zutreffen und Umfragen belegen, dass eine
überwältigende Mehrheit der Amerikaner Washington für eine
schmähliche Perversion nationaler Ideale hält, aber wie Barack
Obama 2008 bewiesen hat, kann Hoffnung eine starke Kraft sein,
selbst wenn sie nicht unbedingt nachhaltig ist (auch das hat Obama
bewiesen).

Washington mag zwar Zynismus fördern, kann aber auch täglich Anlass zum Staunen geben. Wenn ich meine Tochter zum
Kindergarten fahre, beobachte ich, wie sie und ihre Freundinnen
durch das Fenster die Fahrzeugkolonne des Vizepräsidenten auf
der Fahrt zum Weißen Haus bestaunen. Im Alltag können wir alle
solche Kinder sein, die ihre Nasen an die Fensterscheibe drücken.
So erging es laut Tom Brokaw auch Tim Russert, als er als junger
Assistent des Senators Daniel Patrick Moynihan aus Buffalo nach
Washington kam. Sie sind ein lokaler Archetypus, diese von Stars
faszinierten Arbeitskräfte, die neu in die Stadt kommen, um ihr
mit frischen Wellen banger Energie und ihrem Wunsch, es in der
Hauptstadt zu etwas zu bringen, neues Leben einzuhauchen.

Washington gehört (neben New York und vielleicht Los
Angeles) zu den zwei oder drei beliebtesten Städten der USA bei
allen, die sich auf großer, nationaler Ebene einen Namen machen,
Dinge neu gestalten und etwas für die Allgemeinheit bewirken
wollen. Die Menschen arbeiten unanständig viel, und zwar trotz
oder gerade wegen des Ballasts, den sie mitbringen. In vielen Fällen
tun sie es mit einer Verzweiflung, die für mich nach wie vor das
Faszinierendste an der Geschichte Washingtons ist: Die Stadt ist
ein brodelnder Eintopf menschlicher Bedürfnisse.

Ich erhebe keinen Anspruch auf Immunität. Oder – weiß
Gott – auf Überlegenheit. Ich bin Teil dieser Kultur und mache
mir keinerlei Illusionen, dass sie nicht zuweilen meine schlimmsten Eigenschaften verstärken kann: Eitelkeit, Opportunismus,

Kleinlichkeit – alles das findet sich in meinem psychischen Lebenslauf. Mit alledem und mehr habe ich zu kämpfen. Aber es ist mein Zuhause, hier kenne ich mich aus, und ich schreibe gern von diesem Hintergrund aus.

Selbstverständlich bin ich auch in einer privilegierten Position. Meine Arbeit bietet mir nicht nur einen erstklassigen Fensterplatz, sondern auch Vorstöße hinter die Fensterscheibe, bei denen ich Bedeutendes und Lächerliches aus der Nähe zu sehen bekomme. Ich habe im Lauf der Jahre Hunderte Politiker porträtiert und viel Zeit mit ihnen verbracht (wer weiß, warum sie es weiterhin zulassen?). Häufig spielen sie mit einer Karikatur – von sich oder der Stadt –, aber sie sind auch Menschen, die in der Regel wichtige Arbeit leisten. Der Unterhaltungswert kann hoch sein, ist aber letztlich nebensächlich. Washington ist nicht Hollywood (und kein »Showbiz für Hässliche«, wie ein dummes Klischee behauptet). Denn hier geht es um reale und wichtigere Probleme.

In Washington hat sich mittlerweile eine »permanente Feudalschicht« etabliert, wie der republikanische Senator Tom Coburn aus Oklahoma beklagt, die Hauptstadt hat sich zu einem mächtigen, selbstständigen Gebilde entwickelt, das Menschen einsaugt, sie süchtig macht nach ihren Vergünstigungen und großen wie kleinen Fischen gleichermaßen eine eigenwillige Psychologie aufzwingt. Sie kann komplexe, begabte und häufig angeschlagene Persönlichkeiten zu hohlen Kabuki-Schauspielern machen, die zur Erhaltung ihrer fragilen Marke ihre Rolle spielen. Auch das habe ich aus der Nähe beobachten können, häufig bei den schicksalsschwersten Anlässen wie diesem, der Trauerfeier für Tim Russert, dem größten Stammestreffen, das die Hauptstadt seit Langem erlebt hat.

Man weiß sofort, dass jemand Bedeutendes gestorben ist, wenn *Amazing Grace* auf Dudelsäcken gespielt wird und man den Präsidenten während laufender Termine darüber unterrichtet: George W. Bush erfuhr von Russerts Tod während eines Abendessens mit Präsident Sarkozy in Frankreich. Bei der Trauerfeier stehen Metalldetektoren am Saaleingang, weil so viele hochrangige Angriffsziele gekommen sind. Und viele der anwesenden Männer tragen dicke Schichten Pancake-Make-up, weil sie geradewegs von einem Fernsehauftritt kommen.

»Ich fühle mich beinahe wie damals, als irgendjemand wie Jack Kennedy oder sogar Katharine Graham starb«, bloggte Sally Quinn, ehemalige Reporterin der *Washington Post,* Gastgeberin im Nobelviertel Georgetown und Ehefrau des illustren ehemaligen Chefredakteurs der *Washington Post*, Benjamin Crowninshield Bradlee.

Sally ist erschüttert, sieht aber mit ihren annähernd 70 Jahren fantastisch aus. Das gilt ebenso, wenn nicht noch mehr für Ben (der auf die neunzig zugeht). Wird der weißhaarige beste Freund John F. Kennedys auch eine solche Trauerfeier bekommen? Verdient hätte er sie wahrhaftig, aber bis dahin ist es hoffentlich noch lange hin. Bradlee war seinerzeit in Washington der Alpha-Journalist mit einem Präsidentenskalp, der ihn über jegliche Diskussion erhaben machte. Zudem beherrschte er das Hauptstadtspiel von Geben und Nehmen wie kein anderer. In einem Interview sagte er 1975 über seinen verstorbenen Freund John F. Kennedy: »Hat er mich benutzt? Selbstverständlich. Habe ich ihn benutzt? Sicher. Sind das die Grundregeln hier in Washington? Zum Teufel, ja.«[7] Ben Bradlee verkörpert den Hauptstadtclub.

Tim Russert war der Bürgermeister dieser Hauptstadt. Er war ein hervorragender Journalist – weniger in dem Sinne, dass er

---

7 Himmelman, Jeff (2012): Yours in Truth: A Personal Portrait of Ben Bradlee. New York 2012, S. 78.

Artikel schrieb, Fernsehbeiträge produzierte oder Skandale enthüllte, als vielmehr als allgemein bekannter Fernsehmoderator, der den Menschen, die Schlagzeilen machten, auf seine typisch kämpferische Art »harte, aber faire« Fragen stellte und damit für gutes Fernsehen sorgte. Für einen Politiker mit ernsthaften Ambitionen war eine Einladung in Russerts Sendung ein Einführungsritus und eine Bewährungsprobe. »Es war wie ein Ritterschlag«, sagte Bradlee darüber. »Plötzlich stiegst du in ihrer Klasse zwei Stufen auf.« Und nach der Sendung bewerteten alle den Auftritt.

Russert wurde berühmter als die meisten Gäste, die er interviewte. Ruhm wird nach einiger Zeit in Washington zur wichtigsten Gemeinsamkeit der beiden Parteien. Menschen werden zur Ware, zur Fernsehgröße mit einem Agenten und einem Stabschef (selbst Chelsea Clinton hat mittlerweile einen Stabschef!).

Nach einer Weile verschwimmen sämtliche Unterschiede zwischen den Clans – Journalisten, Demokraten, Republikaner, Superanwälte, Superlobbyisten, Superbeamte, Superkomitees und der Loser, der auf Facebook ankündigt, dass er nachts um 2:20 Uhr in den *Headline News* sein wird. Sie fließen ineinander wie die förmlichen Empfänge oder die Karikaturen bekannter Washingtoner an der Wand des Restaurants Palm in der Nineteenth Street. Wer lange genug bleibt, ergattert mit etwas Glück ein Foto von sich mit einem wirklich berühmten Washingtoner und kann damit auf der Fotowand in seinem Büro angeben.

Ja, Russert war der Hauptstadtbürgermeister. Die »echte« Stadt Washington hat natürlich einen gewählten Bürgermeister: einen Schwarzen, der sich um die Kommunalprobleme kümmert. Aber er ist nur für das Washington zuständig, in dem Menschen teils unterhalb der Armutsgrenze leben (18,7 Prozent) und das Pro-Kopf-Einkommen auf bloße 71 011 US-Dollar drücken – damit liegt es zwar immer noch höher als in jedem anderen US-Bundesstaat, aber weitaus niedriger als das Einkommen der meisten Trauergäste bei Russerts Beerdigung.[8] Ja, Washington ist eine »reale Stadt«, aber die Hauptstadt ist ein Zustand der Zugehörigkeit, ein Status und eine Ware.

Russert besaß eine ungeheure Präsenz, sein Gesicht füllte den ganzen Bildschirm, als ob er einem unmittelbar gegenübersäße. Leute sprachen ihn am Flughafen oder bei einem seiner bezahlten öffentlichen Auftritte an, bei denen er wie ein Politiker immer wieder dieselben Witze und Anekdoten erzählte. Abgeordnete, die seiner Sendung nicht würdig waren, verfolgten ihn bis auf die Herrentoilette und versuchten, einen charismatischen, volksnahen Eindruck zu vermitteln. Fremde erzählten ihm von ihren Verwandten in Buffalo und lobten ihn, weil er »unsere Politiker zur Rechenschaft zog« und so echt war, denn irgendjemand in Washington musste doch einfach *echt* sein. Das war Tims Aufgabe. Fans baten ihn, dem Präsidenten etwas auszurichten, so als würden alle in der Hauptstadt zusammen in derselben Nobelwohnanlage wohnen, über die Miete meckern und sich gegenseitig mit Erdnussbutter aushelfen.

Tim Russert besaß alle in der Hauptstadt begehrten Eigenschaften: Mit ihm durfte man sich nicht anlegen. Er wirkte immer gut gelaunt, begeistert und durch und durch selbstbewusst. Wieso auch nicht? Seine umwerfende Persönlichkeit verband den Überschwang eines echten Kerls mit würdevollem Ernst. Tim hatte einen festen Tisch im Restaurant Palm, trank Rolling-Rock-Bier aus der Flasche und aß gutes, männliches Essen, das nicht mit irgendwas beträufelt war. Er sagte im Meineid-Prozess gegen Dick Cheneys ehemaligen Stabschef Scooter Libby als Zeuge aus. Er

---

8   DeBonis, Mike (2012): Census: D. C. Poverty Rates Stay Level as Incomes Rise.
     In: The Washington Post, 20. September 2012.

hatte hervorragende Plätze bei den Baseballspielen der Washington Nationals und zwischen den Innings baten Leute ihn um ein Autogramm auf ihrer Eintrittskarte, auf der zuvor vielleicht schon Alan Greenspan, James Carville und Bob Schieffer unterschrieben hatten – eine vergleichbare Trophäe wie eine Mickey-Mantle-Baseballkarte von 1952.

Russert hatte selbstverständlich viele Freunde und arbeitete daran mit derselben Aufmerksamkeit für kleine Gesten wie ein Politiker. Beileids- und Dankeskarten schrieb er von Hand und schickte Babykissen mit dem eingestickten Namen des Neugeborenen. Jedes Jahr fuhr er zum Frühjahrstraining der Major-League-Baseballmannschaften und brachte E.J. Dionnes Sohn ein Autogramm von Jason Giambi mit. In dieser Hinsicht war Tim klasse. Als der Vater des ehemaligen demokratischen Fraktionsführers Tom Daschle starb, schickte Tim der Witwe T-Shirts, Kappen und eine Jacke mit dem *Meet-the-Press*-Logo. Noch jahrelang war Mrs. Daschle in Aberdeen, South Dakota, in dieser Jacke zu sehen.

Im Lauf der Jahre habe ich mich wohl etwa ein halbes Dutzend Mal mit Russert unterhalten, meist über Sport oder Politik. Unsere letzte persönliche Begegnung war im Februar 2008 in Cleveland, wo er eine Debatte der demokratischen Präsidentschaftskandidaten moderierte. Er kam nach einem Workout im Fitnessraum in verschwitztem Sweatshirt, langen Shorts, schwarzen Turnschuhen und Baumwollkniestrümpfen durch die Lobby des Ritz-Carlton. Ein Sprecher des Senders erklärte sein Outfit für »nicht zur Veröffentlichung freigegeben«, woraufhin ich es natürlich ausdrücklich (kostenlos) in einem späteren Artikel im *New York Times Magazine* erwähnte.

Bevor der Beitrag erschien, rief ich Russert an, um ihn vorzuwarnen, denn in Washington ist nichts wichtiger als eine Vorwarnung zu geben oder zu bekommen, damit man der unerträglichen Demütigung besser entgehen kann, mit einer Information überrascht oder übertölpelt zu werden. Man könnte sogar behaupten, dass eine ganze Boombranche, der Lobbyismus, weniger davon lebt, Einfluss auf die Regierung zu nehmen, als gut zahlenden Kunden eine Vorwarnung zu Ereignissen zu geben, die ohnehin passieren, ob sie nun einem Lobbyisten ein Monatshonorar von 50 000 Dollar zahlen oder nicht.

Jedenfalls rief ich Russert an, um ihn vorzuwarnen, dass ich mich nicht an das Veröffentlichungsverbot des Pressesprechers halten würde. Er lachte so laut, dass ich den Telefonhörer ein Stück vom Ohr weg halten musste. »Tun Sie mir nur einen Gefallen«, sagte er. »Erwähnen Sie, dass die Schuhe Gummisohlen hatten, ja?«

Wieder lachte er und wir unterhielten uns ein Weilchen darüber, dass so viele Leute in der Hauptstadt geradezu besessen von ihrer Position in der großen Hackordnung sind. Die Sorge um die eigene Stellung ist in Washington sicher nichts Neues. Aber die Fülle neuer Medien, die ständigen Nachrichten über Nachrichten und der andauernde Rummel um politische Geldscheffelei und Prominenz hat die Eitelkeit der Hauptstadt nur noch verschärft.

»Man kann sich verrückt machen, wenn man zu viel darüber nachdenkt«, sagte Russert mit der Selbstsicherheit eines Mannes, der beim Gerangel fest oben auf dem Haufen thront und sich in seiner Haut wohlfühlt.

Drei Monate später kam die Nachricht: »Hast du das über Tim Russert gehört?«

1

Im Green Room des Himmels

Cholesterinplaque, der sich in einer Arterie löste, führte offenbar bei Russert zu einer plötzlichen Koronarthrombose. Er sprach gerade in einem Tonstudio des NBC-Büros in Washington Texte für die Sonntagssendung ein, als er zusammenbrach. Die Rettungssanitäter konnten ihn trotz Defibrillation nicht wiederbeleben. Im Sibley Memorial Hospital wurde sein Tod festgestellt.

Russert war gerade aus Italien zurückgekehrt. Er hatte den College-Abschluss seines Sohnes Luke gefeiert und seinen 84-jährigen Vater in einer betreuten Wohnanlage in Buffalo untergebracht. Tim hatte mit seinem Gewicht zu kämpfen gehabt und derart müde gewirkt, dass viele seiner Freunde sich Sorgen machten, weil er so unter Stress stand. Er litt an einer symptomlosen koronaren Arterienerkrankung, die er mit Medikamenten und Bewegung behandelte. Sieben Wochen zuvor, am 29. April, hatte er bei einem Belastungstest gut abgeschnitten. Sein Kollege Tom Brokaw hatte ihm ein Chuck-Berry-Album versprochen, wenn er bis zu den Nominierungsparteitagen im Sommer zehn Pfund abnehmen würde. »Gibt's was Neues?«, waren Russerts letzte Worte, ein Gruß an die Person am anderen Ende der Tonleitung. Bei der Autopsie stellte man eine Herzvergrößerung fest. Der Bürgermeister von Buffalo ordnete Halbmastbeflaggung an.

»Wir werden ihn ebenso sehr vermissen, wie wir ihn geliebt haben«, sagte Brokaw, als er in den NBC-Nachrichten Russerts Tod meldete.

Tim Russert hatte es in der Hackordnung bis an die Spitze geschafft und dabei seinen mörderischen Ehrgeiz hinter salopper Nonchalance versteckt. Für den Erfolg in Washington ist zielstrebiger Ehrgeiz lebenswichtig, aber noch wichtiger ist die Fähigkeit, ihn angemessen zu kaschieren. Russert besaß eine ansprechende, unangestrengte Volkstümlichkeit – er war nur ein Bursche aus Buffalo, der sein Land, seinen Vater, seinen Sohn, seine Footballmannschaft, die Buffalo Bills, seine T-Shirts und das alles liebte. »Zerknittert« kommt hier als Marke immer gut an und dieses Image hatte Russert für sich gepachtet.

Er war zudem überaus statusbewusst. Obwohl er in erster Linie als Fernsehstar bekannt war, bezeichnete er sich lieber als »Leiter des Washingtoner Büros«. (Einem Reporter der *Washington Post* sagte er 1991, er wolle Präsident von NBC News werden.) Als Brokaw ihn einmal fragte, ob er je überlegt habe, Priester zu werden, antwortete er mit Ja.

»Kardinal?«, fragte Brokaw.

»Nein, Papst.«

Das war natürlich ein Scherz, aber Tim hatte einige Tage zuvor gerade den Papst in Rom gesehen. Bei der wöchentlichen Andacht hatte er ganz vorn gesessen, aber dann hatte seine Heiligkeit (also der Papst) gehen müssen.

Tim liebte seinen Sitz in der Vorstandsetage des Fernsehsenders und sein großes Haus in Nantucket, vor dem ein Schild verkündete: »Dieses Haus baute Jack«, nämlich Jack Welch, der langjährige Vorstandschef von General Electric, der Muttergesellschaft von

NBC. An der Beerdigung von Ronald Reagan nahmen Russert und Brokaw als Trauergäste teil und moderierten anschließend vor der Washington National Cathedral die NBC-Berichterstattung zu diesem Ereignis.

Tim Russert lebte am Angelpunkt der großen, lukrativen Drehtür zwischen Geld, Medien und Politik und starb auch dort. Jeder, der in Washington etwas darstellen wollte, darstellte oder dargestellt hatte, meldete sich zu Wort: »So einen wie ihn werden wir nie wieder erleben.« – »Er hat so viele Menschen berührt.« Es gab große Würdigungen: »der herausragende politische Journalist seiner Generation«, sagte John McCain über ihn. »Einer der feinsten Menschen, die ich kannte«, nannte ihn Obama. Und man erinnerte sich an kleine Aufmerksamkeiten: »Als meine Mutter starb, schickte er zwei Dutzend Rosen«, sagte Anne Klenk, eine Produzentin des Fernsehsenders MSNBC. »Ich bewunderte ihn.«

Er wurde tatsächlich bewundert – auf die für Washington typische Art, die von Angst, Angewiesensein und Speichelleckerei geprägt war. Wenn man zu jener Elite gehören wollte, die Joan Didion als »die Handvoll Insider, die jahrein, jahraus die Darstellung des öffentlichen Lebens erfinden«[1] bezeichnete, war eine Einladung in die Sendung *Meet the Press* unerlässlich. Man musste mit Tim Russert befreundet sein, je enger, desto besser, wie so viele mit ihren geschickten Networking-Bemühungen nach seinem Tod bekundeten. Fernsehleute übertrumpften sich gegenseitig in ihrer Trauer. Fernsehsender zollten ihm mit ihrer Lieblingshommage Tribut: mit medialem Overkill. Das galt vor allem für NBC und noch viel mehr für den kleineren Kabelableger MSNBC, in dem Russert – zu Lebzeiten – mit Bedacht nur wohl-

---

1 Didion, Joan (2002): Political Fictions. New York 2002, S. 22.

dosiert aufgetreten war, um seine herausragende Stellung in den einschaltquotenstarken Sendern nicht zu verwässern.

»Er nannte mich ›Mitch‹«, erzählte Andrea Mitchell von NBC auf MSNBC. So hatte auch ihr Vater sie genannt. »Los, hol sie dir, K. O.«, sagte Tim immer zu Kelly O'Donnell von MSNBC. Keith Olbermann erzählte, dass Russert zu ihm genau dasselbe gesagt hatte (»Los, hol sie dir, K. O.«).

»›Junge, hol sie dir‹«, zitierte auch Matt Lauer, als er mit tränen-erstickter Stimme erzählte, was Tim immer vor großen Interviews zu ihm gesagt hatte. Lauer, Moderator des Morgenmagazins *Today*, versicherte den Zuschauern, Russert säße nun im »Green Room des Himmels«. Und wer würde auch nur für eine Sekunde bezwei-feln, dass Gottes Ort des ewigen Lohnes haargenau so gestaltet ist wie das Fernsehstudio eines großen Senders?

Niemand war größer als Tim Russert im Celebrity-Industrie-komplex, der im ausgehenden 20. und beginnenden 21. Jahrhun-dert am Knotenpunkt von Politik und Medien explosionsartig gewachsen war. Es gab schon immer Washington-Berühmtheiten, ein Begriff, der die Auszeichnung enthält, in der Hauptstadt eine große Nummer zu sein, aber in seinem Provinzialismus auch ein zweifelhaftes Kompliment darstellt. Russert war weniger eine Wash-ington-Berühmtheit als vielmehr ein absoluter »Hauptakteur«, wie man in der Hauptstadt gewichtige Abgeordnete und Minister nennt. Rudelführer. Mutter der Adler.

Niemand besaß ein besseres Gespür für die kulturellen ero-genen Zonen mächtiger Männer als Tim Russert. Endlos konnte er nostalgisch über Väter, Söhne, Sport und Bruce Springsteen reden. Er verstand sich bestens auf die männlichen Verbunden-

heitsrituale, die Schmierstoff so vieler kumpelhafter Hauptstadt-
beziehungen sind. George W. Bush fragte ihn im Oval Office nach
der Startaufstellung der Yankees 1961 und Al Gore gewann in einer
Football-Wette von ihm eine Einladung zu scharf gewürzten
Chicken Wings. Seine Begeisterung für die »Politik-ist-wie-Foot-
ball«-Einstellung, die das Spiel moderner Jungs prägte, war anste-
ckend. Diese Haltung übertrug sich auf die nächste Männer-
generation, die sie weiterentwickelte. Konkreten Ausdruck findet
sie gegenwärtig in der testosterongetriebenen Webseite Politico,
die Politjunkies anlocken will wie der Sportsender ESPN die
Sportfans.

Tim war ein so fester Bestandteil der politischen Fernsehland-
schaft, dass es fast ein bisschen irritierend war, ihm persönlich
zu begegnen. Ted Kennedy hatte eine ähnliche Wirkung. Wenn
man ihn in der Stadt sah, war es, als hätte man jemanden mit
einer Ted-Kennedy-Maske vor sich. Oder vielleicht einen Ted-
Kennedy-Luftballon bei der Macy's Thanksgiving Day Parade,
einem Spektakel, dem Washington bei manchen Anlässen durchaus ähnelt. Jeder ist sein eigener aufgeblasener Luftballon, einer größer als der andere, manche führen die Parade an, andere zockeln
hinterher.

Aber heute erweist Washington Russert die Ehre, die ihm gebührt: Barack Obama und John McCain sitzen auf Bitten der
Familie Russert nebeneinander, die bei diesem Ereignis ein Bild
der Geschlossenheit vermitteln möchte. Es ist ein Zeitpunkt,
innezuhalten und einen letzten parteiübergreifenden Moment
zu erleben oder zur Schau zu stellen, bevor die vermutlichen
Präsidentschaftskandidaten in den Wahlkampf starten und wie
immer schwören, alles aufzumischen. Es ist der passende Moment,
einen großen Mann und ein großes Land zu würdigen, aufrecht
zusammenzustehen und ein tröstliches Stammesereignis des

permanenten Washington zu begehen. Am Ende umarmen sich Obama und McCain.

Beim Trauergottesdienst treffen sich David Axelrod und Mark Salter, Obamas und McCains Wahlkampfmanager, erstmals. »Wir beide werden noch unsere Momente bekommen«, sagt Axelrod zu ihm. »Aber ich mag meinen Chef und Sie mögen Ihren, und das respektiere ich.« Salter äußert den ernstgemeinten Wunsch, dass der bevorstehende Wahlkampf des Landes und Tims würdig verlaufen möge.

Russert wäre von den Ergüssen der mächtigen Trauergäste begeistert gewesen. Besser als jeder andere hätte er aber auch begriffen, dass es bei all diesen Reden, Würdigungen und telegen verschluckten Tränen nie, nicht eine Sekunde lang, um ihn ging. Es ging um Leute, die zurückblieben und nun ohne ihn ihren Aufstieg in der Hackordnung organisieren mussten.

Die Trauerfeierlichkeiten haben am Morgen in der Holy Trinity Church in Georgetown mit einer Prozession von Limousinen, gepflegten Haarschnitten und Trauermienen begonnen. Nacheinander trifft die heilige Dreifaltigkeit der Politiker, Fernsehleute und permanenten Washington-Persönlichkeiten ein. Obama hat eine Sitzung mit dem Chef des Geheimdienstes abgesagt. Sally Quinn, über weite Teile ihres Lebens eine bekennende Atheistin, geht zur Kommunion und wird später bloggen, dass sie sich »ihm dadurch näher fühlte«.[2] Dagegen geht Liz Moynihan, Daniel Patricks Witwe, nicht zur Kommunion, weil sie »wütend auf Gott ist«, wie sie sagt.

2   Quinn, Sally (2008): The Faith and Joy of Russert. In: The Washington Post, 23. Juni 2008.

»Senator Kennedy links!«, ruft ein Tontechniker aufgeregt. »O ... nein«, korrigiert er sich, »es ist Al Hunt.«[3] Aber Vicky Kennedy ist da, die Frau von Ted, der gegen seine Krebserkrankung kämpft. Sie ist beeindruckend tapfer. Leute wünschen ihr alles Gute, sagen ihr, dass sie an sie gedacht haben, und versichern ihr: »Teddy ist ein Kämpfer, er wird diese Sache besiegen.« Die Kennedys mochten Tim und umgekehrt. Nach Teddys Krebsdiagnose schickte Russert Vicky einen vom Papst gesegneten Rosenkranz: »Er hat mich durch manche harten Zeiten gebracht«, schrieb er. Nach Tims Tod schickten die Kennedys den Rosenkranz wieder an die Familie Russert, die ihn Tim in den Sarg legte.

»John McCain fährt vor«, verkündet der Tontechniker. Der zukünftige Präsidentschaftskandidat der Grand Old Party steigt aus einer Limousine. Er befindet sich gerade in einer Verwandlung vom Störenfried (der in der Hauptstadt als wohltuende Abwechslung vom alltäglichen Bockmist beliebt war) zum vorsichtigeren, adrett salutierenden Bannerträger der Partei, die er früher drangsaliert hat. Ich habe McCain zuletzt vor einigen Monaten in seinem Wahlkampfflugzeug gesehen, kurz bevor er die Kandidatenzwangsjacke verpasst bekam. Unaufgefordert erzählte er mir, dass seine Sprecherin, Brooke Buchanan, die in der Nähe saß, »viel von ihrem Geld auf den Kaimaninseln versteckt« und es mit »Drogenhandel« verdient habe. Zudem sei sie »Pat Buchanans uneheliche Tochter«, »bipolar«, »eine Trinkerin«, habe »viele Männergeschichten« und käme »gerade aus der Betty-Ford-Klinik«. Alle vermissen diesen Mann.

Für Leute wie McCain war *Meet the Press* ein Sonntagsritual wie der Kirchgang – und eine Einladung in die Sendung war wie

---

3   Milbank, Dana (2008): Russert's Grand Goodbye. In: The Washington Post, 19. Juni 2008.

eine Erstkommunion. Aber nun ist der Hohepriester fort und ein
Erbe ist nicht in Sicht.

McCain grüßt einige glatt rasierte, golfgebräunte Kollegen und
geht an seinen Platz neben Obama. Er winkt in Richtung Mitchell
und Greenspan, den er für die Leitung einer Arbeitsgruppe zur
Steuervereinfachung vorgeschlagen hat. »Ob tot oder lebendig, ist
egal«, sagte er über den damals 81-jährigen Greenspan. »Setzt
ihn hin und zieht ihm eine Sonnenbrille auf wie in *Immer Ärger
mit Bernie.*«[4] Der demokratische Senator Charles Schumer aus
New York kommt gemessenen Schrittes und in der für hochkarätige Beerdigungen typischen Haltung in die Kirche: mit
gesenktem Kopf, sich verräterisch auf die Lippen beißend und
heftig blinzelnd für die volle Dröhnung telegener Trauerwirkung.
Wenn Menschen wissen, glauben oder sicher hoffen, beobachtet
zu werden, verhalten sie sich auf eine ganz charakteristische
Weise. Und Beerdigungen in Washington bieten eine besondere
Projektionsfläche. Leute von einem gewissen Format sind hier
wie besessen von ihrem »Vermächtnis«. »Wir alle warten nur
darauf, Nachrufe zu werden«, schrieb Henry Allen, mein ehemaliger Kollege bei der *Washington Post.* »Gleichzeitig wirkt
Washington wie eine Verschwörung, an der wir alle beteiligt sind
und die niemand sonst in Amerika wirklich versteht, obwohl sie
dafür bezahlen.«

Schumer nickt in die Kameras, die vor der Kirche aufgereiht
sind. Er ist selbst nach Senatorenmaßstäben so kameraversessen,
dass Jon Corzine, der ehemalige Senator und Gouverneur von
New Jersey, den vergeblichen Versuch, mit Schumer vor der
Kamera zu stehen, einmal damit verglich, sich mit einem Affen
eine Banane zu teilen: »Wenn du auch nur einen kleinen Bissen

---

4   Leibovich, Mark (2007): Fall from the Top Lands McCain in a Scaled-Back Comfort Zone.
     In: The New York Times, 7. Oktober 2007.

nimmst, bewirft er dich mit Fäkalien«, beklagte sich Corzine in einer Rede beim National Press Club – zum Glück nicht beim Abendessen.

Am Eingang gesellen sich die Senatoren Christopher Dodd und Joe Biden mit Rosenkranz in der Hand zu Schumer. Beide haben sich zu Anfang des Jahres erfolglos um die Präsidentschaftskandidatur beworben. Biden war eigentlich für den Sonntag nach Russerts Tod als Gast in *Meet the Press* vorgesehen. Er wird letztlich die Lotterie gewinnen und von Obama zum Kandidaten für die Vizepräsidentschaft gekürt werden. Als Biden die Kirche betritt, grüßt er die Schaulustigen, die sich draußen versammelt haben um zuzusehen, wie die Hauptstadtpromis ihrem bescheidenen Talkshow-Gastgeber einen erstklassigen Abschied bereiten.

Die italienischen Schuhe, maßgeschneiderten Anzüge, Glitzerhandtaschen, antiken Manschettenknöpfe und teuren Haarschnitte in der versammelten Trauergemeinde sind nicht zu übersehen. Luke Russert lässt den Blick vom Podium durch die Kirche schweifen, als er den Lieblingsvers seines Vaters aus der Bibel vorliest: »Von jedem, dem viel gegeben wurde, wird viel gefordert werden.«[5] Mit schiefem Grinsen fährt er fort: »Und wenn ich mir manche der Anzüge und Kleider hier im Raum ansehe, wird von den hier Versammelten eine Menge erwartet.«[6]

Saadalla Mohamed Aly, der langjährige »Diener« im Green Room von *Meet the Press,* ist tief bestürzt über Russerts Tod. Er

---

5   Lukas 12, 48.

6   Milbank, Dana (2008): Russert's Grand Goodbye. In: The Washington Post, 19. Juni 2008.

kann nicht zur Beerdigung kommen, weil er gerade in Ägypten ist, bekundet aber sein Beileid.

Lange Jahre servierte »Mr. Aly« der Elite, die den Green Room durchlief, eine bunte Mischung aus Eiern, Lachs, frischem Obst, Säften und Frühstücksfleisch. Er gehört in der Sendung als der »stets befrackte Butler« zur »Familie«, wie die *Washington Post* später über ihn schrieb. Tom Friedman spricht mit ihm arabisch.

Nach Alys Tod 2011 wird James Carville in der *Washington Post* über ihn sagen: »Auf Washingtoner Art war er so etwas wie ein Freund.«[7]

Auf Washingtoner Art. So etwas wie ein Freund. Alle beteiligen sich in einer Endlosschleife am Partygeplauder, erzählen dieselben Green-Room-Geschichten und lesen denselben morgendlichen E-Mail-Newsletter von Politico, Mike Allens Playbook.

Russert hatte einen Lieblingswitz über South Buffalo, wo jeder jeden und dessen Verwandtschaft kennt. »Wie viele South-Buffalonians braucht man, um eine Glühbirne zu wechseln?« – »Keine Ahnung, aber der Priester der Freundin des Vetters meines Nachbarn kennt jemanden, der dir weiterhelfen kann.«

Das hätte auch auf seine »öffentliche« – geladenen Gästen vorbehaltene – Trauerfeier gemünzt sein können: Der Konzertsaal im Kennedy Center ähnelt einem Nobelameisenhaufen. Auf den ersten Blick wirkt er wie eine zufällige Ansammlung geschäftiger Insekten, aber bei genauerem Hinsehen sind klare Muster von Leuten erkennbar, die strategischen Zielen zustreben.

Den Lobbyisten Duberstein, Reagans Ex-Stabschef, sehe ich winkend und Hände schüttelnd durch den Saal gehen. Er begrüßt die attraktive Blondine neben mir: Susanna Quinn, die dritte und wesentlich jüngere Frau des demokratischen Lobby-

---

7 Horowitz, Jason (2011): Before Meeting the Press, they Met Green Room Attendant »Mr. Aly«. In: The Washington Post, 26. Januar 2011.

isten Jack Quinn, der in der Zeit vor Monica Lewinsky Berater von Präsident Clinton war und im Jahr 2000 mit dem Republikaner Ed Gillespie die parteiübergreifende Lobbyfirma Quinn Gillespie & Associates gründete. Russert war ihm immer gewogen geblieben, besonders als Quinn »unten durch war«, wie er sagt. Damals war er eine Zeit lang in Ungnade gefallen, nachdem er bei seinem ehemaligen Chef, Präsident Clinton, eine Begnadigung für seinen Mandanten, den flüchtigen Finanzinvestor Marc Rich, erwirkt hatte. Quinn wurde von der Presse geächtet, von seinen früheren Clinton-Freunden gemieden und vor einen Kongressausschuss gezerrt. Daraufhin fiel er »persönlich in ein ganz dunkles Loch«, wie er sagt, und hatte mit Depressionen und Alkoholismus zu kämpfen. Aber sein Partner in der Lobbyfirma, Gillespie, stand zu ihm und versicherte ihm, nach ein paar Monaten würden alle von dem kleinen Skandal nur in Erinnerung behalten, dass Quinn »etwas Großes geschafft hatte«, und das sei gut fürs Geschäft. Er würde in der Hauptstadt immer wieder ein Mittagessen bekommen.

Ihre Firma erlebte mit dem übrigen Lobbysektor einen Boom, und als Quinn und Gillespie sie 2004 schließlich verkauften, erzielten sie einen Preis von 40 Millionen US-Dollar.

Als Duberstein Jack Quinn im Kennedy Center begrüßt, kommt Terry McAuliffe herein, der ehemalige Vorsitzende der Demokratischen Partei, kurz »the Macker« genannt. Er liebte den Schlagabtausch mit Tim Russert vor und hinter den Kameras und war mehrfach in die Sendung *Meet the Press* eingeladen. Wie viele Gäste versuchte auch er, sich beim Moderator einzuschmeicheln, indem er in der Sendung dessen gekonnt als Marke etablierten Vater »Big Russ« erwähnte. Der ehemalige Müllwerker in Buffalo war der Held in Russerts Bestseller *Big Russ and Me,* einem von zwei Büchern, die Tim über die herrlich unkomplizierten Väter der 50er-Jahre geschrieben hatte. McAuliffe malte sich in einer Sendung aus, wie Big Russ »oben im Himmel« säße und »vermutlich bei einem Scotch herunterschaut«. Behutsam wandte Russert ein, dass Big Russ noch lebte und wahrscheinlich gerade in Buffalo in seinem Fernsehsessel die Sendung verfolgte.

McAuliffe hat sich einen Namen als einer der unbändigsten Spendensammler der amerikanischen Politgeschichte gemacht. Al Gore bezeichnete ihn sogar als »den größten Spendensammler der Weltgeschichte«. McAuliffe widmet sich dieser Aufgabe so engagiert, dass er sogar bei einer Fundraising-Veranstaltung hereinschaute, als er seine Frau Dorothy nach der Geburt ihres zweiten Sohnes Peter aus dem Krankenhaus abholte. Sie blieb währenddessen weinend mit dem schlafenden Baby im Auto sitzen. »Ich hatte ein schlechtes Gewissen gegenüber Dorothy«, schrieb er später. »Aber es brachte der Demokratischen Partei eine Million.«

McAuliffes Markenzeichen ist zwar das Spendensammeln, aber er versteht sich vor allem als Bill Clintons professioneller bester Freund. Seine Memoiren – *What a Party!* – hätten durchaus auch den Titel tragen können: *Lassen Sie mich noch eine Geschichte über mich und Bill Clinton erzählen.* (In einer dieser Anekdoten dachten südkoreanische Geheimdienstagenten, McAuliffe und Clinton seien *mehr als nur Freunde.*) McAuliffe die Worte »Bill Clinton« zu verbieten, wäre gerade so, als nähme man einem Mathematiker die Zahlen weg. Wenn er den Namen des 42. Präsidenten nicht beiläufig fallen lässt, erzählt er, dass er eben noch mit ihm telefoniert hat oder Präsident Clinton ihn gerade anruft und man ihn bitte eine Sekunde entschuldigen möchte (»Hallo, Mr. President!«). Und wenn er den Präsidenten nicht am Telefon hat, ist Clinton aller Wahrscheinlichkeit nach irgendwo in der Nähe.

Als McAuliffe nun den linken Seitengang entlanggeht, sind Bill und Hillary selbstverständlich nur einige Meter entfernt.

Russert war ein langjähriger Erzfeind Clintons, was noch auf seinen früheren Förderer Daniel Patrick Moynihan zurückging, der in Clintons Amtszeit Vorsitzender des Finanzausschusses im Senat war. Moynihan fühlte sich übergangen, als die Clintons sich 1993 bei ihren Bestrebungen um eine Gesundheitsreform, die unter einem schlechten Stern stand, nicht um seine Mitwirkung bemühten. Die Clintons fanden immer, dass Russert Hillary erheblich schärfer kritisierte als ihre Gegner und sie nicht leiden konnte, womit sie durchaus nicht Unrecht hatten. Er hielt die Clintons für »Blender«, was er vielen im vertraulichen Gespräch auch sagte. Und diese Lewinsky-Geschichte – im OVAL OFFICE!!! Meine Güte, fangen wir davon gar nicht erst an!

Die krönende Klatsche verpasste Tim den Clintons ihrer Ansicht nach an dem Maiabend, als Obama Hillary bei den Vorwahlen in North Carolina besiegte und in Indiana nur knapp hinter ihr landete. »Wir wissen jetzt, wer der Präsidentschaftskandidat der Demokraten sein wird«, sagte Russert live über Obama mit einer Fernsehautorität, die nur wenige besaßen. McAuliffe stattete Tim kurze Zeit später einen Besuch in seinem Büro ab. Sie diskutierten hin und her, waren sich einig, dass sie sich nicht einig waren, und lachten wie immer viel.

Die Trauerfeier im Kennedy Center wird von MSNBC mit Vor- und Nachspiel live übertragen: glanzvolle Redner, geschliffene Äußerungen, Brokaw hebt am Rednerpult ein Rolling-Rock-Bier und Bruce Springsteen wird über Satellit aus Deutschland zugeschaltet. Nicht sonderlich glücklich ist die Familie auch über das Erscheinen des ehemaligen NBC-Präsidenten Andrew Lack, den Tim nicht ausstehen konnte, und über den Umstand, dass NBC die Trauerfeier im Kennedy Center in großem Stil als Chance nutzt, den Sender als Marke zu profilieren. Aber das gehört zum Leben und Sterben als Person des öffentlichen Lebens. Sie verstehen es ebenso, wie Tim es sicher verstanden haben dürfte, und die Familie wird davon profitieren, allen voran Luke, der schon jetzt gemeinsam mit seinem und Tims Freund James Carville eine eigene Sport-Talkshow auf XM-Satellitenradio moderiert. Schon bald wird NBC ihn engagieren – ebenso wie die Kinder von McCain, George W. Bush und schließlich den Clintons. Irgendwann hat sich NBC zu einer Arbeitsvermittlung für den Nachwuchs berühmter Politiker entwickelt.

Luke ist ein besonderer Prinz und wird noch vor seinem 26. Geburtstag bei MSNBC zum Kongressexperten aufsteigen und sich für Wohltätigkeitszwecke versteigern lassen (»Besichtigung des Kapitols und Mittagessen mit Luke: aktuelles Gebot 1050 US-Dollar«). Er wird gut in das Familienunternehmen hineinwachsen. Aber heute hat Luke bei der Trauerfeier seinen Starauftritt: in einem Maße witzig, sentimental und selbstsicher, dass man beinahe zu hören meint, wie in Nobelvororten wie Bethesda und Chevy Chase Eltern ihre faulen Söhne im College-Alter anzischen: »Wieso kannst du nicht ein bisschen mehr wie Luke Russert sein?«

Tim sprach mit grenzenlosem Stolz von Luke, seinem einzigen Kind, mit dem er sich täglich unterhielt. Zu Recht fand er Anerkennung für seinen bahnbrechenden Pioniereinsatz für die Vaterfreuden: Unter anderem ernannte ihn der National Father's Day Council 1995 zum »Vater des Jahres« und die Zeitschrift *Parents* ehrte ihn 1998 als »Dream Dad«.

Washington schluckt die Vatermarotte bereitwillig. Ein ungewöhnlich hoher Anteil ehrgeiziger Männer – und potenzieller männlicher Buchkäufer – umgibt sich gern durch ihre Väter mit

einem Mythos. John Edwards war »der Sohn eines Fabrikarbei-
ters«, John Boehner »der Sohn eines Barkeepers« usw. Die vorherrschende soziale Dynamik in Washington – einer Stadt der väter-
lichen Förderer – spiegelt die Suche nach Vaterliebe wider. »Für
wen arbeiten Sie?«, lautet in der Regel die erste Frage, die man sich
hier stellt.

Russert starb kurz vor dem Vatertag und dem Beginn eines
Wahlkampfs zwischen zwei voraussichtlichen Präsidentschaftskandidaten, Obama und McCain, deren Legenden vom belastenden
Vermächtnis ihrer Väter durchdrungen waren. Obamas Memoiren
trugen den Titel *Dreams of My Father*, McCains den Titel *Faith
of My Fathers*. »Ein Mann versucht entweder, die Fehler seines
Vaters wettzumachen oder seinen Erwartungen gerecht zu werden«,
sagte Obama in diesem Sommer Jon Meacham vom Nachrichtenmagazin *Newsweek*.[8]

»Mein Dad war mein bester Freund«, erklärt der 22-jährige
Luke bei der Trauerrede. »Meine Beziehung zu meinem Vater lässt
sich unmöglich in Worte fassen.«

Dann wird eine weiße Leinwand heruntergelassen und Bruce
Springsteen über Satellit zugeschaltet. Wie er machte sich auch Tim
Russert geschickt zum Sprecher Amerikas. Er war »der Boss« der
nostalgischen Männer-Tummelplätze, auf denen er in der Haupt-
stadt den Vorsitz führte. »Luke, das ist für deinen Paps«, sagt
Springsteen und spielt eine akustische Version von *Thunder Roar*.

Als ich hinausgehe, bekomme ich eine herzliche Umarmung
von Tammy Haddad, einer ehemaligen Kabelfernsehproduzentin,
die sich vor einigen Jahren zur professionellen Partygastgeberin,
Eventmanagerin und Rundumveranstalterin umorientiert hat und
die A-Liste der Washingtoner Prominenz versammelt. Haddad,

---

8 Meacham, Jon (2008): On His Own. In: Newsweek, 22. August 2008.

eine gewaltige, auffällige Erscheinung mit schwarzem Haar und einer weißen Strähne, ist eine menschliche Schöpfkelle im lokalen Selbstbeweihräucherungsbüfett. Sie sagt einem, wie toll man ist und dass man unbedingt diesen Autor, jenen Co-Moderator, Würdenträger oder sonst wen kennenlernen muss und dass sie übrigens gerade eben noch mit Bundesrichter Breyer gesprochen hat! Als Tammy und ich mit dem restlichen Hauptstadtclub plaudernd ins Dachgeschoss des Kennedy Center kommen, wo jetzt so etwas wie eine Cocktailparty stattfindet, läuft dort gerade *Somewhere over the Rainbow*.

Und in diesem Augenblick erstrahlt tatsächlich ein doppelter Regenbogen über dem Potomac und den Monumentalbauten – sicher eine Botschaft aus dem Green Room des Himmels an die mächtigen Trauergäste, die nun Bier und Weißwein trinken. Sagen alle. »Ist jetzt immer noch jemand Atheist«, fragt Luke laut Tammy, die später einen Blogpost über die »Russert-Wunder« schreiben wird.[9]

Eine gegenteilige Ansicht zum Regenbogen äußert der mittlerweile verstorbene Atheist Christopher Hitchens in Slate: »Kein gütiger Gott holt Fernsehmoderatoren von Nachrichtensendungen in der Mitte ihres Lebens von ihren Schreibtischen und entschädigt Freunde und Familie umgehend durch den Anblick von in Wassertropfen gebrochenem Licht am Himmel.«[10]

Gott war für eine Stellungnahme nicht zu erreichen. Aber einigen wir uns zumindest darauf, dass er ganz offensichtlich an die Vorgänge in Politik und Medien gewöhnt ist. Aus diesem Grund behaupten so viele Möchtegernführer, sie seien zu einer Präsidentschaftskandidatur »berufen«, und greifen Trauerredner so gern

---

9 Haddad, Tammy (2008): The Russert Miracles. In: The Daily Beast, 19. Juni 2008.

10 Hitchens, Christopher (2008): Mourning Glory. In: Slate, 23. Juni 2008.

auf das Bild zurück, dass Gott eine Personalabteilung unterhält, die Fernsehmoderatoren und Segler für den Himmel rekrutiert. Als der Journalist Andy Rooney einige Jahre später starb, verglich CBS-Moderator Scott Pelley ihn mit Cicero und Dickens und versicherte, dass »Gott offensichtlich einen Autor brauchte«. (Offensichtlich brauchte CBS ihn nicht, denn der Sender hatte Rooney einen Monat zuvor hinausgedrängt.)

Gott liebt Washington, das steht für uns fest. Seine Präsenz ist im Kennedy Center deutlich zu spüren, auch wenn alle ständig nach einem wichtigeren Gesprächspartner Ausschau halten.

Tammy kann gar nicht aufhören, von dem Russert-Regenbogen zu reden – ein begeisterndes, machtvolles, dumpfes Spektakel, dasselbe Wonderland-Feeling, das Washingtons Monumentalbauten wie Filmkulissen erscheinen lässt. Wirklichkeit oder Pappmaschee? Egal – es passt zur »Erzählung« einer bedeutungsschweren Zeit, in der es nicht mehr genügt, nur den unerotischen Regierungsgeschäften am Sitz der Macht nachzugehen. Washington ist nicht länger langweilig und fade. Der öffentliche Raum früherer Zeiten ist schwindelerregenden Nachrichtenzyklen gewichen und Staatsdiener haben sich zu gnadenlosen persönlichen Alleinvermarktern gemausert. Die Washington-Story ist zu etwas Bedeutsamerem geworden, wie es sich für eine »Erzählung« gehört: ein aufgeblasenes Wort an einem aufgeblasenen Ort, an dem alles sich verändert, vielleicht mehr als in jeder anderen Stadt der USA, passend zum hoffnungsvollen Imperativ des nächsten Präsidenten: *change.*

Aber vielleicht ändert sich auch gar nichts und die einzige Gewissheit ist, dass die Stadtväter der Hauptstadt überdauern werden wie die immergrünen Pflanzen auf einem gut gepflegten Friedhof.

2
Stadt der Schleimer

> Die Gründungsväter, die uns in ihrer Weisheit
> eine nahezu perfekte Verfassung und
> Regierungsform gaben, legten den Sitz dieser
> Regierung in einen stinkenden, dampfenden
> Sumpf.
>
> *Jack Lait und Lee Mortimer,*
> *Washington Confidential* [1]

September 2008 – Januar 2009
Es war eine Zeit der Hoffnung und Wiedergeburt – wenn man
mal von der Tatsache absieht, dass die Wirtschaft abstürzte. Das
war ein Problem, auch für die Medien. Bei einer Debatte zwischen den gegnerischen Vizepräsidentschaftskandidaten, Joe Biden
und Sarah Palin, lief ich im Oktober 2008 Andrea Mitchell über
den Weg. Sie machte gerade eine schwere Zeit durch, weil viele
ihrem Mann Alan Greenspan die Schuld an der Finanzkrise gaben.
Seine von Ayn Rand beeinflusste Freie-Markt-Politik, die er während seiner Amtszeit als Chef der US-Notenbank vertrat, sah mittlerweile alles andere als gut aus. Sein Image war »getrübt«, fand das
Wall Street Journal. [2] Und nicht nur das: Einige verkniffene Medi-
enmoralisten warfen in Publikationen wie der *Columbia Journalism Review* »grundlegende Fragen« auf, ob Mitchell überhaupt
für NBC über das wichtigste Tagesgeschehen berichten könne,
ohne auf Greenspans Schuld und Hinterlassenschaft zu stoßen.

---

1 Lait, Jack / Mortimer, Lee (2009): Washington Confidential. New York 2009, S. 14.

2 Ip, Greg (2008): His Legacy Tarnished, Greenspan Goes on Defensive. In: The Wall Street Journal,
8. April 2008.

Mitchell erklärte, sie habe stets peinlich genau darauf geachtet, Interessenkonflikte zu vermeiden. Aber in Alans und Andreas exklusiven, verflochtenen Kreisen kam das dem Versuch einer Eule gleich, Bäume zu vermeiden. Sie war eine Musterbürgerin der Hauptstadt. Eine Clubfunktionärin. Die Regierungen und Wahlkämpfe, über die Mitchell berichtete, überschnitten sich erheblich mit ihrem gesellschaftlichen und privaten Umfeld. In ihren Memoiren *Talking Back* schilderte Andrea ihre Hochzeit mit Alan Greenspan 1997, bei der Richterin Ruth Bader Ginsburg sie im Inn in Little Washington traute. »Unser Freund Oscar de la Renta entwarf mein Kleid«, schrieb Andrea. Flitterwochen machten sie nicht, weil sie beide arbeiten mussten, außerdem waren sie zwei Tage später zu einem Staatsbankett geladen, »unserem ersten als Ehepaar. Das Bankett fand zwar zu Ehren des kanadischen Premierministers statt, aber wir hatten das Gefühl, immer noch unsere Hochzeit zu feiern«.

Als Mitglied des Pressepools des Weißen Hauses begegnete Mitchell einmal Bill Clintons Finanzminister Lloyd Bentsen vor dem Oval Office – und wurde verlegen, als er sich bedankte, dass sie und Alan ihn und seine Frau am Vorabend zum Essen eingeladen hatten. (»Ach, Andrea, ich wollte Ihnen schreiben, es war so schön gestern Abend bei Ihnen«, sagte Bentsen.) Es gab gemeinsame Wochenenden in den Anwesen von Ex-Außenminister George Shultz, von Gerald und Betty Ford und Liz und Pat Moynihan. Es gab das denkwürdige Abendessen mit Al und Tipper Gore in Virginia, damals, als die beiden noch verheiratet waren, und die große Überraschungsparty zum 50. Geburtstag von Condi Rice im Haus des britischen Botschafters.

Mitchells Themenschwerpunkte waren nationale Sicherheit und Außenpolitik, deshalb hatte sie in der Regel wenig mit der Finanz- und Wirtschaftspolitik zu tun, auf die ihr Mann jahrzehntelang enormen Einfluss hatte. Das galt allerdings nicht immer, zumal Politik und Politiker in Washington nie fein säuberlich abgrenzbar sind. Zudem moderierte Andrea Mitchell bei MSNBC eine Mittagssendung, die sich allgemein mit Politik und selbstverständlich mit dem spannenden aktuellen Wahlkampf befasste. Seit Jahren fragte man sich in der Hauptstadt – und auch bei NBC –, wie Mitchell es schaffte, durch die großen Washingtoner Grauzonen zwischen den Anforderungen der Freundschaft und des Journalismus zu navigieren und zwischen privatem und beruflichem Umfeld zu unterscheiden. »Sie weiß das zu trennen«, erklärte NBC-Nachrichtenchef Steve Capus der *New York Times* auf entsprechende Fragen.[3]

Aber die Finanzkrise war ein besonderer Fall. Es war, als würde Laura Bush über die Reaktion der Regierung auf Hurrikan Katrina berichten, schrieb die *Columbia Journalism Review:* »In der Sendezentrale (des NBC) gibt es einen riesengroßen Elefanten. Sein Name ist Alan Greenspan.«[4]

Apropos Elefanten: Zur Verbindung von Andrea Mitchell und Alan Greenspan fiel manchem ein Spruch des ehemaligen *New-York-Times*-Herausgebers A. M. Rosenthal ein: »Solange Sie nicht über den Zirkus berichten, ist es mir egal, ob Sie einen Elefanten vögeln.«

Niemand berichtete so über den Politzirkus Washington wie Andrea, eine glühende, intelligente und hartnäckige Journalistin und unter den Fernseh-Frauen eine Pionierin in einem von Männern dominierten Reich. Außerdem war sie eine wirkliche Reporterin in einem Sektor, der zunehmend von Wichtigtuern und

---

3   Stelter, Brian (2008): For Greenspan's Wife, Covering the Financial Crisis Is on a Case-by-Case Basis. In: The New York Times, 12. Oktober 2008.

4   Garber, Megan (2008): The Elephant in the Control Room. In: Columbia Journalism Review, 24. September 2008.

gutaussehenden Dummköpfen beherrscht wurde: den Fernsehnachrichten. Mädchen erzählen ihr, dass sie später einmal »Nach-
richtenmoderatorin« werden wollen, nicht »Journalistin«. Andrea
ist Journalistin und niemand arbeitet härter als sie.

Aber angesichts der schwierigen aktuellen Lage und des Wahlkampfs waren besondere Vorkehrungen angebracht. Mitchell
durfte im Fernsehen nicht über die Ursachen der Krise, sondern
nur über die politischen Maßnahmen sprechen. »Wir sehen einen
Unterschied zwischen einer reinen Analyse der Rettungsmaßnah-
men – etwa der Bedingungen, die zur Krise geführt haben, wovon
wir sie fernzuhalten beschlossen haben – und der Berichterstattung über die damit verbundene Politik«, erklärte der Leiter des
Washingtoner NBC-Büros Mark Whitaker damals.[5] Andrea gefiel
diese Regelung gar nicht, wie sie Kollegen sagte, und sie hielt sie
auch nicht für angebracht. Sie hatte sich immer zugetraut, Priva-
tes und Berufliches zu trennen. Wenn Probleme aufgetaucht
waren, hatte sie mit Tim Russert darüber reden können, der sie
immer vor solchem Unsinn in Schutz genommen hatte.

Leute, die sich im Grabe umdrehen, sind ein beliebtes Klischee
in Washington. Irgendjemand spekuliert immer darüber, dass
sich einer der großen Toten Amerikas – Gründungsväter des Landes wie Ronald Reagan oder Franklin D. Roosevelt – wegen irgendeines Verstoßes gegen Althergebrachtes gerade im Grabe
umdreht. Im Nachrichtengeschäft ist Edward R. Murrow[6] ein
postmortaler Dauer-Wälzer (obwohl er verbrannt wurde).

Es war ein Zeichen sowohl für Tim Russerts Einfluss und Vermächtnis als auch für den grundlegenden Wandel in Medien und
Politik und der von Russert angeführten Hackordnung, dass bei-

5 Kaplan, Don (2008): Near Mrs. In: New York Post, 29. September 2008.

6 CBS-Legende und Nachrichtenpionier, der mit seiner TV-Sendung *See It Now*
   Senator Joseph McCarthy stürzte. Anm. d. Übers.

nahe vom Tag seiner Beerdigung an behauptet wurde, er würde sich im Grabe umdrehen.

Obwohl die Wirtschaft am Boden war und Tim Russert unter der Erde lag, sorgte Barack Obama für einen Adrenalinschub und ließ die Medien in Verzückung geraten wie seit der Kennedy-Ära nicht mehr. Seine Kritik an Washington – an der dummen, kleinlichen Politik – war sowohl in ihrer Eloquenz wie auch in der Wahl des richtigen Zeitpunkts beeindruckend. Zudem enthielt sie die umfassendere moralische Stoßrichtung seines Wahlkampfs: das Versprechen, dass sein in Chicago beheimatetes Team weit über den zynischen Empfindlichkeiten der Hauptstadt und deren kleinlichen Eitelkeiten stünde. Die Spitzenkräfte in Obamas Wahlkampfteam betonten ausgiebig ihre Verachtung für die Hauptstadt, obwohl viele von ihnen seit Jahrzehnten dort wohnten und in Chicago aus dem Koffer lebten. Sie behaupteten, dass ihre jeweiligen Gegner – zuerst Hillary Clinton, später John McCain – dazu neigten, sich in taktischen Entscheidungen von Washington-Insidern, die sie zufällig auf dem Markt, bei einem Abendessen oder im Kabelfernsehen träfen, beeinflussen zu lassen. »Teils weil wir in Chicago waren, teils aufgrund unserer Herangehensweise gaben wir keine ›Cocktailparty-Interviews‹«, erklärte Dan Pfeiffer, Pressesprecher des Obama-Wahlkampfteams und später des Weißen Hauses. »Auf solche Interviews lässt man sich ein, weil man die Reporter ständig bei Cocktailpartys trifft und sie den Kandidaten immer wieder darum bitten. Wir mussten jedes Mal lachen, wenn unsere Gegner sie gaben.«

Die Mitarbeiter des Wahlkampfstabs waren gehalten, die neuen Webseiten wie The Page des *Time*-Journalisten Mark Halperin oder Politico zu ignorieren, die beide von Washington-Insidern viel gelesen wurden. »Wenn Politico und Halperin sagen, dass wir gewinnen, verlieren wir«, wiederholte Obamas Wahlkampfmanager David Plouffe immer wieder. Die Phrase, die er am wenigsten mochte, war: »Ich habe jemanden im Kabelfernsehen sagen hören ...«

Obama schwor, seine Regierung werde sich auch von anderen zersetzenden Hauptstadtkreisen fernhalten, die er unter der Kategorie »Leute, die schon zu lange in Washington sind« zusammenfasste. Sie standen mehr oder weniger stellvertretend für die üblichen Verdächtigen, die seine Gegner unterstützten. Unausgesprochen schwang darin auch das Versprechen mit, dass Obamas Regierung nicht anfällig sein würde für die Verlockungen der verschwenderisch mit Steuergeldern um sich werfenden Hauptstadt. Vielmehr würde sie deren Celebrity- und Persönlichkeitskult widerstehen. Sie würde Abstand zu der Geldkultur halten, die sie ködern könnte, um »ihre Regierung zu monetarisieren«, so der Fachausdruck.

Wenn Obamas Wahlkampfstrategen wie Gibbs, Pfeiffer und Plouffe gegen Washington wetterten, meinten sie die damit assoziierte nützliche rhetorische Metapher und nicht den angenehmen Wohn- und Arbeitsort. Ihre Kampagne würde für »eine Politik der Einheit, Hoffnung und gemeinsamen Ziele kämpfen«, erklärte Plouffe, der Washingtoner Untergangspropheten als »Bettnässer«, Pressehorden als »Schakale« und den Politikbetrieb als »Cluster-Fuck« verachtete. Bei allen Obamaphilen war der feixende Groll von Underdogs zu spüren, die auf Misstrauen gestoßen waren und ihre hasserfüllten Gegner Lügen gestraft hatten.

In der Kritik schwang jedoch noch etwas Tiefgründigeres mit: die Vorstellung, dass die Hauptstadtprotagonisten, gegen die sie Sturm liefen, in erster Linie von den obersten Geboten Eigeninteresse, Selbstgefälligkeit, Selbstbereicherung und Selbsterhaltung beherrscht waren. Unterschwellig richtete sich der Angriff gegen den Charakter aller, die das nötige Verhalten an den Tag legten, um in der Hauptstadt Karriere zu machen. Nach Obamas offen geäußerter Ansicht gab es zwei Politikertypen: einen, der in die Politik geht, um Geld zu verdienen, und den anderen, der ein wahrer Staatsdiener ist. Alle Mitarbeiter im Übergangsteam, das vor Obamas Amtsantritt die Regierungsübernahme vorbereitete, wurden in einem Memorandum (»no ego, no glory«) ermahnt, dass sie Freiwillige waren, die für das Wohl des Landes arbeiteten und keinen Lohn (z.B. einen Job) erwarten durften.[7]

»Wir glauben, dass es nicht um uns geht«, sagte Gibbs einige Wochen vor Obamas Amtseinführung. »Es geht um etwas Größeres.«

Sobald Obama sich die Präsidentschaftskandidatur der Demokratischen Partei gesichert hatte, waren er und sein Stab einem fieberhaften Ansturm von Schmeicheleien ausgesetzt. Es ist durchaus üblich, dass Leute reihenweise um aussichtsreiche Wahlkampfteams herumscharwenzeln, aber in diesem Fall erreichte die Anbiederung ein geradezu komisches Maß an Verzweiflung. Bill Richardson, der damalige Gouverneur von New Mexico, der sich Anfang 2008 erfolglos um die Präsidentschaftskandidatur beworben hatte, zog im Oktober vor einer Wahlkampfveranstaltung in Mesilla, New Mexico, Joe Biden beiseite und bedrängte ihn: »Joe, Sie müssen mich zum Außenminister machen.« Umstehende Wahlkampfmitarbeiter waren erstaunt über diesen unverhohlenen – und öffentlichen – Vorstoß.

Obama selbst zeichnete sich durch eine postironische Distanz zur Politik aus, die seinem Charakter entsprach. Immer, wenn er in eine typische Politikermasche verfiel, ließ er augenzwinkernd durchblicken, dass er schauspielerte und alle wissen sollten, dass es ihm klar war.

---

7 Alter, Jonathan (2010): The Promise: Obama Year One. New York 2010, S. 16.

Kurz nach seiner Wahl in den US-Senat hatte ich Obama Anfang 2005 in seinem provisorischen Büro im Keller des Senatsgebäudes interviewt. Damals lümmelten er und Gibbs wie Studenten herum, die ein Footballspiel schauten, und vermittelten nachdrücklich den Eindruck, dass Obama keine Primadonna sei. Immer wieder erinnerten sie mich, dass er schon unzählige Stadtratssitzungen in Illinois und Ausschusssitzungen im Kongress mitgemacht hatte. Was für ein alter Hase er war! In meinem Artikel machte ich mich ein bisschen lustig über Obamas und Gibbs' eifrige Bemühungen, mir zu zeigen, wie wenig Obama an Karriere lag. »Meine Güte, war das wirklich so offensichtlich?«, fragte Obama, als ich ihm und Gibbs einige Wochen später auf dem Capitol Hill begegnete. »Gut gemacht, Gibbs«, sagte Obama mit einem vorgetäuschten Grinsen.

Ich habe es gerade vorgemacht: Politische Insider geben gern damit an, wie lange sie Obama schon kennen – vielleicht aus Springfield, Illinois, oder (wenn man supercool ist) aus einem Sandkasten in Indonesien. Es ist eine Art Währung oder Statussymbol wie bei Leuten aus dem Silicon Valley, die gern erzählen, dass sie mit Sergey Brin schon in seinen Stanfordzeiten abgehangen haben, bevor er Google mitbegründete.

Hier nun meine alles andere als beeindruckende Geschichte über meine erste Begegnung mit meinem alten Kumpel Barack:

Es war beim Parteitag der Demokraten 2004 in Boston, am Vorabend seiner Grundsatzrede, die den US-Senatskandidaten zum Star machen sollte. Obama war um 4 Uhr morgens mit dem Flugzeug aus Springfield eingetroffen und hatte ab 6 Uhr Auftritte in *Meet the Press, Face the Nation* und *Late Edition* von CNN absolviert. Nun musste er einen Empfang der schwarzen Kongressabgeordneten auf einem Kreuzfahrtschiff im Bostoner Hafen über sich ergehen lassen. Der junge Senator aus Illinois war ständig von Leuten bedrängt, die ihm erzählten, wie gespannt sie auf seine Rede seien, dass sie für seinen Wahlkampf gespendet hätten und was sonst nicht alles. Und Obama sagte allen wie ein Mantra, er brauche unbedingt ein Nickerchen. Er war das Gegenteil von Politikern wie Bill Clinton, die aus der Masse Kraft schöpften.

Obama kann wie jeder geschickte Amtsinhaber nicken, die Augenbrauen zusammenziehen und sich an nahezu allem interessiert geben. Er kann von Gespräch zu Gespräch, von Raum zu Raum wechseln, seufzt aber manchmal zu vernehmlich und verrät durch eine verkniffene Miene, dass er allzu erpicht auf ein Nickerchen ist. »Ich kann mit den Besten durch Empfänge wanken«, brüstete er sich mir gegenüber, bevor er wiederholte, dass er dringend ein Nickerchen brauchte.

Obama war offenbar immun gegen das Verlangen nach Bestätigung, das so viele Politiker befällt. Jeder Versuch, durch Lob seine Gunst zu gewinnen, war vergeblich oder kontraproduktiv. Diese selbstbewusste Ausstrahlung, über den Dingen zu stehen, ging auch von Obamas Spitzenberatern aus. Sie waren eine geschlossene, engagierte Gruppe und wirkten oft wie Einzelgänger. Im Stillen hatten sie wie Obama das Gefühl, dass das vorherrschende gesellschaftliche Schmiermittel der Politik – Speichelleckerei, Klatsch und anbiedernde Geschäftstüchtigkeit – nicht nur geschmacklos, sondern jämmerlich war.

In einem tieferen Sinne herrschte unter den Obama-Leuten die unausgesprochene Überzeugung, dass die Washingtoner Gesellschaft eine der heuchlerischsten der Welt war. Für sie waren die Mitglieder des Hauptstadtclubs Schauspieler in einer Schmierenkomödie, auf die sich beispielsweise in Chicago niemand einlassen würde. Durchgängig erklärten die Obama-Leute, dass sie über dem »Washington-Insiderspiel« stünden.

Aber die Insider-Kreise in Washington sind inzwischen so viel größer als früher, dass man ihnen kaum noch entgehen kann. Bei den exklusiven Dinnerpartys und Salons in Georgetown trafen sich früher einige Hundert Strippenzieher, wohlhabende Salonlöwen, aktuelle und ehemalige Kongressabgeordnete, Kabinettsmitglieder und Mitarbeiter des Weißen Hauses sowie einige Botschafter und bekannte Journalisten. Heutzutage haben sich Washingtons Insider-Kreise zu einer wuchernden »Gesprächsrunde« entwickelt, an der sich Zehntausende über Tweets, Blogs oder was auch immer beteiligen: ein Massenansturm auf die billigen Plätze. Standards lokaler »Berühmtheit« sind in den Keller gerauscht. Die Geburtstage untergeordneter Kongressmitarbeiter haben in Mike Allens Playbook meist ebenso viel Gewicht wie der des Präsidenten. Washington ist ein erheblich größerer Einheitsbrei als früher – und wirkt doch kleiner denn je.

Traditionell wird Washington von der schreibenden Zunft gern mit einer Highschool verglichen. Meg Greenfield von der *Washington Post* liebte und pflegte dieses Bild ebenso wie der *New-York-Times*-Kolumnist Russell Baker und einige andere. Dieses Klischee ist in gewissem Maße zutreffend. Es gibt hier viele Rüpel und Nerds. Vertraute Schauplätze wie der Plenarsaal des Senats oder der Presseraum des Weißen Hauses sind wie Klassenzimmer gestaltet. Der Kongress geht in die »Ferien«. Der Vergleich liefert zudem einen hilfreichen Rahmen für einige unvermeidliche Highschool-Typen. »Niemand, der je eine öffentliche Highschool in Amerika besucht hat, konnte William Jefferson Clintons Präsidentschaftswahlkampf im Jahr 1992 verfolgen, ohne darin den sexuellen Appetit der Landjugend wiederzuerkennen«, schrieb Joan Didion.[8] Und David Foster Wallace beschrieb John McCain

8   Didion, Joan (2002): Political Fictions. New York 2002, S. 215; dt. Im Land Gottes: Wie Amerika wurde, was es heute ist. Berlin 2006, S. 85.

während des Präsidentschaftswahlkampfs 2000 in einem Porträt im *Rolling Stone* als Uni-Sportskanone und Teufelskerl, dessen Feierfreudigkeit und Aufreißertalente ehemaligen Kommilitonen bis heute imponieren. In der Highschool hatte McCain den Spitznamen »Punk«.

Washington lockt sicher in rauen Mengen beflissene Schülerlotsentypen an. Einsame Wölfe bringen es hier dagegen nicht so weit wie im Marktwirtschaft spielenden Wilden Westen der Wall Street oder in den genialen Außenseiter-Laboren des Silicon Valley. »Einzelgänger kommen bei ihrer Wählerschaft zu Hause vielleicht an«, schrieb Meg Greenfield in ihren Memoiren mit dem Titel *Washington*. »Aber in Washington setzen sie sich nicht durch, so gut oder schlecht sie auch sein mögen. Hier zu gewinnen heißt, Menschen für sich zu gewinnen – manchmal durch Argumente, manchmal durch Geschick, manchmal durch Unterwürfigkeit und Gefälligkeiten, manchmal durch Druck und manchmal durch eine affenartige, brustklopfende Demonstration der Stärke, die es ratsam erscheinen lässt, sich dem Programm des Affen anzuschließen.«[9]

Der modernen Hauptstadtversion wird der Vergleich mit der Uni allerdings nicht mehr gerecht. Früher war Washington – wie die Highschool – eine zeitlich begrenzte Kultur. Die meisten rechneten damit, irgendwann aufzusteigen oder diese Phase hinter sich zu lassen. Aber mittlerweile verlässt kaum noch jemand Washington. Die meisten bleiben lieber und machen ihre hier erworbene Identität zu Geld in einer brummenden Selbstperpetuierungsmaschinerie, in der selbst Leute, die nicht annähernd so gut sind wie Tim Russert oder die Obama-Energiebündel, in der Lage sind, die Hauptstadt »für sich arbeiten« zu lassen.

9   Greenfield, Meg (2009): Washington. New York 2009, S. 36.

Die Vorstellung, dass ein Politiker nach Ablauf seiner Amtszeit bescheiden auf seine Farm, in sein Geschäft oder seine Arztpraxis zurückkehrt, ist geradezu kurios. »Was unsere Gründungsväter nicht vorhersehen konnten, war, dass eine Nation von Berufspolitikern regiert wird, die ein eigennütziges Interesse haben, wiedergewählt zu werden«, sagte Ronald Reagan 1973. »Sie hatten sich vermutlich einen Typ vorgestellt, der sein Amt zwei Legislaturperioden ausübt und sich dann freut, wieder auf seine Farm zurückzukehren.«[10]

Obama erzählte Freunden oft, dass es für ihn ebenso wie für Ronald Reagan wichtig war, den Eindruck eines Kandidaten zu vermitteln, der das Präsidentenamt nicht *brauchte*. Die Leute sollten wissen, dass er aus dem öffentlichen Leben keine der psychischen Befriedigungen zog, die so viele andere darin suchen. Als Senator bat er einen Kollegen einmal, ihn zu »erschießen«, falls er nach Beendigung seiner politischen Karriere jemals in Washington bleiben sollte.

Nach Angaben eines Freundes verabscheut Obama die »Derivatkultur Washingtons«, in der Menschen sich durch ihre Nähe zu anderen Leuten und Institutionen definieren. Der jeweilige Präsident ist ein beliebtes Ziel aller, die einen solchen abgeleiteten Status anstreben. Sie hängen sich an ihn an und betonen ihre Verbindung zum Präsidenten, als ob sie dadurch ebenfalls ein bisschen präsidial würden. Ed Henry, der für CNN und später für Fox News über das Weiße Haus berichtete, hatte bei seiner Hochzeit in Las Vegas eine 70 Pfund schwere Nachbildung des Weißen Hauses als Hochzeitstorte.

Mit der Zeit verschmelzen die Menschen mit ihrer öffentlichen Person und ihren beruflichen Netzwerken. Sie verlieren ihr eigentliches Ich, das in einem Gewirr von Playbook-Erwähnungen und hochkarätigem Namedropping untergeht. Es geht in ihrer Marke unter, die wiederum mit anderen Marken verschmilzt.

---

10 Reagan, Ronald (1973): Meet the Students. Fernsehmitschnitt, Sacramento, California, 17. September 1973.

— ★ ★ ★ —

Den Begriff »Stadt der Schleimer« *(Suck-up City)* hörte ich erstmals von einem Obama-Berater im Wahlkampf 2008. Er meinte damit die Hauptstadtkultur, gegen die Obama antrat und die seine Regierung, wenn er gewählt werden würde, zu ändern versprach. Die Bezeichnung umfasst mehrere Facetten, deren offensichtlichste in unterwürfigem Verhalten besteht: Man schmeichelt sich bei jemandem ein, dem man gefallen möchte und von dem man vor allem etwas will. Man könnte behaupten, das Einschmeicheln sei die Muttermilch der Politik oder des politischen Taktierens. Es nimmt auch eine zentrale Stellung in Obamas Verachtung für die übliche Vorgehensweise ein. Im Vorwahlkampf 2008 organisierte Mike Cuzzi, sein politischer Berater für New Hampshire, in der Stadt Rye ein Abendessen für Obama mit einigen sehr von sich eingenommenen lokalen Größen (was angesichts der Aufmerksamkeit, die New Hampshire alle vier Jahre bei den Vorwahlen erhält, kein Wunder ist). Obama blieb stundenlang, erzählte Geschichten, redete über den Wahlkampf und fragte alle nach ihrem Leben, ihren Sorgen und so weiter. Allem Anschein nach genossen alle den Abend, aber kein Einziger sprach sich verbindlich für Obama aus. »Was muss ich tun«, fragte Obama Cuzzi bei der Abreise, »ihre Autos waschen?«

Schleimerei gehört in Washington dazu wie die Feuchtigkeit und sie hat auch eine finanzielle Komponente. Noch nie war es einfacher für »Strategen«, »Berater« und »Agenten« aller Art, sich wie Seepocken an den Gelddampfer anzuheften und Nährstoffe aufzusaugen.

In Washington ist niemand besser vernetzt als Robert Barnett, der Superanwalt und Agent, der den Ertragswert eines Menschen schon allein dadurch legitimiert, dass er ihn vertritt. Dieser Dienst an seinem Land umfasst den unermüdlichen Einsatz, seine Klienten in den Medien zu fördern, und einen ebenso unermüdlichen Einsatz, sie im Interesse seiner Eigenwerbung ständig an diese Leistungen zu erinnern. Das macht ihn zum »Superanwalt«. Die Menge der Spitzenakteure Washingtons, die zu einem einzigen Superanwalt strömen, um ihre Erfahrung in bare Münze umzusetzen, ist selbst für die provinziellen Verhältnisse der Ameisenkolonie erstaunlich. Barnett hat sämtliche seltenen Manschettenknöpfe, die man nur sammeln kann, und mehr Geld, als er jemals verbrauchen kann. Dennoch liebt er das erregende Gefühl, bei sämtlichen großen Partys, Abendessen und Beerdigungen dabei zu sein und seinen Namen im Internet-Nachrichtendienst Politico auf Mike Allens Playbook-Seite zu lesen.

Bob Barnett liebt Playbook. Er macht ständig Werbung für Mike Allen und lässt ihn immer schon vorab wissen, wenn Vertragsabschlüsse zur Bekanntgabe anstehen. Dafür erwähnt Playbook Barnett ständig, und sei es auch nur mit dem Standardlob eines weniger bekannten Politikers in den Danksagungen eines Buches, das Barnett vermittelt hat.

Barnett fühlt sich geschmeichelt, wenn Mike seinen Geburtstag erwähnt und den seiner Frau Rita Braver und seiner Tochter Meredith und seines kleinen Enkels Teddy. Übrigens war es Mike, der 2010 die Geburt Teddys auf Playbook bekanntgab.[11] Als ich Barnett einige Tage später über den Weg lief, erzählte er mir, dass er nach der Playbook-Meldung »bestimmt 4000 E-Mails« mit Glückwünschen bekommen hatte. Barnett war ganz aus dem Häuschen wegen seines Enkels.

---

11 Allen, Mike (2010): In Buffalo, President to Make Aggressive Case on Economy. In: Politico, 13. Mai 2010.

Nach Barnetts Ansicht hilft Allen – mit seinen Erwähnungen und Geburtstagsglückwünschen – Washington, die wahren Prioritäten nicht aus dem Auge zu verlieren und ein Gemeinschaftsgefühl zu fördern. »In einer Welt, in der wir alle dazu neigen, den Menschen in unserer Umgebung und ihrem eigentlichen Leben nicht genug Beachtung zu schenken, ist das ein echter Dienst an der Öffentlichkeit«, lobte Barnett Allen und Playbook in einem Interview mit der *Washington Post*.[12] In einem Beitrag für Politico, der am Vorabend der Wahlen 2008 erschien, nannte Allen den »Washingtoner Superanwalt Robert Barnett« sogar in einer Kurzliste möglicher Obama-Kandidaten für den Obersten Gerichtshof (Barnett stand ganz oben auf der Liste, gefolgt von Sonia Sotomayor und Elena Kagan).[13]

Barnett, der in Waukegan, Illinois, geboren wurde und sich einen ausgeprägten Midwest-Akzent bewahrt hat, zeigt seine Liebe zu Washington unverhohlen. Durch seine Verbindungen zu den ranghöchsten Amtsinhabern der Hauptstadt – von Präsidenten und First Ladies abwärts – hat er eine Marktnische aufgetan, die er voll und ganz dominiert.

Es ist zwar alte Sitte, dass aus dem Amt geschiedene Politiker und Staatsdiener von ihrer Erfahrung profitieren, aber Barnett operiert in einem Markt, der vor 30 Jahren kaum existierte. Abgesehen von einigen Ausnahmen (für Reagans Leiter des Budgetressorts, David Stockman, handelte Barnett angeblich 1985 einen Vorschuss von 2,4 Millionen US-Dollar für ein Buchprojekt aus) war damals noch nicht so viel Geld im Spiel, es gab den elektronischen Zirkus noch nicht und politische Berater wie Karl Rove besaßen

12 Wemple, Erik (2011): Why Is Politico's Cash Cow Asking Readers to »Support Our Journalism«? In: The Washington Post, 29. November 2011.

13 Allen, Mike (2008): Dems Sketch Obama Staff, Cabinet. In: Politico, 31. Oktober 2008.

noch nicht den Promi-Reiz, der es ihnen mittlerweile erlaubt, ihre »Marke« für große Multimediageschäfte zu nutzen. Erst mit dem Aufkommen des Kabelfernsehens erhielten sie ein Gesicht.

An dem Abend, als ich Andrea Mitchell bei der Biden-Palin-Debatte in St. Louis traf, lief ich auch Barnett über den Weg. Er hing im Medienzentrum herum, einem Dreh- und Angelpunkt nach seinem Geschmack. Begeistert wie immer erzählte er von seinen letzten großen Abschlüssen und brachte seine Bekannten auf den neuesten Stand über seine Liste hochkarätiger Klienten.

Barnett ist der Prototyp eines Menschen, der Washington für sich arbeiten lässt. Zudem erfreut er sich in der Stadt seit Langem positiver Presseberichte und profitiert häufig von überschwänglichem Lob seiner Klienten (oder ihrer Vertreter). Hillary Clinton ist immer zu öffentlichen Äußerungen über Barnett bereit, der einen Vorschuss von acht Millionen US-Dollar für ihre Memoiren (*Living History,* dt. *Gelebte Geschichte*), einen Vorschuss von zehn Millionen Dollar für die Memoiren ihres Mannes (*My Life,* dt. *Mein Leben*) und sogar einen Vertrag für eine von Hillary herausgegebene Anthologie mit Kinderbriefen an die Haustiere der Präsidentenfamilie, die Katze Socks und den Hund Buddy, ausgehandelt hat. Hillarys Sprecher Philippe Reines sagte einmal gegenüber der *Baltimore Sun:* »Wenn Gott die Bibel noch einmal schreiben würde, würde er sicher Bob Barnett anrufen.«[14]

Barnett ist effizient in seinem Job und hat auch manchen Spitzenjournalisten, die positiv über ihn berichten, viel Geld eingebracht »Barnett als typisches Beispiel für die Vernetzung in Washington anzuführen ist, als würde man die Sonne ein Symbol

---

14 Gamerman, Ellen (2004): He Makes Deals for D.C. Elite. In: The Baltimore Sun, 6. Juli 2004.

der Hitze nennen«, übertrieb David Montgomery 2010 in einem
Porträt in der *Washington Post*.[15] Chefredakteur war damals
Marcus Brauchli, für den Barnett ein 3,4-Millionen-Dollar-Paket
ausgehandelt hatte, als er das *Wall Street Journal* verließ. Es gibt
keinerlei Hinweise, dass Brauchli Einfluss auf Montgomerys
Berichterstattung genommen hätte. Aber es kommt durchaus
nicht selten vor, dass Journalisten – von denen er 375 vertritt – der
Barnett-Sonne zu nahe kommen.

Barnett verkörpert Washingtons eigentümliche Toleranz für
Interessenkonflikte, wenn schon nicht nach juristischer oder
moralischer Definition, so doch in dem Sinne, als sie »grundlegende Fragen aufwirft«. Diese Formulierung taucht in Barnetts
Umfeld häufig auf. Im Lauf der Jahre habe ich viele Politiker
und Kollegen getroffen, die, gelinde gesagt, ein Unbehagen emp-
fanden, dass Barnett in ihrem Namen mit Leuten (oder deren
Anwälten) verhandelte, die er ebenfalls vertrat. Und wenn er hilft,
eine Buchveröffentlichung für einen seiner berühmten Klienten
zu inszenieren, favorisiert er dann Fernsehmoderatoren oder
Medien, die er ebenfalls vertritt?

Barnett erklärt, dass er seinen Klienten mögliche Interessenkonflikte vorab schriftlich mitteilt und sie sich ohne Weiteres an
einen anderen wenden oder ihn feuern können. Die meisten tun
es nicht. »Er ist der wandelnde Interessenkonflikt«, sagt eine bekannte Fernsehjournalistin, die seit Langem zu seinen Klienten
gehört. Sie zollt Barnett große Anerkennung und fügt hinzu, dass
sie vorhat, sich bei den nächsten Verhandlungen wieder an ihn zu
wenden.

Barnett brüstet sich mit seiner Diskretion und Bescheidenheit.
In der Presse wurde besonders hervorgehoben, dass es in seinem

---

15 Montgomery, David (2010): Washington Lawyer Bob Barnett Is the Force Behind Many Political
    Book Deals. In: The Washington Post, 7. März 2010.

Büro in der Washingtoner Anwaltskanzlei Williams & Connolly keine Fotowand gibt, die ihn mit Präsident X oder dem ausländischen Regierungschef Y zeigt. Aber was ihm an Fotowänden fehlt, macht er durch geschickte Konversation bei Cocktailpartys wett, wo er erzählt, dass er gerade eine E-Mail von Hillary (oder George W. Bush) bekommen hat. Er geht gern aus, trifft Leute, wird gesehen und arbeitet unermüdlich. Vielleicht ist er der fleißigste Mensch im »Showbiz für Hässliche«. Er spannt seine berühmten Klienten ein, ihm Einladungen zu exklusiven Festessen wie dem jährlichen Bankett im Alfalfa Club zu verschaffen, bei denen sich die Elite aus Politik und Medien trifft. Als Urlaubsort zieht er Nantucket der Insel Martha's Vineyard vor, wie er mir einmal erklärte, weil Vineyard zu weitläufig ist und keinen zentralen Platz hat wie Nantucket. Außerdem geht er gern einkaufen.

Für einige zentrale Mitglieder aus Obamas innerem Kreis war er der Inbegriff des Machers in der Schleimerstadt, der alle Seiten ausspielte, unermüdlich Eigenwerbung betrieb und in seinen Allianzen nur auf Gewinn bedacht war. Außerdem hatte er bei den Vorwahlen der Demokraten Hillary Clinton entschieden unterstützt, da er mit der ehemaligen First Lady und ihrem Mann schon lange bevor er die Buchverträge für sie aushandelte befreundet war.

Barnett ist zwar stolz auf sein juristisches Können und Verhandlungsgeschick, möchte aber unbedingt als zentraler Akteur gelten. Er hasst es, wenn man ihn als »Agenten« bezeichnet, was an Söldner erinnert. Lieber sieht er sich als universellen Freund, Herausgeber, Problemlöser, Vertrauten und Promoter. Er arbeitet parteiübergreifend und hat die drei letzten Präsidenten, First Ladies und Vizepräsidenten beider großer Parteien vertreten.[16]

16   Lattman, Peter (2012): Washington Law Firm Finds Niche in Sports and Entertainment. In: The New York Times, 21. Juni 2012.

Allerdings ist er bekennender Demokrat und sehr stolz auf seine Mitwirkung bei der Vorbereitung der demokratischen Präsidentschaftskandidaten auf die Wahlkampfdebatten. Die einzigen Fotos von Barnett und berühmten Klienten in seinem Büro zeigen ihn mit Präsidentschaftskandidaten bei Trainingssitzungen auf einem Podium.

Nachdem Obama sich im Juni 2008 die Nominierung der Demokratischen Partei gesichert hatte, wollte Barnett unbedingt zu dem Team gehören, das den Präsidentschaftskandidaten auf seine Debatten mit McCain vorbereitete. Er hatte bereits einen Fuß in der Tür, weil er die Verhandlungen für Obamas späteren Bestseller *The Audacity of Hope* (dt.: *Hoffnung wagen*) geführt hatte.

Aber einige führende Berater Obamas beharrten darauf, Barnett gehöre genau zu den Washington-Insidern, die sie im Wahlkampf meiden sollten. Zudem stand er im Ruf, allzu viel mit den Medien zu reden, denen er besonders viel Aufmerksamkeit widmete (zumal seine Frau, Rita Braver, Korrespondentin von CBS News war). Auch Hillary Clinton war sich dessen bewusst und warnte ihre Mitarbeiter häufig, Barnett nicht allzu viel zu erzählen, weil er allgemein zu viel redete.

Nachdem sie aber im Juni aus dem Kandidatenrennen ausgeschieden war, spannte sie Barnett ein, um Verbindung zu Obamas Wahlkampfteam zu halten. Den ganzen Sommer über bemühte er sich bei Obamas Leuten um eine Beteiligung an der Debattenvorbereitung. Nach einem kurzen Gespräch in der Wahlkampfzentrale in Washington äußerte Plouffe sich erstaunt über Barnetts Hartnäckigkeit.

Schließlich gab man ihm eine kleine Aufgabe in dem Team, das die äußeren Bedingungen der Debatten mit McCains Wahlkampfteam und den Organisatoren aushandelte: die Größe der Stehpulte,

Raumtemperatur und Ähnliches. Barnett reiste zu den drei Debatten der Präsidentschaftskandidaten und nach St. Louis zur
Debatte zwischen den Vizepräsidentschaftskandidaten Joe Biden
und Sarah Palin. Den größten Teil des Abends verbrachte er im
Medienzentrum und im »Spin Room« in der Washington University. Der Einzige, für den er dort anscheinend Image-Arbeit leistete, war er selbst. Er war in seinem Element und schien im Sehen
und Gesehenwerden aufzugehen.

Letzten Endes sicherte Barnett sich Sarah Palins Vermarktung
nach der Wahl und erzielte für sie eine hohe achtstellige Summe
für ein Buch, Vorträge und Fernsehauftritte. »Nur wenige Politiker, die kein Amt bekleiden, haben die Verknüpfung von Medien
und politischer Stellung so gut genutzt wie Sarah Palin«, sagte
Barnett später über seine neue Freundin aus Alaska.

Noch besser war, dass Barnetts schärfster Kritiker, Obamas
Wahlkampfmanager Plouffe, seine Abneigung hintanstellte, als es
um seinen eigenen Lebensunterhalt ging: Er ließ Barnett einen
angeblich siebenstelligen Vorschuss für sein Buch über den Wahlkampf 2008, *The Audacity to Win*, aushandeln. Playbook berichtete einige Wochen nach der Wahl: »Robert Barnett, der unter
anderem auch den gewählten Präsidenten, die designierte Außenministerin, den designierten Handelsminister, den zukünftigen
designierten Gesundheitsminister und den designierten Wirtschaftsberater der Regierung vertritt, wird das Projekt für Plouffe
betreuen.«[17]

In dem Buch schmähte Plouffe die Republikaner als »Partei
unter der Führung von Leuten, die Wut und Streit schüren, um
sich einen Namen zu machen und einen Dollar zu verdienen.«
Plouffe verdiente mehr als nur einen Dollar. Barnett brachte ihn

17   Allen, Mike (2008): Publishers Jump at Plouffe Book. In: Politico, 5. Dezember 2008.

im Washington Speakers Bureau unter, einer beliebten Agentur auf dem florierenden Markt bezahlter Redner. Plouffe verdiente 2010 nach Angaben des Weißen Hauses 15 Millionen US-Dollar, darin enthalten waren ein Teil des Vorschusses für sein Buch, Einkünfte aus seiner Beratertätigkeit für Boeing und General Electric und annähernd 500 000 Dollar für Vorträge auf der ganzen Welt, unter anderem 100 000 Dollar von dem afrikanischen Telekommunikationsunternehmen MTN Nigeria.

Niemand in Obama-Kreisen leugnete Barnetts Effizienz, wenn es darum ging, ihnen beim Übergang von der Politik in die Privatwirtschaft Verträge zu verschaffen. In der Regel gab es gar keine andere Wahl. Barnett galt als »der Portier der Drehtür«, eine Bezeichnung, die er – selbstverständlich in aller Bescheidenheit – in Reden selbst anführte.

»Wenn man in einem gewissem Maße ins öffentliche Licht gerückt ist, geht man einen Pakt mit dem Teufel ein«, sagte mir ein langjähriger Vertrauter und Berater Obamas. »Alle hier wissen über Bob Bescheid. Aber es ist eine Tatsache, dass man wahrscheinlich Geld liegen lässt, wenn man ihn nicht engagiert, und dazu sind 95 Prozent der Leute nicht bereit.«

Im Alltag des Weißen Hauses konnten Barnetts Klientenbeziehungen zu den höchsten Obama-Kreisen allerdings auch zu Konflikten führen. Obama war noch nicht lange Präsident, als sein Redenschreiber im Bereich »Nationale Sicherheit«, Ben Rhodes, einen Anruf von einem Assistenten Nelson Mandelas mit der Bitte erhielt, ob der Präsident ein Vorwort zu Mandelas Autobiografie schreiben würde. Rhodes, ein idealistischer ehemaliger Schriftsteller, der nach den Flugzeuganschlägen auf die Twin Towers in die Politik gegangen war, leitete Mandelas Bitte an den Präsidenten weiter und dieser erklärte sich sofort dazu bereit. Kurze Zeit später wurde Barnett als Anwalt des Präsidenten in Buchangelegenheiten hinzugezogen und wandte ein, das Weiße Haus hätte die einzigartigen Probleme berücksichtigen sollen, die entstehen, wenn ein Präsident Beiträge für ein Buch schreibt – damit hatte er bereits in Bill Clintons Präsidentschaft Erfahrungen gesammelt. E-Mails gingen hin und her, bis Rhodes verärgert darauf hinwies, dass etwas so Eindeutiges wie ein Vorwort des Präsidenten zum Buch einer seiner Helden ja wohl nicht so kompliziert sein dürfte. Rhodes, dessen Bruder David Rhodes später Präsident von CBS News wurde, erzählte Kollegen, dass er einigen Mitarbeitern Obamas, unter anderem auch Barnett, eine gepfefferte E-Mail geschrieben hatte. Er räumte ein, dass es vermutlich ein Fehler war, aber letztlich wurde die Angelegenheit von den Anwälten geklärt und Obama schrieb das Vorwort für Mandelas Buch.

Als ich Ben Rhodes nach der Episode fragte, bestätigte er sie, lehnte aber jeglichen Kommentar mit dem Hinweis ab, dass Barnett seinen Bruder vertritt.

— ★ ★ ★ —

Obamas Wahlsieg im November 2008 löste einen wahren Liebestaumel aus. Vor seiner Siegesrede im Grant Park in Chicago zog eine Prozession seiner Wahlkampfhelfer und hochrangigen Unterstützer an der Pressetribüne vorbei. Ich sah viele Obama-Leute, die Reporter ausgiebig umarmten und damit die (unter anderem von Clintons und McCains Wahlkampfteams verbreitete) Behauptung bestätigten, dass die Medien Obama verfallen seien – unsterblich gemacht durch den Journalisten Chris Matthews, der im Fernsehen erklärte, er spüre »ein Prickeln an seinem Bein hinaufkriechen«, wenn er Obama reden höre.[18] Der Reporter

18 Matthews, Chris (2011): »I Felt this Thrill Going Up My Leg« As Obama Spoke.
In: The Huffington Post, 25. Mai 2011.

Howard Kurtz, der damals bei der *Washington Post* arbeitete, initiierte eine »Obama-Vergötterungs-Wache«, die vermerkte, wie oft Obama nach der Wahl mit Franklin D. Roosevelt oder Abraham Lincoln verglichen wurde. Mehrere Journalisten landeten als hochrangige Pressesprecher und Medienberater in der neuen Regierung. Das kommt häufig vor, besonders bei Regierungen der Demokraten, allerdings nicht in dem Umfang wie unter der Präsidentschaft Obamas, die sich zu einer Arbeitsagentur für ehemalige Journalisten entwickelte: Allein in der ersten Amtsperiode traten angeblich 19 Journalisten in Regierungsdienste.[19]

Es ist auch durchaus üblich, dass brandneue Regierungen weithin gefeiert, umschmeichelt und allgemein mit Aufmerksamkeit überschüttet werden. Besonders beliebt sind ehemalige Wahlkampfhelfer der Demokraten, die im Weißen Haus in Spitzenstellungen aufsteigen. Jimmy Carters Spitzenberater Hamilton Jordan und Jody Powell erschienen kurz nach der Wahl Carters auf der Titelseite des *Rolling Stone*. Und die Zeitschrift *New Republic* initiierte 1992 eine »Clinton-Einschleim-Wache«.

Aber der extreme Hype, der Obamas Wahlsieg begleitete, reichte weit über dessen historische Bedeutung hinaus und grenzte zuweilen an ein regelrechtes Gehechel. »Da Barack Obama seinen Stab mit Mannsbildern besetzt, deren Aussehen ebenso herausragend ist wie ihre Referenzen, ist klar, dass der 44. Präsident des Landes nicht der einzige Mann in Washington ist, der in Maßanzug oder Badehose gleich umwerfend aussieht«, schrieb die New Yorker *Daily News* einen Tag vor der Amtseinführung. Der Bericht war mit einer Fotostrecke zu den »Hotties im Kabinett Obama« bebildert.[20]

---

19 Hastings, Michael (2013): Panic 2012: The Sublime and Terrifying Inside Story of Obama's Final Campaign. New York 2013, S. 65.

20 Hotties of the Obama Cabinet. In: New York Daily News, 9. Januar 2009.

In der ganzen Stadt gab es eine Welle opulenter Willkommens-
partys, während der Rest des Landes in den Abwärtssog einer
Finanzkrise geriet. An einem Donnerstagabend im Dezember
2008 feierten weitgehend dieselben Leute, die Russert (und Gibbs)
im Juni die Ehre erwiesen hatten, Gibbs und seine Frau in einem
Lokal auf dem Capitol Hill in Washington. Die Einladung for-
derte die Gäste auf, »Robert und Mary Catherine Gibbs mit
Getränken, Lachen, demütigender Ehrerbietung, Respekt und
Schleimerei zu ehren«.[21] Allein in diesem Monat wurden Obamas
Leute bei 14 solcher Galaempfänge »geehrt«.

Aber die Obama-Anhänger waren fest entschlossen, den Verlockungen der Schleimerstadt zu widerstehen. Sie gaben sich als
unbestechliche Kanarienvögel, die wachsam über den schmudde-
ligen Schmeichelminen Washingtons schwebten. Sie würden sich
weigern, in einem System mitzuspielen, das zu einem großen,
salbungsvollen Spiel verkommen war. Sie würden bescheiden
bleiben und sich auf ihre Arbeit konzentrieren.

In der Woche vor seiner Amtseinführung war der designierte
Präsident in Chevy Chase, Maryland, eingeladen, Heimat des
konservativen Kolumnisten George F. Will. Mit diesem Dinner
wollte man den neuen Präsidenten angeblich willkommen heißen, zurück in der Stadt[22], und ihn mit einigen führenden konservativen Medienvertretern bekannt machen: unter anderem mit
David Brooks von der *New York Times,* Peggy Noonan vom *Wall
Street Journal* und William Kristol vom *Weekly Standard.* Ursprüng-
lich hätte dieses Abendessen bereits während des Wahlkampfs
stattfinden sollen. Axelrod hatte darauf gedrängt, aber Plouffe

---

21 Leibovich, Mark (2008): Between Obama and the Press. In: The New York Times,
    17. Dezember 2008.

22 In Cevy Chase durften sich bis ins 20. Jahrhundert hinein keine Afroamerikaner niederlassen.
    Von den 1920ern an war es ausdrücklich untersagt, Häuser an »Neger« zu verkaufen. Anm. d. Übers.

hatte die Idee verworfen. Er hatte die Teilnahme an einem solchen Washington-Insider-Salon für Zeitverschwendung gehalten, während Axelrod argumentiert hatte, es könne ein nützliches Friedensangebot ganz im Sinne von Obamas Versprechen sein, das Land zu einen. Plouffe hatte sich durchgesetzt und man hatte die Einladung bis nach dem Wahlkampf verschoben. Nun aß Obama Champignonsalat und Lammkoteletts und erklärte beim Abschied, das zweieinhalbstündige zwanglose Beisammensein habe ihm »Spaß« gemacht.[23]

Im Lauf der Woche traf Obama die Redaktionsleitung der *Washington Post,* die er während des Wahlkampfs stolz hatte abblitzen lassen. Nach dem Meeting arbeitete er sich unter dem Klicken von Handykameras durch die Redaktion im fünften Stock. »Ich möchte über die Redskins[24] und die Nationals[25] reden«, erklärte er wie ein neuer Nachbar, der eifrig darauf bedacht war, sich einzufügen.

Für sich genommen, bedeuteten Obamas Besuche bei Wills und der *Washington Post* wenig. Sie signalisierten eine ganz normale Verschiebung der Institutionen, mit denen ein Präsident spricht, wenn er (während des Wahlkampfs) außerhalb von Washington und wenn er (als gewählter Präsident) in Washington ist. Politik läuft oft darauf hinaus, seine Prioritäten und seine Klientel zu kennen, und keins von beiden ist statisch. »Es ist so etwas wie ein anerkanntes Übergangsritual, dass ein Präsidentschaftskandidat schlecht über Washington reden kann, ohne dass ihm hinterher jemand in Washington Heuchelei vorwirft«, sagte

---

23 Leibovich, Mark (2009): The Making of a New Washington Insider. In: The New York Times, 16. Januar 2009.

24 Football-Club in Washington. Anm. d. Übers.

25 Baseball-Club in Washington. Anm. d. Übers.

Marlin Fitzwater, der Pressesprecher der Präsidenten Reagan und George H. W. Bush. Allen Schlüsselgruppen in Washington sei klar, dass er früher oder später zu ihnen kommen werde, erklärte er und nannte speziell die Lobbyisten, die Abgeordneten und die zeitweise gefürchteten »Interessengruppen«.

Dennoch stellten sich Obama und seine Entourage als ungewöhnlich saubere Truppe dar. Ihre heftigen Angriffe auf Lobbyisten während des Wahlkampfs und ihr Schwur, sie nach ihrem Wahlsieg aus dem Weißen Haus herauszuhalten, sorgten für hitzige Debatten zwischen Obamas Beratern, ob sie Ausnahmen von dieser Regel machen sollten, zumal bei Leuten, die für eine gute Sache (wie die Krebsforschung) arbeiteten. Der Hardliner Axelrod vertrat die Meinung, Amerikaner würden nicht zwischen »guten« und »schlechten« Lobbyisten unterscheiden und es ginge um ein übergeordnetes Prinzip. »Das entspricht uns nicht« und »das ist nicht in unserer DNA«, lauteten gängige Sprüche der Hardliner, zu denen auch Plouffe und Gibbs gehörten. Manche im Weißen Haus vertraten eine weniger rigide Haltung und hielten diese Richtlinien für willkürlich. Mit einer Verfügung des Präsidenten, Lobbyisten außen vor zu halten, würde Obama die Auswahl möglicher Regierungsmitarbeiter einschränken und sich Peinlichkeiten einhandeln, falls er Ausnahmen zuließe – wie im Fall von Bill Lynn, dem ehemaligen Lobbyisten des Rüstungskonzerns Raytheon, den er zum Staatssekretär im Verteidigungsministerium berief.

Eine der unbestreitbaren Wahrheiten im Washington der Obama-Ära ist die Tatsache, dass mittlerweile jeder sein eigener Interessenvertreter ist, ein freier Agent, der alle möglichen Dienstleistungen in jedem erdenklichen Rahmen erbringt. Das geht weit über die förmliche Einstufung als »registrierter Lobbyist« hinaus. Selbstvermarktung hat sich zu einem vorherrschenden gesellschaftlichen und wirtschaftlichen Imperativ entwickelt.

Da jeder seine eigene »Interessenvertretung« oder Marke repräsentierte, konnte man unmöglich wissen, wer wessen Wasser-
träger war. Es war also keineswegs so, dass man einfach nur
eine Liste »registrierter Lobbyisten« durchgehen und von
Regierungsposten oder Kontakten zum Weißen Haus ausschließen musste. Lobbyarbeit war nur ein Segment der Drehtür.
Es gab eine Fülle lauschiger – vielleicht sogar »zutiefst beun-
ruhigender« – Überschneidungen. So war Michael Froman, der
Stabschef von Clintons Finanzminister Robert Rubin, leitender
Manager der Citigroup, während er in Obamas Transition-Team
arbeitete. Ein weiterer Protegé Rubins, der damalige Präsident
der New York Fed Tim Geithner, half einige Wochen nach Obamas
Wahl, mit Steuergeldern ein Rettungspaket für die Citigroup
zu schnüren. Froman erhielt später, nachdem er einen Regierungsposten bekommen hatte, von Citigroup eine Bonuszah-
lung von 2,2 Millionen US-Dollar (die er letztlich für wohltätige
Zwecke spendete).

Dennoch: Das Mantra im neuen Weißen Haus lautete »Wider-
steht dem Goldrausch«. Die steigenden Arbeitslosenzahlen und
der Zusammenbruch der Banken hätten es leicht machen müssen,
bescheiden zu bleiben. Oder auch nicht. Washington war fett und
voller Zuneigung für das frische Weiße Haus, in dem »die beste
Marke der Erde, die Marke Obama« residierte, wie Desirée Rogers,
die neue Protokollchefin für gesellschaftliche Ereignisse im Weißen
Haus, gegenüber dem *Wall Street Journal* sagte. »Unsere Möglichkeiten sind unbegrenzt.«[26]

Die neue Regierung verschaffte dem *New York Times Magazine*
für einen Hochglanzartikel über »Obamas Leute« Zugang zu
Dutzenden Mitarbeitern des Weißen Hauses, die dadurch zum

---

26 Chozick, Amy (2009): Desirée Rogers' Brand Obama. In: The Wall Street Journal, 30. April 2009.

Bestandteil der erweiterten Marke Obama wurden.[27] Desirée
Rogers und Valerie Jarrett, eine enge Beraterin des Präsidenten
und Vertraute der Präsidentenfamilie, posierten für das glamouröse Titelfoto einer exklusiven Sonderausgabe der Zeitschrift
Capitol File über »Insider des Weißen Hauses«. Für die Marke
Valerie und die Marke Desirée war es grandios. Aber Obamas
Spitzenberater waren entsetzt, dass Mitarbeiter bei einer so protzi-
gen Zurschaustellung mitmachten, zumal bei der beängstigend
schlechten Wirtschaftslage. (Später sagte Jarrett mir: »Wenn
ich mich noch einmal entscheiden müsste, würde ich es nicht
mehr machen.«)

Das Spektakel schürte in einem breiteren Sinne den Verdacht,
dass gewisse »Insider des Weißen Hauses« ihren neu gewonnenen
Celebrity-Status ein bisschen zu sehr genossen und das Obama-
Team wieder mal nur eins wäre, das im Wahlkampf gegen Washington wetterte, nur um nach der Wahl schnell den Hauptstadt-
verlockungen zu erliegen. »Alle hier waren sehr herzlich, hießen
uns willkommen und bezogen uns ein«, sagte Jarrett gegenüber
Capitol File. »Ich habe keinen Einzigen getroffen, der nicht gesagt
hätte › Willkommen in Washington‹, und man hat das Gefühl, dass
sie es ehrlich meinen«.

Ob ehrlich gemeint oder nicht, jedenfalls saugte Washington
jeden noch so kleinen »Einblick« in die Marke Obama auf. Die
Neugier war schier unersättlich, wie die unablässig in den neuen
Medien sprudelnden Meldungen belegten:[28]

---

27 Kander, Nadav (2009): Obama's People. In: The New York Times, 2009.

28 Leibovich, Mark (2009): Minutiae? In This White House, Call It News. In: The New York Times,
    13. März 2009.

★ In den ersten Wochen der neuen Präsidentschaft »meldete« Politico, dass die Berater des Präsidenten für den stellvertretenden Pressesprecher Nick Shapiro *Happy Birthday* sangen.

★ Und ihn mit einem Schokoladenkuchen überraschten!

★ Und dass die stellvertretende Pressesprecherin des Weißen Hauses »im Pyjama war«, als ihr Freund für sie ein Abendessen kochte und ihr einen Heiratsantrag machte!

★ Der *Washington Examiner* berichtete, dass Rahm Emanuel, Stabschef des Weißen Hauses, gesichtet wurde, als er »am Geldautomaten von SunTrust Banks an der Ecke 17th Street und Corcoran Street NW Geld abhob«!

★ Obamas persönlicher Assistent, Reggie Love, wurde zum Sieger des Huffington-Post-Wettbewerbs »Wer ist der heißeste Mitarbeiter im Weißen Haus« gekürt (nicht zu verwechseln mit dem Wettbewerb »Heißester Obama-Hottie« von Gawker.com, den Rahm Emanuel gewann)!

★ Das *Wall Street Journal* deckte auf, dass Peter Orszag, der Chef des Office of Management and Budget im Weißen Haus, gern Diät-Cola trinkt.

Ansonsten steckten die USA weiterhin in zwei Kriegen und einer Wirtschaftskrise.

»Es fing eigentlich mehr als Scherz an, das offizielle Washington wie Celebritys zu behandeln«, erklärte Ana Marie Cox, die zur Schaffung dieses Genres beitrug, als sie 2004 die Webseite Wonkette startete. »Mittlerweile ist die Ironie offenbar größtenteils verloren gegangen und aus Scherz ist Ernst geworden.«

Mitarbeiter des Weißen Hauses brannten darauf, mir ihre zwiespältige Einstellung zu ihrer Berühmtheit mitzuteilen. Manche gaben zu, dass ein Spannungsverhältnis bestand zwischen dem erklärten Ziel der Regierung, »transparent« und »offen« zu sein, und dem Bemühen, sich an die Ethik des Obama-Stabes zu halten und dezent, cool und bescheiden zu bleiben. »Wir haben hier eine Kultur, die das alles verabscheut«, sagte Dan Pfeiffer. Als ich ihm erzählte, dass ich eventuell für die *Times* einen Artikel über »das alles« schreiben wollte, gab er zu bedenken, dass ein solcher Beitrag von »einem Artikel über die Frisur der First Lady von der Titelseite verdrängt« werden könnte. Damit spielte er auf einen Artikel der *Times* an, die eine Woche zuvor über das ergrauende Haar des Präsidenten berichtet hatte – auf der Titelseite.[29]

— ★ ★ ★ —

Am Vorabend der Amtseinführung gab Arianna Huffington die exklusivste Party Washingtons. Sie fand im Newseum statt, dem Journalismus-Museum, das Tim Russert sehr am Herzen gelegen hatte. Von ihm stammte auch die Idee, die ersten 45 Worte des ersten Zusatzartikels zur US-Verfassung zur Pressefreiheit an der Gebäudefassade anzubringen.

Der Aufstieg Huffingtons, die sich als Impresario der schnell wachsenden Webseite Huffington Post neu erfunden hatte, hatte Russert erheblich geärgert. Als Huffington 1994 als ausgesprochene Konservative den Wahlkampf ihres Ex-Mannes Michael Huffington organisierte, der als republikanischer Kandidat in Kalifornien für den US-Senat antrat, schrieb Russerts Frau Maureen Orth ein vernichtendes Porträt, das die in Griechenland geborene Arianna als despotische Chefin, New-Age-Spinnerin und »Sir Edmund Hillary der Emporkömmlinge« charakterisierte.[30] Über

---

29   Cooper, Helene (2009): For Young President, Flecks of Gray. In: The New York Times, 4. März 2009.

30   Orth, Maureen (1994): Arianna's Virtual Candidate. In: Vanity Fair, November 1994.

Jahre hinweg köchelte die Abneigung beider Seiten vor sich hin und brodelte erneut auf, als Huffington ihre Webseite startete und eine sogenannte »Russert Watch« initiierte, die seine Fernsehsendung *Meet the Press* als Brutstätte gängiger Meinungen, reflexartiger Parteilichkeit und Washingtoner Insider-Spielchen lächerlich machte. Später erzählte Huffington mir, Medienkritik habe immer zu den wesentlichen Aufgaben der Webseite gehört und sie habe mit der »Russert Watch« begonnen, um zu zeigen, dass der Moderator »das Washingtoner Establishment mit Samthandschuhen anfasste und damit die gängigen Meinungen unangefochten weiterbestehen ließ«. Mit persönlichen Geschichten zwischen ihr und Russert und Orth hatte das, nach ihrer Aussage, nichts zu tun.

Aber Russert, der trotz seiner Spitzenstellung recht dünnhäutig – und in seiner nachtragenden Art recht irisch – sein konnte, beklagte sich bitter über Huffingtons »Russert Watch«. Bei Russerts posthumer Kanonisierung verhielt Arianna Huffington sich auffallend lauwarm (oder still). Der Beerdigung blieb sie fern. Luke Russert erklärte, er weigere sich, ihr je wieder die Hand zu schütteln.

Huffingtons Wiederauferstehung als Königin der neuen Medien erfuhr ihre Vollendung, als AOL drei Jahre später 315 Millionen US-Dollar für eine Fusion mit der Huffington Post bot und sie zur Chefin der ganzen Chose machte. Als der damalige Vorstandsvorsitzende von NBC Universal, Jeff Zucker, später erklärte, dass auch sein Unternehmen sich um einen Kauf der Huffington Post bemüht hatte, drehte Russert sich wahrscheinlich wieder einmal im Grabe um. Sobald die Fusion mit AOL bekannt wurde, schickte Sally Quinn, die in den letzten Jahren eine Faszination für Religion entwickelt hat und mittlerweile die Webseite On Faith auf WashingtonPost.com leitet, folgende Meldung an ihre alte

Freundin und gläubige Katholikin Maureen Orth. »Wie konnte Gott das zulassen?«, fragte Sally. »Es muss Teil von Gottes göttlichem Plan sein«, antwortete Tims Witwe.

Auf Huffingtons rotem Teppich drängten sich am Vorabend der Amtseinführung Prominente wie Demi Moore, Ashton Kutcher, Sting, David Axelrod und Valerie Jarrett. Arianna begrüßte die Gäste von einem Balkon im dritten Stock aus. Sie trug ein schwarzes Kleid mit langer Schleppe und entsprach voll und ganz dem Bild der mehrfach neu erfundenen Königin einer sich ändernden Welt. (Enthüllung: Meine Schwester Lori arbeitet bei der Huffington Post, das könnte also etwas unangenehm werden.)

In der wilden Hatz, sich mit dem heißen jungen Weißen Haus gut zu stellen, hatte Huffington mit ihren 58 Jahren offenbar die Nase vorn. Die Presseabteilung des Weißen Hauses zollte ihr beflissen Aufmerksamkeit. Obama erwähnte sie persönlich – selbstverständlich mit Vornamen – in Interviews mit der *New York Times* und erzählte ungefragt, dass ihr seine Umgestaltung des Oval Office nicht gefiel. Bei einer Party, die Tammy Haddad für Huffington zur Feier ihres Buches über die Unterschicht in den USA, *Third World America*, gab, bezeichnete Valerie Jarrett sie als »Ikone« und »Phänomen«.

Vor dem Newseum ging die prachtvolle Tammy – die ehemalige Kabelfernsehproduzentin, die sich vor einigen Jahren zur professionellen Partygastgeberin, Eventmanagerin und Rundumveranstalterin umorientiert hat und die Tim »Tamster« nannte, wie ich es mittlerweile ebenfalls tue – an der langsam vorrückenden Schlange wartender Partygäste auf dem Bürgersteig entlang, angelte würdige Kandidaten heraus und gab in Echtzeit ihre Washingtoner Auserwählten bekannt. Okay, ich gebe zu, dass ich einer davon war. Ich kam mir idiotisch vor, als ich an allen anderen vorbeiging. Aber es war wirklich kalt und Arianna hatte

»Live-Tweet-Stationen« auf ihrer Party versprochen, also: ein Hurra auf sie, auf mich und auf Tamster.

Man muss Tamster einfach mögen. Gut, manche mögen sie nicht, aber dabei handelt es sich nicht um eine tiefe oder sonderlich böswillige Abneigung, jedenfalls in den meisten Fällen. Tammy ist insofern ein Widerspruch in sich, als sie zu den Leuten gehört, bei denen sich viele fragen: »Was macht sie eigentlich genau?« Aber sie bekommt auch Punkte für Transparenz (bei was immer sie auch tun mag). Oder zumindest für Allgegenwart. Sie vermeidet es, eine höhere Gesinnung vorzutäuschen und so zu tun, als ob es um mehr ginge als nur um ein Fest der Eitelkeiten, um Klatsch und eine Abwandlung des Miss-America-Schönheitswettbewerbs, bei dem sie selbst schon in der Jury saß und noch immer dem Leitungsgremium angehört. Tammy hat sich in der Hauptstadt eine Bombenstellung verschafft. Sie ist unübersehbar, unwiderstehlich, 1,82 Meter groß und alles andere als zurückhaltend, wenn sie Leuten auf den Leib rückt, ihnen erzählt, wen sie alles kennt (und wie wunderbar sie selbst sind), und sie vor die Kamera holt. Ihr Markenzeichen ist eine kleine Videokamera, die sie ständig mit sich herumschleppt und »Tam Cam« nennt. Damit geht sie zu Leuten, die sie kennt – und die folglich wichtig sind –, und überfällt sie mit kleinen Interviews, die sie häufig ins Internet stellt. In der Regel sind diese Interviews schnell und schmerzlos, wenn auch ein bisschen zudringlich – »wie ein leichter Einlauf«, sagte ein Freund/Opfer.

»Mein Job ist es, immer in der Nähe der Erfolgreichsten, Vielversprechendsten und Einflussreichsten zu sein«, erklärte Tammy mir. Vor ihnen und vor all jenen, die sich dafür halten oder es werden möchten, macht sie einen Kotau. Diese Gruppe gab es schon immer auf dem Nobelspielplatz des gesellschaftlichen Aufstiegs, den die Hauptstadt darstellt. Nur ist er mittlerweile groß genug für einen ganzen Wirtschaftszweig und für Tammy Haddads Unternehmen.

Tammy Haddad wuchs in Pittsburgh auf, als Enkelin syrischer Einwanderer und Tochter eines Tankstellenbesitzers. Ihr Vater Edward David Haddad erweiterte seine Amoco-Tankstelle schließlich um eine Lastwagenvermietung, die sich zu einem großen Unternehmen, Haddad's Trucks, entwickelte. Ihr Spezialgebiet ist die Vermietung von Lastwagen an Spielfilmproduktionen – die erste war *Flashdance*, gedreht 1983 in Pittsburgh. Inzwischen ist die Firma an der gesamten US-Ostküste tätig, aber besonders stark und aufdringlich in New York City vertreten. Die Riesenlaster schlängeln sich häufig durch die belebten Straßen der Stadt und nehmen viel Raum ein – eine Assoziation, die besonders gut zu Tammy passt. »Die Laster Ihres Bruders blockieren meine Straßen«, beschwerte sich Bürgermeister Michael Bloomberg einmal bei ihr.

Tammy studierte an der University of Pittsburgh, wo sie die studentische Programmkommission für Kulturveranstaltungen leitete und in diversen Bands Flöte spielte.

Nach dem Studium wurde sie eine versierte Kabelfernsehproduzentin, half, die Sendung *Larry King Live* zu entwickeln und lange Jahre zu produzieren. Kings Prestige und sein Ruf als angenehmer Interviewer brachten Haddad auf Anhieb mit einer ganzen Parade von Berühmtheiten in Kontakt. Es gab also durchaus schlechtere Orte, um ein Netzwerk »wichtiger Leute« aufzubauen. Nach einer Reihe anderer Fernsehjobs landete sie schließlich bei Chris Matthews als Produzentin der Sendung *Hardball*. Diese Verbindung endete 2007, wobei manche seiner Freunde sich bereits Sorgen machten, dass Matthews andernfalls einen Nervenzusammenbruch erlitten hätte (fairerweise sei gesagt, dass sich viele von Tammys Freunden die gleichen Sorgen um sie machten). Jedenfalls schaltete Haddad, nachdem sie *Hardball* verlassen hatte, in den vollen Naturgewaltenmodus, erfand sich neu und entwickelte sich zur perfekten Blüte eines wachsenden Hauptstadtzweigs.

Zur Aufgabe einer Produzentin gehört es, dafür zu sorgen, dass die Moderatoren sich wohl und selbstsicher fühlen. Das macht es ihnen leichter, in der Sendung Ungezwungenheit und Selbstvertrauen auszustrahlen, egal, wie die Einschaltquoten sind oder was die Kritiker sagen. Genau das tut Tammy für die Hauptstadtschickeria, also für diejenigen, die eingeladen sind – sie versucht es zumindest. »Hi, Schätzchen«, donnert sie. »Sie müssen unbedingt diesen supertalentierten Autor kennenlernen. Kommen Sie mit.« Und dann steht man plötzlich am anderen Ende des Raumes mitten im Gedränge um den supertalentierten Autor. In der Wartezeit hält Tammy Hof und plappert unaufhörlich, dass Obamas Wirtschaftsberater Austan Goolsbee ja so ein Schatz ist und man ihn unbedingt mal kennenlernen muss, dass Cate Edwards, die älteste Tochter von John und Elizabeth, sich verlobt hat und Arianna ihr gerade dies oder das erzählt hat. Und da kommen auch schon der große Kuchen, den Tammy bestellt hat, und die Geschenke und ein besonderer Toast, vielleicht sogar eine Parodie auf den Ehrengast. Sie pflanzt sich in den Innenhof der Nation und ermöglicht der Hauptstadt ewige Jugend.

Tammy mochte Tim Russert und er fand sie faszinierend, wenn auch manchmal vielleicht ein bisschen anstrengend, aber er schätzte sie, weil er Washingtoner Originale liebte, und genau das war und ist Tammy. Vielleicht ein bisschen karikaturenhaft. Dabei könnten wir es eigentlich belassen, aber Tammy hat sich »unverzichtbar« gemacht und sich geschickt in einer Obama-Welt niedergelassen, die geschworen hatte, gerade diese Hauptstadtschickeria zu meiden, die Tammy vertritt.

Kurz vor Obamas erster Amtseinführung berichtete die *New York Times,* was Gastgeber in Washington alles unternahmen, um den neuen Präsidenten und die First Lady zu ihren Partys zu locken. Der erste Schritt sei, Kontakt zu Leuten herzustellen, die Einfluss auf die Obamas hätten, wurde Tammy zitiert: »Die gesellschaftliche Frage ist: Wer steht den Obamas persönlich am nächsten? Wer ist in ihrem kleinen Kreis das heißeste Objekt?«[31]

Tammy Haddad wusste genau, wer die heißesten Objekte in Obamas Kreisen waren. Und sie rückte ihnen auf den Leib wie die Deutsche Dogge aus dem *Marmaduke*-Comic. Widerstand war zwecklos. Sie wurden ihre *wirklich guten Freunde.* Haddad veranstaltete »ihnen zu Ehren« Partys, hieß sie in der Stadt willkommen und feierte ihre neuen Posten.

Sie half bei der Organisation von Partys, zu denen Valerie Jarrett, die Chefberaterin des Weißen Hauses und beste Freundin der Obamas, als Ehrengast geladen war, und richtete ein Abendessen für Dan Pfeiffer aus, als er zum Pressechef des Weißen Hauses avancierte. Sie half Veranstaltungen und Partys für Leute zu arrangieren, ganz gleich, ob sie sich feiern lassen wollten oder nicht (eine enge Freundin eines widerstrebenden Ehrengastes bezeichnete dieses Phänomen als »Partyvergewaltigung«).

Tammy sammelte auch Spenden und schärfte das Bewusstsein für die Epilepsieforschung, obwohl sie keinen persönlichen Bezug zu dieser Krankheit hatte. Aber David und Susan Axelrod waren durch ihre Tochter davon betroffen. Tammy erfuhr von der familiären Situation der Axelrods durch eine Titelstory in der Sonntagsbeilage *Parade* und durch ein Interview, das Susan Axelrod am

---

31 Bosman, Julie (2009): The Pleasure of His Company. In: The New York Times, 2. Januar 2009.

folgenden Tag in der Sendung *Today* gab. Sie war gerührt von der Geschichte und erkannte zudem großes Potenzial in Susan.

Tammy schrieb Susan Axelrod, der sie nie begegnet war, einen Brief. David kannte sie flüchtig (aber keineswegs gut), weil sie mit ihrer »Tam Cam« für *Newsweek* und die *Washington Post* über den Wahlkampf 2008 »berichtet« hatte, wie sie gern sagt. Sie tauchte häufig bei politischen Veranstaltungen, Debatten, Parteitagen und ähnlichen Großevents auf. Tammy bewegt sich in einem undurchsichtigen Bereich zwischen Journalistin, Geschäftsfrau, Philantropin, Produzentin, Partygastgeberin und Fullservice-Sammlerin von Freunden jeglicher Couleur, vereint durch die Tatsache, dass sie irgendwie »bedeutend« sind. Susan Axelrod war nicht nur bedeutend, sondern auch eine gute, faszinierende und engagierte Seele, deren Tochter tragisches Leid erlebt hatte. Es schadete auch nicht, dass ihr Mann der engste Berater des neuen Präsidenten war. Als Tammy schließlich zu ihr durchdrang, bot sie Susan an, wenn sie als Mitgastgeberin (neben Ann Curry von NBC) beim diesjährigen Brunch fungiere, werde Tammy im nächsten Jahr ihre Bemühungen unterstützen, das Bewusstsein für Epilepsie zu fördern.

Im Oktober 2009 half Tammy, in einer Villa in Georgetown eine Zusammenkunft Prominenter zu organisieren, die sich anschauten, wie Susan und Axe mit Katie Couric in der Sendung *60 Minutes* über ihr elterliches Leid sprachen. Mehrere hohe Regierungsmitglieder kamen zu der Party, darunter auch Vizepräsident Biden und Rahm Emanuel. Das Couric-Interview gab CURE, der Stiftung *Citizens United for Research in Epilepsy,* einen weiteren gewaltigen Schub. Im folgenden Jahr wurde Tammy bei einer Party im Newseum mit dem jährlichen Friend-of-CURE-Preis geehrt. David Axelrod versicherte, dass Haddad ihn nie um Gefälligkeiten in Verbindung mit seinem offiziellen

Amt gebeten hatte, und Tammy erklärte, dass sie sorgfältig bedacht war, es nicht zu tun.

Tammy machte sich im Weißen Haus unter Obama viele gute Freunde und erwarb sich das begehrte Image, Zugang zu wesentlichen Mitgliedern der Obama-Kreise zu haben, während sich die Regierung damit brüstete, traditionell einflussreichen Machern wie Lobbyisten den Zugang zu verwehren. Ein führender Mitarbeiter des Weißen Hauses bezeichnete Tammy mir gegenüber als »Zugangshändlerin«. Ihr Unternehmen florierte.

Tammy berät Medienunternehmen wie Politico, Bloomberg, *National Journal, Newsweek,* die *Washington Post*, Condé Nast und Home Box Office und kümmert sich offenbar um Videoproduktionen, Eventplanung und einige Werbekomponenten. Zudem nutzt sie ihre Beziehungen, um im Auftrag ihrer Klienten Journalisten Zugang zu Leuten zu verschaffen. Als Politico eine zehnwöchige Videointerviewreihe mit Politikern brachte, arrangierte Haddad die Buchungen mit hochrangigen Regierungsvertretern. Mit *Newsweek* schloss Tammy über ihren Freund Jon Meacham, der damals dort Chefredakteur war, einen Beratervertrag ab. Sie arbeitete an speziellen Videoprojekten, machte »Tam Cam«-Interviews und übernahm diverse Aufgaben.

Monatelang hatte die in Bedrängnis geratene Zeitschrift sich um ein Interview mit dem Präsidenten bemüht. Haddad »ließ ihre Kontakte spielen« – zu ihren Freunden im Weißen Haus, den heißesten Objekten in Obamas engstem Kreis – und half, *Newsweek* dieses Interview und eins mit der First Lady zu verschaffen.

Auf der Webseite von Haddad Media gab es ein Foto, das Tammy an Bord der *Air Force One* mit Meacham zeigte – den sie als »Poet und Historiker« bezeichnete –, während er Präsident Obama interviewte. Auf der Webseite schilderte sie ihren Flug mit »the Bird«, wie Insider (wie Tammy) das Flugzeug des Präsidenten nennen. Obama erwähnte, er habe gehört, dass sie am vorangegangenen Wochenende eine tolle Party gegeben hätte. Von so hochkarätiger Anerkennung war Tammy natürlich begeistert, und auch von dem »ledernen Toilettensitz in Cadillac-Qualität« im Bad, das so groß war, »wie ein Sumoringer es sich nur wünschen könnte«.

Sie schwärmte von den geräumigen Bädern in *Air Force One:* »Ich hätte bequem einen Freund mit hineinnehmen können.«

Bequem! Das macht unsere Größe aus.

Leider machte Tammy keine Videoaufnahmen von ihrem Besuch an Bord der *Air Force One* oder von dem Meacham-Interview für *Newsweek.* Es war also nicht ganz klar, was Tammy dort eigentlich zu suchen hatte. Aber sie war da, und das war wichtig, und wie hätte die Hauptstadt davon nicht beeindruckt sein sollen?

3
Drei Senatoren unserer Zeit

> Ein Mann ist niemals aufrechter, als
> wenn er auf allen Vieren kniet,
> um jemandem den Arsch zu lecken.
>
> *Rahm Emanuel* [1]

Ausgestattet mit einer Supermehrheit im Senat und der Anziehungskraft einer vertrockneten Schnecke war Harry Reid 2009 das
angeschlagene Gesicht des Wandels.

Die Eröffnungsszene aber spielte sich, zumindest für mich – da
ich dabei war –, schon einige Jahre vorher ab, am Wahlabend
2006, als die Demokratische Partei erstmals seit 1994 wieder die
Mehrheit in Repräsentantenhaus und Senat errang.

Reid, damals Minderheitsfraktionsführer im Senat, und Chuck
Schumer, Leiter des demokratischen Senatswahlkampfkomitees,
sahen sich in einer Suite des Hyatt Regency Washington auf dem
Capitol Hill die Wahlberichterstattung an. Das »Felix und Oscar«-
Paar – Reid ein stiller Mormone aus Searchlight, Nevada, Schumer
ein lautstarker Jude aus Brooklyn – geriet im Lauf des Abends zunehmend aus dem Häuschen. Schließlich riss es Schumer, der zwei
Senfkleckse am Kinn hatte, von der Couch. CNN erklärte gerade
die demokratische Kandidatin Claire McCaskill zur Gewinnerin
im knappen Rennen um den Senatssitz von Missouri.

---

1   Alter, Jonathan (2010): The Promise: Obama Year One. New York 2010, S. 166.

»Ja«, grunzte Schumer mit vollem Mund und reckte beide Fäuste in die Luft.

In solchen Momenten ist selbst Reid, ein kompromissloser Zyniker, zu jungenhaften Kapriolen fähig. Was machte er also, um diesen entscheidenden Schritt auf seinem Weg zum Mehrheitsfraktionsführer zu markieren? Er stand auf, küsste den Fernsehapparat liebevoll und streichelte den Bildschirm. Dann setzte er sich wieder, um sich von Schumer etwas zwischen einem Tätscheln und einer Kopfnuss verpassen zu lassen.

Anschließend rief er die demokratischen Kandidaten an, die einen Senatssitz errungen hatten, und gratulierte ihnen. Keiner der Anrufe dauerte länger als 30 Sekunden und jeder enthielt eine Variante von »I love you«. Reid äußerte seine Zuneigung gegenüber Senator Kent Conrad, der in North Dakota wiedergewählt wurde (»Love you, man«), Sherrod Brown in Ohio und Hillary Clinton in New York, die ihm versicherte, seine Liebe zu erwidern.

Ich stand einige Schritte entfernt, da Reid und Schumer mir erlaubt hatten, an diesem Abend »Mäuschen zu spielen«, eine sowohl klischeehafte als auch irreführende Bezeichnung für eine journalistische Praxis: Niemand bemerkt ein Mäuschen im Raum, während alle einen Reporter, der sich Notizen macht, bei vollem Bewusstsein wahrnehmen. Solche Momente siegestrunkenen Freudentaumels können entlarvend sein. Reid hatte wohl bemerkt, dass ich auf seine Liebesbekundungen amüsiert reagiert hatte, denn er erklärte nüchtern: »Die brauchen das.«

»Die« sind die Politiker. Und ihr Fraktionsvorsitzender Reid, ein ehemaliger Glücksspielkommissar aus Nevada, teilt Zuneigung aus wie Kasinochips. Ob es sich um echte oder vorgetäuschte Zuneigung handelt, spielt keine Rolle. Liebe ist die Goldwährung im pausenlosen Politikbetrieb, ein Spiel, das von der ehrgeizigsten und unsichersten Schicht des Landes gespielt wird. Keiner versteht das besser als Harry Reid in seiner gebeugten, unaufdringlichen und unscheinbaren Art.

Einige Monate später hörte Reid im Senat John Kerrys Mitteilung, dass er 2008 nicht erneut für die Präsidentschaft kandidieren werde. Es war ein schwieriger Moment für Kerry, den demokratischen Präsidentschaftskandidaten von 2004, der damit ein ehrgeiziges Ziel aufgab, das er offenbar schon seit dem Kindergarten angestrebt hatte. Kurz vor den Zwischenwahlen 2006 hatte Kerry sich einen üblen Fall von politischer Krätze eingefangen, als er einen Scherz über den Irakkrieg gemacht hatte – nie eine gute Idee –, den ihm viele als Schlag gegen die eigenen Soldaten auslegten. Nun gab Kerry diese schwerwiegende Erklärung vor einem nahezu leeren Plenarsaal ab – nur Reid und Kerrys Senatorenkollege aus Massachusetts, Ted Kennedy, waren anwesend. Als Kerry geendet hatte, umarmte Reid ihn und sagte einige Worte fürs Protokoll: »Er ist einer der Menschen, die mir viel bedeuten.« Das widersprach den höhnischen Äußerungen, die er im Lauf der Jahre anderen gegenüber häufig über den hageren Senator gemacht hatte. Egal: Heute war Reid John Kerrys Freund, öffentlich, und es wirkte durchaus aufrichtig.

»Also sage ich zu John Kerry«, schloss Reid, »I love you, John Kerry«.[2]

Kerry nickte bedächtig und schien Tränen hinunterschlucken zu müssen.

Wer Reid mit seiner Brille und seiner schmächtigen Gestalt beschreiben will, macht das häufig mithilfe von Vergleichen (»Er sieht aus wie ein Sozialkundelehrer«), ähnlich wie, sagen wir, die

2 Congressional Record, Bd. 153, Teil 2, 18. Januar bis 1. Februar 2007.

Größe von Hagelkörnern immer anhand von Vergleichen – mit Murmeln oder Golfbällen – beschrieben wird. Er könnte als kauziger Tierpräparator mit einem Schrank voller ausgestopfter Tauben durchgehen oder als gebeutelter Besitzer einer Tierhandlung, den man gerade zum dritten Mal in einem Monat ausgeraubt hat. Keinesfalls sieht man Reid an, dass er in seiner Jugend Amateurboxer war und sich regelmäßig auf der Straße geprügelt hat – oder dass er eins der mächtigsten, merkwürdigsten und meistübersehenen Hauptstadtphänomene ist.

Harry Reid lud mich einmal zu sich nach Hause in den Wüstenflecken Searchlight, Nevada, ein, eine Gemeinde mit 539 Einwohnern, in der es in seiner von unsagbarer Armut geprägten Kindheit zwölf Bordelle und keine einzige Kirche gab. Er war damals, 2005, gerade Vorsitzender der Minderheitsfraktion im Senat geworden. Eine solche Einladung an einen Reporter hätte Reid normalerweise von sich aus nie ausgesprochen. Aber man hatte ihm wegen einiger ungeschminkter Äußerungen eingeheizt – unter anderem hatte er Präsident Bush als »Verlierer« und »Lügner« und Alan Greenspan als »politischen Mitläufer« bezeichnet. Seine Imagewächter befürchteten, diese Bemerkungen könnten »sich negativ auf seine Marke auswirken«.

Reid begrüßte mich mit überaus verlegenen – oder befangenen – Höflichkeitsfloskeln in seiner Küche.

»Hey, möchten Sie etwas trinken oder so? Wasser?«

»Nein danke«, sagte ich.

»Die haben gesagt, ich soll Ihnen etwas zu trinken anbieten, das habe ich hiermit getan. Wenn jemand fragt, sagen Sie, dass ich Ihnen etwas zu trinken angeboten habe.« Mit anderen Worten: Das charmante, wohlerzogene Rezept, dem er folgte, stammte gar nicht von ihm, sondern von irgendjemand anderem (»die«).

»Ich gehe nicht zu Dinnerpartys. Ich mache mir nichts aus diesen gesellschaftlichen Sachen«, erzählte Reid mir später. Dagegen, sagte er, ging sein Vorgänger Tom Daschle, der demokratische Fraktionsvorsitzende im Senat, jeden Abend zum Dinner aus. »Ich habe Knopfaugen«, erklärte Reid, »und eine ›lausige Haltung‹«. Zudem war er »kein guter Redner«. Unablässig listete er Gründe auf, warum er für seinen hochkarätigen Posten in Washington eigentlich ungeeignet war. Er war ein Anti-Prototyp der Hauptstadt und daher als Platzhirsch eher ungeeignet. Die Akteure, die darauf angewiesen waren, sollten ruhig ihre Zuneigung bekommen, solange Harry Reid das Sagen hatte. »Es gibt Leute, die durchaus Mehrheitsfraktionsführer sein könnten und wahrscheinlich besser wären als ich«, sagte er mir Jahre später in seinem Büro. »Sie sind cleverer, sehen besser aus und können besser reden. Aber sie haben den Posten nicht. Ich habe den Posten.«

Ein Film über Harry Mason Reid wäre wahrscheinlich in Schwarz-Weiß, vielleicht mit ein bisschen Rosa für seine Gesichtsfarbe. Als Kind wurde er »Pinky« genannt, er ist hager, hat kleine Augen und wirkt so alt, wie er ist (73), könnte aber durchaus auch als jemand durchgehen, der um 1800 geboren ist. Für ihn ist dieses ganze »Hollywood-Zeug« eine große Schwäche Washingtons. Die Besessenheit der Hauptstädter für die Zirkuspferd-Aspekte des Spiels (Anerkennung bekommen, »gesehen« werden) hält er für Energieverschwendung, die das Denken vernebelt. Was zählt, sind maximale Effizienz und letztlich das Überleben.

»Ich kann bei Spendenveranstaltungen in fünf Minuten drinnen und wieder draußen sein«, brüstete Reid sich mir gegenüber. Als sein Chauffeur ihn einmal vom Kapitol abholte, entdeckte er auf dem Parkplatz den langjährigen Kongressreporter Carl Hulse von der *New York Times* im Smoking. »Wohin wollen Sie, Carl?«, fragte er durch das geöffnete Seitenfenster seines Wagens. Carl antwortete, er sei auf dem Weg zum alljährlichen großen Kongressdinner im Ritz-Carlton. Da Reid in diesem Hotel wohnte, wenn er in Washington war, bot er Carl an, ihn mitzunehmen. Als sie ankamen, bemerkte Carl, die Unterkunft sei ja sehr praktisch, falls Reid ebenfalls zu dem Dinner gehen wolle. »Carl«, versicherte ihm Reid, als er sich auf den Weg in sein Appartement machte, »ich würde nicht mal hingehen, wenn es in meinem Wohnzimmer stattfände.«

In Tim Russerts letzten Lebensmonaten schleppte Reids damaliger Pressesprecher, Jim Manley, den Mehrheitsführer mit zur *Meet-the-Press*-Party ins Newseum anlässlich des 60-jährigen Bestehens der Sendung. Gäste von *Meet the Press* bekamen – quasi als Ehrenabzeichen – ein blaues Band ans Revers geheftet. Reid stürmte hinein, ohne sich um sein Band zu kümmern. Er ging an der langen Empfangsschlange vorbei, gratulierte Tim und war nach Manleys Schätzung innerhalb von acht Minuten wieder draußen.

Reid ist gern allein mit seinen Gedanken oder seiner Frau Landra, mit der er seit 53 Jahren verheiratet ist. Er hat einen Blick für politische Einzelgänger, die er gern unter seine Fittiche nimmt. Als Barack Obama 2005 in den Senat gewählt wurde, erkannte Reid in ihm sofort den Außenseiter. Obama war charmant und überzeugend »natürlich« in seinem Auftreten, hatte aber etwas Unnahbares und passte nicht in den Senat. Reid ermunterte ihn 2006, für das Präsidentenamt zu kandidieren. Damals war es für Obama ein Schock und für Hillary Clinton ebenso, als sie von dem Gespräch erfuhr. Wiederholt hatte Reid im Rennen um die Präsidentschaftskandidatur 2008 seine Neutralität betont, aber er war überzeugt, dass Obama niemals die nötige Geduld aufbringen würde, lange genug im Senat zu bleiben, um den ersehnten Einfluss zu erlangen. Außerdem fand er es in einer Grauzone zwischen Bosheit und Darwinismus reizvoll, zuzusehen, wie die beiden prominenten Fraktionsmitglieder, Obama und Clinton, sich gegenseitig zerfleischten.

Im Lauf seiner Präsidentschaft lernte Obama Reids überaus pragmatische, ergebnisorientierte Art zu schätzen. »Harry hat den härtesten Job in Washington«, sagte er über Reid. »Er kämpft es einfach durch.« Obama, dessen Lieblingsfilm *Der Pate* ist, mochte schon immer loyale Macher, die Dinge in aller Stille erledigen. Einmal verglich er seinen Pressechef, Robert Gibbs, mit dem von Robert Duvall gespielten Consigliere in *Der Pate*.[3]

Nachdem die Demokraten im Senat mit 60 Sitzen eine überwältigende Mehrheit errungen hatten, sprach Obamas Stabschef Rahm Emanuel davon, »Punkte zu machen« – ein frühes Mantra im neuen Weißen Haus, das bedeutete, alles Nötige zu tun, um Gesetze zu verabschieden. Das entsprach Reid, der Obamas entscheidender Partner in der Legislative wurde und die ersten Ergebnisse der Regierung durch einen besorgten Senat peitschte: Anfang 2009 ein 787 Millionen US-Dollar schweres Konjunkturprogramm und ein Jahr später die Gesundheitsreform.

Reid verschwendet seine Überzeugungskraft selten auf politische Argumente oder Charmeoffensiven. »Er fragt geradeheraus: ›Was wollen Sie?‹«, erzählte Senatorin Susan Collins, eine gemäßigte Republikanerin, die das Konjunkturprogramm unterstützte. Aber trotz ihrer rüden kämpferischen Tendenzen lief Reids und Emanuels Philosophie im Umgang mit den demokratischen Abgeordneten gewöhnlich auf Verständigung hinaus.

---

3 Leibovich, Mark (2008): Between Obama and the Press. In: The New York Times, 17. Dezember 2008.

Harry Reid versteht die Bedürfnisse seiner Senatoren: Er weiß, wer nach Möglichkeit zeitig zu Hause sein muss, um die Kinder ins Bett zu bringen, wessen Vater krank ist oder wer besonderes Lob für eine unbedeutende Rede im Senat braucht. Wenn Senatoren nach Las Vegas fahren, hilft er ihnen, eine Tischreservierung fürs Abendessen oder Tickets für eine Show zu bekommen. Er hat ein Gespür für Leute, die leicht übersehen werden könnten. Reid erledigt alles extrem effizient und ohne unnötiges Drum und Dran. Telefonate hält er kurz und knapp und verabschiedet sich häufig nicht einmal. Es kommt vor, dass sein Gesprächspartner noch sekundenlang mit einer toten Leitung redet, ohne es zu merken.

Ich begegnete Reid zum ersten Mal 2005, kurz nachdem er den demokratischen Fraktionsvorsitz übernommen hatte. Als Jim Manley mich in sein Büro führte und mich vorstellte, schaute Reid kaum auf und fragte: »Ist das der schmierige Typ, von dem Sie mir erzählt haben?« Damit hatte er mich an der Backe.

Einige Jahre später rief Reid mich aufs Geratewohl an meinem Arbeitsplatz an, um mir einen »schönen jüdischen Feiertag« zu wünschen. Ich erinnere mich nicht, welcher jüdische Feiertag es war und ob ich überhaupt wusste, dass es ein Feiertag war. Reid brüstete sich, für die neun jüdischen Senatoren sei er ein »Held«, weil er die Senatssitzung früh genug angesetzt hatte, damit sie rechtzeitig zu diesem jüdischen Feiertag – welchem auch immer – nach Hause kamen. Er rasselte die Namen aller jüdischen Senatoren herunter: Lieberman, Schumer, Barbara Boxer, Dianne Feinstein aus Kalifornien und so weiter. Er schloss mit Ron Wyden aus Oregon, und als ich mich überrascht zeigte, dass Wyden jüdisch war – und es in Oregon überhaupt Juden gab –, erwiderte Reid schlagfertig: »Ja, in Oregon gibt es zwei und wir haben einen von ihnen.« Dann legte er auf, ohne Auf Wiederhören oder Schalom zu sagen.

Wenn Reid allein ist, lächelt er zuweilen vor sich hin, als hätte er sich gerade einen Witz erzählt. Manchmal erinnert er mich an ein Kind – ein seltsames Kind mit einem imaginären Freund, mit dem es sich ungefiltert unterhält. Als Reid einmal für ein Fernsehinterview in Las Vegas verkabelt wurde, überkam ihn das dringende Bedürfnis, dem Techniker, der das Mikrofon an seiner Kleidung befestigte, zu sagen, er habe »furchtbaren Mundgeruch«. Als ein Mitarbeiter Reid später fragte, wie er so etwas sagen könne, erklärte Reid ungerührt, es sei nun mal die Wahrheit.

Für einen kernigen alten Boxer ist er zudem erstaunlich ernährungs- und körperbesessen, fast wie ein junges Mädchen. Gelegentlich macht er mit Landra in ihrem Appartement im Ritz-Carlton Yoga (in schwarzer Stretchhose). Er kann harsche Kritik an dicken Menschen und anderen äußern, die nicht gut in Form sind. Als George W. Bush ihn gegen Ende seiner Amtszeit als Geste des guten Willens zum Kaffee ins Oval Office einlud, beleidigte Reid prompt den Hund des Präsidenten, Barney, der hereingetrottet kam: »Ihr Hund ist fett.«

Reid verweist ständig auf den Wüstenflecken Searchlight, um seine ungeschliffene Art zu erklären. Selbst für ein Kongressmitglied redet er ungewöhnlich häufig über seinen Heimatort. Politiker in Washington erzählen gern von ihren Heimatstädten, besonders, wenn sie sich zur Wiederwahl stellen. Sie schwärmen, dass diese Gemeinden alles verkörpern, was an Amerika großartig ist, und dass Washington viel von deren vorbildlichen Wertvorstellungen lernen könnte. (In der Regel bekommt ihre Gattin um diese Zeit herum gerade einen noch besser dotierten

Lobbyistenjob, man kauft sich eine neue Villa in einem Nobel-
vorort von Washington, um dort den Rest seiner Tage zu verbringen.) Die Heimatstadt kann ein nützliches Plätzchen sein, besonders, wenn sie widrige persönliche Umstände nachweisen kann,
die es zu überwinden galt. Und wenn sie dann noch einen sinn-
trächtigen Namen hat wie Hope, Plains oder Searchlight, gibt es
Bonuspunkte.

Searchlight ist in dieser Hinsicht besonders wertvoll. 1897
wurde dort Gold entdeckt, danach gab es nur noch wenige
Highlights. »Der Boom erreichte 1907 seinen Höhepunkt, verging
aber schnell und mit ihm der Ort«, verkündet eine Tafel an
der Harry Reid Elementary School. Reid sagt, er möchte auf
einem Friedhof in Searchlight neben seiner Frau Landra beerdigt
werden.

Er ist ein Meister »dieser einstudierten ›Bleichgesichti-
ger-Bauerntölpel-aus-Searchlight‹-Show«, sagt Jon Ralston, der
Politguru aus Las Vegas. Dahinter verbirgt sich ein gerisse-
ner, ungehobelter Politiker, den Ralston als »skrupellos« und
»machiavellistisch« bezeichnet. Aber Reid liebt Searchlight eindeutig und seine harte Lebensgeschichte entspricht der Wahrheit.
Er wurde als dritter von vier Brüdern geboren und wuchs in einer
Holzhütte ohne heißes Wasser und Innentoilette auf. Es gab
keine Bäume, nur Steine. Er erzählt, wie er den Versandhaus-
katalog durchblätterte und sich Dinge anschaute, die sie sich
niemals zu Weihnachten leisten konnten; anschließend rissen sie
die Seiten heraus und benutzten sie als Klopapier auf der Außen-
toilette.

»Ich kann gar nicht fassen, wie wir gelebt haben«, erzählte Reid
mir einmal.

Harry Reid senior war Bergarbeiter und litt nach Arbeitsunfäl-
len unter chronischen Schmerzen. Er hatte mit Alkoholismus und

Depressionen zu kämpfen und saß eine Zeit lang im Gefängnis. Mit 58 Jahren beging er 1972 Selbstmord. Reids Mutter, Inez, war rothaarig und hatte nur wenige und später gar keine Zähne mehr. Als Teenager nahm Harry einen Job bei einer Tankstelle an und kaufte ihr ein Gebiss. »Es hat sie verändert«, erzählte er. »Ich meine, Sie können sich sicher vorstellen, wie gut sie sich nach all diesen Jahren mit neuen Zähnen gefühlt hat.«

Auf meine Frage, ob es schmerzlich für ihn sei, sich an seine Jugend zu erinnern, zuckte er mit den Achseln: »Ich mag es nur nicht, mir Filme über Selbstmord und so was anzusehen«, sagte er, weiter kommt er in der öffentlichen Betrachtung seines Innenlebens nicht. Aber er besitzt durchaus Einfühlungsvermögen. Als die junge Medienberaterin Rebecca Kirszner, die gerade erst in Reids Senatsbüro angefangen hatte, eine Telefonnummer, die Reid wegen eines Rundfunkinterviews anrufen wollte, immer wieder falsch las, fragte er sie in seiner unumwundenen Art: »Haben Sie eine Lernschwäche?« Verlegen bejahte sie. Daraufhin schaute Reid ihr in die Augen und sagte: »Sie mussten sicher doppelt so hart arbeiten, um dahin zu kommen, wo Sie jetzt sind.« So etwas hatte ihr noch niemand gesagt. Verblüfft und gerührt flüsterte Kirszner: »Ja«.

Reids Gespür für die Hauptstadtpsychologie beruht weitgehend darauf, bei anderen frühere Demütigungen zu erkennen – und manchmal auszunutzen. Washington bietet ihm wie so vielen Politikern, die in ärmlichen Verhältnissen aufgewachsen sind und familiäre Turbulenzen und andere widrige Umstände erlebt haben, ein hervorragendes Terrain, um sich neu zu erfinden. Die Stadt ist voller Bewährungsfelder, die zugleich Zufluchtsorte sind, wie das Parkett des Senats.

Manchmal sitze ich bei hitzigen Gesetzesdebatten und Intrigen auf der Besuchergalerie des Senats und beobachte den Saal. Man versteht kein Wort, das unten gesprochen wird, hört nur ein dumpfes Rumoren und gelegentliches Gelächter und sieht ein Schauspiel, das nur aus Körpersprache besteht. Ständig sind Senatoren in Körperkontakt, schütteln sich die Hände, drücken Schultern, umarmen sich. Es ist der rituelle Machttanz falscher Kameradschaft in der Kapitolversion. Michael Maccoby, ein Psychoanalytiker aus Washington und Autor des Managementbuches *Narcissistic Leaders: Who Succeeds and Who Fails,* äußert sich verwundert über die »Homoerotik der Politik«. Dabei geht es nicht um Homosexualität im eigentlichen Sinn, sondern um eine ständige Zuneigung, die im Kapitol selbst Gegner verbindet. »Es herrscht der Eindruck von Menschen, die gern zusammen sind, selbst in Zeiten, in denen es angeblich keine Kameradschaft mehr gibt«, sagt Maccoby.

Maccoby spricht von »Pseudoliebe«, die Menschen in der Politik aus der Bestätigung ihrer Vorgesetzten, der Loyalität ihrer Mitarbeiter und Anhänger und dem Abglanz des Ruhmes ihrer populären Freunde ziehen können. Es hat sich eine milliardenschwere Industrie entwickelt, die diese Pseudoliebe durch imageverbessernde PR- und Lobbyarbeit, Werbung oder Wahlkampagnen zu fördern versucht.

»Washington ist ein verschwiegener und zugleich genauestens durchleuchteter Ort und kann Verfolgungswahn auslösen«, sagt Maccoby. Die Hauptstadt setzt eine Form totaler Loyalität voraus, die weithin vorhanden, zugleich aber auch flüchtig ist. Sie begünstigt einen Persönlichkeitstyp, der zum Drahtseilakt öffentlicher Bestätigungsspiele neigt. Die Plenarsäle des Kongresses liefern Fallstudien dafür.

Harry Reid ist ständig im Senat unterwegs. »Ich habe immer das Gefühl, etwas zu verpassen, wenn ich nicht dort bin«, erklärt er. In seinen Memoiren *The Good Fight: Hard Lessons from Searchlight to Washington* schildert Reid, dass sein Vater nirgendwo so glücklich war wie an seinem Arbeitsplatz in den Goldminen. Es spielte keine Rolle, dass es sich um erbärmlich schlecht bezahlte Knochenarbeit mit unregelmäßigen Arbeitszeiten handelte. »Ich glaube wirklich, dass die Minen einer der wenigen Orte auf der Welt waren, an denen er sich wohlfühlte«, schrieb Reid.[4]

Ganz ähnlich geht es ihm, wenn er im Senat nach Stimmen fischt. Die ersten Obama-Jahre waren hart. Reid musste 2010 um seine Wiederwahl in einem Bundesstaat kämpfen, in dem er ohnehin nicht sonderlich beliebt war. Die Debatten über die Gesundheitsreform 2009 und Anfang 2010 raubten Reid den Schlaf. Sein Wahlausschuss wurde bei Bürgerversammlungen von einem neuen Phänomen namens »Tea Party« bedrängt. Ständig fragte das Weiße Haus nach, warum die Beratungen so lange dauerten. Es zeichnete sich ab, dass Reid 60 demokratische Senatoren bei der Stange halten musste, um das Gesetz durchzubringen. Viele davon waren unzuverlässig, manche spielten mit falschen Karten und zwei lagen im Sterben. Als der 92-jährige Senator Robert Byrd aus West Virginia ins Krankenhaus kam, besprach Reid mit dem demokratischen Gouverneur des Bundesstaates, Joe Manchin III, Byrd möglichst bald zu ersetzen, »falls er seinen Verpflichtungen nicht mehr nachkommen könnte«.[5] Bevor Ted Kennedy im August starb, drängte Reid den demokratischen Gouverneur von Massachusetts, Deval Patrick, und das Parlament des Bundesstaates zu einer Änderung der Gesetzesgrundlagen, die vorsahen, dass der Senatssitz bis zu

---

4   Reid, Harry / Warren, Mark (2009): The Good Fight: Hard Lessons from Searchlight
    to Washington. New York 2009, S. 36.

5   Leibovich, Mark (2009): Despite Fragile Health, Byrd Is Present for Votes. In: The New York Times,
    24. Dezember 2009.

einer Nachwahl einige Monate lang unbesetzt bliebe. Das hätte die Demokraten eine entscheidende Stimme kosten können. Das Gesetz wurde geändert und Patrick ernannte Paul G. Kirk zum Interimssenator.

Bis dahin war Reid vornehmlich mit der grundlegendsten politischen Aufgabe beschäftigt: dem Überleben – was im Fall Byrds, des dienstältesten Senators der US-Geschichte, sogar wörtlich zu nehmen war. Würde der über 90-Jährige aus West Virginia lange genug durchhalten – und mobil genug bleiben –, um für das Gesetz zu stimmen? Sein drohendes Ableben wurde zu einem allgegenwärtigen Subtext, der allerdings zu heikel war, um ihn öffentlich anzusprechen. Als der Republikaner Tom Coburn in einer Senatsrede sagte, »das amerikanische Volk sollte darum beten, dass jemand nicht abstimmen kann«, meinte er damit nach eigenen Angaben einen für Washington vorhergesagten Schneesturm, aber viele nahmen an, dass er von Byrd sprach.

»Er hat schon wieder einfach aufgelegt«, sagte Coburn fassungslos zu einem Assistenten, nachdem Reid mal wieder ein Telefonat brüsk beendet hatte. Worum es bei diesem Telefonat ging, ist nicht klar, nur dass Coburn angerufen und Reid aufgelegt hatte.

Coburn, ein Republikaner aus Oklahoma, hatte sich möglicherweise über eine Presseerklärung aus Reids Büro beschweren wollen, die ihm Gleichgültigkeit gegenüber lebensgefährlichen Nahrungsmitteln für Kinder vorwarf. Vielleicht ging es bei dem Anruf aber auch um Rassismusvorwürfe von Reid gegen Coburn, weil er dem Justizministerium Gelder für Ermittlungen wegen Hassverbrechen streichen wollte. Egal: Coburn war von irgendeiner Äußerung Reids nicht gerade begeistert gewesen, hatte ihn deswegen angerufen, und Reid hatte einfach aufgelegt – was bei den beiden regelmäßig vorkam.

Im Grunde ist es Coburn egal, was Reid oder sonst jemand von ihm denkt. Der praktische Arzt mit dem Spitznamen »Dr. No« hat in Washington den Ruf, es sich mit allen Gruppen zu verderben, mit denen sich Politiker meist gut stellen wollen: Interessengruppen, um Fördergelder werbende lokale Einrichtungen, Parteivorsitzende, republikanische Aktivisten, seine Kollegen oder all jene, die ihn arrogant, scheinheilig und »Dr. Besserwisser« nennen. Coburn kümmert es nicht. »Kümmern« ist für ihn eine Schwäche.

Tom Coburn sieht aus, als hätte er Kopfschmerzen. Seine eindringlichen Augen blinzeln durch eine Brille mit dünnem Drahtgestell und sein Gesicht ist zu einer leichten Grimasse verzogen. Sein weiß-graues Haar steht vorn hoch wie bei einem Stachelschwein. Er ist aus dem gleichen Holz geschnitzt wie Reid und lässt das Tamtam und Getöse der modernen Politik an sich abperlen oder behauptet es zumindest.

Coburns »Enttäuschung« über seine Kollegen ist deutlich spürbar. Nachdrücklich erklärt er, dass sie »wunderbare Menschen« seien, aber ahnungslos und feige. Etwa 70 Prozent der Senatoren empfiehlt er eine »Rückgrat-Transplantation«. Unterhalb der Gürtellinie diagnostiziert er bei seinen Kollegen »Fortpflanzungsorgane in der Größe von Luftpistolenmunition« und allgemein das Fehlen von »Eiern«.

Aber Coburns Verbindung zu Reid – »meinem Freund aus Nevada«, wie die unsinnige förmliche Senatsfloskel lautet – ist etwas Besonderes. Gemäß dem Gentleman-Protokoll des Hauptstadtclubs bezeichnen Coburn und Reid ihr Verhältnis als »kollegial« – was in Washington als bloßes Minimum an Höflichkeit und sicheres Zeichen für unverhohlenen Hass gilt.

Als ich mit Coburn in seinem Senatsbüro sprach, mampfte er scharfe Kaubonbons und verglich die beiden exotischen amerikanischen Orte, an denen Reid lebte und Erfolg hatte: Washington und Las Vegas. Beide leben von der menschlichen Schwäche, erklärte er. Ihre Kultur macht süchtig – Vegas nach Glücksspiel und Washington nach Macht. Und beide belohnen Falschspieler.

Als Arzt, der Drogensüchtige behandelt hat, vergleicht Coburn Machtgier mit Morphiumabhängigkeit. Macht »stumpft die Sinne ab und beeinträchtigt das Urteilsvermögen« genauso wie Morphium und lässt Politiker Entscheidungen treffen, die schädlich für ihren Charakter und für die Demokratie sind. Washington ist wie Las Vegas eine Stadt, die Menschen dazu bringt, bestimmte Schattierungen ihrer Persönlichkeit zu pflegen. Das gilt auch für Coburn selbst, der über sich sagt: »Ich bin eine grantige alte Grapefruit.«

Ein weiterer Begriff, den Coburn gern verwendet, ist der »innere Kreis«, wie C. S. Lewis es in einem Essay nannte. Darin schildert der irische Schriftsteller die menschliche Sehnsucht, einem elitären Zirkel anzugehören. Diesen Begriff wendet Coburn auf Washington an. Politiker sind besessen von dem »inneren Kreis«, der Entscheidungen fällt und Zugang zu Informationen hat, die seine Mitglieder zu »Eingeweihten« machen. Manche gehören diesem inneren Kreis an, andere nicht. »Das Gefühl, in den inneren Kreis des Kongresses zu treten, ist erhebend«, schrieb Coburn in *Breach of Trust: How Washington Turns Outsiders into Insiders*.[6] Heutzutage ist Washingtons innerer Kreis umfangreicher und demokratischer. Man muss kein gewählter Volksvertreter, Spitzenlobbyist oder Fernsehexperte mehr sein, um ein »Eingeweihter« zu sein oder sich als solcher zu fühlen und von zu Hause aus Insiderstatus zu erlangen.

6   Coburn, Tom A. / Hart, John (2003): Breach of Trust: How Washington Turns Outsiders into Insiders. Nashville 2003, S. 32.

In einem Interview fragte ich Reid in seinem Büro, was er wirklich von Tom Coburn hält. Er überlegte eine Weile und ich stellte mir vor, wie sich in seinem Kopf eine kleine Selbstzensurmaus in den direkten Weg warf, der normalerweise sein Gehirn mit seinem Mund verbindet. Ein leicht gequälter Ausdruck legte sich auf seine ernste Miene, die Miene eines Menschen, dessen Selbstzensurmaus nicht sonderlich gut trainiert ist.

»Folgendes halte ich von Tom Coburn«, sagte Reid schließlich und machte wieder eine lange Pause. »Das muss ich jetzt inoffiziell sagen, sonst bekommen Sie keine klare Vorstellung, was ich von ihm halte.« So sah es aus, wenn Reid kollegial zu Tom Coburn war.

Coburn gehört zu den eingefleischten Fiskalkonservativen und Schlanker-Staat-Falken im Senat. Aber er sieht seine Haltung eher »gegen das Establishment« und weniger »gegen den Staat« gerichtet, da der Staat nur ein Teil des in Washington verbreiteten Übels oder der »permanenten Feudalschicht« ist, wie er es nennt. Coburn war schon intuitiv gegen Washington, bevor diese Einstellung sich zur Tea Party verdichtete. Vielleicht ist er sogar der »geistige Vater« dieser Bewegung (zumindest erklärte ihn *Newsweek* dazu).[7] Reid bezeichnete die Mitglieder der Tea Party dagegen als »bösartige Hetzer«.

— ★ ★ ★ —

Trent Lott kam in einem ländlichen Krankenhaus im nördlichen Mississippi zur Welt und war das einzige Kind aus der unglücklichen Verbindung seiner von Geldnöten geplagten Eltern. »Mein Vater liebte Whiskey und Frauen, und das war für mich äußerst traumatisch«, erzählte Lott mir 2009, kurz nach

---

7 Boyer, Peter (2011): Budget Debate's »Dr. Maybe«. In: Newsweek, 25. Juli 2011.

Obamas Amtsantritt und dem Absturz der Wirtschaft, im noblen Büro seiner Lobbyfirma in der M Street. Seinen Charme und seine Überzeugungskraft entwickelte Lott wie viele Politiker in den prekären Verhältnissen seiner Kindheit. »Als ich Mehrheitsführer im Senat, Bill Clinton Präsident und Newt Gingrich Sprecher des Repräsentantenhauses war, waren wir drei Südstaatenjungs, die aus zerrütteten Familien stammten«, erklärte Lott mir. Er achtet pedantisch auf Ordnung und Sauberkeit und kann es nicht ertragen, wenn sich verschiedene Gerichte auf seinem Teller berühren. Sein ganzes Leben ist durch und durch geordnet, angefangen bei seinem üppigen Senatorenhaar. Er ist ein überzeugter Gewohnheitsmensch, steht jeden Morgen um 6 Uhr auf, trinkt drei Tassen Kaffee, liest im Schlafanzug und bringt seine Frisur mit Haarspray perfekt in Form. Sobald Lott nach der Arbeit nach Hause kommt, muss er seine Kleider gegen seinen Schlafanzug tauschen.

2008 eröffnete Lott eine kleine, aber feine Lobbyfirma mit einem ehemaligen Senatskollegen, dem Demokraten John Breaux aus Louisiana, der als Abgeordneter im Repräsentantenhaus einmal die denkwürdige Äußerung tat, man könne seine Stimme nicht kaufen, »aber mieten«. Als ein Abgeordneter der Mehrheitsfraktion ihn »eine billige Hure« nannte, protestierte Breaux, er sei »nicht billig«.[8]

Während Reid der interne Organisator im Senat und Coburn der geistige Vater der Tea Party ist, entspricht Trent Lott einem weiteren Hauptstadtarchetypus unserer Zeit, dem »Ehemaligen«. Seine Karriere überraschte niemanden. In letzter Zeit blieben nahezu alle ehemaligen Fraktionsvorsitzenden des Senats (Trent Lott, Tom Daschle, Bob Dole, George Mitchell) sowie die

---

8 Hacker, Jacob S. / Pierson, Paul (2011): Winner-Take-All Politics: How Washington Made the Rich Richer – And Turned Its Back on the Middle Class. New York 2011, S. 6.

meisten ehemaligen Sprecher und Mehrheitsfraktionsvorsitzenden des Repräsentantenhauses (Newt Gingrich, Dennis Hastert, Richard Gephardt, Tom DeLay, Dick Armey) in oder nahe der Hauptstadt. Daschle und Lott bezeichnen sich als die besten Freunde ihrer Nach-Senatszeit. Sie treten gemeinsam in Fernsehsendungen auf, »beraten« Klienten, sitzen in Verwaltungsräten und essen mit ihren Ehefrauen im Four Seasons in Georgetown. Kurz nachdem Lott aus dem Senat ausgeschieden war, rief ich ihn an, weil ich einen Artikel über seinen erkrankten Ex-Kollegen Ted Kennedy schrieb – »Tiddy«, wie er ihn nannte. Dabei redete Lott unaufhörlich über seine eigene, neuerdings gesunde Lebensweise.

Sein Ton änderte sich, als ich erwähnte, dass Kennedy in seinem Konferenzraum im Senat einen Brief von Lott aufgehängt hatte. Ein Dankesbrief von Lott an Kennedy, der ihm ein Gemälde in Cape Cod besorgt hatte. »Wirklich«, fragte Lott leise. »Hat Tiddy ihn tatsächlich aufgehängt? Das wusste ich gar nicht.« Es entstand eine Pause und ich hatte den Eindruck, dass es ihm die Kehle zuschnürte.

Ted Kennedy starb im August 2009. Die Hauptstadt erschien in Scharen zur Beerdigung in der Basilika Our Lady of Perpetual Help in Boston, darunter auch der halbe Senat. Es war eine dieser Veranstaltungen, zu denen sich die meisten der üblichen Verdächtigen einfanden – Chuck Schumer, Walter Isaacson, Tom Brokaw, die Clintons. Sogar John Edwards kam, der ausnahmsweise gerade mal nicht in Ungnade war und einige Schritte hinter seiner krebskranken, betrogenen Ehefrau Elizabeth herging. Es war seit geraumer Zeit sein erster öffentlicher Auftritt. Er zog zahlreiche Blicke auf sich, die besagten: »Was macht das Arschloch denn hier?«, und pflanzte sich auf einen der besten Plätze in der Nähe des Mittelgangs. (Es war nur ausgleichende Gerechtigkeit, dass sich in letzter Sekunde Bill Russell, der Hüne von den Boston Celtics, vor Edwards setzte.)

Lott konnte nicht kommen, drückte aber seine Anteilnahme aus. Einige Wochen später versicherte er mir in einem Interview, er werde Tiddy Kennedy nie vergessen.

Als er so in seinem schicken Lobbying-Büro saß, wirkte er sehr zufrieden, dass er nicht in Vergessenheit geraten war. Er erzählte mir, dass der demokratische Senator Tom Carper aus Delaware ihn jedes Jahr am Geburtstag anruft. »Am 9. Oktober klingelt pünktlich das Telefon und es ist Tom Carper. Warum macht er sich die Mühe? Ich bin weg, nicht mehr im Amt. Ich kann nichts für ihn tun – gar nichts. Aber er ruft an. Das ist schön.«

Lott sammelt solche Äußerungen wie Schneekugeln. »Diese Gesten bedeuten Trent viel«, sagte Daschle, den Lott – als nette Geste – anrief, nachdem er gezwungen war, seine Kandidatur als Obamas Gesundheitsminister zurückzuziehen, weil er für einen Chauffeur und Nebeneinkünfte keine Steuern gezahlt hatte. »In der Politik gibt es so viel künstliches Getue und Verlogenheit«, sagt Daschle. »Oberflächlich betrachtet kann man diese Anrufe und Mitteilungen als Mist bezeichnen, den Politiker eben als Politiker so machen. Aber viele Leute in der Politik sind sehr unsichere Menschen.« Nach Daschles Ansicht liegt es teils daran, dass Washington ein so heikler Ort ist und alles, was die Illusion einer dauerhaften Bindung vermittelt, wichtig sein kann. »Selbst die Mächtigsten brauchen solche Aufmunterungen. Sie müssen wissen, dass man sie nicht vergessen hat.«

Lott verkörpert zwei verschiedene Hauptstadttypen, die in der Obama-Ära miteinander ringen. Kritiker wie Coburn sehen in Lott den Inbegriff eines Ehemaligen, der eine fest verwurzelte, finanzstarke Einrichtung der »permanenten Feudalschicht« ist.

Harry Reid mag Lott und sieht in ihm einen verhandlungsstarken Pragmatiker, wie er dem Senat heutzutage fehlt. »Ich vermisse Trent Lott«, sagt Reid immer, was bei ihm zugleich ein Rückhandschlag gegen Lotts Nachfolger in der republikanischen Fraktionsführung ist, aber Lott natürlich trotzdem freut.

Lott ist eine Neo-Washington-Berühmtheit. Er ist auf Partys, in Verwaltungsräten und bei jährlichen parteiübergreifenden Ausflügen zur Entenjagd an der Ostküste Marylands gefragt. Er wird zu Sonntagssendungen im Fernsehen eingeladen. Seine Marke hat sich als beständig erwiesen. Er bekommt Einladungen zum Mittagessen und verdient locker eine siebenstellige Summe im Jahr. Er ist wieder eine große Nummer in der Hauptstadt.

Als die Gesundheitsreform ihren Weg durch den Senat nahm, besuchte ich im Oktober 2009 Coburn zu Hause in Muskogee, Oklahoma, etwa eine Stunde südöstlich von Tulsa. Gürteltiere versuchten ständig, seinen Rasen aufzuwühlen. Und aus seinem Swimmingpool holte er immer wieder Wassermokassin-Ottern. »Ich töte sie, indem ich ihnen mit der scharfen Spatenkante den Kopf abtrenne«, erklärte er genüsslich.

Das Gleiche hatte er mit der Gesundheitsreform vor. Das Gesetzesvorhaben umzusetzen wäre eine Katastrophe, meinte Coburn, fest entschlossen, es zu vereiteln. »Meine Mission ist es, die Gesundheitsdebatte in den Rahmen des Staatsbankrotts dieses Landes einzuordnen«, sagte er, nachdem er einige Tage zuvor im Plenarsaal gewettert hatte, die Staatsverschuldung der USA käme einem »Waterboarding« seiner fünf Enkel gleich.[9]

9   Leibovich, Mark (2009): A Senate Naysayer, Spoiling for Health Care Fight. In: The New York Times, 29. Oktober 2009.

Coburn stand in der Einfahrt seines knapp drei Hektar großen Anwesens und schaute ständig abgelenkt hinter sich auf den Boden. Einer seiner beiden Hunde, Beau, hatte ein schlimmes Ekzem am Bauch und rollte sich immer wieder auf den Rücken, sodass die kranke, haarlose Stelle zu sehen war. Winselnd bettelte er um Streicheleinheiten, bis Coburn schließlich nachgab. Der Hund quietschte vor Freude. Coburn drehte sich um und sagte: »Sehen Sie, genauso ist der Durchschnittspolitiker. Sie brauchen es alle, dass man ihnen den Bauch krault. Es geht nur um Streicheleinheiten.«

Zurück in seinem Senatsbüro sprach Coburn angeregt über politische Psychologie. Sein nächstes Buch soll sich mit der Macht von »Sorgen, Befürchtungen und Angst« in Washington befassen. Diese Gefühle verleiten Politiker, sich an die sichersten, konventionellsten Methoden des Machterhalts zu klammern. Im heutigen Washington ist es nach Coburns Ansicht am einfachsten, im Amt zu bleiben, wenn man eine rigide Parteilinie vertritt. Das sei allerdings »meist Ausdruck eines tiefen Glaubens an Karrierismus und nicht an eine konservative oder liberale Haltung«.

Coburns Positionen im Senat wurden in den letzten Jahren zum Mainstream. Für Harry Reid ist er nach wie vor eine Plage, aber er ist innerhalb der Republikaner nicht mehr so ein Außenseiter, seit es dort so viele junge Tea-Party-Bombenwerfer gibt, die in ihm ein bilderstürmerisches Vorbild sehen. Heute ist Coburns Bilderstürmerei häufig von der Bereitschaft geprägt, mit Demokraten Kompromisse zu schließen und zusammenzuarbeiten. Die Fernsehsendung *60 Minutes* feierte ihn 2012 als »einen der einflussreichsten und konservativsten Senatoren« und als eins der wenigen

Mitglieder beider Parteien, die zu einer Zusammenarbeit mit der anderen Seite bereit sind.[10] Loyale Reid-Anhänger waren erbost über den Beitrag, zu dem Jim Manley twitterte: »Reporter da draußen, die Coburn ernst nehmen, sind Idioten«. Tom Coburns schwerster Verstoß gegen seine republikanischen Treuepflichten ist seine Freundschaft mit Obama. Bei einer Orientierungsveranstaltung für neue Senatoren 2005 verstanden sie sich auf Anhieb und das galt auch für Michelle Obama und Coburns Frau Carolyn, eine ehemalige Miss Oklahoma. Als Obama ins Weiße Haus einzog, schickte Coburn ihm allwöchentlich Bibelverse. Er besucht den Präsidenten regelmäßig und beschreibt ihn als wunderbaren Menschen. Er ruft im Weißen Haus an, um Obama in schweren Zeiten aufzumuntern oder zu Erfolgen zu gratulieren – eine aufrichtige Geste, beteuert Coburn, keine verlogene wie in der Hauptstadt üblich.

»Nach unseren Treffen umarmt er mich immer«, erzählt Coburn und klingt erfreuter darüber, als ich gedacht hätte.

Ich fragte ihn, ob er Tim Russert kannte, der meiner Ansicht nach der Vorsitzende des Hauptstadtclubs oder des inneren Kreises von Washington war. Nicht gut, antwortete Coburn, aber er habe Tim gemocht. »Ich hatte immer den Eindruck, dass Tim das Fenster aufmachte und dich Tim Russert sehen ließ. Ohne Hinterlist. Es macht erheblich mehr Spaß, mit jemandem umzugehen, wenn man das Gefühl hat, nicht getäuscht zu werden.«

Coburn war nicht bei Russerts Beerdigung. Zu solchen Anlässen geht er nicht. »Klang nach einem Aufgalopp«, sagte er. Für Coburn hat Washington etwas »Parasitäres«.

»Ein Parasit lebt von einem anderen Parasiten, der wiederum von einem anderen Parasiten lebt. Man hängt sich an jemanden

---

10   Kroft, Steve (2012): Is the U.S. Senate Broken? In: 60 Minutes, CBS News, 4. November 2012.

dran, um etwas von ihm zu bekommen. Es ist genau das Milieu, das ihnen eine Lebensgrundlage bietet. Es mag ein bisschen hart klingen, aber wer in Washington keinen Anschluss findet, kann nichts gewinnen.«

4
Die Entourage

Jede große Sache beginnt
mit einer Bewegung, wird zum
Geschäft und verkommt
schließlich zum Schwindel.

Eric Hoffer
The Temper of Our Time

Im Februar 2010, als Obamas Gesundheitsreform kurz vor der Ver-
abschiedung im Kongress stand, die Spaltung in Washington so ir-
reparabel wie eh und je schien und die Arbeitslosenquote an zehn
Prozent heranreichte,[1] war es an der Zeit für eine weitere Party.

Tammy Haddad und einige Bewunderer, zu denen David Gregory und Jon Meacham gehörten, organisierten eine Party zum
40. Geburtstag von Betsy Fischer, der aus New Orleans stammen-
den, sehr beliebten leitenden Produzentin von *Meet the Press*.

Eigentlich wollte Tammy im Stadtteil Palisades im Nordwesten
von Washington eine Mardi-Gras-Party geben, im Haus einer
Nachbarin und guten Freundin, Hilary Rosen, der demokratischen Medienberaterin, ehemaligen Lobbyistin und CNN-Expertin. Aber ein Schneesturm hätte den Parkservice in der Sack-
gasse schwierig gemacht. Also verlegte sie die Sause in das Haus
des demokratischen Lobbyisten Jack Quinn und seiner Frau
Susanna. Niemand machte sich sonderlich Gedanken über
den »Eindruck«, den diese Ortswahl erwecken könnte: wie es aus-

---

1   National Conference of State Legislatures, »Unemployment Drops to 7.6 Percent for March 2013«,
    8. April 2013.

sehen mochte, wenn ein prominenter Lobbyist (der zahlreiche Interessengruppen aus dem Gesundheitswesen vertrat) als Gastgeber einer Party für die leitende Produzentin einer über alle Zweifel erhabenen politischen Fernsehsendung aufträte, einem Ereignis, an dem auch mehrere Mitarbeiter des gegen Lobbyisten eingestellten Weißen Hauses teilnehmen würden. Vielleicht machten sich manche doch Gedanken: Einige eingeladene Mitarbeiter von NBC und aus der Obama-Regierung sagten mir, sie hätten bei der Sache ein ungutes Gefühl, und hielten sich fern. Aber im Grunde verdiente Betsy eine Feier, die zudem allen eine tolle Chance bot, Bourbon-Street-Dekor, Jambalaya und den wärmenden Eintopf des Beisammenseins zu genießen.

Vielleicht machte auch Tammy sich etwas Sorgen über den »Eindruck«, denn einige Stunden vor der Party schickte sie den geladenen Gästen eine E-Mail, in der sie das Fest für »inoffiziell« erklärte, was alle nur belächelten oder ignorierten. Aber wirklich: die Zusammenkunft war als »private Party unter Freunden« gedacht, wie ein NBC-Sprecher erklärte. Tammy vertrat später, die ausdrückliche Betonung des inoffiziellen Charakters habe einen lästigen Reporter der lokalen Medienwebseite FishbowlDC fernhalten sollen, von dem sie befürchtete, dass er sich Zugang zu der Party verschaffen und abfällig darüber schreiben würde.

Jedenfalls war das Gästeaufgebot eine tolle Bestätigung für Betsy und die multilateralen Interessengruppen, die sie bewunderten: Kongressabgeordnete, Fernsehleute und Mitarbeiter des Weißen Hauses, alle waren da. Ich traf viele Bekannte, unter anderem eine Frau, die früher beim Fernsehen gearbeitet, dann ins Weiße Haus gewechselt hatte und schließlich als »strategische Beraterin« für irgendjemanden tätig war, für wen, weiß ich nicht mehr. Sie forderte mich auf, ihr auf Twitter zu folgen, eine Art gigantischer

Larry-King/*USA-Today*-Kolumne, auf der jeder den ganzen Tag beliebige Eindrücke und Gedanken »zwitscherte«.

Jeder auf der Party schien jemandem zu gratulieren – zu einem neuen Artikel, Buchvertrag, Job, einer Fernsehsendung, Rede oder Frisur. Ein Fotograf der Zeitschrift *Washington Life* hielt das Geschehen für die Nachwelt fest. Greta Van Susteren von Fox News plauderte neben einem Cupcake-Turm mit David Axelrod. Im Keller schlängelte sich eine parteiübergreifende Polonaise zu einem lauten Hip-Hop-Song durch den Raum. Beim Jambalaya-Topf nahm Alan Greenspan eine Karnevalskette und legte sie seiner Frau, Andrea Mitchell, um den Hals, die sie allerdings sofort gereizt wieder ablegte.

Im Obergeschoss nahmen zwei »Videojournalisten« von Politico Prominente beiseite und baten sie, zu Ehren von Betsy und dem Fernsehsender, den sie repräsentierte, die Erkennungsmelodie von *Meet the Press* zu summen. Einer der beiden Politico-Journalisten fragte einige von ihnen, ob das Erscheinen bei der Party tatsächlich Betsy galt oder nicht eher von der Wichtigkeit einer Einladung zu *Meet the Press* zeugte. Blöde Frage. So zynisch! (»Sie sind hier, weil sie Betsy mögen«, versicherte Hilary Rosen.)

Ed Gillespie, dessen Karriere auf dem Capitol Hill als Parkplatzwächter begann, erzählt ständig, dass er die Washingtoner »Szene« und den ganzen Celebrity-Kult verabscheut, der in den letzten Jahren dort entstanden ist. Aber er erschien auf Betsys Party, weil er häufig als Gast in *Meet the Press* war und sich seinem guten Freund und ehemaligen Geschäftspartner Jack Quinn loyal verbunden fühlte.

Die beiden hatten sich in einem Green Room kennengelernt, und zwar Ende der 90er-Jahre vor einem gemeinsamen Auftritt bei Fox News, den Bushs späterer Pressechef Tony Snow moderierte.

Sowohl Quinn als auch Gillespie stammten aus einer irisch-katholischen Arbeiterfamilie in New York (Quinn) beziehungsweise New Jersey (Gillespie) und waren wegen ihrer Liebe zur Politik und ihres Studiums (Quinn an der Georgetown University, Gillespie an der Catholic University) nach Washington gekommen. Beide waren vor der Kamera kämpferisch, aber im Allgemeinen respektvoll und jenseits der Kamera wesensverwandt und verständnisvoll. Sie freundeten sich an und gründeten schließlich im Jahr 2000 gemeinsam die Lobbyfirma Quinn Gillespie & Associates, die wohl als erste große Firma parteiübergreifende Lobbyarbeit bei gut positionierten Mitgliedern beider Parteien leistete.

Lobbyisten sind als Berufsgruppe nicht gerade beliebt. Obamas Wahlkampf und seine anschließende Regierung haben viel zu ihrer Verteufelung beigetragen, was Quinn nicht gutheißt und auch ein bisschen übel nimmt. »Wir haben auch Familien«, erklärt er. Bei ihm sind es sechs Kinder (von drei Ehefrauen) und sechs Enkel, die alle diese schlimmen Dinge über den Broterwerb ihres Vaters beziehungsweise Opas hören. Quinn findet es unfair, dass man sie alle so darstellt, als seien sie genauso schäbig wie der berüchtigte republikanische Lobbyist Jack Abramoff, der damals gerade eine 43-monatige Haftstrafe wegen Betrugs und illegaler Absprachen verbüßte.

»Das war nicht die Welt, die ich kannte«, sagt Quinn über Abramoffs »Casino-Jack«-Tummelplatz.

Es war eine schwere Zeit. Wenn Quinn ein Restaurant betrat, fragte er sich, ob die Leute ihn anstarrten und was sie wohl sagten. Freunde wandten sich von ihm ab. (»Washington ist ein Ort, an dem niemand Freundschaft sonderlich persönlich nimmt«, sagte Tony Snow immer.) Einmal an einem Tiefpunkt, fuhr Quinn an die Ostküste von Maryland, nur um wegzukommen. Sein Telefon klingelte. Es war Senator Chris Dodd aus Connecticut, ein guter Freund, den er aus dessen Zeit als Rechtsberater des Weißen Hauses kannte. Dodd rief nur an, um Jack zu sagen, dass er an ihn dachte. Quinn hatte viel Geld für Dodd wie auch für viele andere Senatoren und Kongressabgeordnete aufgetrieben. Eine ganze Reihe von ihnen wünschte ihm in einem Geburtstagsvideo, das Susanna Quinn ihm zu seinem 60. Geburtstag 2009 machte, alles Gute.

Er hat rote Wangen, ein fröhliches Lachen und seufzt häufig. In die Politik kam er als überzeugter Linker für Eugene McCarthy und George McGovern. Mittlerweile hat er die Ausstrahlung eines Menschen, dem vor allem daran liegt, nicht bedrängt zu werden. Die Lobbyarbeit macht ihm keinen Spaß. Viel lieber würde er schreiben, lesen, Golf spielen oder seine Zeit in der Skihütte in Steamboat Springs, Colorado, verbringen. Nebenprojekte, die er übernommen hat, findet er offenbar spannender als sein Kerngeschäft zu diskutieren: Er sitzt im Vorstand von Blackwater Worldwide, dem privaten Militärunternehmen, dessen Söldnertruppen im Irak viele Zivilisten töteten und der Firma einige Kopfschmerzen in Hinblick auf ihre Marke bereiteten.

Schließlich benannte sich Blackwater zweimal um, zunächst in Xe, dann in Academi, aber nach wie vor sprechen die meisten noch von »dem Unternehmen, das früher Blackwater hieß, bevor es aus offenkundigen Gründen seinen Namen änderte«.

In erster Linie leitet Quinn jedoch immer noch das Quinn-Gillespie-Büro in Washington. Er braucht Geld, wie er sagt, viel Geld für seine sechs Kinder, zwei Ex-Frauen und seine derzeitige Ehefrau, Susanna, mit ihren Spezialisten und der persönlichen Visagistin, die vor großen Partys und Dinnergesellschaften ins Haus kommt. (»Es ist dieselbe Visagistin, die auch Michelle Obama schminkt«, erwähnt Susanna.)

Also ja, Quinn ist immer noch Lobbyist, und trotz der grauenhaften wirtschaftlichen Lage des Landes, des anhaltend üblen Rufs durch Abramoff und des feindseligen neuen Präsidenten war das Jahr 2009 für die Branche das einträglichste aller Zeiten: Alle Interessengruppen gaben zusammen 3,47 Milliarden US-Dollar für Lobbyarbeit auf Bundesebene aus, verglichen mit 3,3 Milliarden Dollar im Vorjahr.[2]

Obamas aggressive *Change*-Initiativen waren tatsächlich ein Segen für Lobbyisten. Ihre Geschäfte laufen immer gut, wenn komplexe neue Gesetzesvorhaben anstehen. »Komplexität und Unsicherheit sind gut für uns«, sagte der demokratische Megalobbyist Tony Podesta mit glupschäugiger Eindringlichkeit, die er durch häufiges Kichern am Ende seiner Sätze milderte.

»Diese Agenda war großartig für *unsere* Wirtschaft«, erklärte ein republikanischer Lobbyist der Huffington Post.[3] »Wir werden dafür bezahlt, dass Republikaner sauer auf Demokraten werden, was sie zu Recht sind. Das ist das Einfachste der Welt. Es ist, als ob man dafür bezahlt würde, seine Mutter zu lieben.«

Quinn weist darauf hin, dass Obamas antilobbyistisches Gerede lediglich den Großteil der Geschäfte in den Untergrund getrieben oder zumindest zu ihrer spärlichen Vertuschung geführt hat: »Es gibt viele, die jahrelang als Lobbyisten registriert waren und sich jetzt ›Berater für öffentliche Angelegenheiten‹ oder ›strategische Berater‹ nennen.« Heutzutage wimmelt es in Washington von Leuten, die nicht als Lobbyisten registriert sind, aber bezahlt werden, um sich hauptberuflich (entweder unmittelbar bei einem einflussreichen Amtsinhaber oder über PR-Arbeit) für ein Unter-

2   Mitteilung: »Federal Lobbying Climbs in 2009 as Lawmakers Execute Aggressive Congressional Agenda«. Open Secrets, 12. Februar 2010.

3   Delaney, Arthur (2010): It's Official: 2009 Was Record Year for Lobbying, Despite Recession. In: The Huffington Post, 14. April 2010.

nehmen, eine Organisation oder eine Branche einzusetzen. Sie betreiben also Lobbyarbeit, auch wenn ihre Tätigkeit nicht den gesetzlichen Vorgaben entspricht, wonach sie sich als Lobbyisten registrieren lassen müssten. Solche Leute bezeichnet man in der Hauptstadt als »unregistrierte Lobbyisten«.

In den letzten Jahren haben sich Quinn Gillespie & Associates als »QGA Public Affairs« mit begrenztem Erfolg um ein verändertes Markenbild bemüht, das teils den Schwerpunkt auf Lobbyarbeit herunterspielen sollte. Ein weiterer Grund ist, dass Gillespie seit einigen Jahren nicht mehr für die Firma tätig ist. Er wird mit hochkarätigen Wahlkampagnen in Verbindung gebracht wie dem Wahlkampf von Mitt Romney 2012 und möchte vielleicht eines Tages für das Gouverneursamt in Virginia kandidieren. Und Namensgeber einer Lobbyfirma zu sein wirkt heutzutage auf Wähler nicht gerade verlockend.

Dennoch sind Jack und Ed ständig miteinander im Gespräch und bleiben die besten Freunde. Als ich Quinn einmal fragte, was ihm an Gillespie gefallen habe, als sie sich in der entmilitarisierten Zone des Green Room anfreundeten, antwortete er: »Er kapierte den Witz.« Welchen Witz? Meinte er die Vorstellung, dass der Großteil der Washingtoner Wirtschaft – Lobbyarbeit, politische Beratung und Kabelfernsehsender – auf der Fortsetzung der Konflikte statt auf Problemlösung beruhte? Oder meinte er die Tatsache, dass das lautstarke Eintreten für eine Parteilinie im Fernsehen bloß augenzwinkernde Schauspielerei ist? Und dass in Wirklichkeit alle in Washington abseits der Kameras Teil einer multilateralen Polonaise potenzieller Geschäftspartner sind? »Ed und ich begreifen beide, dass in der Welt, in der wir uns bewegen, jeder ein Patriot ist«, erklärte Quinn.

An dieser Stelle möchte ich einen kurzen Exkurs zur jüngsten Geschichte der Hauptstadt-Entourage einfügen.

Den größten Wandel erlebte Washington in den letzten gut 40 Jahren durch den Einzug des großen Geldes und der Politik als Wirtschaftszweig. Sicher gab es in früheren Zeiten in Washington ebenfalls eine Politikbranche, aber sie war kleiner und unzusammenhängender. Es existierten kleine, selbstständige Beraterfirmen, die an Wahlkampagnen arbeiteten, Spendengelder für gewählte Volksvertreter auftrieben oder bestimmte Dienstleistungen (wie Postwurfsendungen) anboten. PR-Leute versuchten, Klienteninteressen über die Medien zu fördern, während Lobbyisten das Gleiche durch unmittelbaren Kontakt zu Politikern betrieben. Aber dieser »Sektor« bestand damals typischerweise aus Familienbetrieben und trat nach außen hin mit einer gewissen Behutsamkeit und Bescheidenheit auf. Er brachte zwar einen gewissen Wohlstand hervor, der allerdings nicht ausreichte, um sich spürbar auf die Hauptstadt, ihre Kultur und ihr Empfinden auszuwirken.

Mittlerweile haben diese wirtschaftlichen Teilbereiche ein explosionsartiges Wachstum erfahren und werden unter dem riesigen Oberbegriff »Consulting« oder »staatliche Angelegenheiten« zusammengefasst. »Keine Einzelentwicklung hat die Funktionsweise der amerikanischen Demokratie im letzten Jahrhundert so stark verändert wie die Politikberatung«, schrieb Jill Lepore im *New Yorker*.[4] »Um die Mitte des 20. Jahrhunderts traten an die Stelle von Parteichefs politische Berater als Ausübende einer Macht, die sie nicht durch Wählerstimmen, sondern durch Geld erhalten hatten.«

Im vergangenen Jahrzehnt haben amerikanische Unternehmen (großenteils aus der Finanzbranche) ihre Ausgaben für Lobby-

---

4   Lepore, Jill (2012): The Lie factor. In: The New Yorker, 24. September 2012.

arbeit und politische Beratertätigkeiten in Washington verdrei-
facht. Relativ neue Firmen wie die Glover Park Group – gegründet
von drei ehemaligen Beratern Clintons und Al Gores – bieten
»integrierte Dienstleistungen« an, die sich auf Lobbyarbeit, PR-
Tätigkeit und Unternehmens- und Wahlkampfberatung erstrecken. »Politik« hat sich zu einem ausgewachsenen, dynamischen
Wirtschaftszweig, zu einem eigenen autarken System entwickelt,
das einen erheblichen Teil seiner Energie nach innen richtet.

Überall, wo eine Aura von Geld und Macht ist, bildet sich eine
Entourage, und genau das ist in Washington passiert. Über weite
Teile des vorigen Jahrhunderts bestand das sogenannte permanente Washington aus einer Handvoll politischer Strippenzieher:
Zu ihnen gehörten Clark Clifford, der vier amerikanischen Präsidenten als Berater diente und Washingtons Prototyp des Super-
anwalts und der grauen Eminenz war – zumindest bis er wegen
Bankbetrugs angeklagt wurde –, sowie einige »Promijournalisten«
wie James »Scotty« Reston von der *New York Times* und Jack
Nelson von der *Los Angeles Times*. Aber die politische Entourage
war keineswegs ein Wirtschaftszweig, vergleichbar mit Hollywood
oder der Wall Street. Ihre Mitglieder präsentierten sich auch nicht
wie Prominente mit Bildern auf Blogs, Geschichten auf Twitter
und Agenten, die Multimediaverträge aushandelten.

Mehr als alles andere trug vielleicht die Watergate-Affäre – und
das Buch *All the President's Men*[5] – dazu bei, Journalisten in der
Hauptstadt wie an keinem anderen Ort zu einer gefeierten Berufs-
gruppe zu machen. Woodwards und Bernsteins Triumphe und
Ben Bradlees imposante Persönlichkeit grenzten einen Bereich
Washingtons in seiner romantischen Bestform ab, während die

---

5   Bernstein, Carl / Woodward, Bob (1974): All the President's Men. New York 1974;
    dt. Die Watergate-Affäre. München 1974.

Hauptstadt sich in der Watergate-Affäre von ihrer schändlichsten Seite zeigte. Bradlee war daran umfassend beteiligt. »Wir waren Volkshelden«, sagte er, wusste aber durchaus, dass dieses Hoch nach Watergate nicht von Dauer sein würde. Nachdem die *Washington Post* 1973 für ihre Watergate-Berichterstattung den Pulitzer-Preis bekommen hatte, sah er in einem Brief bereits voraus, dass »dieser wilde, selbstgefällige Skisprung« enden müsste und sie alle »wieder auf dem Boden landen« würden.[6] Dieser Tag kam 1981 mit einem Meteoriteneinschlag, als die *Washington Post* den Pulitzer-Preis eines jungen Reporters zurückgeben musste, der eine Story über einen achtjährigen Heroinsüchtigen erfunden hatte. Aber die Celebrity-Aura des Nachrichtengeschäfts in der Hauptstadt verblasste nie mehr völlig.

Der Kabelfernsehboom der 90er-Jahre – der Clinton-Ära – sorgte für eine exponentielle Beschleunigung dieses Trends. Er schuf ein hochkarätiges Gemisch von Fernsehleuten, deren Markenwert über ihre professionelle Identität hinausreichte. Sie waren nicht einfach nur Journalisten oder politische Strategen, sondern Green-Room-Bürger. Wenn ehemalige Mitarbeiter von Politikern sich um eine Tätigkeit bei Printmedien bemühten, ging es ihnen weniger um das Schreiben als um ein Sprungbrett zum Fernsehen. Nachdem Chris Matthews den Stab von Tip O'Neill verlassen hatte, schrieb er eine Kolumne für den *San Francisco Examiner* und wurde sogar zum Washingtoner Büroleiter ernannt, obwohl es lediglich eine verschlafene Tageszeitung der Bay Area und er ihr einziger Hauptstadtkorrespondent war. Aber die Verbindung und die Stellenbezeichnung verhalfen ihm ins Fernsehen. Er drängte sich in politische Diskussionsrunden wie *The McLaughlin Group* und bekam 1997 mit *Hardball* eine eigene Talkshow auf CNBC,

---

6   Himmelman, Jeff (2012): Yours in Truth: A Personal Portrait of Ben Bradlee.
    New York 2012, S. 323.

die durch den Clinton-Lewinsky-Skandal einen kometenhaften Aufstieg erfuhr. Bill Kovach, Gründungsmitglied und erster Vorsitzender des Committee of Concerned Journalists, erhob Matthews in seinem Buch über das Verhalten der Medien während der Monica-Saga zum Mitglied einer »neuen Klatschklasse, die in diesem Skandal hervortrat … einer Gruppe vage qualifizierter, eigennütziger Moderatoren, deren Hauptaufgabe darin besteht, im Fernsehen zu bleiben«.

Heutzutage sind Leute wie Matthews Superstars, die im Rednerzirkus fünfstellige Honorare pro Auftritt, hohe Vorschüsse für Buchveröffentlichungen und – in Matthews Fall zumindest eine Zeit lang – einen MSNBC-Vertrag über fünf Millionen pro Jahr bekommen. Ruhm und Berühmtheit verselbstständigen sich so weit, dass Leute über ihre ursprüngliche öffentliche Identität hinauswachsen.

Washingtons exportfähiger Sexappeal hat sogar zugenommen, obwohl so viele Amerikaner das moderne politische Spiel mittlerweile so abstoßend finden. Es ist schwer festzumachen, wann es genau anfing, aber offenbar fiel es ebenfalls mit Bill Clintons Präsidentschaft zusammen. Da das große Geld einen erotischen Reiz ausstrahlt, umgab Clintons Berufung des Wall-Street-Titans Robert Rubin zum Finanzminister die Hauptstadt mit der Aura, Wohlstand zu schaffen, die es unter George H. W. Bush (unter dessen Präsidentschaft die Wirtschaftslage schlecht war) und unter Ronald Reagan (in dessen Amtszeit die Lobbying-Kultur zwar florierte, aber keineswegs in dem heutigen Ausmaß) nicht gegeben hatte. In der Clinton-Ära wurde es zudem zur Regel, dass eine neue Generation von Regierungsmitarbeitern ihre Position im »öffentlichen Dienst« gegen lukrative Posten bei Finanzdienstleistern tauschte. Nur wenige von ihnen hatten Betriebswirtschaft studiert oder Erfahrungen im Bankwesen gesammelt, aber der geheimnisvolle

Nimbus einer Position auf hoher politischer Ebene – besonders im Weißen Haus – war unmittelbar bankfähig geworden. So gab Rahm Emanuel 1996 seinen Posten in der Clinton-Regierung auf, um in die Investmentbank Wasserstein Perella zu wechseln. Er war kein »Zahlenmensch«, wie er selbst einräumte, sondern eher ein »Beziehungsbanker«. Es zahlte sich aus: Als er die Bank 2002 verließ, um für den Kongress zu kandidieren, hatte er in zweieinhalb Jahren über 18 Millionen Dollar eingeheimst und konnte wieder in den »öffentlichen Dienst« zurückkehren.

Zudem repräsentierte Clinton eine umwerfende Mischung der Popkultur: Er war telegen, jung und bereit, auf MTV über seine Unterwäsche zu reden – und hatte natürlich im Privatleben einen prickelnden Hang zu Riesenärger. Das alles verlieh ihm den Reiz eines Stars. Hollywood-Größen stellten sich beim jährlichen Dinner der Correspondents' Association ein, das bis dahin eine verstaubte Angelegenheit war und nur mangels Alternativen als gesellschaftliches Highlight der Hauptstadt galt. Seit 1993 ist jeder Tisch – in den letzten Jahren für etwa 2500 US-Dollar pro Person – ausverkauft,[7] und das Spektakel hat sich zu einer glamourösen Fieberblase aus Vor- und Nachpartys und Live-übertragungen vom roten Teppich ausgewachsen.

Schon Bill Clintons siegreiche Wahlkampagne 1992 hatte dem Aufstieg von Beraterpromis Schubkraft verliehen. Es hatte zwar schon immer berühmte oder berüchtigte politische Berater gegeben (Ted Sorensen für John F. Kennedy, Lee Atwater für Reagan und Bush), aber mit dem Clinton-Wahlkampf begann die Faszi-

7 Purdum, Todd (2010): The Evolution of D. C.'s Premier Event. In: Vanity Fair, 30. April 2010.

nation für »Entourage-Persönlichkeiten« wie James Carville und George Stephanopoulos, die zur eigenständigen Marke wurden. Carville war ein politischer Berater wechselnder Klienten, der bis zu Clintons Wahlkampf 1992 nie eine siegreiche nationale Wahlkampagne geleitet hatte und seither in keinem amerikanischen Wahlkampf mehr eine herausragende Beraterrolle übernommen hat. Aber sein starker Südstaatenakzent, sein rüpelhaftes Auftreten und seine parteiübergreifende Liebesgeschichte mit einer bekannten republikanischen Politexpertin – Mary Matalin – machten ihn zur begehrten Marke, die ihn und Matalin mit fünfstelligen Honoraren für Vorträge, Auftritte als Fernsehexperten und Buchprojekte reich werden ließ.

Die Carville-Matalin-Fusion war weniger eine Verbindung zweier Krieg führender Stämme als vielmehr eine Heiligsprechung innerhalb der politischen Elite. Walter Shapiro, der altgediente politische Journalist für *Time* und andere Publikationen, wunderte sich, dass jemand die Carville-Matalin-Verbindung als exotische Mischehe sehen konnte: »Wenn einer der beiden sich in einen Baumchirurgen aus Idaho verliebt hätte, das wäre wirklich was gewesen«.[8] Damit verweist er auf die allgemeine Tatsache, dass das politische Washington eine inzüchtige Kleinstadt ist, in der Parteidifferenzen problemlos der Mitgliedschaft im Hauptstadtclub untergeordnet werden. Politische Auseinandersetzungen verkommen häufig zum trivialen Schlagabtausch in Fernsehdebatten: Jeder spielt eine Rolle, zieht eine Schau ab, und dann kommt die unerwartete Wende – in diesem Fall: »He, die beiden, die sich im Fernsehen anbrüllen, sind in Wirklichkeit ein Paar und werden heiraten.«

Das Joint Venture Matalin-Carville – die »Marke Mataville« – wurde zu einem potenten Verkaufsschlager. Das Paar schrieb ein

---

8 Shapiro, Walter (2001): Star-Crossed Politicos. In: Time, 24. Juni 2001.

Buch über seine Beziehung, *All's Fair: Love, War, and Running for President*, das die Bestsellerlisten stürmte und die Marke Mataville über das Getto der Politjunkies hinaus bekannt machte. Bemerkenswert war am Erfolg dieses Buches, dass es weniger als politisches Sachbuch oder Wohlfühlgeschichte über politische Toleranz vermarktet wurde denn als Showbusiness-Fusion. Sowohl Carville als auch Matalin besaßen Zugkraft für die solide amerikanische Mittelschicht – Carville als liberaler Populist aus Louisiana, Matalin als gescheite Konservative –, aber keiner wurde als »Durchschnittsamerikaner« am Markt platziert. Beide waren Politprofis, deren Status als Beraterpromis unbestritten war und durch ihre Verbindung nur gestärkt wurde. Flüchtige Beobachter der Politszene, die nicht dazu neigten, Bücher von Beraterpromis zu kaufen, konnten sich auf Anhieb fragen: *Wie können die beiden sich bloß aushalten?*, als ob es nicht in jedem amerikanischen Vorort politische Mischehen gäbe. Aber die Tatsache, dass sie berühmte Parteigänger waren, die ihre Ansichten zugunsten ihrer Präsidenten und Klienten verbreiteten und im Fernsehen diskutierten, ließ das Paar wadenbeißerisch wirken und verlieh Mataville einen Crossover-Reiz.

Sie bewarben Produkte wie den Whiskey Maker's Mark aus Kentucky und ließen sich von der Destille für eine Videoreihe bezahlen. Carville ist ein alter Freund des Maker's-Mark-Magnaten Bill Samuels, den er in den 1980er-Jahren kennenlernte, als er den erfolgreichen Wahlkampf des Demokraten Wallace G. Wilkinson um das Gouverneursamt von Kentucky leitete. Samuels hielt Carville und Matalin für die idealen Sprecher einer Marketingkampagne, die Kunden drängte, sich gegen die beiden großen Parteien und für eine verbindende gemeinsame Basis zu entscheiden: Bourbon Whiskey.

— ★★★ —

Bereits Theodore H. White entdeckte mit seiner 1961 beginnenden Buchreihe *The Making of the President* den Reiz, den ein Blick hinter die Kulissen politischer Dramen für die Massen hatte.[9] Das erste Buch dieser Reihe – über den Wahlkampf zwischen Kennedy und Nixon im Vorjahr – schilderte die Mitarbeiter im Hintergrund und die Imagemacher als Spitzenspieler und blieb ein Jahr lang auf der Bestsellerliste. Aber die Clinton-Jahre läuteten in der Populärkultur eine neuartige Faszination für das moderne politische Ensemble ein. Der Dokumentarfilm *The War Room* über die schnelle Eingreiftruppe in Clintons Wahlkampfzentrum in Little Rock wurde zum Kultklassiker und half, die Wahlkampfmanager Carville und Stephanopoulos als gut verkäufliche Medienmarken zu etablieren. Der anonym veröffentlichte Roman *Primary Colors* (von Joe Klein, wie sich später herausstellte) war ein politischer Bestseller, der auf der Geschichte Clintons basierte.[10] Gegen Ende der Clinton-Präsidentschaft romantisierte die erfolgreiche NBC-Serie *The West Wing* die tempo- und risikoreichen Vorgänge im modernen Weißen Haus.

Diese Erfolge ergänzten die umfangreiche politische Fernsehberichterstattung. Kongressabgeordnete erklären, dass sie sich äußerlich stark veränderten, als der Fernsehsender C-SPAN 1979 anfing, ihre Debatten live zu übertragen (mit einer Rede des aufstrebenden demokratischen Abgeordneten Al Gore aus Tennessee). Das Gleiche galt für den Pressestab des Weißen Hauses, nachdem Clintons Pressesprecher Michael McCurry 1995 Live-Berichte der täglichen Pressekonferenzen erlaubte. In Zusammenhängen, die bis dahin nüchterner, anonymer und langweiliger

9   White, Theodore H. (1961): The Making of the President. New York 1961; dt. Der Präsident wird gemacht. Köln, Berlin 1963.

10 Klein, Joe (1996, zunächst anonym veröffentlicht): Primary Colors, New York 1996; dt. Mit aller Macht, München 1996.

waren, förderten diese Entwicklungen das Gefühl, für die Kameras zu posieren.

Die lebensnahen fiktiven Szenen fielen mit einem anhaltenden Wachstum politischer Nachrichtenmedien zusammen. Ihre Urform – und der größte Markt – war die Diskussion, je hitziger und parteiischer, umso besser. Plötzlich konnte sich offenbar jeder, der nicht gerade eine Warze im Gesicht hatte, als »Stratege« bezeichnen und im Fernsehen auftreten. Oder einen E-Mail-Newsletter, eine Webseite oder später einen Blog, eine Facebook-Seite oder Twitter-Einträge starten – also eine Washington-Berühmtheit werden.

Nie zuvor gab es im sogenannten permanenten Hauptstadt-Establishment so viele Medienleute. Im Großen und Ganzen handelt es sich um eine Kohorte, die überwiegend weiß, männlich und erheblich jünger ist als zu Zeiten der Veteranen, die erst ihre zehn Pflichtjahre in der Lokalredaktion absolvieren mussten, bevor sie die politischen Spitzenjobs bekamen. Sie sind aggressiv, technologiekundig und vornehmlich an knappen Infos interessiert (Wer gewinnt? Wer verliert? Wer ist ins Fettnäpfchen getreten?). Knappe Terminvorgaben, nervöse Redakteure, Platzbegrenzungen, eingeschränkte Aufmerksamkeitsspannen der Leser, harte Konkurrenz und die Tatsache, dass sie für tatsächliche oder Möchtegern-Insider wie sie selbst schreiben, machen solche Kurzfassungen notwendig.

Die heutigen Medien in Washington sind zudem stärker denn je von einem Thema besessen, das sie schon immer beschäftigt hat: die Washingtoner Medien.

Der TV-Kanal ABC entwickelte 2002 mit The Note einen weithin gelesenen Newsletter mit aktuellen politischen Meldungen, der sich an die sogenannte »Gang der 500« richtete. Dieser zugleich

selbstironische und selbstgefällige Begriff, den der Note-Erfin-
der, der damalige politische Redakteur von ABC News Mark
Halperin, geprägt hatte, bezog sich auf die expandierende Welt der
Politiker, Journalisten, Lobbyisten und selbsternannten Insider in
Washington. The Note wurde über Internet und E-Mail verbreitet, berichtete über Politik wie über ein Pferderennen und präsentierte das Tagesgeschehen lebendig und kenntnisreich. Es machte
kaum bekannte politische Reporter und Wahlkampfmitarbeiter
der mittleren Ebene innerhalb der Gang zu vertrauten Namen
und war vermutlich das erste Online-Forum, das »Washington-
Berühmtheit« zu einem Geschäftsmodell ausbaute.

Die ausgehenden 2000er-Jahre ließen die Celebrity-Kultur und
die erweiterte Hauptstadt-Entourage explosionsartig anwachsen.
Obama war ein historischer Präsidentschaftskandidat, der seine
ebenfalls historische Gegenkandidatin, Hillary Clinton, im span-
nendsten Vorwahlkampf der jüngeren Geschichte besiegte. Zudem wurde über den Präsidentschaftswahlkampf 2008 umfassender
denn je berichtet, und erstmals fand er im unendlichen Hyper-
space der neuen Medien statt. Neue Online-Medien wie Politico
und die Huffington Post boten eine ausführliche Berichterstattung,
und Fernsehzuschauer schalteten in Rekordzahlen aufstrebende
Kabelfernsehsender wie Fox News ein. Die »Gang der 500« von
der Mitte des Jahrzehnts entwickelte sich zu einer riesigen, eigenständigen Industrie. Ein Kennzeichen dafür war der Aufstieg von
Politico, der koffeingetriebenen Webseite, die zwei ehemalige
Washington-Post-Journalisten 2007 gründeten.

Schon immer bestand eine starke, aber grobe Verknüpfung von
Sexappeal und Washington. In der Hauptstadt galt Henry Kissinger lange als Sexgott. Mittlerweile befassen sich ganze Publikationen und Fernsehsendungen mit den alltäglichen Dramen und
Persönlichkeiten der Gang. Dabei geht es weniger um richtige

oder falsche Politik, um Ergebnisse, darum, Gutes zu tun oder etwas zu bewirken, sondern um die Politik als solche. Sie ist angeblich sexy, voller Dramatik (»Erzählung«) und Gerangel um Macht, die laut Kissingers berühmtem Ausspruch »das ultimative Aphrodisiakum« ist.

Diese Formel hat ein häufig absurdes Maß an Aufmerksamkeit auf Washingtons prosaischen Alltagstrott gelenkt. Plötzlich war es in der Hauptstadt eine Meldung wert, wenn der ehemalige Sprecher des Repräsentantenhauses Dennis Hastert sich die Gallenblase entfernen ließ, der Abgeordnete William Lacy Clay aus Missouri die Zahnspange nicht mehr brauchte, Karl Rove bei einer Aufführung von *Wer hat Angst vor Virginia Woolf?* im Kennedy Center gesichtet wurde und Paul Wolfowitz auf einem Foto mit Löchern in den Socken erwischt wurde.[11] Noch nie war die innenpolitische Berichterstattung so stark von Rülpsern, Warzen und Blinddarmoperationen der Leute, die das Land regieren, geprägt. (Enthüllung: Ich schrieb einen Artikel über die Zunahme der Fliegen im Weißen Haus, der am 17. Juni 2009 in der *New York Times* erschien.)[12]

Politico wird häufig vorgeworfen, politische Nachrichten herunter- und hochzuspielen. Bei den »Hassern«, wie Politico-Redakteure ihre Kritiker nennen, handelt es sich oft um dieselben Washington-Insider, über die die Zeitung berichtet – und die sie mit religiösem Eifer lesen. »Ich bin seit etwa 30 Jahren in Washington«, erklärt Mark Salter, ein ehemaliger Stabschef und hochrangiger Wahlkampfmanager von John McCain. »Und die überraschende Wirklichkeit ist: An einem normalen Tag passiert nicht viel. Das ist einfach so.« Allerdings nicht in Politicos Welt, meint er, wo

11 Leibovich, Mark (2007): Titillating or Not, Washington Gossip Blossoms. In: The New York Times, 3. Februar 2007.

12 Leibovich, Mark (2009): What Has 132 Rooms and Flies? In: The New York Times, 17. Juni 2009.

Sitzungen, in denen Senatoren sich so verhalten, wie sie nun einmal sind (vielleicht sarkastisch oder dämlich), zu »spannungsgeladenen« Angelegenheiten werden. »Sie haben jeden schlimmsten Trend in der Berichterstattung, jeden einzelnen, genommen und raketenhaft verstärkt«, sagt Salter über Politico. »Es liegt an der Verkürzung des Nachrichtenzyklus. An der Trivialisierung von Nachrichten. Am Klatschcharakter der Meldungen. An der Eigenwerbung.«

Politicos Mission ist, das Gespräch in der Hauptstadt »anzutreiben« – eine Hochgeschwindigkeitsvariante des langweiligeren Verbs »beeinflussen«. Während man beispielsweise von David S. Broder und R. W. Apple Jr. sagte, dass sie in den letzten beiden Jahrzehnten des 20. Jahrhunderts durch die *Washington Post* und die *New York Times* »den politischen Diskurs beeinflussten«, will Politico in der Neue-Medien-Landschaft des 21. Jahrhunderts »das Gespräch antreiben«. Zielpublikum sind die »Insider« und »Meinungsmacher«, die nicht den Anspruch haben, repräsentativ für die breite Bevölkerung zu sein.

Politicos Hauptableger, Playbook, ist ein Online-Newsletter, der überwiegend per E-Mail vertrieben wird und sich zu einer einflussreicheren morgendlichen Nachrichtenquelle entwickelt hat, als The Note es in den ersten Jahren nach der Jahrhundertwende war. Er wird an 365 Tagen im Jahr von dem hyper- und nachtaktiven Eagle Scout Mike Allen verfasst und verschickt und bietet eine Mischung von tagesaktuellen Nachrichten, Vorschauen auf Pressemitteilungen, zufälligen Begegnungen in der Stadt und Geburtstagsglückwünschen für Leute, von denen man noch nie etwas gehört hat. Diese »Datenpunkte« *(data points)*, wie Allen sein frühmorgendliches Angebot nennt, schildern die Vorgänge der Nation in Form und Sprache einer Ferienlagerzeitung. Sie richten sich, laut Politico, an die »Einflussreichen«: an gewählte Amtsinhaber, Politiker und ihre Mitarbeiter, Lobbyisten, Journalisten und andere Funktionäre in Politik und Medien – also an den erweiterten Club oder die Entourage im gegenwärtigen Washington – an die »Playbook-Community«, wie Allen es nennt, den viele Regierungsvertreter, Kongressabgeordnete, Stabsmitarbeiter und Journalisten ab Anfang 2009 als den einflussreichsten Journalisten in Washington bezeichneten.

Politico ist eine Organisation mit gesundem Selbstvertrauen. Nach Ansicht einiger in der Führungsetage spielt Mike Allen nicht nur für das Unternehmen, sondern weit darüber hinaus eine bedeutende Rolle. Politico-Chef Fred Ryan, ein Ex-Mitarbeiter der Reagan-Regierung, äußerte mir gegenüber, Allen werde als bedeutende Persönlichkeit in die Annalen des amerikanischen Journalismus eingehen.

Playbooks Erfolg ist charakteristisch für das moderne Leben in einem von Zeitmangel geprägten Umfeld, in dem die Macht- und Informationshierarchie auf den Kopf gestellt wurde. Nach meiner Einschätzung beruht Allens Anziehungskraft zum großen Teil auf der schieren Fülle der Namen, die er erwähnt. Manchmal führt er an einem Tag über ein Dutzend Geburtstage an, die er aus Facebook, Nachrichtenquellen und seinem riesigen Mund-zu-Mund / E-Mail-Netzwerk zusammenträgt. Er teilt schlichte Anerkennung aus – den fossilen Brennstoff des Hauptstadtegos.

Die Stadt ist voller Ehemaliger und Abgehalfterter, die, nett gesagt, »noch immer hier herumlaufen«. Mit seinen Erwähnungen gibt Allen ihnen das prickelnde Gefühl, beachtet zu werden. Die Danksagungen in Terry McAuliffes Memoiren erstrecken sich über sechs eng bedruckte Seiten und führen jedes Mitglied des Nationalkomitees der Demokratischen Partei während seiner Zeit als Parteichef namentlich auf. Das Register ist noch einige Seiten länger und eignet sich perfekt für die »Lektüre nach Washington-Art«: Bücher zu »lesen«, indem man in Register und Danksagung seinen eigenen Namen sucht. (Eine andere Definition der »Washington-Lektüre« vertritt der *New-York-Times*-Kolumnist David Brooks: Man sagt jemandem »Ich habe Ihr Buch zwar nicht gelesen, es aber im Fernsehen gelobt.«)

»In Washington gibt es kein schöneres Wort als den eigenen Namen«, sagte Marshall Wittmann, damals ein führender Berater von Senator Joe Lieberman und einer der größten Karrieristen, ideologischen Wortverdreher und politischen Prediger, die sich jemals einer ohnehin schon von solchen Persönlichkeiten wimmelnden Stadt aufgedrängt haben. Wittmann war Trotzkist, wurde Zionist, dann Reagan-Anhänger, parteiübergreifendes Ärgernis und alles Mögliche dazwischen – unter anderem war er als einziger Jude, der diese Position je innehatte, Cheflobbyist der Christian Coalition. Als Senator Lieberman ankündigte, dass er nicht mehr kandidieren würde, verließ Wittmann 2012 dessen Stab und wurde Pressesprecher des American Israel Public Affairs Committee (AIPAC).

In Washington dreht sich nach Wittmanns Ansicht alles darum, eine Masche, eine Rolle und die Fähigkeit zu haben, sie zu einer Marke auszubauen. Ein wichtiger Teil davon ist, seinen Namen zu sehen und zu hören, denn es vermittelt für einen Sekundenbruchteil das Gefühl, Marktbedeutung zu haben. Mike Allen ist der lokale König der Marktbedeutung. Er teilt häppchenweise die Bestätigung aus, dass die eigene Marke ankommt, der eigene Name im Gespräch ist und man in der Hauptstadt lebendig bleibt.

5
Einbettung

Anfang 2010 begann ich widerstrebend, an einem Artikel über Mike Allen für das *New York Times Magazine* zu arbeiten.[1]

Mein Zögern hatte mehrere Gründe: Zum einen fiel ein solcher Artikel in die Kategorie Metajournalismus – Journalismus über Journalismus – und würde die (weitgehend zutreffende) Ansicht bestätigen, dass die Medien sich allzu viel mit sich selbst beschäftigen. Außerdem müsste meine eigene Verbindung zu Allen zur Sprache kommen. Ich kenne Mike – den viele »Mikey« nennen – seit über zehn Jahren. Wir haben zusammen bei der *Washington Post* gearbeitet, wo ich auch die Politico-Gründer Jim VandeHei und John Harris kennengelernt habe. Wir haben dieselben Freunde und laufen uns recht häufig über den Weg. Diesen Artikel würde ich also aus dem Geflecht von Allens Playbook-Community heraus schreiben.

Meine Bedenken, über Allen zu schreiben, verflüchtigten sich jedoch insofern, als klar war, dass Playbook sich zu einem unausweichlichen Katalysator der Tagesgespräche in Washington ent-

1 Leibovich, Mark (2010): The Man the White House Wakes Up To. In: The New York Times Magazine, 21. April 2010.

wickelt hatte. Allens Auswahl, welche Themen er ins Blickfeld rückte oder außer Acht ließ, trug entscheidend dazu bei, die Berichterstattung im Lauf des Tages »anzutreiben«. »Die Leute in dieser Community wollen alle dieselben zehn Storys lesen«, erklärte Allen mir. »Um sie zu finden, muss man aber tausend Berichte lesen. Und das erledigen wir für sie.«

Wie so vieles im heutigen Politikbetrieb sind auch die Medien eine nicht originäre Unternehmung. Mikey, der überwiegend die Arbeit anderer nutzt (oder »aggregiert«), übernimmt de facto die Aufgaben eines Auftragsredakteurs für viele unter Zeitmangel leidende (oder faule) Journalisten, die den ganzen Tag auf den Monitor starren und unter erheblichem Druck von ebenso monitorfixierten, Playbook verschlingenden Vorgesetzten stehen.

In einem Wahlkampfbus stehen die Chancen morgens um 8 Uhr hoch, dass mindestens die Hälfte der Passagiere Playbook liest. Oder sie lesen einen Beitrag, zu dem sie ein Link von Playbook geführt hat, oder tauschen mit einem nervösen Redakteur E-Mails darüber aus, einer von Playbook hervorgehobenen Story nachzujagen. »Erzählungen und Impressionen von Washington werden nicht mehr von den gewichtigen Äußerungen großer Nachrichtenkonzerne bestimmt«, behauptet Allen, der für drei von ihnen als Reporter tätig war: für die *Washington Post,* die *New York Times* und die Zeitschrift *Time.*

Allens Auftreten verbindet das Zauselige eines Pressereporters alter Schule mit dem Glanz einer »plattformübergreifenden Marke« neuer Schule, die es gewohnt ist, vor der Kamera zu stehen. Sobald Allen – persönlich oder vor der Kamera – zu sprechen ansetzt, treten seine Augen für einen Moment vor, als hätte er gerade ein Licht angehen sehen. Seine Manierismen haben etwas von der beinahe kindlichen Nachahmung eines Politikers – das ständige Danken, die Ehrerbietung, die Grüße, das Lächeln mit zusammengebissenen Zähnen und die Fähigkeit, den Glauben an die Reinheit seiner Stimme und Motive zu vermitteln. Er spricht in schnellen, bestimmten Kadenzen und Soundbites, die eine Botschaft auf den Punkt bringen, und unterstreicht sie mit Karateschlägen auf den Tisch. Häufig wiederholt er in unterschiedlichen Situationen ganze Passagen nahezu wörtlich.

Allen besitzt wie Tim Russert ein Gespür für das Kleinstadtgepräge und die verflochtenen Machtstrukturen der Hauptstadt – ein mit Macht ausgestattetes Lake Wobegon[2]. Er ist unbeirrt von Washingtons Ausnahmestellung überzeugt und schwärmt von den »erstaunlichen Zeiten«, die er hier erlebt, und all den »erstaunlichen Freunden«, die in der Hauptstadt wohnen.

Allens Playbook-Community ist eine elektronische Weiterentwicklung des Mediencluster-Phänomens, das Timothy Crouse in seinem Buch *The Boys on the Bus* schilderte. Mit seinem kritischen Reisebericht über die Elite politischer Stäbe und Journalisten während des Präsidentschaftswahlkampfs 1972 machte Crouse den Begriff »Rudeljournalismus« *(pack journalism)* populär: das Gruppendenken und die unausgesprochenen Selbstzensurregeln, die das »verrückte, inselhafte Leben im Pressebus« beherrschen. Subversives Verhalten war verpönt. Selbst der unabhängigste Reporter konnte sich »den Rudelzwängen nicht vollständig entziehen«, schrieb Crouse.

Die Entwicklung von *The Boys on the Bus* zu Playbook verlief nicht geradlinig, sondern musste sich offenkundig der anarchischen Umgebung des Internets, dem ununterbrochenen Nachrichtenzyklus von heute und dem Aufkommen des ideologischen

---

2 Lake Wobegon ist ein fiktiver Ort aus der sehr erfolgreichen amerikanischen Radio-Varieté-Serie *A Prairie Home Companion.* Das Klischee einer typisch amerikanischen Kleinstadt, so der Autor Garrison Keillor, wo »alle Männer gut aussehen, alle Frauen stark sind und alle Kinder überdurchschnittlich begabt«. Anm. d. Übers.

Journalismus anpassen – Elemente, die Allen alle in seinen täglichen E-Mail-Newsletter einbezieht. Das »Rudel« existiert immer noch, es ist nur größer und vielfältiger geworden. Aber die »Eine-Welt«-Vorstellung vom Rudel ist unverändert geblieben. Ganz gleich, ob Journalisten zusammen in einem Bus sitzen oder dasselbe virtuelle Dokument lesen, bewegen sie sich in einem gemeinsamen Raum. Sie begegnen denselben Namen und Personen und nehmen im Lauf der Zeit eine gemeinsame Sprache und Sichtweise an. Crouse schrieb: »Wenn es einen Konsens gab, dann lag es an der Tatsache, dass alle Reporter, die über die nationale Politik berichteten, in Washington lebten, dieselben Leute trafen, dieselben Quellen benutzten, denselben Kreisen angehörten und auf dieselben Vorzeichen setzten. Sie kamen so unabhängig zu ihren Antworten wie eine Klasse ehrlicher Siebtklässler, die dasselbe Geometriebuch benutzen – sie brauchten gar nicht voneinander abzuschreiben, um auf dieselbe Lösung zu kommen.«

Im Bus werden Störenfriede stigmatisiert, und ebenso vermeidet auch Playbook im Allgemeinen Ärger. Mike Allen ist jemand, der gefallen, begeistern und vielleicht Dinge möglich machen möchte.

Sofern Mike überhaupt voreingenommen ist, ist er es für Washington – das Dorf, die Geisteshaltung und den damit verbundenen großen, berauschenden Traum. Da Washingtoner sich am liebsten mit sich beschäftigen, richtet er sein Augenmerk vor allem auf dieses Spiel – und tollt morgens durch den wachsenden Jahrmarkt der Eitelkeiten: Eliten, die Eliten zuhören, Soundbites austauschen und miteinander Geschäfte machen. In der Post-Russert-Ära ist Mike Allen auf seine exzentrische Online-Art eine neue Bürgermeisterpersönlichkeit. Der große Gemeindevorsteher.

— ★ ★ ★ —

Allen wuchs als ältestes von vier Geschwistern – zwei Brüder und zwei Schwestern – in Seal Beach, California, in Orange County auf. Obwohl er unpolitisch erzogen wurde, wie er mir erzählte, wollte er ein College in der Nähe von Washington besuchen. Also schrieb er sich an der Washington and Lee University in Lexington, Virginia, ein, die auf der Landkarte nah an Washington zu liegen schien, aber in Wirklichkeit fünf Autobusstunden entfernt war.

Im Lauf seiner Jugend begeisterte sich Allen für die Vorgänge auf dem Capitol Hill. An der Haltung, mit der er nach Washington kam, hat sich bis heute nichts geändert: staunend, ehrfürchtig und ständig unterwegs. Zugleich manisch und gelassen, schaut er auf einen Sprung bei Partys herein und schleppt ständig Geschenke, Karten und Blumenarrangements an, die den Großteil seines auf über 250 000 US-Dollar geschätzten Jahreseinkommens auffressen müssen. Er begrüßt Frauen mit Handkuss und dankt jedem herzlich für sein Erscheinen, auch wenn die Partys nie bei ihm zu Hause stattfinden – wo nicht einmal seine engsten Freunde jemals waren. Es ist, als wäre Mike Gastgeber einer einzigen großen Party und als ob jeder Gast mit seinem Erscheinen irgendwo in Washington der Playbook-Community dienen würde und den Dank (im Playbook-Sprech: »hat tip«) des Impresarios verdient hätte.

Playbook ist mittlerweile für die politischen Medien so etwas wie die Nahrungspillen, die nach Ansicht von Zukunftsforschern irgendwann herkömmliches Essen ersetzen werden. Mike Allen gibt der Vorstellung, dass das Internet die Nachrichten demokratisiert und den Nutzen einer exklusiven Clubzugehörigkeit verringert, eine neue Wendung – wenn er sie nicht sogar widerlegt. Denn Allen »gewinnt den Morgen« (im Politico-Jargon), zum Teil gerade weil der Zugang zu diesem Kreis extrem exklusiv ist. Nur ist das Establishment des Politik- und Nachrichtenbetriebs – der Hauptstadtclub – inzwischen so viel größer und umfasst so viele Möchtegerninsider, dass es sich demokratischer anfühlt. Sie lieben Mikey. Dieses Gefühl beruht auf Gegenseitigkeit und auf einem Geben und Nehmen. Sie benutzen ihn und umgekehrt (»lieben« und »benutzen« schließen sich in Washington keineswegs aus). Offenbar kennt er jeden und arbeitet eifrig daran. »Ich sehe in ihm einen sehr guten Freund«, sagt Peter Watkins, ein Ex-Pressesprecher von Präsident George W. Bush und derzeit Betreiber eines kleinen Ladens für Kommunikationstechnologie in Salt Lake City. »In Washington gibt es natürlich 15 000 Leute, die ihn für ihren besten Freund halten.«

Soweit diese Eigenschaften überhaupt koexistieren können, kann Mike Allen als anständiger, zuverlässiger Freund gelten, und gleichzeitig als Musterbeispiel eines Washingtoner Machers. Ständig wirbt er für Playbook und kultiviert seine Marke als ultimativer »unternehmerischer Journalist« der Stadt – ein weiterer Modebegriff im Nachrichtengeschäft.

»Die erfolgreichsten Journalisten haben ihre eigene, einzigartige Marke und ihren Freundeskreis«, sagt Politico-Chefredakteur VandeHei. »Das ist die Facebookisierung der Politik und Washingtons. Je mehr Freunde und Bekannte du hast und je mehr Zeit du damit verbringst, dich über E-Mail und Internet mit ihnen auszutauschen, umso mehr Informationen bekommst du, gibst du weiter und vermarktest du.« VandeHeis Sicht macht Allens Freundeskreis zu einer Ware – und entspricht eben dem unterschwelligen Nützlichkeitsaspekt, dem »Freundschaft« in Washington seine Anführungszeichen verdankt. »Playbook ist Washingtons Facebook«, schließt VandeHei. »Und Mike ist der beliebteste Freund.« Wahrscheinlich ist er Allens bester Freund, denn er nimmt ihn in Schutz und stellt ihn als seltene Insel der Güte in einer Bande von

Betrügern und heuchlerischen Machern hin: »Mike ist einmalig in unserer Welt. Er besitzt echte Macht und ist dabei aufrichtig liebenswürdig, ehrlich und selbstlos. Er ist der einzig Wahre – und das macht seine Hasser wahnsinnig.«

— ★ ★ ★ —

Vor Kurzem bekam ich folgende E-Mail: »Craig gefällt Craig Crawford auf Facebook und er möchte, dass er dir ebenfalls gefällt.« Wer ist Craig Crawford und warum gefällt er sich?

Craig ist ein klassischer Multimediatyp, der für Publikationen wie The Hotline und Congressional Quarterly gearbeitet, ein paar Bücher geschrieben und nützliche Fernsehauftritte absolviert hat. Gelegentlich bin ich ihm bei Buchpräsentationen oder in Medienzentren begegnet. Er ist Mitte fünfzig, vergnügt, freundlich, kichert viel, hat einen Südstaatenakzent, gegelte Haare, eine schicke Brille und elegante Anzüge. Ich würde ihn nicht als »Freund« bezeichnen, außer vielleicht im Facebook-Sinn, obwohl dieses Fenster laut der automatischen Facebook-Mitteilung bei ihm inzwischen offenbar geschlossen ist. »Craig sagt: Ich habe mein Freundes-Limit erreicht!«, teilte er mir in der ernüchternden E-Mail mit. »Bitte besuche mich auf meiner neuen Facebook-Fanseite. Craig.«

Seine Aufforderung war nett, aber ich fand, dass ich Craig nicht gut genug kannte, um sein »Fan« zu werden. Darauf würden wir erst noch hinarbeiten müssen.

Es drängen sich viele Parallelen zwischen Facebook und Washington auf: Beides sind Räume, um Menschen zu sammeln, mit seinen glanzvollen Freundesmengen anzugeben und seine »Beziehungen« zu nutzen. Eine Washington-Freundschaft pflegt man am besten öffentlich. Was nützt eine hochkarätige Verbindung zu

»meinem guten Freund« aus dem Bundesstaat XY, wenn die Welt nichts davon weiß? Nicht selten erinnern sich Senatoren und Kongressabgeordnete genau an sämtliche Kollegen, die sie bei Wahlen unterstützt oder durch Unterstützung eines anderen im Stich gelassen haben. Aber alle sind »Freunde«. Das verlangt schon das Protokoll.

Facebook ist ebenso wie Washington ein riesiges, schnell wachsendes Netzwerk, das sich weiterentwickelt und unter Beschuss gerät, aber in seiner Beständigkeit als Imperium sicher ist. Kein Wunder, dass in den letzten Jahren ein ganzer Strom politischer Talente aus Washington zu Facebook als Arbeitgeber gewechselt hat – der prominenteste ist Joe Lockhart, Pressesprecher des Weißen Hauses unter Clinton in der Monica-Ära, der eine Zeit lang Mediensprecher des Unternehmens war.

Washington, die gesellschaftlich bestvernetzte Stadt der USA, ist eine perfekte Brutstätte für einen modernen »Netzwerkeffekt«. Dieser Begriff aus der IT-Branche bezeichnet gemeinhin Produkte, deren Nutzen mit der Größe des Netzwerks wächst. Selbstverständlich ist Mike Allen auf Facebook. Aber sein eigentliches Netzwerk ist die Playbook-Community, die im April 2013 aus etwa 100 000 Abonnenten bestand.

Dieser Playbook-Gemeinschaft ist Allen in mancher Hinsicht ein Rätsel. Viele fragen sich, ob er überhaupt eine Wohnung hat oder ob er nur in Pressesälen, Nachrichtenredaktionen, Wahlkampfhotels und Restaurants bei Essenseinladungen für den Pressesprecher von Senator Soundso zu Hause ist, die seine Lebensweise offenbar unablässig prägen. Und sie fragen sich, ob er jemals schläft.

Diese Frage nervt ihn. Er behauptet, dass er sich bemüht, jede Nacht sechs Stunden zu schlafen, das erscheint allerdings äußerst unwahrscheinlich bei jemandem, der nach eigenen Aussagen zwischen 2 und 3 Uhr nachts aufsteht, um an Playbook zu arbeiten, nachdem er sich abends an mehreren Stellen hat blicken lassen und noch um Mitternacht E-Mails verschickt hat. Er hält im ganzen Land Vorträge und ist ständig in Rundfunk und Fernsehen zu Gast. Auf meine Nachfrage, ob er tagsüber schläft, antwortete Allen mit Nein.

Aber man hat ihn schon in der Öffentlichkeit – in Wahlkampfflugzeugen, auf Partys – einnicken sehen, wobei er sein Blackberry mit beiden Händen fest an die Brust drückte wie einen Teddybär. Auch über seinem Laptop ist er schon eingeschlafen, um kurz darauf hellwach aufzufahren und verzweifelt drauflos zu tippen, als ob ein Sekundenschlaf nur eine kurze Unterbrechung in der politischen Story wäre, die Mike tagtäglich rund um die Uhr schreibt.

Nicht wenige seiner Freunde erzählen von Allens aufmerksamen Gesten, die manchmal extreme Formen annehmen. Er kommt (nach South Carolina), wenn der Sohn eines Freundes ein Baseballspiel hat, oder fährt an einem Tag von Richmond nach New York und zurück, nur um einen Studienkollegen zu besuchen. Er gehört einer nicht freien protestantischen Kirche und einer Bibelgruppe an. »Er ist einer der aufmerksamsten Menschen, die ich je getroffen habe«, sagt Josh Deckard, ein ehemaliger Pressesprecher des Weißen Hauses. »Im Philipperbrief 2.3 heißt es: ›In Demut achte einer den anderen höher als sich selbst‹, und ich glaube, darin ist Mike beispielhafter als jeder andere.«

Aber selbst Allens angebliche Vertraute räumen ein, dass es einen Teil von ihm gibt, über den sie nichts wissen und nach dem sie ihn auch nicht fragen. Er ist geradezu obsessiv verschwiegen. Drei von Allens engsten Freunden habe ich nach dem Beruf seines Vaters gefragt. Einer sagte »Lehrer«, ein anderer »Football-Trainer« und der dritte »Kolumnist«. Ein Porträt von Mike Allen in der

Columbia Journalism Review bezeichnete seinen verstorbenen Vater als »Investor«.

Wenn Allen sich mit jemandem ein Taxi teilt, besteht er angeblich darauf, dass der andere zuerst abgesetzt wird. Ein Freund erzählte, er habe Allen einmal nach Hause gefahren und an einer Straßenecke aussteigen lassen; im Rückspiegel sah er dann, wie Allen ein Taxi heranwinkte und in die entgegengesetzte Richtung davonfuhr. Mehr als einmal habe ich von Leuten gehört, dass sie Urlaubspostkarten an Allens mutmaßliche Adresse schickten, die aber als unzustellbar zurückkamen.

Allen ist ein ausgesprochener Sammler und Messie. Als ich mit ihm bei der *Washington Post* arbeitete, quoll sein Arbeitsplatz über von riesigen Stapeln vergilbenden Papiers, Kleidern, Tüten und Abfall. Bei der Zeitschrift *Time* wurde es so schlimm, dass sich die Tür zu seinem Büro nur noch mit Mühe öffnen ließ. (Allen ist aber wohl kaum der einzige Journalist mit schlampigem Arbeitsplatz. Als David Broder von der *Washington Post* 2011 starb, grub man angeblich Sandwiches aus, die noch aus der Nixon-Zeit stammten.)

Allen ist eine nahtlose Verschmelzung von Leben und Arbeit, Familie und Playbook gelungen. Er hängt sehr an seiner Mutter, seinen jüngeren Geschwistern und seinen acht Nichten und Neffen, die verstreut an Ost- und Westküste leben und gelegentlich bei Playbook auftauchen. Ein ehemaliger Redakteur der *Washington Post* erzählte mir, dass Allen mittlerweile Zuflucht in seinem Status als Person des öffentlichen Lebens sucht. Er nutzt Playbook als schützendes Alter Ego. Das erinnerte mich an eine Äußerung des ehemaligen Senators Tom Daschle, der mir sagte, dass viele Politiker schüchtern und verschwiegen sind und in die Politik gehen, weil sie es ihnen ermöglicht, sich hinter einer aufgesetzten öffentlichen Fassade zu verstecken.

— ★ ★ ★ —

Für den Artikel über Mike Allen im *New York Times Magazine* traf ich mich mit ihm zum ersten Mal im Februar 2010 im Bombay Club, einem indischen Restaurant in der Nähe des Weißen Hauses. Mikey hatte mich am Tag zuvor in Playbook erwähnt (weil ich beim Mittagessen in demselben Restaurant »gesichtet« wurde) und brachte auch am folgenden Tag eine Notiz über mich. Als wir uns an den Tisch setzten, fragte er mich als Erstes nach dem Geburtstag meiner Töchter, damit er sie in Zukunft in Playbook anführen könne. (Ich hatte nicht das Herz, ihm zu sagen, dass sie erst drei, sechs und neun Jahre alt waren und noch nicht Playbook lasen.)

In seiner 25-jährigen Zeitungskarriere machte Allen sich einen Namen als ausnahmslos fairer, schneller und fleißiger Reporter mit einem unersättlichen Bedürfnis, seine Beiträge gedruckt zu sehen. »Das Schlimmste, was man Mike Allen sagen konnte, war: ›Für den Artikel haben wir keinen Platz‹«, erzählte Maralee Schwartz, die langjährige politische Redakteurin der *Washington Post*. »Das war, als würde man einem Kind sagen, es bekäme keine Süßigkeiten.«

Jim VandeHei, der mittlerweile 42 Jahre alt ist, hält in Bezug auf Nachrichten gar nichts von dem in Washington verbreiteten »Früher-war-alles-besser«-Reflex: »Die (traditionellen) Institutionen und Reporter waren nie so gut wie ihr Ruf. Und sie schränkten den Informationsfluss an Leute, denen an Politik lag, erheblich ein. Es handelte sich – über Jahrzehnte hinweg – um eine kleine Gruppe mittelalter, links von der Mitte angesiedelter, übergewichtiger Männer, die entschieden, wie wir alle Politik und Regierung sehen sollten.«

Die »Neue Weltordnung« reduziert VandeHei auf einige wenige journalistische Prioritäten: Schnelligkeit, Information, Klatsch und Aufsehen, die Allen allesamt glänzend beherrscht. »Er hat die erfolgreichste Journalismusmarke aufgebaut: Mikey Inc. und seine Tochter Playbook«, sagt VandeHei.

Nirgendwo tritt Washingtons zwiespältige Haltung zu Politico deutlicher zutage als in der Obama-Regierung. Sie hält die Publikation für eine Bastion der »Schneeflockenmeldungen«, wie Ron Brownstein vom *National Journal* kleine, Aufsehen erregende Geschichten nennt, die aber flüchtig sind und sich bei Kontakt auflösen.

Zwischen Obamas Aufstieg und dem von Politico gab es gewisse Parallelen. Beide stellten sich als internetkundige Senkrechtstarter dar, die die etablierte Ordnung ändern wollten – Obama die Politik und Politico die Berichterstattung darüber. Beide fingen um dieselbe Zeit an, Anfang 2007, und ihre widerstreitenden Agenden wurden schon sehr bald offensichtlich. Als Politicos erste Printausgabe erschien, stufte Obamas Wahlkampfmanager, David Plouffe, sie als genau die Art von Washington-Insider-Masturbation ein, die vom Wahlkampf ablenken könnte. Er ging ins Wahlkampfbüro, knallte ein Exemplar der neuen Zeitung auf Dan Pfeiffers Tastatur und erklärte: »Das wird ein Problem.« Obamas Truppe verstand sich allgemein als reinigende Kraft gegen alles, was an Washington egozentrisch, oberflächlich und spaltend war – und war überzeugt, dass Politico genau diese Aspekte fortführte und davon profitierte.

Unablässig lästerten Mitarbeiter des Weißen Hauses über die ihrer Ansicht nach trivialen Politico-Berichte über das belanglose Treiben der Hauptstadtprominenz – also über ihr eigenes Treiben. Als ein Paparazzo ein Foto ins Internet stellte, das Redenschreiber Jon Favreau und Pressesprecher Tommy Vietor eines Sonntags bei einem Biergelage in einer Bar in Georgetown mit nacktem Oberkörper zeigte, fragte Politico in einem Artikel an herausragender

Stelle, ob sich Obamas Weißes Haus allzu stark exponiere. Man schlug vor, einen ausgewiesenen »Erwachsenen« in den Stab zu holen, und stellte fest, einige »Persönlichkeiten« der Obama-Regierung hätten wohl »unverhohlen ihren Spaß an der Chance auf ein Leben auf der Überholspur, das ihnen ihr neuer Status in Washington eröffnet«. Der Artikel verglich die Biergelage-Fotos mit Meldungen von 1979, wonach der damalige Stabschef des Weißen Hauses, Hamilton Jordan, bei einem Nachtclubbesuch im Studio 54 Kokain geschnupft hatte (Ermittlungen führten nicht zu einer Anklage).

Favreau beklagte den Artikel in einer E-Mail an Chefredakteur John Harris als »weiteres Beispiel, dass Politico aus absolut nichts eine umfassendere kulturelle Bedeutung oder politische Lektion ableitet«. Harris erwiderte, nach der Veröffentlichung des Biergelage-Fotos habe er »viel darüber reden hören, dass es einen kleinen Kulturmoment Washingtons einfing«, daher sei der Artikel gerechtfertigt.

Nach Ansicht von Regierungsmitarbeitern war es ein Armutszeugnis für die »Washington-Mentalität«, dass sich Politico in der Stadt halten konnte. Anfang März 2010 beklagte sich David Axelrod in seinem Büro im Westflügel des Weißen Hauses bei mir über Washingtons »krankhafte Palastintrigen«. »Ich lebe lieber an einem Ort, an dem die Leute beim Abendessen nicht über Politico diskutieren«, sagte er.

Dennoch sind die meisten hochrangigen Berater des Präsidenten von dieser Kultur durchdrungen und bemühen sich nach Kräften, sie zu manipulieren. »Auffallend ist an dieser Regierung, wie demonstrativ ihre Mitarbeiter behaupten, sich nicht für Dinge zu interessieren, die sie eindeutig doch interessieren«, stellte Harris fest. Politicos flächendeckende Berichterstattung über die Obama-Entourage hat zudem erheblich zur Profilierung von Leuten wie

Plouffe und Axelrod beigetragen und es ihnen ermöglicht, ihre Regierungstätigkeit bei Buch-, Vortrags- und Fernsehverträgen besser »in bare Münze umzuwandeln«. Neue-Medien-Organe wie Politico haben eindeutig nicht nur die Gespräche, sondern auch die Informationsbranche in Washington verändert. Die sechs Jahre alte Publikation hat der *Washington Post* als »politischem Leitmedium« einen beträchtlichen Marktanteil abgenommen und andere spezialisierte Informationsquellen wie das *National Journal* gefährdet. Politico – und besonders Mike Allen – bringt gern Andeutungen in Umlauf, um »das Gespräch anzutreiben«. Wenn Kabelfernsehen und Blogs die Gerüchte aufgreifen (»Es wird darüber geredet …«), berichtet Politico darüber als »etwas, was viel Staub aufwirbelt«, bis es schließlich zu einer Meldung wird, die als realistische Möglichkeit »auf dem Markt« ist.

»Einen schönen Samstagmorgen«, schrieb Allen im April 2010, als Präsident Obama einen Nachfolger für den ausscheidenden John Paul Stevens als Richter am Obersten Bundesgericht suchte. »Ein Gesprächsthema beim Brunch: Warum steht Ministerin Clinton nicht auf der Medien-Shortlist für den Obersten Gerichtshof?« Am Montag war das Thema bereits vom Brunch-Tisch in die Fernsehsendungen *Morning Joe* (wo der Moderator Joe Scarborough sich für Clinton aussprach) und *Today* vorgedrungen (wo der republikanische Senator Orrin Hatch sie ebenfalls nannte). Im Lauf des Tages zitierte Ben Smith, der damals für Politico schrieb, einen Sprecher des Außenministeriums, der »in einer E-Mail etwas Kühlwasser auf die heißlaufenden Clinton-als-Oberste-Richterin-Gerüchte goss«. Mittlerweile war das Gerede in Kabelfernsehen, Blogs und auf Twitter in vollem Gang. Das Weiße Haus gab die ungewöhnliche Erklärung heraus, dass Außenministerin Clinton nicht für den Obersten Gerichtshof nominiert werde. Politico reagierte mit einer Eilmeldung und Smith berichtete, das Weiße Haus habe »den Versuchsballon umgehend zum Platzen gebracht«. Ende des Geredes.

Clinton-Berater Philippe Reines behauptet, er habe einem anderen Politico-Reporter am Freitag zuvor erklärt, die Chancen auf eine Nominierung seiner Chefin seien »unter null«. »Man sollte eine sexy Medienstory nicht mit der Wahrheit verwechseln«, fügte er hinzu.

Selbstverständlich wird beides im heutigen Washington grundsätzlich vermischt. Fakten und Spekulationen wirbeln im selben Schneesturm durcheinander. Solange etwas »da draußen« in Umlauf ist – im Internet angeklickt wird, Aufmerksamkeit erregt, das Gespräch beherrscht –, hat es Einfluss, ob vorübergehend oder nicht. Twitter mit seinem flüchtig hingeworfenen Charakter hat Formulierungen wie »wir hören«, »es ist die Rede davon« oder »wir haben den Eindruck« zu akzeptablen Quellenangaben gemacht.

Bob Woodward, der bekannteste investigative Reporter der Geschichte, erklärte als Experte auf CNN, Obama könnte auf seiner Kandidatenliste für den Wahlkampf 2012 Vizepräsident Biden durch Hillary Clinton ersetzen (»Das steht auf der Tagesordnung«). Dasselbe schrieb das konservative Orakel William Kristol in einer Kolumne. John Heilemann, Journalist des *New York Magazine* und Mitautor des Buches *Game Change: Obama and the Clintons, McCain and Palin, and the Race of a Lifetime,* schrieb im Oktober 2010 eine Titelstory über »Präsidentin Palin« (»How Sarah Barracuda Becomes President«) und brachte damit Bewegung in die Playbook-Community und die Fernsehsendung *Morning Joe,* wo er ebenso wie Woodward und Allen regelmäßig zu Gast ist.

Morning-Joe-Moderator Joe Scarborough, ein ehemaliger republikanischer Kongressabgeordneter aus Florida, hat sich zu einem wichtigen Regisseur des öffentlichen Gesprächs entwickelt, ist aber auch selbst ein Thema.

Er war als möglicher Präsidentschaftskandidat für die Wahl 2012 oder als Vizepräsidentschaftskandidat einer unabhängigen Liste unter der Führung des New Yorker Bürgermeisters Michael Bloomberg »im Gespräch«. Es ist unwesentlich, ob eine dieser beiden Möglichkeiten jemals in Betracht kam – denn es war »draußen«, verdiente daher journalistische Beachtung und erregte Aufsehen. Howard Fineman, der ehemalige *Newsweek*-Journalist und altgediente Kabelfernsehexperte, der im Oktober 2010 zur Huffington Post wechselte, hörte von »der Diskussion« und kam groß mit einer Story über die Bloomberg-Scarborough-Liste (»The Independent Odd Couple«) heraus, die die Huffington Post als Aufmacher auf ihrer Webseite brachte.

Scarborough bestätigte Spekulationen, dass es Diskussionen über solche Spekulationen gegeben habe, zumindest spekulierte er in einem Gespräch mit Fineman über diese Spekulationen.

»Wir haben nicht direkt darüber gesprochen«, erklärte er Fineman. »Haben Leute in meinem oder seinem Umfeld darüber diskutiert? Ich denke schon.«

Diese Äußerung zitierte Mike Allen in Playbook und löste damit weitere Diskussionen in der Playbook-Community aus, die beträchtliche Überschneidungen mit Scarboroughs und Bloombergs »Umfeld« aufweist.

Als ich Fineman später nach seinem Artikel über das »seltsame unabhängige Paar« und dem anschließenden Gerede fragte, behauptete er, Scarborough ziehe die Möglichkeit einer unabhängigen Kandidatur ernsthaft in Erwägung. Aber seiner Ansicht nach war die ganze Episode »wahrscheinlich das ultimative Beispiel für den politisch-medialen Komplex, der sich selbst in den Arsch kriecht«.

Eins meiner bislang letzten Treffen mit Mike Allen war beim Frühstück im Mayflower Renaissance Hotel in Washington. Wie vielen Reportern ist es auch ihm lieber, Fragen zu stellen als zu beantworten. Also begann er gleich mit einer: »Was ist das Überraschendste, was du über mich erfahren hast?«

Am überraschendsten für mich war, was ich über seinen Vater erfahren hatte: Gary Allen war in den 1960er- und 1970er-Jahren eine Ikone der äußersten Rechten. Er war Mitglied der rechten John Birch Society und wetterte gegen die »Riesenlügen«, die zur Beteiligung der USA am Ersten und Zweiten Weltkrieg geführt hätten. Er schimpfte auf die trilaterale Kommission und auf »rote« Lehrer und hielt Rock 'n' Roll für eine »kommunistische Verschwörung zur Pawlow'schen Bewusstseinskonditionierung«. Er schrieb Reden für den Gouverneur von Alabama und Präsidentschaftskandidaten George Wallace, der für Rassentrennung eintrat, sowie Bücher und Broschüren, die über einen Katalog der John Birch Society vertrieben wurden.

Keiner von Mike Allens Freunden wusste über seinen Vater Bescheid (oder sie lenkten mich mit anderen Angaben wie »Football-Trainer« ab, was er tatsächlich auch war: Gary Allen trainierte eine Jugendmannschaft, in der auch Mike – schlecht – mitspielte). In einem früheren Telefoninterview hatte Allen gesagt, sein Vater sei »Autor« und »Redner« gewesen. Als ich nun beim Frühstück seinen Vater erwähnte, bedachte er mich mit einem Lächeln, das erstarrte, als ich weitersprach. Er hatte mir erzählt, er sei unpolitisch aufgewachsen. Nun erklärte er, er habe nie etwas gelesen, was sein Vater geschrieben habe. Ich wollte nicht allzu sehr nach einem »Rosebud-Erlebnis«[3] graben. »Das Leben ist nicht binär«, sagte

---

3 »Rosebud« ist die Aufschrift auf einem alten Kinderschlitten in Orson Welles' Kinoklassiker *Citizen Kane* über das Leben des fiktiven Medienmagnaten Charles Foster Kane, als dessen Vorbild der US-amerikanische Verleger William Randolph Hearst diente. Synonym für ein verklärtes, nie aufgedecktes Familiengeheimnis aus Kindertagen. Anm. d. Übers.

Allen mehrfach während des Frühstücks. Aber ich konnte nicht umhin, mich über den Gegensatz zwischen Vater und Sohn zu wundern.

Aus Gary Allens Schriften sprach ein tiefes Misstrauen gegen die bestehende Ordnung. Er vermutete in beiden amerikanischen Parteien Verschwörungen, verabscheute Richard Nixon und Henry Kissinger wegen ihres Internationalismus und die »etablierten Medien«, weil sie die »kommunistische Verschwörung« ermöglichten.

Mike Allen bewegt sich mit einer jungenhaften, beinahe schwärmerischen Einstellung zur bestehenden Ordnung durch die Politik. Gewissenhaft spricht er Amtsinhaber mit dem korrekten Titel und Rang an: »Madam Speaker«, »Mr. President«. Freunde sagen, dass er unter Bushs Präsidentschaft besonders begeistert über das Weiße Haus berichtete und ständig im Briefing Room und im Pressezentrum zu finden war.

Als Allen seine Stelle bei der *New York Times* aufgeben wollte, um für die *Washington Post* über das Weiße Haus zu berichten, versuchte sein Chef, Jonathan Landman, ihn zum Bleiben zu bewegen. »Ich nannte ihm die üblichen Gründe«, erinnerte Landman sich, unter anderem auch die gängige Einstellung eines Chefredakteurs der Metropolregion New York zur Berichterstattung über das Weiße Haus (Herden-Journalismus usw.). Darauf hatte Allen eine unvergessliche Antwort: »Ich will bei großen historischen Momenten dabei sein.«

Mike beendet das Gespräch über seinen Vater mit einem rührenden, angemessenen Detail. Als Gary Allen mit 50 Jahren starb, kamen viele ehemalige Spieler seiner Jugendmannschaft zur Beerdigung in die Kirche. Allen sagt, er erinnere sich nicht, dass bei der Trauerfeier über das politische Wirken seines Vaters geredet worden sei, aber eins werde er nie vergessen: ein riesiges blau-goldenes

Blumengebinde in Football-Form von den Jugendlichen aus Gary Allens Mannschaft, den Phantoms.

Bei den abschließenden Recherchen zu meinem Artikel über Mike Allen besuchte ich John Harris in seinem Politico-Büro. Mike kam herein, begrüßte mich, dankte mir für mein Kommen und ging wieder an seinen Schreibtisch. Später schaute ich in seiner Arbeitsnische vorbei, aber Allen war nicht mehr da. Links auf seinem Schreibtisch stand ein Foto, das Allen bei einer Pressekonferenz im Weißen Haus zeigte, als er Präsident Obama eine Frage stellte. Das Fehlen jeglicher Unordnung an seinem Arbeitsplatz war auffallend: Es lagen nur einige kleine Stapel Zeitschriften und Zeitungen und eine Packung Girl Scout Cookies herum.

In den Tagen vor dem Fotoshooting für den Artikel hatte sich Allens Arbeitsplatz in einen blitzblanken Raum verwandelt. Immer wieder fragte ich Kim Kingsley, Politicos damalige geschäftsführende Vizepräsidentin: »Wer hat Mikeys Büro aufgeräumt?« Aber weder sie noch Allen wollten es mir sagen. Alle großen Fragen entstehen aus kleinen. Und manche stehen einfach im Raum, bis sie sich in Luft auflösen.

6
»Danke für Ihre Dienste«

Den folgenschwersten politischen Artikel der ersten Amtsperiode Obamas schrieb ein Unruhestifter: Michael Hastings von der Zeitschrift *Rolling Stone*. Im Juniheft erschien sein Porträt über General Stanley McChrystal, The »Runaway General«, das eine Fülle wenig schmeichelhafter Äußerungen von McChrystals Stab über zivile Regierungsangehörige wie Vizepräsident Biden, den Nationalen Sicherheitsberater James L. Jones und den US-Botschafter in Afghanistan, Karl W. Eikenberry, enthielt.[1] McChrystal entschuldigte sich sofort nach Erscheinen des Artikels und wurde umgehend vom Oberbefehlshaber nach Washington zitiert. Sein Stab (und folglich McChrystal selbst) hatte eindeutig aus dem Nähkästchen geplaudert – also Klartext geredet, der nicht zur Veröffentlichung bestimmt war. Ein Patzer! Die Vorstellung, dass es eine Tugend sei, die Wahrheit zu sagen, zeugt in der großen, sich stetig entfaltenden Geschichte des Lebens, wie man sie sieht, von nichts anderem als von unverbesserlichem Optimismus und Naivität.

---

1 Hastings, Michael (2010): The Runaway General. In: Rolling Stone, 22. Juni 2010.

Bilanz: McChrystal und sein Stab waren »schlecht beraten« und bewiesen »mangelndes Urteilsvermögen«, als sie an dem Porträt im *Rolling Stone* mitwirkten. So lautete die Logik der allmächtigen Darstellung. Inhalt und Wahrheitsgehalt der Äußerungen waren unerheblich. Denn McChrystal beherrschte das Spiel nicht. Er hatte einen dummen, unvorsichtigen PR-Schritt gemacht. Er hatte vergessen, dass jeder im Staatsdienst sich benehmen muss wie »ein behinderter, entwurzelter, sich ständig im Nachhinein in Zweifel ziehender, mutierter Mensch«, wie der Medienautor Michael Wolff schrieb.[2]

Kaum war der Artikel im *Rolling Stone* erschienen, wurde in Washington das Gespräch völlig von einem klassischen Cliffhanger beherrscht: Wird McChrystal seinen Posten behalten oder nicht? Mit Spannung erwartete man seine schicksalhafte Begegnung mit Obama im Weißen Haus. Die Hauptstadt liebt Totenwachen.

McChrystal wurde umgehend gefeuert. Aber in schöner Washington-Tradition fiel er nach oben: Formal nahm Obama McChrystals Rücktritt »mit größtem Bedauern« an und der General gründete »The McChrystal Group«, die unvermeidlich auf einen Regierungsposten folgende lukrative Beraterfirma, die »Führungslösungen für komplexe Probleme« bot. Bob Barnett vermittelte ihm einen guten Buchvertrag, die Fluggesellschaft JetBlue und der Nutzfahrzeughersteller Navistar holten ihn in ihren Verwaltungsrat und Yale engagierte ihn für ein Seminar über moderne Führungsmethoden. Als Redner erhielt er pro Auftritt 60 000 US-Dollar.[3]

Nun richtete der Hauptstadtclub seine Aufmerksamkeit auf den Unruhestifter: Als der Artikel im *Rolling Stone* erschien, warf

---

2 Wolff, Michael (2010): David Brooks and Stanley McChrystal Are Real Men. In: Vanity Fair, 28. Juni 2010.

3 Gura, David (2010): Gen. Stanley McChrystal Reportedly Earns $60,000 per Speaking Engagement. NPR, 30. August 2010.

man Hastings vor, er habe eine stillschweigende Übereinkunft gebrochen, die unbedachten Äußerungen des Generals nicht zu veröffentlichen. Zudem hatten die Militärs offenbar einiges getrunken – woraus folgte, dass Hastings vielleicht etwas nachsichtiger mit ihnen hätte sein sollen. Unter Militärs und Journalisten wurden Vorwürfe laut, Hastings habe sich nicht an eine Nichtveröffentlichungsvereinbarung mit McChrystal und seinen Leuten gehalten. Einige Mitarbeiter aus McChrystals Stab deuteten so etwas in der *Army Times* und der *Washington Post* an.[4] Aber da die Vorwürfe anonym geäußert wurden, fanden sie wenig Beachtung. McChrystal entschuldigte sich uneingeschränkt und Hastings stritt ab, Grundregeln verletzt zu haben.

Der größte Fehler der Militärs war, Hastings überhaupt hereinzulassen. Diese Position vertrat Mike Allen unter der warnenden Überschrift »Versäumt zu googlen«.

»Eine schnelle Suchanfrage hätte McChrystal gezeigt, dass bei diesem respektlosen Reporter Vorsicht geboten ist«, schrieb er in Playbook. Er wies auf einen Artikel hin, den Hastings, ein ehemaliger Irak-Korrespondent von *Newsweek,* 2008 für die Zeitschrift *Gentlemen's Quarterly* verfasst hatte. Unter der Überschrift »Geständnisse eines Wahlkampfreporters« hatte er geschrieben: »Wenn Journalisten das Sexleben der Leute, über die sie berichteten, unter die Lupe nahmen, geschah es nicht ohne eine gehörige Portion Heuchelei, denn Treue war bei vielen Wahlkampfreportern nicht gerade eine besondere Tugend. Ich schaute mir viele Pornos an … Mir fiel auf, … [dass das Anschauen von Pornos] in einem Hotelzimmer der Wahlkampfberichterstattung nicht unähnlich war.«

4   Naylor, Sean D. (2010): Sources: Rolling Stone Quotes Made by Jr. Staff. In: Army Times, 7. Juli 2010.
Kurtz, Howard (2010): Rolling Stone's McChrystal Interview Shows the Magazine's Nonmusical Side. In: The Washington Post, 24. Juni 2010.

Also hätte eigentlich »Unruhestifter« auf die Stirn des »respektlosen Reporters« eintätowiert sein müssen.

Howard Kurtz, der langjährige Medienreporter der *Washington Post,* befragte Hastings in der CNN-Mediensendung *Reliable Sources*: »Es gab zahlreiche Anmerkungen dazu, dass einiges getrunken wurde«.[5] Darauf antwortete Hastings: »Ja. Es wurde getrunken.«

David Brooks behauptete in der *New York Times,* McChrystal sei Opfer der »Enthüllungskultur« geworden, die seit dem Vietnamkrieg im Journalismus herrsche. Er warf Hastings – einem »Produkt der Enthüllungskultur« – vor, McChrystals »Gejammer« ins Zentrum seines Artikels gerückt zu haben, obwohl die Äußerungen sicher auch für Aufruhr gesorgt hätten, wenn Hastings sie nicht in den Mittelpunkt gestellt hätte.

Die schärfste Kritik kam aus dem Rudel der Journalisten. Die CBS-Auslandskorrespondentin Lara Logan erklärte schonungslos, Hastings habe gegen eine »stillschweigende Vereinbarung« zwischen Reportern und Militärs verstoßen, dass Journalisten die Truppen nicht durch »Berichte über Beschimpfungen und Sticheleien« in Verlegenheit bringen sollten. Sie unterstellte Hastings, er habe sich das Vertrauen seiner Gesprächspartner erschlichen und das belastende Material sogar erfunden – oder die Militärs zumindest trotz einer inoffiziellen Übereinkunft in die Pfanne gehauen. »Ich kenne diese Leute«, sagte Logan in der Sendung *Reliable Sources* zu Kurtz. »Sie lassen sich niemals derart aus der Reserve locken. Meiner Ansicht nach stimmt da was nicht.« Weiter führte sie aus, dass es auf dem Gebiet viele gute Reporter gibt. »Und fairerweise muss gesagt werden, wenn Militärs einen Bericht für ausgewogen halten, lassen sie dich wiederkommen.« Sie schloss mit der Annahme, dass Hastings nicht »wieder reingelassen werden« würde.

---

5 Transkript der CNN-Sendung *Reliable Sources,* Interviews mit Michael Hastings und Lara Logan, 27. Juni 2010.

Die Kritik des Journalistenrudels an Hastings hatte etwas von Wagenburgmentalität. Sein Artikel war zwar tagelang das meistdiskutierte Thema in Washington und führte zum Rücktritt eines hochdekorierten Kriegskommandeurs – aber Hastings wurde wie ein suspekter Eindringling behandelt. Es gab nur wenige, die ihn verteidigten. Sein leidenschaftlichster Unterstützer war sein *Rolling-Stone*-Kollege Matt Taibbi, ein scharfzüngiger Künstler der schreibenden Zunft und einer der wenigen legitimen Erben von Hunter S. Thompson in einer bloginspirierten Generation von Möchtegern-Gonzo-Journalisten. »Wenn es denn eine niedrigere Lebensform auf der Erde gibt als einen ›angesehenen‹ Journalisten, der sein Terrain verteidigt, dann habe ich sie noch nicht gesehen«, schrieb Taibbi in einem Blogpost mit der Überschrift: »Lara Logan, du bist zum Kotzen«.[6] »Wenn ich Logan richtig verstehe, hätte Hastings diese betrunkenen Arschlöcher in dieser Situation unterbrechen und sagen müssen: ›Tut mir leid, Jungs, ich weiß, wir haben hier alle viel Spaß, aber ihr sagt Sachen, die vielleicht nicht zu eurem Besten sind.‹«

Allgemeiner richtete sich Taibbis Kritik dagegen, dass jeder versessen auf »Ansehen« ist und »unbedingt zum Club gehören« will. Diese »Clubzugehörigkeit« machte er allerdings nicht wie Tim Crouse an der Trennlinie von »Rudel« und »Nichtrudel«, »Unruhestiftern« und »Nichtunruhestiftern« fest, sondern am Status als gemachter Mann, der einen Fernsehvertrag, eine Bob-Barnett-Imprimatur und eine Einladung zu Tammys Gartenparty ermöglicht. Jemand, der dem Club wirklich angehört, würde niemals offen sagen – wie Hastings es Kurtz gegenüber tat –, dass er seinen Charme und seine Freundlichkeit genutzt hat, um eine Beziehung zu seinen Gesprächspartnern aufzubauen, damit sie sich wohl-

6   Taibbi, Matt (2010): Lara Logan, You Suck. In: Rolling Stone, 28. Juni 2010.

fühlen und ihm etwas erzählen. Genau das tun Journalisten, dürfen es aber nicht zugeben – wie Janet Malcolm am berühmt-berüchtigten Anfang ihres Buches *The Journalist and the Murderer* schrieb: »Jeder Journalist, der nicht zu dumm oder zu sehr von sich eingenommen ist, um zu merken, was vorgeht, weiß, dass das, was er tut, moralisch nicht vertretbar ist.«

In diesem Fall ging es vor allem um den Platz des »angesehenen Journalisten« im Hauptstadtclub – oder um seine lebenslange Verbannung daraus. Hastings hatte den Club demoliert. Er hatte sich wie ein Stinktier auf der Gartenparty benommen und andere Gäste in schlechtem Licht erscheinen lassen. »Die meisten dieser Reporter wollen einfach nur unbedingt zur Seilschaft gehören«, schloss Taibbi.

»Gott bewahre, dass irgendeine wichtige Person denkt, man würde nicht für das richtige Team spielen!«

Die McChrystal-Story veranschaulichte ein mittlerweile typisches Merkmal des Lebens als »Insider« im neuen Jahrhundert. Im Irakkrieg fingen Reporter an, sich als »embedded journalists« US-Kampftruppen zuweisen zu lassen. Die Einbettung birgt zwar ein erhöhtes Risiko, dass ein Reporter seine Unabhängigkeit und seinen Scharfblick verliert, hat aber in Kampfgebieten sicher auch praktische Vorteile – ganz zu schweigen vom Sicherheitsaspekt. Die Einbettung war gewissermaßen eine formalisierte Version der Bunkerbeziehungen, die in früheren Kriegen wie dem Vietnamkrieg von selbst entstanden: Journalisten und Soldaten waren aufeinander angewiesen.

Aber um 2004 breitete sich der Einbettungsbegriff über Kriegsgebiete hinaus in weitaus weniger gefährliche Bereiche der Inlands-

berichterstattung wie Präsidentschaftswahlkämpfe aus. Medienunternehmen fingen an, Wahlkampagnen »eingebettete Journalisten« zuzuweisen. Sie hatten die Aufgabe, minutiös zu berichten,
was im »Inneren« des Wahlkampfbetriebs vorging – was etwas
völlig anderes war, als Einblicke in den tatsächlichen Charakter
des Wahlkampfs zu gewinnen. Jedenfalls versprach die Einbettung
den Lesern ein Echtzeitgefühl, wie es im »Inneren« des Wahlkampfs aussah, auch wenn dabei die ausgefallenen, kreativen und
weniger gefilterten Eindrücke auf der Strecke blieben, die ein nicht
eingebetteter Reporter abseits des Rummels liefern konnte. »Die
Chronisten politischer und kultureller Debatten ziehen zunehmend in einer Karawane mit der einen oder anderen Seite«, schrieb
David Ignatius am 2. Mai 2010 in der *Washington Post* in einer
Kolumne über die Gefahren des »eingebetteten Journalismus«.

Die in *The Boys on the Bus* geschilderte Reporterblase von 1972
stellte sicher eine Frühform journalistischer Einbettung einer
kleinen Riege elitärer, von Gruppendenken geprägter Journalisten
dar. Dabei war das Ziel vor allem, Lesern einen zusammenfassenden
Überblick zu geben, was der Präsidentschaftskandidat an einem
Tag tat und sagte. Und nicht darum, fortlaufend zu vermitteln,
wie das Leben in ihrer Wahlkampfblase aussah – und als Eilmeldung herauszugeben, was Mitt Romney vor der großen Debatte bei
Chipotle bestellte (einen Eintopf aus Schweinefleisch und Burri-
tos). Oder umgehend mehrere Fotos von Ann Romney zu twittern,
die den Reportern im Wahlkampfflugzeug Muffins servierte.

Der »Insiderstatus« war in der Hauptstadt schon immer begehrt. Aber mittlerweile ist er zugleich ein Ethos und ein leicht
verfügbarer Snack. Playbook posaunt eine tägliche Ladung an
Washington-Insiderwissen heraus (David Ignatius bezeichnet
Mike Allen als »Ausrufer für eine Nischengemeinde von Washington-Insidern«). Tammy Haddads Webseite heißt WHC Insider –

wobei WHC für »White House Correspondents« steht, obwohl sie mit dem Weißen Haus und seinen Korrespondenten wenig zu tun hat, aber umso mehr mit dem ausgeschriebenen Begriff »Insider«. Jeder kann die Seite anklicken und in diesen faszinierenden Kokon eingebettet sein.

Die McChrystal-Geschichte spielte sich kurz nach dem White House Correspondents' Association Dinner ab, das alljährlich Ende April stattfindet und sich inzwischen zu einem mehrtägigen Symbol für den Hang dieser Stadt, sich an sich selbst zu berauschen, entwickelt hat. Es findet seit 1920 im Washington Hilton statt und war traditionell ein verschlafenes gesellschaftliches Ereignis der Nachrichtenmedien, abgerundet durch ihre Mitarbeiter, Quellen und Ehrengäste – wie Vertreter des Weißen Hauses oder Senatoren. Aber 1987 lud Michael Kelly, der damals bei der *Baltimore Sun* arbeitete, Fawn Hall ein, die geheimnisumwitterte, glamouröse Sekretärin von Lieutenant Colonel Oliver North während der Iran-Contra-Affäre. Damit begann ein Wettrüsten der Nachrichtenmedien, prominente Gäste zum nächsten Correspondents' Association Dinner zu locken. Im Lauf der Jahre gab es eine wahre Invasion eines immer größeren Showbiz-Kontingents, zahlreicher Finanz- und Medienlieblinge aus New York und dem Silicon Valley und Appetithäppchen der Popkultur wie Ozzy, Paris und Donald Trump.

Tammy Haddads Szene-Brunch am Samstag ist immer ein Highlight dieser Festivitäten. Die überragende Gastgeberin hat das Correpondents' Association Dinner geschickt als Markenzeichen für sich genutzt. Bei dem Ereignis geht es ums Dabeisein, wie sie sagt. Und das ist Tammys Ding. Sie geht ganz lässig und transparent damit um. Als Politico sie bat, den anhaltenden Reiz des Correspondents' Association Dinner zu erklären, destillierte Tammy die starversessene Essenz heraus: »Wer will nicht dabei sein? Man ist mit mächtigen Leuten in einem Raum, da kann alles passieren.«

Auf die Idee zu ihrem Brunch kam sie, weil »es die einzige Gelegenheit war, zu der alle, die ich im ganzen Land kannte, in Washington waren«. Anders ausgedrückt: Alle Promis, die zu diesem Dinner in die Stadt kommen, sind also Bekannte von ihr.

Viele lästern und meckern, der Brunch sei aus dem Ruder gelaufen. Aber sie kommen und lassen sich einbetten. Der Schauspieler Tim Daly – aus der Fernsehserie *Überflieger* – machte einmal den Fehler, sich in Politico zu beschweren, der Brunch sei zu überlaufen und mittlerweile von »zu vielen Deppen« bevölkert.[7] Keine gute Idee, so etwas öffentlich zu sagen. Daly musste Tammy Blumen mitbringen. Sie war begeistert von der tätigen Reue, Politico brachte ein Bild von der Blumenübergabe, und unter den Deppen war alles wieder in Ordnung.

Um die Kluft zwischen Washington und dem Rest des Landes zu veranschaulichen, muss man nur die Highlights eines Wochenendes beim Correspondents' Association Dinner der simplen Zahl militärischer Todesopfer gegenüberstellen; oder Szenen, die die wirtschaftliche Not oder ölverklebte Pelikane an der Golfküste zeigen, die nur wenige Tage vor dem Presseball 2010 gerade die schlimmste Ölkatastrophe der Geschichte erlebte.

Die Nation teilt Washingtons Eigenliebe ebenso wenig wie die Hochgefühle, in denen die Medien in diesen Tagen über sich selbst schwelgen. In Umfragen äußerten die Befragten überwiegend Missfallen an den Leistungen der Medien. Mehrere traditionelle

---

7 Ryan, Kiki (2010): Tammy Haddad's Brunch »Fun, Personal«. In: Politico, 30. April 2010.

wie auch neue Medienhäuser schlossen Niederlassungen, entließen Reporter und verzeichneten drastische Ertragseinbußen. Im August 2010 verkaufte die Washington Post Company ihr altehrwürdiges Nachrichtenmagazin *Newsweek,* das jährlich zehn Millionen US-Dollar Verluste einfuhr.

Aber in der Hauptstadt ist die Wahrnehmung der Wirklichkeit verzerrt, wie die Festlichkeiten zum White House Correspondents' Association Dinner belegen. Die mangelnde Selbsterkenntnis ist doppelt erstaunlich an einem Ort, der so sehr damit beschäftigt ist, wie sich etwas »darstellt«.

Pfiffige Einheimische bezeichnen das Correspondents' Association Dinner als »Nerdball« – einer jener Washingtoner Ausdrücke, die Selbstgefälligkeit mit Selbstironie kaschieren. »Nerd« vermittelt die Assoziation, dass jeder sich selbstverständlich viel lieber in die Schaltkreise irgendeines Problems vertiefen würde, als hier pflichtgemäß Schampus zu schlürfen. Sie könnten gemütlich zu Hause über einem Weißbuch der Brookings Institution sitzen, wenn diese gesellschaftliche Verpflichtung sie nicht von ihrer ernsthaften Arbeit abhalten würde.

Aber sie müssen natürlich zu diesem Dinner, weil es ein großes Ereignis ist. Der Abend lässt den Club zur ultimativen Blasenwelt anschwellen und erreicht seinen Höhepunkt, wenn die 3 000 Gäste in Abendgarderobe sich im Ballsaal des »Hinckley-Hilton« erheben und einen feierlichen Toast »auf den Präsidenten der Vereinigten Staaten« ausbringen. In diesem Augenblick erinnert sich das von Küste zu Küste reichende Aufgebot daran, dass hier alle – nicht nur der Oberbefehlshaber am Kopfende des Tisches, sondern ausnahmslos alle – nur das Beste für das Team wünschen und dass die

Verbindung von Politik, Medien und Prominenz auf den höchsten Höhen des Patriotismus angesiedelt ist.

Es ist von immenser Wichtigkeit, dass der Präsident erscheint, um seinen Toast entgegenzunehmen und den großen Ernst der ganzen Angelegenheit zu bestätigen (des Ersten Verfassungszusatzes, der die Meinungs- und Pressefreiheit garantiert, der Verpflichtung, Politiker zur Rechenschaft zu ziehen, »fair«, faktenbasiert und hartnäckig zu sein und Ähnliches). Und sie kommen alle, bislang 15 Präsidenten, angefangen mit Calvin Coolidge 1924. Wenn man darüber nachdenkt, wäre ein Präsident, der seine Einladung zum Correspondents' Association Dinner absagt, vielleicht eine politische Wohltat in dieser Zeit der Anti-Washington-Stimmung, ein Wink an die »Durchschnittsamerikaner«. Tatsächlich präsentieren der Presseball und seine Begleiterscheinungen der Außenwelt ein Washington-Bild, als sei die Hauptstadt ein einziges großes Spiel, ein Kostümfest, bei dem jeder in eine schaumige Mischung aus Ruhm, Spaß, Schmeichelei und (vor allem) Zugehörigkeit gehüllt ist. Das alles macht einen grauenhaften Eindruck.

Aber wenn ein Präsident diesen Presseball ausließe, würde es der Hauptstadt eine furchtbare Botschaft vermitteln. Und ein Präsident – besonders ein demokratischer Präsident – ist nie gut beraten, die Hauptstadt allzu sehr zu beleidigen, denn (seien wir ehrlich) sie ist linkslastig und setzt die gleiche Gesinnung bei anderen voraus, daher ist sie tendenziell besonders streng mit ihresgleichen, wenn sie ihr keinen Respekt zollen. Jimmy Carter ärgerte den Hauptstadtclub, indem er sich für den Geschmack der Stammmitglieder allzu sauber verhielt (man kann ja Wahlkampf gegen Washington machen, gut und schön, aber es darf nicht persönlich werden). Die Clintons legten einen jämmerlichen Start hin, als Sally Quinn von der *Washington Post* Hillary 1993 zur Begrüßung in der Hauptstadt zu einem Mittagessen einlud und die First Lady ablehnte. Das gab böses Blut. »Sie hat einfach etwas an sich, was Leute auf die Palme bringt«, erzählte Quinn später dem *New Yorker*.[8] Als Bill Clinton einige Jahre später Quinns Ehemann, Ben Bradlee, für die Freiheitsmedaille des Präsidenten nominierte, witzelte Clinton gegenüber seinen Beratern: »Jeder, der mit dieser Hexe schläft, verdient einen Orden!«[9]

Nach der Lewinsky-Affäre schrieb Quinn in einem denkwürdigen Artikel für das Feuilleton der *Washington Post*, Bill Clinton habe sich nicht nur gegen seine Frau, seinen Amtseid und sein Land vergangen, sondern auch seine Pflicht gegenüber seinen Gastgebern, dem Washingtoner »Establishment«, verletzt. Es sei »empört über das Verhalten des Präsidenten«, auch wenn »Umfragen zeigen, dass eine Mehrheit der Amerikaner diese Empörung nicht teilt«.[10] Sie zitierte eine ganze Reihe gekränkter Mitglieder des Establishments: »Das ist *unsere* Stadt« (Senator Joe Lieberman); »Das ist ein demoralisiertes Dorf« (Reagans Protokollreferentin im Weißen Haus); »Man beschmutzt nicht das eigene Nest« (der politisch wandlungsfähige Fernsehsprecher David Gergen); »Wir alle kennen Leute, die persönlich dadurch furchtbar verletzt wurden« (Andrea Mitchell von NBC); und Clinton »kam her und besudelte die Stadt, dabei ist es nicht seine Stadt« (David Broder von der *Washington Post*).

Broders Formulierung »besudelte die Stadt« erregte viel Aufmerksamkeit. Sie bekräftigte den Anspruch, dass Washington nicht Clinton oder seinen Wählern gehörte, sondern einer präsidialen Elite von Stadtvätern. Ein solcher Status war mit geschärftem moralischem Pflichtgefühl und Autorität verbunden. Außen-

---

8   Gates, Henry Louis Jr. (1996): Hating Hillary. In: The New Yorker, 26. Februar 1996.

9   Harris, John F. (2006): The Surviver: Bill Clinton in the White House. New York 2006, S. 357.

10   Quinn, Sally (1998): In Washington, That Letdown Feeling. In: The Washington Post, 2. November 1998.

seiter konnten nie ganz nachvollziehen, in welchem Maße sich diese Elite als Treuhänder empfand. »Jedes Mal, wenn ich ins Oval Office ging, zog ich Jackett und Krawatte an«, versicherte der oberste Ehemalige, Ken Duberstein, einer dankbaren Nation.

Selbst gegen Ende der Clinton-Ära war der Presseball immer noch eine eher kleine Veranstaltung, verglichen mit der Entwicklung, die er seither genommen hat – zu einem finanzstarken, mehrtägigen Karneval, der einem Nominierungsparteitag ähnelt, aber jährlich stattfindet. Die Medien berichten von A bis Z über die Festlichkeiten, produzieren aber in der Regel keinerlei Nachrichten außer endlosen Aufzählungen bekannter Namen und dem Wiederkäuen der jeweils besten Passagen aus der routinemäßig witzigen Ansprache des Präsidenten.

Sein Auftritt beim Presseball war für Obama einerseits eine Pflichtveranstaltung, andererseits genoss er die Gelegenheit zu einer witzigen Ansprache und trug sie gekonnt vor. Sie bot ihm zudem ein Ventil, humorvoll zu sagen, was er wirklich dachte, und eins seiner Lieblingsziele war die Idiotie der Medien. Bei seiner Rede 2010 ließ der Präsident einen Mitschnitt einspielen, in dem der CNN-Moderator Rick Sanchez über einen isländischen Vulkanausbruch sprach, der die transatlantischen Flugpläne durcheinander gebracht hatte. Lachend wunderte Sanchez sich, dass es auf Island »nicht zu kalt für einen Vulkan ist«. Nach dem Video schwieg Obama, bis das Lachen des Publikums abebbte, dann sagte er trocken über CNN: »Ich vermute, der Sender gilt deshalb als der glaubwürdigste im Nachrichtengeschäft.«

Besonders hart ging der Präsident mit Politico ins Gericht. Ohne eine Miene zu verziehen, erklärte er die Behauptung für unberechtigt, Politico setze mit der Fokussierung auf »Triviales, politisches Futter [und] Klatsch« neue Akzente, denn das habe das Organ schon seit Jahrhunderten gemacht. Als Beleg zitierte er eine erfundene historische Politico-Schlagzeile: »Japan kapituliert – wo bleibt der Freudensprung?«[11]

Die Aufmerksamkeit des Präsidenten war für Politico schmeichelhaft, bestätigte sie doch den Aufstieg der Publikation bei einem Ereignis, das sie als ihren Meisterschaftspokal behandelte. Im Vorfeld der Veranstaltung brachte Politico Dutzende Beiträge, veröffentlichte eine Sonderbeilage und veranstaltete am Tag danach einen Brunch in der Villa des Verlegers, bei dem sich draußen Schaulustige in der Hoffnung drängten, einen Blick auf einen Promi zu erhaschen.

Im Umfeld des Presseballs gibt es bis zu 25 Partys, eine lange, rollende Welle von Martinis und »wohltätigen Zwecken«. Es ist die Hauptstadtvariante der hohen jüdischen Feiertage, nur ohne Fasten und geistliche Erbauung (wenn man diejenigen nicht mitzählt, die um eine Einladung zu Tammys Party beten).

Jahrzehntelang galten Journalisten auf dem Hauptstadtbüfett als Gefrierbrandbrokkoli neben dem Kaviar der Politiker, Diplomaten und einflussreichen Anwälte. Als Joseph Alsop, der Kolumnist der *New York Herald Tribune*, 1935 in die Stadt kam, warnte ihn der Leiter des Hauptstadtbüros der *New York Times*, Arthur Krock: »Wissen Sie, Alsop, als Erstes müssen Sie sich klarmachen, dass für Presseleute in Washington kein Platz am Tisch ist.«[12]

Mittlerweile haben sie an vielen Tischen einen festen Platz. Das gilt rund ums Jahr, wächst sich aber um die Zeit des Correspondents' Association Dinner zur Orgie aus: zu einer verschwommenen Sause mit Hummerschwänzen, Trüffeln und Andrea Mitchell, die vor der *Time/People*-Party mit dem Absatz im Kopfsteinpflaster der Auffahrt zum St. Regis Hotel stecken blieb. Diese Episode

---

11 Remarks by the President at the White House Correspondents' Association Dinner. The White House, 2. Mai 2010.

12 Purdum, Todd (2010): The Evolution of D. C.'s Premier Event. In: Vanity Fair, 30. April 2010.

beobachtete übrigens Reid Cherlin, der damalige Assistent des Pressesprechers des Weißen Hauses, der ihr galant zu Hilfe eilte und verhinderte, dass sich der Inhalt ihrer riesigen *Time/People*-Geschenktasche auf den Boden ergoss. »Sie bedankte sich herzlich«, erinnerte sich Cherlin.

Unterdessen ergossen sich unerfreuliche Nachrichten über den Rest Amerikas. Eine gewaltige Explosion zerstörte die Bohrinsel Deepwater Horizon im Golf von Mexiko, die BP geleast hatte. Eine Unterwasserkamera zeigte einen Rohölstrom, der ins Meer quoll – ein anschauliches Bild für ein außer Kontrolle geratenes Problem und eine Metapher für eine »plötzlich machtlose Regierung«, wie die stets literarisch gesinnten Medien feststellten. Es war zudem ein treffendes Symbol für den ungehemmten Geldstrom, der von BP nach Washington floss, um die Krise zu »managen«. BP sicherte sich jeden republikanischen und demokratischen Pressesprecher und Lobbyisten, den das Unternehmen als Helfer bei seinem »Positionierungsproblem« einspannen konnte.

Sobald Geld zu verdienen ist, wächst die Hauptstadt zu einem ausgesprochen parteiübergreifenden Team zusammen – Entschuldigung: Ich meine natürlich, sie wird zu einem Hoffnung machenden Beispiel, dass »Amerika in Krisenzeiten an einem Strang zieht«. Zum BP-Dreamteam in der Hauptstadt gehörten republikanische Urgesteine wie Ken Duberstein und der demokratische Superlobbyist Tony Podesta; die Chefsprecherin von Vizepräsident Cheney, Anne Womack-Kolton; John Feehery, der langjährige Pressereferent des ehemaligen republikanischen Sprechers des Repräsentantenhauses Dennis Hastert; Steve McMahon, ein bekannter demokratischer Medienberater und regelmäßiger Gast in der Sendung *Hardball*, sowie sein Geschäftspartner, der republikanische Medienguru Alex Castellanos. Die Firma der beiden, Purple Strategies, leitete laut einem Bericht von CNN (einem Sender, für den Castellanos ebenfalls arbeitet) eine 50 Millionen US-Dollar teure Fernsehkampagne für BP.[13] Der Kontakt kam über Hilary Rosen zustande, eine engagierte Demokratin, unermüdliche Verfechterin der gleichgeschlechtlichen Ehe und damalige Leiterin des Washingtoner Büros der Londoner PR-Firma Brunswick Group, die ebenfalls für BP arbeitete. Rosen war zugleich CNN-Expertin und unbezahlte Mitarbeiterin der Huffington Post – bis die BP-Geschichte zu einem potenziellen »optischen« Problem wurde und man die Zusammenarbeit vorübergehend ruhen ließ.

Die BP-Ölkatastrophe forderte einen hohen, weitreichenden menschlichen Tribut. Zu den Tragödien für die Hauptstadt gehörte vor allem, dass der Gouverneur von Mississippi, Haley Barbour, zur Beobachtung der Krise zu Hause bleiben musste und nicht zum Correspondents' Association Dinner kommen konnte.[14]

Es ist immer schön, Barbour bei diesem Dinner zu erleben. Er ist in der Hauptstadt ein alter Kämpe und überlegte ernsthaft, 2012 für die Präsidentschaft zu kandidieren. Eigentlich sollte Barbour am Vorabend des Dinners nach Washington kommen und eine Rede auf einer Party für die CNBC-Moderatorin Maria Bartiromo – auch »Money Honey« genannt – halten, die gerade ihr Buch *The 10 Laws of Enduring Success* veröffentlicht hatte. Alle im Hauptstadtclub freuten sich für die stürmische, lebhafte Maria, die sich gut als Marke etabliert hatte. Gastgeber der Party war Ed Rogers, ein Mitbegründer von Barbours Lobbyfirma.

13   Smith, Aaron (2010): BP's Television Ad Blitz. CNN, 4. Juni 2010.

14   Leibovich, Mark (2012): Terry McAuliffe and the Other Green Party. In: The New York Times, 18. Juli 2012.

Kleinlich betrachtet, könnte man es für kompromittierend halten, wenn eine Journalistin sich mit einer Party feiern lässt, bei der ein Lobbyist als Gastgeber und zwei nachrichtenwürdige Persönlichkeiten als Ehrengäste auftreten – zumal einer von ihnen (Barbour) gerade ernstlich eine Präsidentschaftskandidatur in Erwägung zog und die Geehrte (Bartiromo) im folgenden Jahr eine Debatte der republikanischen Präsidentschaftskandidaten moderieren sollte.

Aber Spitzfindige konnten, wenn sie wollten, in Washington ständig »beunruhigende Auftritte« von Journalisten, Lobbyisten und Politikern finden. »Es ist, wie es ist«, hört man hier ständig.

Der Money-Honey-Empfang fand in einem eleganten Saal gleich neben dem Foyer des W Hotel statt. Gäste konnten bequem hereinschauen, um Maria zu gratulieren, und dann zur Party des *New Yorker* im obersten Stock oder zu mehreren anderen Empfängen in der näheren Umgebung weiterziehen. Ed Rogers gestaltet solche Anlässe immer sehr geschmackvoll, und am Vorabend des Correspondents' Association Dinner gab es exzellenten Wein. Haley Barbour liebt ein gutes Glas Wein oder auch sechs – auch aus diesem Grund war es eine Schande, dass er nicht dabei sein konnte. Nur wenige Politiker sind so amüsant wie der ehemalige republikanische Parteivorsitzende, politische Berater Reagans und legendäre Lobbyist der Tabakindustrie. Barbour ist ein Relikt aus Zeiten, als Politiker noch dreckige Witze erzählten, mit den vielen Zigarren angaben, die sie rauchten, und ihre Freunde öffentlich als »Trinkkumpane« bezeichneten. Er hat einen ausgeprägt schleppenden Mississippi-Akzent und sieht aus wie eine erwachsene Version von Spanky aus *Die kleinen Strolche*.

Barbours politisches Lieblingsandenken ist eine gerahmte Fotoserie, die ihn mit seinem früheren Chef, Ronald Reagan, beim Witzeerzählen zeigt. Auf dem ersten Foto erzählt der junge Mitarbeiter des Weißen Hauses dem Präsidenten gerade einen Witz – »den über die drei jungen Paare in der Kirche«. In der Pointe treibt eins der Paare etwas äußerst Unpassendes in der Tiefkühlabteilung des Supermarkts.

Auf dem nächsten Bild fragt Reagan: »Haley, habe ich Ihnen schon mal den mit den beiden Episkopalpredigern erzählt?«

»Nein, Sir, Mr. President.«

»Einer der Prediger sagt zum anderen: ›Die Zeiten haben sich wirklich verändert, nicht wahr? Ich hatte nie Sex mit meiner Frau, bevor wir geheiratet haben, Sie?‹ Der andere Prediger antwortet: ›Ich weiß nicht, wie heißt Ihre Frau denn mit Mädchennamen?‹«

Barbour versucht sich nicht einmal auf das Spiel »Ich bin ein Außenseiter, kein Politiker«. Er ist das Musterbeispiel eines republikanischen Bonzen, wie liberale Hollywood-Drehbuchschreiber ihn entwerfen würden (ein Zigarre rauchender, reicher, dicker Südstaatler, gespielt von John Goodman, der in *The West Wing* eine ähnliche Figur karikiert hat).

In seiner Hauptstadtpopularität erinnert Barbour mich an einen anderen ehemaligen Parteivorsitzenden, den Demokraten Terry McAuliffe – ein »Trinkkumpan« Barbours, was keineswegs verwundert. Beide sind Lebemänner und »Washingtoner Urgesteine«, auch wenn Barbour 2003 Gouverneur von Mississippi wurde und McAuliffe das Hauptstadtetikett abstreifen und Gouverneur von Virginia werden möchte. Er kandidierte 2009 erfolglos für dieses Amt, versuchte es aber 2013 erneut (diesmal mit Erfolg). Barbour und McAuliffe lernten sich ebenfalls im für Washington typischsten Brutkasten für Freundschaften kennen: im Green Room eines Fernsehsenders. In den 1990er-Jahren stritten sie sich im Fernsehen, fochten die Rechts-gegen-Links-Kämpfe aus und machten bald Geschäfte miteinander.

Etwa um diese Zeit fragte Bill Clinton McAuliffe, welchen Botschafterposten er für alle die Dienste haben wolle, die er ihm erwiesen habe. Er hatte gerade eine Spendenveranstaltung im MCI Center in Washington organisiert, die der Demokratischen Partei über 26 Millionen US-Dollar eingebracht hatte. (»Das größte Event der Menschheitsgeschichte«, erklärte McAuliffe mir. »Wie Sie ja wissen.«) McAuliffe antwortete, er wolle Botschafter am Hofe von St. James, also in Großbritannien, werden. Da der Senat seine Ernennung bestätigen musste und die Republikaner, die damals die Mehrheitsfraktion stellten, kaum Grund hatten, einem Präsidenten zu helfen, gegen den sie gerade ein Absetzungsverfahren eingeleitet hatten, war McAuliffe sich keineswegs sicher, ob er den Posten bekommen würde. Also spannte er seinen Freund Barbour ein und bat ihn, sich bei Trent Lott, seinem Freund und Landsmann aus Mississippi, dem damaligen Mehrheitsführer im Senat, für ihn einzusetzen.

Am nächsten Tag rief Barbour zurück und erzählte, dass das Gespräch gut verlaufen sei. Als ich Barbour nach dem Handel fragte, wirkte er leicht verärgert über die Unterstellung, dass Republikaner in den ausgehenden 1990er-Jahren einen Freund Bill Clintons hätten bestrafen wollen. McAuliffe war qualifiziert, effektiv und würde das Land ausgezeichnet vertreten, erklärte er. »Es wäre grauenhaft, wenn wir ihn bestraft hätten, nur weil er für die andere Seite effizient war. Wir brauchen mehr Leute, die begreifen, dass es nichts Persönliches ist, auch wenn wir unterschiedlicher Meinung sind. In diesem Geschäft sollte man nicht rachsüchtig sein.«

Allerdings wäre es falsch anzunehmen, dass Barbour und Lott aus rein überparteilichen Motiven gehandelt hätten. Später erfuhr McAuliffe von Lott, mit dem er gelegentlich auf die Jagd ging, dass er bei Barbours Anruf als Erstes dachte, wie praktisch es

wäre, den besten politischen Spendensammler der Demokratischen Partei rechtzeitig vor den Wahlen im Jahr 2000 außer Landes zu wissen. »Sag dem Hurensohn, ich bringe ihn persönlich ans
Flugzeug«, antwortete Lott Barbour, laut McAuliffe.

Tatsächlich geriet der demokratische Nominierungsparteitag
2000 in Los Angeles in ernsthafte Finanznöte und auf Drängen (Betteln) des angehenden Präsidentschaftskandidaten Al Gore
übernahm McAuliffe schließlich die Organisation. Nach der Wahl
wurde er während der ersten Amtsperiode von George W. Bush
Vorsitzender des Democratic National Committee.

Als Barbour Gouverneur von Mississippi wurde, unterhielt er
weiterhin enge Verbindungen in die Hauptstadt. »Washington
war sehr nett zu mir«, erklärte er. »Ich habe viele demokratische
Freunde. Ich habe viele liberale Freunde. Und ich habe sogar
Freunde in den neuen Medien.«

Da Barbour also nicht zu Bartiromos Buchparty kommen
konnte, sprang McAuliffe als Redner ein. Wie es bei Buchpartys in
Washington so ist, war es … eine Washingtoner Buchparty.

Alan Greenspan und Andrea Mitchell waren gekommen, ebenso
eine Menge Fernsehleute, Lobbyisten und Hollywood-Größen
wie der 72-jährige Filmproduzent Jerry Weintraub, den Ed Rogers
als »legendär« vorstellte und der das Geheimnis seines langen
Lebens preisgab: »Ich mache immer noch Liebe.«

Patrick Gavin von Politico filmte alle Gäste für einen kurzen
Videoclip, der am nächsten Tag laufen sollte. Er gehört zu der
Sorte eines »unternehmerischen« Journalisten, der in einer früheren Epoche noch sein Handwerk mit wöchentlich mehreren Artikeln über Gemeinderatssitzungen verfeinert hätte, an Orten wie

Ames in Iowa. Wenn er hart gearbeitet und mittelgroße Zeitungen wie den *Philadelphia Inquirer* und die *Dallas Morning News* mit Zeitungsausschnitten seiner Artikel bombardiert hätte, hätten sie ihn vielleicht eines Tages eingestellt. Und mit sehr viel Glück hätten sie ihn vielleicht sogar nach Washington geschickt, um für sie ganz groß über das Kapitol zu berichten. Heutzutage können die Patrick Gavins direkt nach Washington kommen – und haben innerhalb kurzer Zeit einen Job, mit dem das Privileg verbunden ist, bei Partys Videoaufnahmen von anderen Journalisten zu machen. Gavin ist einer Washingtoner Rednervermittlung (»Leading Authorities«) angeschlossen, die ihm theoretisch Engagements für Vorträge im ganzen Land besorgen könnte, um sein Politico-Gehalt aufzubessern. (In Wirklichkeit ist die Nachfrage nach Gavins Reden begrenzt oder nicht vorhanden.)

In einer Ecke stand der berühmte ehemalige Finanzreporter Jeffrey Birnbaum und trank Wein. Seine Berichte über den expandierenden Lobbysektor für das *Wall Street Journal* und die *Washington Post* und sein Buchklassiker *Showdown at Gucci Gulch* machten ihn zum bekanntesten Lobbyismus-Journalisten Washingtons. Jedenfalls bis er sich vom Journalismus abwandte – und Leiter der PR-Abteilung bei der Lobbyfirma Barbour, Griffith & Rogers wurde. In der Hauptstadt wechseln Leute ständig ihre Posten, zumal in diesen lukrativen Zeiten, in denen die sogenannte Drehtür so üppig geschmiert ist. Journalisten gehen zum Fernsehen, in die Öffentlichkeitsarbeit oder in den Lobbysektor. Politiker und ihre Mitarbeiter werden Lobbyisten, Berater oder Kommentatoren. Lobbyisten (wie Barbour) kandidieren für politische Ämter oder übernehmen Regierungsposten, um »ihre Referenzen wiederaufzufrischen« oder Macht zu erlangen, bevor sie erneut den gebührenden Platz in der Riege der bezahlten Gefolgsleute einnehmen.

Aber Birnbaums Eintritt in eine Lobbyfirma war ein ähnlich ungewöhnlicher Schritt, als würde Bob Woodward in den Stab des Weißen Hauses wechseln. Lobbyisten machen Witze über die großen »Saubermänner«, die sie auf ihre Seite ziehen können. Sie sprechen über die naiven, aber einflussreichen Trottel, die sich Geld haben entgehen lassen, indem sie in ihren schlechter bezahlten Jobs in Journalismus, Politik oder Staatsdienst geblieben sind. In seiner Blütezeit als Lobbyist bekam Barbour von Firmen hohe Honorare, nur damit er nicht für die andere Seite arbeitete. Einem Freund erzählte er, sein Hauptziel sei, von möglichst vielen für möglichst wenig Arbeit bezahlt zu werden. Als er für das Amt des Gouverneurs kandidierte, hatte er ein achtstelliges Vermögen angehäuft. Nach seinem Entschluss, für das Präsidentenamt zu kandidieren, kehrte Barbour in seine Lobbyfirma zurück und verordnete sich eine gesunde Kur bezahlter Reden.

Die Lobbyisten brüsten sich oft mit den Saubermännern auf dem Kapitol, im Weißen Haus und zunehmend auch im Journalismus, die sie korrumpiert oder entjungfert haben. Ed Rogers lobte Birnbaum mir gegenüber als »einen der hochkarätigsten Leute, die je das Team gewechselt haben«.

Zwischen den Zeilen sagte er damit nicht nur, dass Birnbaum ein großer Fang war, sondern auch, dass die Leute hier regelmäßig »das Team wechseln«, was tatsächlich stimmt. Letztlich aber spielen ohnehin alle für dasselbe Team – so die vorrangige Botschaft des Correspondents' Association Dinner.

Auf der Party für Maria Bartiromo also legte sich McAuliffe mit hochrotem Kopf und erregbar wie immer ins Zeug. Im Aufzug hielt er mir einen begeisterten Vortrag über das Elektroauto-

Unternehmen, das er gerade aufbaute. Er versprach, GreenTech Automotive würde »das Auto neu erfinden«. Unausgesprochen blieb, dass er damit auch Terry McAuliffe neu zu erfinden hoffte, da er noch einmal für das Gouverneursamt in Virginia kandidieren wollte. GreenTech könnte ihm als Vehikel dienen, aus der Schublade des politischen Geldsacks und Marktschreiers herauszukommen und sich als seriöser »demokratischer Geschäftsmann« zu positionieren, »der für die demokratische Sache kämpft und Arbeitsplätze schafft«, wie es auf seiner Webseite heißt. Es spielte kaum eine Rolle, dass der Großteil dieser Arbeitsplätze nicht in Virginia, sondern in Mississippi entstehen würde, weil Terry sich von Barbour ein Paket von Steuer- und Preisanreizen für den Bau einer 400 000 Quadratmeter großen Fabrik in Horn Lake im Norden des Bundesstaates Mississippi hatte sichern können. Die GreenTech-Geschichte ist ein Beleg für die Macht eines politisch gut vernetzten Unternehmens. Die Firma beschaffte sich 100 Millionen US-Dollar Kapital, überwiegend durch McAuliffes politische Beziehungen. Im Verwaltungsrat sitzen unter anderem der ehemalige Gouverneur von Louisiana und ein ehemaliger Leiter der Bundessteuerbehörde. Zur großen Eröffnung des Green-Tech-Werks in Mississippi kam auch Bill Clinton.

Etwa um die Zeit der Party besuchte ich McAuliffe in seinem Büro in Tyson's Corner im Norden Virginias. Es war riesig, weitgehend unmöbliert und mit Zeugnissen der Freundschaft zwischen McAuliffe und Bill Clinton geschmückt: Viele Fotos zeigten Terry und Bill beim Golfspielen und in den übrigen Büros fanden sich weitere Relikte der Clinton-Ära – unter anderem hatte sich Hillarys Bruder, Hugh Rodham, hinter einem Schreibtisch vergraben. (»Guckt mal alle her, ein echtes *Familienmitglied der Clintons.* Er *geht!* Er *spricht!*«) Ich stellte mir vor, wie Terry ab und an in Hughs Büro ging, nur um den echten Clinton zu bestaunen, wie ein Kind einen Panda im Zoo. Übrigens: Hugh Rodham spielte bei der Finanzierung des Unternehmens eine Rolle.

McAuliffe war fest entschlossen, sich zum Washington-Außenseitertyp umzumodeln. Für jeden, der ihn kannte, war das zwar lachhaft, aber in der heutigen Zeit dennoch eine geschickte politische Strategie. »Ich bin Unternehmer, Baby«, sagte er zu mir. »Vergessen Sie das nicht, ich bin Unternehmer.« Okay, er ist also Unternehmer, kein »Washington-Insider«, auch wenn er Stammgast bei der jährlichen Party von Sam Donaldson von ABC ist, er seinem Nachbarn Dick Cheney bei den Fußballspielen seiner Tochter (und Cheneys Enkelin) über den Weg läuft und er anfangs das Geld für das Haus des Ex-Präsidenten Clinton in Chappaqua, New York, aufbrachte.

Bei Bartiromos Buchparty verschwand McAuliffe kurz in einem Nebenzimmer, um einen Anruf des Handelsministers Gary Locke entgegenzunehmen. (»Mr. Secretary!«, brüllte er ins Telefon.) Es ging um die Reise einer Handelsdelegation nach Hongkong, die sie bald gemeinsam antreten würden. Nach dem Telefonat kam McAuliffe wieder zu mir, und ehe ich mich versah, wandte sich das Gespräch dem durchaus nicht linientreuen Thema zu, wie unangenehm Terry seine Prostata-Untersuchung findet. »Einmal habe ich zu dem Arzt gesagt: ›Doc, ich bin zwar Vorsitzender der Demokratischen Partei, aber ich hasse es trotzdem, wenn mir jemand den Finger in den Arsch steckt.‹«

Und damit war es Zeit für die Hors d'œuvres.

Und für einige kurze Bemerkungen über Money Honey. McAuliffe erhob Maria Bartiromo zur »größten Wirtschaftsexpertin und größten Frau, die jemals ein Wörtchen mitzureden hatte, wie Weltwirtschaftspolitik gemacht wird«. Andrea Mitchell ließ sich ganz ähnlich über ihre Kollegin Maria aus. Aber vorher zollte sie dem lebenslustigen Trio McAuliffe, Barbour und Rogers Anerkennung und stellte besonders Barbour wegen seiner Bemühungen im Golf von Mexiko heraus: »Haley Barbour ist für viele wirklich ein Held.« Sie kannte Barbour bereits aus seiner Zeit im Weißen Haus unter der Reagan-Regierung, über die sie damals für NBC berichtet hatte.

Bald darauf erhoben alle ihr Glas – auf Money Honey, McAuliffe, Barbour und die ganze Mannschaft.

Die Sauftour ging bei der *New-Yorker*-Party auf der Dachterrasse des Hotels weiter: Sushi-Bar, Karamellmilchshakes – und Drinks ohne Ende, serviert auf Cocktailservietten mit politischen *New-Yorker*-Cartoons. In einer Karikatur bekniete ein Sünder den heiligen Petrus am Himmelstor: »Warte, das waren keine Lügen. Das war Meinungsmache!«

Später fuhren meine Frau und ich mit dem damaligen White-House-Korrespondenten von CNN, Ed Henry, und seiner Frau Shirley im Aufzug hinunter. Ed ist ein durch und durch authentischer und ernsthafter Mensch. Das weiß ich, weil er, als Fox ihn für denselben Job engagierte, bei einem *Adweek*-Interview gebeten wurde, seinen Stil vor der Kamera zu beschreiben. Ed antwortete, Roger Ailes und andere seines Nachrichtensenders wären wegen seiner »Aufrichtigkeit« auf ihn aufmerksam geworden. Und nicht durch irgendeine beliebige Art von Aufrichtigkeit! »Einer der Gründe, warum sie mich engagieren wollten, war, dass ich eine Aufrichtigkeit besitze, die man nicht vortäuschen kann«, erklärte Henry.[15]

Ein anderer Mann in unserem Aufzug stellte sich Ed als Mitarbeiter des französischen Botschafters vor. Sobald das Wort »französischer Botschafter« fiel, sank Henry auf die Knie – ein offensichtliches Spielchen, um Zutritt zu der Bloomberg/*Vanity Fair*-

---

15   First Mover: Ed Henry. In: Adweek, 12. September 2011.

Party zu bekommen, die am folgenden Abend in der Villa des französischen Botschafters stattfinden sollte. Ed und der Franzose unterhielten sich in der Hotellobby weiter. Schließlich notierte der Franzose sich Eds Kontaktdaten und Ed bedankte sich aufrichtig.

Als die Gäste am nächsten Abend nacheinander zum Correspondents' Association Dinner eintrafen, versuchte ein Terrorist gerade, den Times Square in New York in die Luft zu sprengen. Das Dinner und die Vorpartys gingen planmäßig weiter. Der Vorfall verlieh den Festlichkeiten ein »Während-Rom-brennt«-Gefühl – in diesem Fall war es eher ein Nissan Pathfinder voller Sprengstoff, der mitten auf der belebtesten Kreuzung Amerikas brannte. Der Wagen wurde gegen 18:30 Uhr von einem Straßenverkäufer entdeckt, als Washingtons Oberschicht gerade mit den Biebers und Kardashians dieser Welt über den roten Teppich des Hilton stolzierte. C-Span übertrug die Ankunft der Gäste live und die Kabelfernsehsender berichteten über das Dinner, wobei sie die Zuschauer gelegentlich über den aktuellen Stand bei dem verdächtigen Nissan informierten. MSNBC meldete den versuchten Bombenanschlag erst gegen 23 Uhr, nachdem der Komiker Jay Leno – die »Unterhaltungseinlage« des Abends – im Washington Hilton seine Kracher gezündet hatte.[16]

Mittlerweile waren viele Prominente und Führungskräfte des Senders schon weitergezogen zur großen MSNBC-Nachfeier mit Sushi, Hotdogs und dem Privileg, Morgan Freeman unter einem riesigen Ed-Schultz-Poster zu Kool & The Gang tanzen zu sehen. Wie erwartet veranstalteten Bloomberg und *Vanity Fair* das be-

16 Zur Chronologie der Ereignisse: Rich, Frank (2010): They Report, You Don't Have to Decide. In: The New York Times, 8. Mai 2010.

gehrteste Event im Anschluss an das Dinner, in der Residenz des französischen Botschafters in Kalorama – eine der wirklich einschläfernden Umgebungen Washingtons. Mein Gott! »Ist das nicht …?« Jemand aus *Glee, Melrose Place*, Colin Powell! Es passieren abstruse Dinge, die in Erinnerung bleiben: Eine Schauspielerin geht zu David Axelrod und fragt: »Ähm, warum können Sie das Öl nicht einfach abdrehen? Aus dem Leck?« Und Axelrod hat keine Ahnung, wer sie ist, und fragt seinen Assistenten Eric Lesser: »Wer zum Teufel war das?« Aber Lesser weiß es auch nicht.

Einige Jahre vorher, bevor die Partys von Bloomberg und *Vanity Fair* fusionierten wie Exxon und Mobile, machte sich mein *New-York-Times*-Kollege Mark Mazzetti an die Böse-Mädchen-Schauspielerin Shannen Doherty heran, die früher in der Serie *Beverly Hills, 90210* mitgespielt hatte, und erklärte leicht ironisch, er sei ein »Riesenfan« von ihr. Sie fragte ihn, was er beruflich machte. Als Mark antwortete, er sei Reporter, sagte sie: »O, ich liebe Zeitgeschehen.«

Der Schulbegriff »Zeitgeschehen« hat etwas seltsam Geniales. Hollywood hat ebenfalls eine Vorliebe für »Zeitgeschehen«. Und man hat dort eine Vorliebe für Begegnungen mit Leuten, die am Sonntagmorgen im Fernsehen Dinge »nicht rundweg bestreiten«, »nicht ausschließen« oder »nicht die Tür zuschlagen«. Unsere Freunde aus Hollywood sind, wie sich herausstellt, ebenfalls gewieft, ernsthaft und zweckorientiert. Das ist einer der Gründe, weshalb sie sich fürs Wochenende auf das Hauptstadtniveau herabgelassen haben – um unter den Göttern des Zeitgeschehens zu wandeln.

Lichter in den Sorbettönen Orange und Purpur beleuchteten die Bäume über der Terrasse des französischen Botschafters in einem von schmiedeeisernen Zäunen durchzogenen Villenviertel mit Blick auf den Rock Creek Park. Hubschrauber kreisten tief in der Luft und eine Nebelmaschine vervollständigte die Aura der Blasenwelt. Neuigkeiten von der Lage am Times Square sickerten durch, meist über Twitter. Bürgermeister Bloomberg widerstand der Versuchung, zu der gleichnamigen Party zu kommen, und jettete zurück nach New York. Ansonsten hinderte der Times Square niemanden, sich gut zu amüsieren.[17]

Gäste schlenderten umher, nippten an Champagnerflöten und bestätigten sich gegenseitig. Der US-Airways-Pilot Sully war besonders heiß begehrt. Er hatte ein Jahr zuvor mit seinem Flugzeug eine Notlandung auf dem Hudson geschafft. Dafür nahm er jetzt reihenweise Dank entgegen. Bei solchen Anlässen gibt es immer eine Menge Betrunkener, die zu irgendeinem Uniformierten torkeln und sagen: »Danke für Ihre Dienste.« Viele Militärs, mit denen ich gesprochen habe, finden das urkomisch. Und wenn die Ehrenbezeugung von einer Frau kommt, nehmen sie es manchmal als Auftakt, mit ihr »patriotisch« zu werden.

— ★ ★ ★ —

Am nächsten Morgen sendete *Meet the Press* erstmals aus seinem neuen HD-Studio in Washington. Der Sender hatte schon seit einiger Zeit an dieser Innovation gearbeitet und sie als Anpassung einer alten Medieninstitution an den neuesten Stand moderner Fernsehtechnik beworben. NBC-News-Chef Steve Capus und NBC-Chef Jeff Zucker fuhren zu einem Empfang nach der Sendung in das Studio in der Nebraska Avenue. David Gregory, der seit 17 Monaten *Meet the Press* moderierte, war wesentlich telegener und HD-fähiger als Tim Russert. Im Gegensatz zu Russert hatte Gregory sich nicht in der Politik hochgearbeitet,

---

17 Sklar, Rachel (2010): From »Lone Wolf« to Taliban: The Disconnect in the Developing Times Square Bombing Story. In: Mediaite, 6. Mai 2010.

sondern war direkt zum Fernsehen gegangen. Etwas anderes hatte er nie gewollt.

Gregory war in Washington eine bekannte Marke. Er hatte für NBC über das Weiße Haus unter Bush berichtet und sich einen Namen gemacht, weil er in Pressekonferenzen, die im Fernsehen übertragen wurden, scharfe Fragen stellte. Im Pressebus imitierte er Bush hervorragend. Kollegen und Regierungsvertreter warfen ihm zuweilen vor, er nutze die Pressekonferenzen nur, um sich in den Vordergrund zu spielen – eine geschliffene, urbanere Version von Sam Donaldson von ABC, der in den 1980er-Jahren bekannt dafür war, Präsident Reagan Fragen zuzubrüllen. Präsident Bush nannte Gregory »Stretch« – sein wenig einfallsreicher Standard-spitzname für große Menschen – und machte sich einmal über ihn lustig, weil er dem damaligen französischen Staatspräsidenten Jacques Chirac bei einer gemeinsamen Pressekonferenz eine Frage auf Französisch stellte: »Der Bursche lernt vier Wort auswendig und tut so, als ob er interkontinental wäre.«[18]

Ende 2008 setzte der interkontinentale Mann sich in einem Schönheitswettbewerb um die Nachfolge von Mr. Buffalo (Tim Russert) durch. Die Konkurrenz war groß, wie sich schon bei Russerts Trauerfeier im Kennedy Center gezeigt hatte. Damals hatte Moderator Tom Brokaw Tims Familie, seine Freunde und das größte Kontingent im Saal begrüßt: »alle, die glauben, sie sollten sein Nachfolger bei *Meet the Press* werden«. Gregory hatte im Hauptstadtclub eine solide Stellung. Sein Hang zu Primadonna-Allüren wurde (etwas) durch seinen selbstironischen Humor gemildert. Auf den Dinner- und Cocktailpartys der Stadt war er Stammgast und unterhielt mit anderen bekannten Hauptstadt-größen aus Politik und Medien einen Tora-Studienkreis. Als seine

---

18 Sammon, Bill (2002): Bush Mocks and Dismisses NBC White House Correspondent. In: The Washington Times, 27. Mai 2002.

kleine Tochter ihren ersten Zahn verlor, twitterte er, dass er ihr fünf Dollar schenkte.

Gregory hatte Mühe gehabt, Russerts Platz bei *Meet the Press* auszufüllen. Das gab er in einer kurzen Ansprache bei der Eröffnung des neuen HD-Studios auch zu. »Es war kein einfacher Wechsel«, sagte er und musste schlucken, als er an Tims Vermächtnis erinnerte und ein Glas Orangensaft hob, vielleicht war es auch ein Screwdriver.

Rundherum brach eine neue Ära an. Während die *Meet-the-Press*-Feier zu Ende ging, begann eine jungfräuliche Sonntags-brunch-Tradition in der 24 Millionen Dollar teuren Villa des Politico-Mitbegründers Robert Allbritton, der kommenden Karikatur eines Medienmagnaten, der in der Hackordnung eindeutig auf dem Weg nach oben war. Als Bestätigung für Allbritton erregte sein Brunch viel Aufmerksamkeit, besonders bei Politico. Die *New Republic* bescheinigte ihm, er »verändert unsere Art, Politik zu verfolgen«. Als ich einige Zeit zuvor an meinem Artikel über Mike Allen arbeitete, erzählte Allbritton mir, er sehe seine Führungsrolle bei Politico als wichtigen Dienst an der Allgemeinheit.

»Ich muss das nicht machen«, erklärte der Erbe eines Washingtoner Finanz- und Medienvermögens. »Wenn ich will, kann ich den Rest meines Lebens mit einem Kokosnussdrink auf den Inseln abhängen. Aber hier geht es mehr darum, etwas zurückzugeben.«

Etwas zurückgeben: In diesem Fall gab es neben anderen Köstlichkeiten Crêpes, in Fischsud pochierten Hummer, warm serviert in einem weißen Porzellanlöffel und nappiert mit Grapefruit Beurre Blanc, Zitrus-Lachs-Toast, Baby-Burger aus bestem Rindfleisch, beträufelt mit Trüffelöl, und Mini-Eier-Benedikt. Vor dem Tor zur Villa sammelten sich Paparazzi und einige Schaulustige, jemand rief Alan Greenspan Fragen zu, und eine Frau, die sich gern eingeschlichen hätte, um die Jonas Brothers zu sehen, gab sich als die Korrespondentin Gwen Ifill von *PBS NewsHour* aus (die im Gegensatz zu ihr jedoch schwarz ist).

»Ich kann mir keinen Ort vorstellen, an dem ich lieber wäre«, erklärte der demokratische Superlobbyist Jack Quinn, dessen Party fünf Tage zuvor den Auftakt gemacht hatte. Die Berichte über den Brunch waren selbstverständlich glänzend, eine verschwenderische Ansammlung derselben Tammys, Mikeys und Axelrods, die man im Fernsehen sieht, über die man in Playbook liest und denen man in einer besonderen Woche wie dieser immer wieder begegnet.

Gregory schaute nach *Meet the Press* herein, einer von sechs Sonntagssendungen, in denen Heimatschutzministerin Janet Napolitano an diesem Morgen auftrat. Unterdessen flog der Präsident an die Golfküste, um dort die Ölrückstände zu inspizieren.

7
Kakerlakenfalle Macht

Sommer 2010
Ein bleibender Eindruck von der Party in der Villa des französischen Botschafters, weit nach Mitternacht, vielleicht gegen 2 Uhr morgens: Im grandiosen Eingangsbereich massiert Morgan Freeman seiner Begleiterin Katie Couric die Füße. Diesen Schnappschuss möchte ich so stehenlassen und nur noch anmerken, dass die beiden sich bei der Party offensichtlich bestens amüsierten, besonders Freeman. Er bewegte sich anmutig durch die herrschaftlichen Räume und kümmerte sich aufmerksam um die muntere Fernsehmoderatorin an seinem Arm: »Driving Miss Katie«.

Freeman erntete zahlreiche Auszeichnungen für seine Arbeit, besonders für *Die Verurteilten*. In diesem hervorragenden Gefängnisfilm spielte er den Häftling Red Redding, der von dem geschlossenen System hinter Gittern abhängig wird. Er grübelt über die seltsamen Reize dieser abgeschirmten Kultur. Insassen kommen als Außenseiter herein, werden aufgenommen und, ohne dass sie es merken, »institutionalisiert«, wie Red sagt.

Ein paar Schritte von Morgan Freeman und Katie Couric entfernt plauderte eine gründlich »institutionalisierte« Hauptstadtgröße, der Demokrat Christopher Dodd aus Connecticut. Er war seit fünf Wahlperioden im Senat, nachdem sein Vater Jahre zuvor dieses Amt bekleidet hatte.[1] Mit 16 Jahren arbeitete er als Senatsdiener und wurde mit 36 Jahren nach drei Wahlperioden im Repräsentantenhaus in den Senat gewählt.[2] In den Kongress kam er 1974, als die Watergate-Affäre eine Welle junger liberaler Abgeordneter ins Repräsentantenhaus spülte, die als »frische Brise« gefeiert wurden. Im Jahr 2010 sahen viele seiner Wähler in Dodd ein Paradebeispiel, warum Washington wieder einmal dringend ausgeräuchert werden sollte.

Dabei spielte es keine Rolle, dass Dodd gerade erst seinen letzten großen Auftritt in der Gesetzgebung hatte. Er war entscheidend an der Gesundheitsreform beteiligt, die Obama einige Monate zuvor unterzeichnet hatte, und an einem wichtigen Bankengesetz, das im Lauf des Jahres verabschiedet wurde. Ebenso wenig zählte es, dass Kollegen beider Parteien Chris Dodd als unnachahmliches Original mochten, das wie eine Senatorenkarikatur aussah und klang. Er hatte einen helmartigen silbernen Haarschopf, eine laut schallende Stimme und eine schulterklopfende Art.

Was Wählerstimmen anging, war es eine schlechte Zeit für ein solches Urgestein. Dodd stand beispielhaft für die Regel, dass ein Politiker 2010 außerhalb von Washington umso unbeliebter war, je fester er in der Hauptstadt verankert war. Dodds Umfragewerte in seiner Heimat waren ganz tief im Keller. Man verübelte ihm, dass er einen Immobilienkredit zu Sonderkonditionen von der Bank Countrywide bekommen hatte, der er nach dem Zusammenbruch

---

1 Leibovich, Mark (2010): Dodd Prepares to Depart in Triumph. In: The New York Times, 24. Mai 2010.

2 Halbfinger, David (2010): Citing Tough Race, Dodd Steps Aside. In: The New York Times, 6. Januar 2010.

des Immobilienmarktes als Vorsitzender des Banken- und Bauausschusses im Senat zu helfen versucht hatte. Er galt als Politiker, der schon zu lange in Washington war, zu eng mit der Wall Street verbandelt war und seine Maßlosigkeit durch seine abenteuerliche Präsidentschaftskandidatur 2008 unter Beweis gestellt hatte. Den Großteil des Geldes für seinen Wahlkampf hatte Dodd aus dem Finanzsektor bezogen. Seine Spendensammler hatten ihn als nächsten Präsidenten oder zumindest als einflussreichen Vorsitzenden des Bankenausschusses angepriesen. Vor den Vorwahlen in Iowa war Dodd mit seiner Familie für einige Wochen in den Bundesstaat gezogen, während sich die Bankenkrise verschlimmerte und zu einer allgemeinen Finanzkrise ausweitete. Als Dodd in Iowa nur einen erbärmlich kleinen Stimmenanteil errang, war er noch am selben Abend aus dem Wahlkampf ausgestiegen.

Nun hatte Dodd ein grauenhaftes Jahr hinter sich: Man hatte bei ihm Prostatakrebs festgestellt, seine Schwester war gestorben und einige Wochen später auch sein engster Freund im Senat, Ted Kennedy. Vor Kurzem hatte Dodd bekannt gegeben, dass er nicht für eine sechste Legislaturperiode kandidieren würde, und erklärt, er sei in »der schlechtesten politischen Verfassung meines Lebens«. Andererseits fand er die Aussicht faszinierend, etwas anderes zu tun. Um diese Zeit interviewte ich ihn. Als er bei einem Hummersalat in der Senatskantine über seinen nächsten Lebensabschnitt sprach, bekam er große Augen. Vielleicht war es auch Wehmut, weil ihm klar war, dass er nicht entkommen konnte und ein Leben »außerhalb« für ihn unmöglich war.

Dennoch malte Dodd sich Möglichkeiten aus und genoss seine Tagträume offenbar. Vielleicht könnte er einfach die Nabelschnur seiner voll ausgetragenen Washington-Karriere zerreißen. Ohne Blick zurück. Für den Präsidentenposten der University of Connecticut war sein Name im Gespräch. Er überlegte, wieder zum Peace Corps zu gehen und eine Jugendreise durch die Domi- nikanische Republik zu wiederholen. Vielleicht würde er versu- chen, zu einer Start-up-Firma ins Silicon Valley oder einer gemein- nützigen Organisation zu gehen, sagte Dodd. Er fand es spannend, »aus der alten Tretmühle« herauszukommen.

Als ich sah, wie Dodd in der Villa des französischen Botschaf- ters Hände schüttelte und Dank für seine Dienste entgegennahm, fragte ich ihn, ob wir ihn im nächsten Jahr beim Correspondents' Association Dinner wiedersehen würden. Er musste grinsen – ein Lebwohl an das alles, an dieses ganze Washington-Pflichtgeplau- der, das so viel von seinen sechs Jahrzehnten auf diesem Planeten aufgezehrt hatte. »Fraglich«, sagte er lachend.

Diese Antwort war schon leicht ausweichend, verglichen mit der Zusicherung, die Dodd mir auf meine Frage gegeben hatte, ob er in Betracht ziehe, jemals Lobbyist zu werden. »Das kann ich sofort vom Tisch nehmen«, erklärte er, und es war nur eine von vielen Gelegenheiten, bei denen er seinen »Keine-Lobby- arbeit«-Schwur öffentlich wiederholte.

Das Ende der Geschichte ist nicht überraschend. Einige Mona- te nach seinem Ausscheiden aus dem Senat wurde Dodd zum Präsidenten der Motion Picture Association of America (MPAA) ernannt, ein mit 1,2 Millionen US-Dollar dotierter Posten als Chef der stärksten Lobbygruppe Hollywoods. Nach Ansicht des ehe- maligen demokratischen Senators Bob Kerrey, der diese Stellung beinahe selbst übernommen hätte, war man in diesem Job »bloß ein überbezahlter Lobbyist«. Dennoch war er durchaus versucht gewesen, ihn anzunehmen. »Stimmt schon«, bestätigte Kerrey, der damals die New School in New York leitete. Er entschied sich unter anderem dagegen, weil er Washington nicht sonderlich mag. Außerdem interessieren ihn Probleme wie Raubkopien nicht, die für die MPAA wichtig sind: »Raubkopien sind mir scheißegal.

Aber für das Geld fing ich schon an, mich ein bisschen dafür zu interessieren, das muss ich gestehen.«

Es war also gelogen, dass Dodd niemals Lobbyarbeit machen würde. Vielleicht hatte sich seine Einstellung aber auch nur »weiterentwickelt«. Das Keine-Lobbyarbeit-Versprechen habe er gemacht, »bevor diese Gelegenheit auf dem Radarschirm war«, wie er erklärte. Außerdem umfasse der MPAA-Job mehr als nur Lobbyarbeit.

Tatsächlich machte Dodd wesentlich mehr als nur Lobbyarbeit: Nur wenige Monate, nachdem er seine neue Stelle angetreten hatte, gab er am Vorabend des White House Correspondents' Association Dinner eine große Dinner- und Cocktailparty.

Beziehungen sind für Washington, was Computerchips für das Silicon Valley (oder Kasinochips für Las Vegas) sind. Im Gegensatz zu Computerchips beruhen Beziehungen jedoch nicht auf exakten Wissenschaften. Das hindert die Menschen aber nicht an dem Versuch, sie aufzubauen und zu pflegen oder viel Geld dafür zu bezahlen. Unternehmen haben ausgerechnet, dass Lobbyisten zwar exorbitante Summen kosten, aber die Möglichkeit, auch nur die kleinste Gesetzeslücke mitzugestalten, zu optimieren oder auszumerzen, zig Millionen Dollar wert sein kann.

Im Kapitol gab es schon Lobbyisten, selbst als das Kapitol noch nicht in Washington war. Als der Kongress 1789 zu seiner ersten Sitzung in New York zusammentrat, stellten sich dort Wirtschaftsvertreter ein, die ein Zollgesetz verhindern wollten. Die amerikanische Tradition des Lobbyismus reicht 400 Jahre zurück bis in die Kolonie Virginia, wie der ehemalige Redaktionsleiter der *Washington Post* Bob Kaiser in seinem Buch über die moderne

Lobbykultur *So Damn Much Money: The Triumph of Lobbying and the Corrosion of American Government* aufzeigt. Aber bis vor Kurzem erreichte die Zahl dieser Lobbyisten – vermutlich benannt nach der Vorhalle des Gebäudes, in der sie sich versammelten – noch keine kritische Masse, wie es heute der Fall ist. In den 60er-Jahren mieden Wirtschaftsunternehmen die Hauptstadt häufig oder ignorierten sie völlig, weil sie den Staat für ihre Geschäfte irrelevant oder sogar kontraproduktiv fanden.

Heutzutage beschäftigen alle größeren Konzerne, Wirtschaftsverbände und Gewerkschaften entweder einzelne oder Heerscharen eigener Lobbyisten oder bezahlen einer Lobbyfirma ansehnliche Honorare – oft um die 50 000 US-Dollar monatlich, ganz gleich, welche Arbeit sie tatsächlich leisten. Unternehmen zahlen regelmäßig Wirtschaftsverbänden mit Sitz in Washington hohe Summen und unterhalten zudem eigene Lobbyteams als Absicherung für den Fall, dass der Verband seine Wirkung verfehlt.

Lobbyismus ist ein Beispiel für Washingtons boomende Mittlerbranche, in der eine Drittpartei (der Lobbyist) die Beziehung – oder die Illusion einer solchen – zwischen einem Klienten und einem Staatsdiener erleichtert. Selbst Leute, die nicht offiziell als Lobbyisten eingetragen sind, können lukrative Dienste über eine Praxis für »strategische Kommunikation« oder »strategische öffentliche Angelegenheiten« vermarkten (jeder hier hat heutzutage eine »Praxis«, als ob sie Ärzte wären, die Operationen vornehmen). Auf die eine oder andere Weise beruht nahezu jeder Motor neuen Wohlstands in der Region auf der Bundesregierung oder zumindest auf dem Wunsch, ihr nahe zu sein.

Es sind unterschiedliche Zahlen in Umlauf, wie viele ehemalige Kongressabgeordnete aus ihrem Einfluss Kapital schlagen. Nach den Angaben von April 2013 auf der Webseite First Street, die Lobbytrends verfolgt, arbeiteten Mitte 2011 mindestens

160 ehemalige Angehörige der Legislative als Lobbyisten in Washington. Das Center for Responsive Politics führte 412 ehemalige Kongressabgeordnete auf, die ihren Einfluss vermarkten, darunter 305 auf Bundesebene registrierte Lobbyisten. Hunderte weiterer kassierten oft bis zu fünf- und sechsstellige Honorare als »Berater« – eine beliebte Bezeichnung, um das verräterische L-Wort zu vermeiden.

Außerdem wechseln Zehntausende Kongress- und Regierungsmitarbeiter nahtlos in die Lobbyarbeit. Der in Ungnade gefallene republikanische Lobbyist Jack Abramoff schrieb in seinen Memoiren, Lobbyisten könnten am besten Einfluss auf Leute im Kapitol nehmen, wenn sie ihnen ganz beiläufig für die Zeit nach ihrem Ausscheiden aus der Politik einen Posten in ihrer Lobbyfirma in Aussicht stellten. »Also sobald ich oder einer unserer Mitarbeiter ihnen das gesagt hatte, war die Sache geritzt und wir hatten sie in der Tasche«, sagte Abramoff, der wegen Betrug und Verschwörung verurteilt wurde und 43 Monate im Knast saß. »Und was heißt das«, führte er weiter aus. »Sie erfüllen jede Bitte unseres Büros, jede Bitte unserer Klienten, alles, was wir wollen. Und nicht nur das, sie lassen sich auch Dinge einfallen, auf die wir gar nicht kommen könnten.«

Lobbyisten können einflussreichen Amtsinhabern also präventiv späteren Lohn in Aussicht stellen. Das gilt nicht nur für den Kongress, sondern auch für die Obama-Regierung, die sich mit ihrer Antilobbyisten- und Anti-Drehtür-Haltung brüstet. Unzählige Regierungsmitarbeiter hatten bereits 2010 in Jobs bei Lobbyfirmen gewechselt, ohne dass auch nur eine Bemerkung darüber gefallen wäre, dass sie gegen einen zentralen Grundsatz der Obama-Politik verstießen. Sofern es überhaupt bemerkt wurde, behandelte man es als natürliche Drehtür-Erscheinung. Als fünf Regierungsmitarbeiter aus dem Office of Legislative Affairs im ersten Halbjahr 2011 das Weiße Haus verließen – und drei von ihnen in Lobbyfirmen wechselten –, stellte die Politico-Reporterin Amie Parnes diesen Trend als natürliche Begleiterscheinung der Tatsache dar, dass Regierungsmitarbeiter eine Zeit lang hart arbeiten und dann dafür belohnt werden. »Am Ende des Tunnels warten gute Jobs«, schrieb Parnes unter Berufung auf Stephen Hess, den viel zitierten »Governance-Experten« der Brookings Institution. Mit keinem Wort erwähnte Parnes Obamas öffentliche Abneigung gegen den Lobbyismus und seinen Schwur, Washingtons Drehtür zu verlangsamen. Vielmehr fand sie mitfühlend, dass Regierungs-arbeit wahrhaftig eine Plackerei sein könne und die lukrative Lobbyarbeit als gerechter Lohn winke. »Es zahlt sich aus«, schloss Hess und benutzte das Wort »zahlen« ohne erkennbare Ironie.

Als Dodd im Sommer 2010 mit den abschließenden Vorberei-tungen zur Finanzmarktreform beschäftigt war, sprach ich mit dem scheidenden republikanischen Senator Robert Bennett aus Utah, der bei seiner Kandidatur gegen den Tea-Party-Favoriten Mike Lee unterlegen war. Bennett äußerte sich erstaunt, dass die Wähler in Connecticut sich von Dodd persönlich betrogen fühl-ten. »Sie hielten Chris anscheinend wirklich für korrupt«, sagte Bennett und meinte, das sei unfair und er glaube das eindeutig nicht von Dodd.

Bennett und ein weiterer scheidender Senator, der Demokrat Byron Dorgan aus North Dakota, gaben am selben Tag bekannt, dass sie zu der großen Washingtoner Anwaltskanzlei Arent Fox gehen würden, die auch eine umfangreiche Lobbyabteilung unter-hält. Sowohl Bennett als auch Dorgan hatten dem Haushaltsaus-schuss des Senats angehört und besaßen daher umfangreiche

Kenntnisse über die Mittelzuweisung durch den Kongress. Das machte sie zu begehrten Kandidaten für die K Street[3].

Offiziell war es ehemaligen Senatoren für eine zweijährige »Abkühlungsphase« untersagt, Lobbyarbeit unter ihren früheren Kollegen zu betreiben, daher fingen Bennett und Dorgan bei Arent Fox als »leitende Politikberater« in der Abteilung für Staatsbeziehungen an. Praktisch besteht jedoch kaum ein Unterschied zwischen einem ehemaligen Amtsinhaber, der Lobbyarbeit betreibt, und einem, der als »leitender Berater« tätig ist. So kann jemand wie Dorgan durchaus korrekt behaupten, dass er nicht als Lobbyist registriert ist, obwohl er in der Kanzlei Co-Direktor der Abteilung für Staatsbeziehungen ist. Im Grunde untersteht ihm also ein Stab von Lobbyisten. Er kann jederzeit mit seinen ehemaligen Kollegen aus der Legislative reden und seine Fachkenntnisse und Kontakte zu früheren Kollegen, Freunden und Spendensammlern für die Interessen seiner Klienten nutzen, um ein Gesetz oder eine Regelung zu ihren Gunsten zu beeinflussen. Er weiß nicht nur, wen er anrufen muss, sondern kennt auch die Telefonnummer und weiß, wer den zuständigen Mitarbeiter eingestellt hat und was er sagen muss, damit etwas »passiert«. Auf die Frage, ob man seinen Berufswechsel als »Kassemachen« bezeichnen könne, erwiderte Robert Bennett: »Steht in der Verfassung irgendwas, was es mir verbietet, meinen Lebensunterhalt zu verdienen?«

David Obey, der streitlustige Abgeordnete aus Wisconsin und Vorsitzende des Haushaltsausschusses im Repräsentantenhaus, schied 2010 aus dem Amt und heuerte – zum Entsetzen vieler – in der Lobbyfirma seines ehemaligen Kollegen Richard Gephardt

---

3   Was die New Yorker Wall Street für den Finanzsektor, ist die K Street in Washington für den Lobbyismus. Zahlreiche Lobby- und Berater-Firmen, Anwaltskanzleien und Think Tanks haben hier ihren Sitz. Anm. d. Übers.

an.[4] Die Bereitschaft des ehemaligen demokratischen Mehrheitsführers Richard Gephardt, im Dienste zahlender Klienten von langjährigen Positionen abzurücken, war selbst nach Hauptstadtmaßstäben für Söldneropportunismus ungeheuerlich, wie viele Beispiele belegen. Der Sohn eines Gewerkschafters vertrat 28 Jahre lang einen Arbeiterbezirk im Osten Missouris und war einer der großen Champions der gewerkschaftlich organisierten Arbeiterschaft im Kongress. Das galt jedoch nur, solange er im Kongress war und zweimal, 1988 und 2004, mit erheblicher Gewerkschaftsunterstützung für das Präsidentenamt kandidierte. Damals zog er einen Gewerkschaftsanorak an und begeisterte ganze Hallen voller Transportarbeiter. »Ich kämpfe für *euuuuch*«, brüllte er in die lärmende Menge und war immer überzeugend. Sein Vater hatte sogar einen Milchlaster gefahren.

John Sweeney, der Präsident des Gewerkschaftsdachverbandes AFL-CIO, lobte Gebhardt als »wahren Arbeiterfreund und mächtige Stimme für Arbeiterfamilien in einer Frage nach der anderen«. Aber als Gephardt 2005 aus dem Kongress ausschied, wurde er in einer Frage nach der anderen zur einflussreichen Kraft für Dick Gephardt. Zunächst arbeitete er als »Chef-Berater« für die Washingtoner Niederlassung der Anwaltskanzlei DLA Piper, bis er 2007 seine eigene Lobbyfirma, Gephardt Government Affairs, gründete. Sie steigerte ihren Jahresumsatz von mageren 625 000 US-Dollar im Jahr 2007 auf 6,59 Millionen Dollar 2010. Zu ihren Klienten gehörten namhafte Unternehmen wie Goldman Sachs (200 000 Dollar in 2010), Boeing Company (440 000 Dollar) und Vis Inc. (200 000 Dollar). Außerdem war Gephardt als »Gewerkschaftsberater« für Spirit AeroSystems tätig und leitete dort eine harte Antigewerkschaftskampagne. Hatte er als Kongressabgeord-

---

4   Edsall, Thomas (2011): The Trouble with That Revolving Door. In: The New York Times, 18. Dezember 2011.

neter noch eine Resolution des Repräsentantenhauses unterstützt, die den Genozid an Armeniern 1915 verurteilte, so setzte er sich nun als Lobbyist dagegen ein und bekam dafür, laut *Washington Post,* vom türkischen Staat 70 000 Dollar monatlich.[5] Mit solchen Summen lässt sich mit Genozid ein bisschen leichter klarkommen.

Irgendein Einstein im Weißen Haus kam auf die Idee, den stickigen Juli und August 2010 in Washington »Erholungssommer« zu taufen. Angesichts der nach wie vor lahmenden Wirtschaft war das wahrhaftig ein toller Kniff der Markenpolitik. Laut Webseite des Weißen Hauses sollte der Begriff die »Welle der Infrastrukturprojekte im Rahmen des Konjunkturprogramms« und die vielen »Arbeitsplätze, die sie bis zum Herbst und zum Jahresende schaffen werden«, ins Blickfeld rücken. Wie sich herausstellte, erholte die Wirtschaft der USA sich nicht sonderlich, auch wenn sie in Washington brummte und sich von nichts zu erholen brauchte. Und die Kongressabgeordneten, die nicht zur Wiederwahl antraten – die *lame ducks –*, erholten sich recht gut von den kollektiven Schrammen und Beleidigungen, die sie als Amtsinhaber um 2010 erlitten hatten.

So brauchte Evan Bayh dringend einen Erholungssommer. Er war aufgerieben und ausgebrannt. Als der Demokrat aus Indiana 2010 sein Ausscheiden aus dem Senat bekannt gab, äußerte er sich untröstlich darüber, was aus Washington geworden war. Bayh war wie Dodd und Bennett ein Senatorensohn: Daddy Birch Bayh hatte von 1963 bis 1981 im Senat gesessen. Im Lauf der Debatte über die Gesundheitsreform war Evan persönlich scharf angegrif-

---

5   Eggen, Dan (2010): Armenia-Turkey Dispute over Genocide Label Sets off Lobbying Frenzy. In: The Washington Post, 4. März 2010.

fen worden. Seine Frau Susan saß im Verwaltungsrat mehrerer Unternehmen und verdiente, seit sie nicht mehr die First Lady von Indiana war, über eine Million Dollar im Jahr mit zahlreichen Firmenbeteiligungen. (Die *Journal Gazette* aus Fort Wayne bezeichnete Susan Bayh als »professionelles Verwaltungsratsmitglied«, da sie in 14 Unternehmen seit 1994 und in sechs Unternehmen seit 2006 zum Direktorium gehörte.)[6]

Evans Beteuerung, dass die tiefgreifenden finanziellen Wirtschaftsinteressen seiner Frau keinerlei Auswirkung auf seine Rolle bei deren Reform hätten, stieß auf unverhohlenen Spott. Glenn Greenwald von der Onlineplattform Salon.com nannte Bayh »das perfekte repräsentative Gesicht für das verrottete Washingtoner Establishment«,[7] und Matt Yglesias schrieb in dem Blog ThinkProgress, Bayh trage dazu bei, »die Kultur des Narzissmus und der Heuchelei zu verwurzeln, die den US-Kongress zerstört«.[8]

Bei seinem Ausscheiden schrieb Evan Bayh einen viel diskutierten Gastbeitrag in der *New York Times,* in dem er seine zahlreichen Enttäuschungen über die Politik auflistete und behauptete, dass der Geist in Washington insgesamt »in den Zeiten meines Vaters sicher besser war«.[9] Er beklagte die »unnachgiebige Ideologie« des Senats und ging in seiner Kritik noch einige Schritte weiter, indem er erklärte: »Ich möchte in einem achtbaren Metier arbeiten« – eine Äußerung, die viele seiner ehemaligen Kollegen erwartungsgemäß mächtig wurmte. Viele Senatoren fragten sich, wo der Mann in den letzten zwölf Jahren gewesen sein mochte, und verdrehten die Augen – weil sie absehen konnten, was als nächstes kommen würde.

6   Smith, Sylvia (2007): Across the Boards. In: Fort Wayne Journal Gazette, 16. Dezember 2007.

7   Greenwald, Glenn (2009): The Face of Rotted Washington. In: Salon, 30. November 2009.

8   Yglesias, Matthew (2009): Evan Bayh's Narcissism. In: ThinkProgress, 26. Dezember 2009.

9   Bayh, Evan (2010): Why I'm Leaving the Senate. In: The New York Times, 20. Februar 2010.

Aber Bayh ließ es damit nicht bewenden, sondern besänftigte seine tiefe Verzweiflung über den Zustand der Institutionen in Washington mit Träumen, außerhalb der Hauptstadt etwas »zurückzugeben«. Er sprach davon, eine Stiftung zu gründen, und schwelgte in nostalgischen Erinnerungen an ein früheres Kapitel seines Lebens, in dem er Betriebswirtschaftsstudenten an der University of Indiana unterrichtet hatte. Er sehnte sich wieder nach der greifbaren Befriedigung am Ende eines Arbeitstages. Gegenüber Ezra Klein von der *Washington Post* malte er sich ausführlich aus, wie er nach einem langen Arbeitstag zu seiner Frau nach Hause kommen und sagen würde: »Schatz, weißt du, was wir heute geschafft haben? Ich habe doch diesen hochintelligenten Jungen in der Klasse, und weißt du, was er mich gefragt hat? Und ich habe ihm Folgendes gesagt, und ich glaube, ich habe förmlich gesehen, wie in seinem Kopf eine kleine Erleuchtung stattfand.«

Bayhs Abschiedsklagerede und die damit einhergehende Sehnsucht waren vielleicht seine denkwürdigsten Äußerungen in seinen ansonsten durchschnittlichen zwei Legislaturperioden im Senat. Und hätte er weiterhin versucht, die bei seinem Ausscheiden monierten Übel abzustellen (»das zersetzende System der Wahlkampffinanzierung«, »die schrille Parteilichkeit«), hätte Bayh nach seiner Zeit als Senator erheblich mehr bewirken können als im Senat. Er hätte eine winzige Delle in der öffentlichen Wahrnehmung Washingtoner Politiker hinterlassen können, die er so charakterisierte: »Sie sehen uns an, als ob wir schlimmer wären als Gebrauchtwagenhändler.«[10]

Doch dann legte er genau den schamlosen Opportunismus an den Tag, der jeden Gebrauchtwagenkäufer abstoßen würde (»Mach dem verrückten Evan ein Angebot!«).

---

10 Klein, Ezra (2010): In Congress, Fundraising's Steep Price. In: The Washington Post, 31. Oktober 2010.

Nachdem Bayh die »unnachgiebige Ideologie« und »schrille Parteilichkeit« beklagt hatte, ging er als Kommentator zu Fox News. Der Mann, der Kongressabgeordnete und ihre Wähler zu »einem neuen Geist des Engagements für das Wohl des Landes jenseits von Partei- und Eigeninteressen« aufgerufen hatte, wurde hoch bezahlter »Berater« eines großen Finanzinvestors (Apollo Global Management) und einer bedeutenden Anwaltskanzlei und Lobbyfirma (McGuireWoods). Bayh, der es 2008 im Rennen um den Posten als Barack Obamas Vizepräsidentschaftskandidat bis in die Endrunde geschafft hatte, sammelte so viele schöne Pöstchen ein, wie in seine vom Hauptstadtclub ausgegebene Süßes-oder-Saures-Tasche passten. Schließlich landete er bei der einflussreichsten Wirtschaftslobby in Washington, dem US Chamber of Commerce – den wohl glühendsten Gegnern von Obamas Regierungsagenda. Im Sommer gingen Bayh und Andrew Card, der ehemalige Stabschef des Weißen Hauses unter George W. Bush, auf eine »Informationstour« für die Verbandsinteressen, um bestimmte Wirtschaftsregulierungen zu verhindern – ein Ex-Senator, der »praktisch eine Karikatur eines käuflichen Verräters ist«, wie Steve Benen in *Washington Monthly* schrieb.[11]

Trent Lott hielt es nie für nötig, mit seinen Intentionen hinterm Berg zu halten, und fand das ganze Gerede von »Ich werde nie Lobbyarbeit machen« überflüssig. Warum? Als Fraktionsführer im Senat hatte er sich seinen Lohn schließlich verdient.

Für Ehemalige war 2010 ein Jahr der Träume, der großen Träume. Ständig gab es verlockende Meldungen über die neuesten

11 Benen, Steve (2011): Evan Bayh and a Never-Ending Series of Disappointments. In: Washington Monthly, 7. Juni 2011.

Vertragsabschlüsse Ehemaliger: So wurde der zum Lobbyisten mutierte Kongressabgeordnete Billy Tauzin zum geschäftstüchtigen Drehtürstar und setzte neue Maßstäbe für Ehemalige, als er 2010 als Chef des Lobbyverbandes der Pharmaindustrie (Pharmaceutical Research and Manufacturers of America) 11,6 Millionen US-Dollar verdiente.[12]

Wieso also nicht auch Trent Lott? Er war in armseligen Verhältnissen aufgewachsen und hatte seine Zeit abgedient.

Ein bisschen verschlagen war es schon, als Lott abrupt aus dem Senat schied, nachdem ihn seine republikanischen Kollegen erst kurz zuvor zum Vorsitzenden der Minderheitsfraktion gemacht hatten. Alle mutmaßten, dass Lott ausstieg, weil bald ein neues Gesetz in Kraft treten sollte, das ehemaligen Kongressmitgliedern eine zweijährige Sperrfrist für Lobbyarbeit auferlegte. Lott gab seinen Rücktritt am 26. November 2007 bekannt, nur wenige Wochen, bevor das neue Gesetz tatsächlich verabschiedet wurde. Nach der alten Regelung musste er nach dem Ausscheiden aus dem Amt nur ein Jahr mit der Lobbyarbeit warten.

In der Pressekonferenz, in der Lott seinen Rücktritt verkündete, erklärte er, sein Schritt stünde in keinerlei Zusammenhang mit dem neuen Gesetz. Offiziell legte er sein Mandat am 18. Dezember 2007 nieder – und gab drei Wochen später bekannt, dass er mit seinem ehemaligen Kollegen, dem Demokraten John Breaux aus Louisiana, eine eigene Lobbyfirma mit Büros in der Nähe des Weißen Hauses gründen würde. Ihre Lobbyarbeit brachte ihnen 2009 ganze 11 Millionen US-Dollar ein, 34 Prozent mehr als 2008.[13] Ein Jahr später verkauften sie die Firma an den Lobbygiganten Patton

---

12   Wayne, Alex / Armstrong, Drew (2011): Tauzin's $11,6 Million Made Him Highest-Paid Health-Law Lobbyist. Bloomberg, 29. November 2011.

13   Brush, Silla (2010): Patton Boggs Acquires Lobbying Firm of Former Sens. Lott, Breaux. In: The Hill, 1. Juli 2010.

Boggs, an dessen Spitze Tommy Boggs stand, der Sohn des verstorbenen Mehrheitsführers im Repräsentantenhaus, Hale Boggs.

Schon auf dem Höhepunkt seiner Senatslaufbahn hätte man Lott »zukünftiger Lobbyist« in sein weiches Haar rasieren können. »Ich habe 39 Jahre von einem festen Einkommen gelebt«, erklärte er mir und meinte die Bezüge in der obersten Steuerklasse, die er in seinen vier Jahrzehnten in Repräsentantenhaus und Senat bekommen hatte. Er hatte viele Mitarbeiter, zahlreiche Vergünstigungen und zwei Häuser (bis Hurrikan Katrina das in Mississippi verwüstete). Aber er war nie reich, brüstete er sich als Selbstbestätigung für seinen triumphalen Aufstieg aus dem Nichts.

Jetzt ist er es und Jahr für Jahr kommen weitere Millionen hinzu. »Wie viel verdient Trent«, fragte mich ein ehemaliger republikanischer Kongressabgeordneter aus heiterem Himmel, als ich Lotts Namen erwähnte. Für viele Ehemalige aus dem Kapitol ist es ein Gesellschaftsspiel, zu raten, was die anderen Ehemaligen verdienen. »Vielleicht drei bis vier Millionen für Lott«, spekulierte der zum Lobbyisten gewandelte Kongressabgeordnete, ein Republikaner. »Das ist das, was ein früherer Fraktionsführer verlangen kann.« Er selbst verdient etwas mehr als eine Million im Jahr, wie er verlegen einräumte.

Selbstverständlich erklärt Lott, dass er Washington hasst. Warum bleibt er dann? Der Ex-Senator und Lobbyist prüft blinzelnd meinen Gesundheitszustand. Aus zwei Gründen: »Erstens ist Washington der Ort, wo die Probleme sind«, sagte er. Er könne immer noch etwas bewirken und sich für die sprichwörtlichen Fragen engagieren, für die er »leidenschaftlich brannte«.

»Washington ist, zweitens, der Ort, an dem das Geld ist«, sagt Lott. »Das ist im Allgemeinen das, was Leute hier hält.«

Diese Dynamik war bei den Kongressabgeordneten, die 2010 aufhörten, recht offensichtlich. In Scharen verkündeten sie ihr

Ausscheiden und erklärten, sie seien aufgerieben von der Hauptstadt, dem Stillstand und dem Unmut, mit dem Wähler und lautstarke Demagogen in Rundfunk und Fernsehen sie überschütteten. Ein Abgeordneter nach dem anderen äußerte sich bekümmert über die Zustände und erklärte tapfer, dass er zurücktreten werde und seine Hände in Unschuld wasche, was das ganze Getue, die Heuchelei, die Beschimpfungen und Schuldzuweisungen anging. Mittlerweile werde alles so persönlich genommen. All diese Tea-Party-Leute, klagten sie, oder die »Berufslinken«, wie Robert Gibbs ungeduldige liberale Aktivisten abkanzelte. Die Hasser waren alle so unfair und undifferenziert, wenn sie ganz Washington über einen Kamm scherten und als Hort schönrednerischer, käuflicher Verräter hinstellten.

Und dann wechselten so viele der scheidenden Amtsinhaber mit schwindelerregender Geschwindigkeit in die Riege der Honorarempfänger. Selbst wenn sie Washington tatsächlich hassen – tief im Inneren, nicht nur in ihren Äußerungen –, können sie gar nicht weggehen, weil sie »institutionalisiert« sind. Bald genug wird ihnen die Wahrheit klar: Washington ist vielleicht doch nicht so schlecht. Vielleicht ist es sogar die großartigste Stadt der Welt.

8

Wie der Politzirkus funktioniert

»Wer zum Teufel ist Kurt Bardella?«
Das war mein erster Gedanke – und mein erster Satz – über den wadenbeißerischen jungen Pressesprecher des republikanischen Kongressabgeordneten Darrell Issa aus Kalifornien. Einem Kollegen gegenüber hatte ich erwähnt, dass ich vielleicht einen Artikel über Issa schreiben wollte, und er hatte mich gewarnt, dass ich mich dann mit Bardella auseinandersetzen müsste, den er als den aufgeblasensten Presseberater auf dem Capitol Hill bezeichnete, vielleicht sogar aufgeblasener als die meisten Kongressabgeordneten selbst.

Allerdings, fügte der Kollege hinzu, sei Bardella auch der effizienteste Pressesprecher im Kapitol. Beweis: die unübertroffene Fülle von Pressemeldungen über Issa vor den Zwischenwahlen im November 2010.

Ich traf Bardella zum ersten Mal im Mai 2010, als er gerade anfing, sich zusammen mit seinem Chef einen Namen zu machen. Sollten die Republikaner im November die Mehrheit im Repräsentantenhaus erringen, wäre Issa an der Reihe, den Vorsitz des mächtigen Aufsichts- und Verwaltungsreformausschusses zu übernehmen. Gut für Issa und nach dem ersten Washingtoner Karriere-Gravitationsgesetz auch gut für Kurt Bardella: Nichts bringt einen Mitarbeiter schneller nach oben als die Verbindung zu einem aufsteigenden Chef. In dieser glücklichen Position ist es lebenswichtig, den Status eines »Superassistenten« zu erlangen. Mitglieder dieser begünstigten Subspezies verschaffen sich geschickt Beachtung, weil der Chef ihnen besondere Aufmerksamkeit schenkt, sie für einflussreich gehalten werden oder sie außerhalb des Büros Anerkennung finden. Kurt schnitt in allen diesen Superassistentenkategorien gut ab.

Die erste Überraschung, wenn man Bardella trifft, ist seine äußere Erscheinung. Sein italienischer Name, seine prägnanten E-Mails und sein forsches Auftreten am Telefon lassen einen großen Menschen mit aggressiver Präsenz vermuten. Tatsächlich ist er ein spindeldürrer Amerikaner asiatischer Herkunft, der wesentlich jünger wirkt als seine 27 Jahre – eher wie ein Teenager. Sein Nadelstreifenanzug mit passendem Einstecktuch wirkt, als hätte sich ein Kind als Erwachsener verkleidet.

Bardella ist kein gewinnender Typ im klassischen Sinne. Man hat ihn auf dem Schirm, und zwar keineswegs auf gute Art. Er lacht zu viel und zu laut. Er hängt in Zigarrenbars herum. Man merkt, dass er einen bearbeitet.

Ich mochte ihn auf Anhieb.

Bardella bereitete mir zwar Kopfschmerzen, aber ich bewunderte, dass er auf die geltenden Hauptstadtregeln für aalglatte Kongress- und Regierungsmitarbeiter pfiff: nämlich dass sie selbst den brennendsten Ehrgeiz mit einer gewissen Lockerheit kaschieren müssen.

Das schaffte Bardella nie und versuchte es nicht einmal. Er scheute nicht davor zurück, sein höchstes Ziel – auf seiner Facebook-Seite – zu offenbaren: Pressesprecher des Weißen Hauses zu werden. Ohne jede Zurückhaltung gab er auch zu, dass seine forsche Art Gefahren barg: »Ich bin nie weit davon entfernt, mich komplett unmöglich zu machen«, gestand er mir einmal. »Das liegt alles an meinem Minderwertigkeitskomplex. Ich habe zu kämpfen. Aber im Allgemeinen schaffe ich es ganz gut, das so zu kanalisieren, dass es Darrell Issa nützt.«

Kurt Bardella strahlte eine hektische Verletzlichkeit und ein verzweifeltes Bestreben aus, es seinem Chef recht zu machen. Das machte ihn vielleicht aufrichtiger, als die Leute in Washington es normalerweise sind. Vielleicht ist »durchsichtiger« das passendere Wort, denn Kurt lügt oft, jedenfalls mir gegenüber. Das alles ist vielleicht ein bisschen – oder massiv – widersprüchlich, aber solche Widersprüche gibt es in der Hauptstadt. Jedenfalls hatte Bardella angefangen, sich als Wahrheitsenthüller/Whistleblower zu sehen – eine besonders gefährliche Sorte Mensch in Washington.

Etwas an Kurt schrie förmlich danach, bemuttert oder »bevatert« zu werden, und ich vermute, dass es auch nichts geändert hätte, wenn seine drei Väter (ein leiblicher Vater, ein Adoptivvater und ein Stiefvater) ihn nicht in seiner Kindheit im Stich gelassen oder sich ihm entfremdet hätten. Außerdem plagten Bardella gewisse Ängste. Der Ortswechsel in seiner Jugend, sein fehlender Hochschulabschluss und der Beginn einer beruflichen Laufbahn in der Politik in sehr jungen Jahren (mit 18) führten nach seinen eigenen Angaben bei ihm zu einer tief sitzenden Angst, dass er unter diesen Leithammeln nichts zu suchen habe. Es war auch nicht gerade hilfreich, dass Bardella aus zwei Jobs flog, während die meisten seiner ehemaligen Schulkameraden noch auf dem College waren: Mit 19 wurde er als Bezirksvertreter eines Senators im kalifornischen Senat entlassen (»Ich war einfach zu jung und unreif und eckte bei den Leuten an«) und mit 21 feuerte man ihn aus dem Büro eines Stadtrats von San Diego (der Stabschef fühlte sich leicht bedroht, besonders von ihm, sagte Bardella). Daher war er ein Nervenbündel und arbeitete bis tief in die Nacht. Er musste es Issa unbedingt recht machen, sonst …

»Darrell kümmert sich um mich«, sagte Kurt. »Er füllt eine Lücke.«

Bardella hob sich von den Kapitolmitarbeitern ab, hatte aber auch etwas Hauptstadttypisches an sich. Washington war für ihn das Terrain, auf dem er sich bewähren musste. Das Kapitol, eine eigenständige Stadt innerhalb der Hauptstadt, war der perfekte Ort für Kids, die einen Platz am Erwachsenentisch haben wollten – genau das Richtige für Leute wie Bardella. Er erzählt, dass er wie viele in der Hauptstadt geistig schon vorzeitig erwachsen war.

In der Highschool trug er Jackett und Krawatte und hatte schon mit 15 ein Handy – Ende der 1990er-Jahre, als die wenigsten ein Mobiltelefon besaßen, geschweige denn Jugendliche. Einmal klingelte Kurts Handy während des Unterrichts und er nahm das Gespräch ohne jede Verlegenheit an. Es konnte ja wichtig sein, vielleicht sogar der Bürgermeister. »Geh damit nach draußen«, wies der Lehrer ihn an.

Bardella kam in Washington offenbar sehr gut zurecht und baute sich eine hübsche kleine Marke auf. Ziemlich häufig tauchte er in Politico und Playbook auf. Er mochte seinen Chef, und sein Chef mochte ihn so sehr, dass Kurt die Abneigung seiner Kollegen auf sich zog. Aber es war eine gute Art der Abneigung, die er niemals auf sich gezogen hätte, wenn er nicht vorankäme.

Ein weiterer ausgeprägter Charakterzug Bardellas war, dass er sich wie ein Hochstapler vorkam. Damit stand er hier keineswegs allein da: Das Blendersyndrom ist in Washington so etwas wie eine verbreitete psychische Erkältung (unverhältnismäßig viele in der Stadt lügen, wenn sie behaupten, dass sie den *Economist* lesen). Aber bei Bardella war es besonders schlimm. Er hatte sich diesen

Defekt insofern ehrlich erworben, als er tatsächlich unerwünscht war, zumindest bei seinen leiblichen Eltern, die ihn als Baby vor einer Kirchentür in Seoul ausgesetzt hatten. Das Findelkind kam in ein Waisenhaus und hasste es, in sein Bettchen gelegt zu werden. Es brauchte menschliche Wärme und machte ständig Lärm, als ob es darum kämpfte, sich mitzuteilen, bevor es sprechen konnte.

Mit drei Monaten wurde das namenlose koreanische Baby von einem kinderlosen Ehepaar aus Rochester, New York, adoptiert. Seine neue Mutter, Diane Bardella, studierte Literaturwissenschaften an der University of Rochester und ihr Mann, Alfred Bardella, arbeitete bei einem Wachdienst. Sie nannten das Kind »Kurt« und ließen sich scheiden, als die kleine Plaudertasche drei Jahre alt war.

Kurt lebte bei seiner Mutter und verbrachte jedes zweite Wochenende bei seinem Vater. Er kam in eine katholische Schule, legte sich häufig mit den Nonnen an, stellte die Allwissenheit und Allmacht Gottes infrage und störte den Unterricht. Er wurde gehänselt und schikaniert, weil er »chinesisch aussah«. Die Schulrüpel nannten ihn »Schlitzauge«, obwohl er keine Ahnung hatte, was das hieß. In seiner Vorschulklasse hatte er den Spitznamen »Mr. Personality«, allerdings vermutet er, dass er ihn aus Mitleid bekam.

Diane Bardella heiratete ein zweites Mal. Ihr neuer Mann, Jim Nesser, war ein aufstrebender Psychologe. Sie bekamen zwei leibliche Kinder. Kurt hänselte seine neuen Brüder: »Euch haben sie bekommen, mich haben sie ausgewählt.« Als Kurt zehn Jahre alt war, bekam sein Stiefvater ein Doktorandenstipendium in San Diego und die Familie zog nach Westen und trennte Kurt von seinem Adoptivvater Alfred Bardella.

Nach der Highschool machte Bardella 2001 ein Praktikum bei einem republikanischen Abgeordneten im kalifornischen Parlament, der ihm schließlich eine Festanstellung anbot. Er ergriff die Chance und malte sich ein Leben in der Politik als rasantes Schachspiel wie in der NBC-Serie *The West Wing* aus, von der er geradezu besessen war. Es reizte ihn genug, um auf das geplante Studium an der University of California in Davis zu verzichten. Stattdessen nahm Bardella für seinen Chef zwei Jahre lang Telefonate entgegen und besuchte für ihn lokale PR-Veranstaltungen. Anschließend nahm er eine Stelle als Nachrichtenredakteur bei einer CBS-Tochter an und wechselte dann in kurzen Abständen zwischen Lokalfernsehen und Politik hin und her. Schließlich ging er 2005 wieder in die Politik, um im Wahlkampf um das Bürgermeisteramt von San Diego für den republikanischen Geschäftsmann Steve Francis zu arbeiten. Francis verlor, aber durch seinen Arbeitseinsatz bis tief in die Nacht – verglichen mit dem relativ entspannten Modus, in dem seine Kollegen ihren Achtstundentag absolvierten – fiel Bardella dem PR- und Politikberater Steve Danon auf, der für Francis gearbeitet hatte. Danon bemerkte die Unsicherheit hinter Bardellas Tatendrang und sein eifriges Bestreben, sein fehlendes Hochschulstudium wettzumachen und zu beweisen, dass er genauso gut, wenn nicht gar besser war. Nach Danons Einschätzung besaß Bardella das Zeug zum Superassistenten.

Die Sterne standen 2005 in Washington erstmals günstig für Bardella, als der republikanische Kongressabgeordnete aus San Diego, Randy »Duke« Cunningham – in der Hauptstadt vor allem bekannt, weil er seinen Wählern den Stinkefinger zeigte, im Parlament Homosexuelle als »Homos« bezeichnete und vorschlug, die demokratische Fraktionsführung »an die Wand zu stellen und zu erschießen« –, mit einem ganzen Sack von Wirtschaftsverbrechen (Korruption, geheime Absprachen, Betrug, Steuerhinterziehung) erwischt wurde. Duke wanderte ins Gefängnis und Kurt kehrte in die Politik zurück.

Steve Danons Firma wurde von Brian Bilbray engagiert, der bei der Nachwahl für Cunninghams Sitz im Repräsentantenhaus zu den 14 republikanischen Kandidaten gehörte. Bilbray hatte von 1995 bis 2001 dem Kongress angehört, bevor er Lobbyist wurde, und wird wohl nie als Titan des Repräsentantenhauses gelten. Aber er schaffte es, die Nachwahl knapp zu gewinnen.

Bilbrays Sieg 2006 war Bardellas Eintrittskarte nach Washington und hätte durchaus das große Los werden können. Danon wurde Bilbrays Stabschef und engagierte Bardella als Leiter der Presseabteilung in Washington. Unter den Wellen unverbrauchter junger Leute, die hierherkommen, gibt es durchaus Idealisten: staatsbürgerlich gesinnte Jugendliche, die in die Landeshauptstadt kommen, um etwas Grundlegendes zu »bewirken«. Dieses ganze »Etwas-bewirken«-Gehabe war aber nicht Bardellas Fall. Bei unserem ersten Treffen gestand er mir, dass er keine festen Überzeugungen hatte, zumindest keine politischen. Die Republikaner hatten ihn lediglich als Jugendlichen zuerst entdeckt. Er war weniger ein »R« (Republikaner) oder »D« (Demokrat) als vielmehr ein »O« – »ein Opportunist«, sagte er mir. Es ist schon krass, so etwas tatsächlich auszusprechen, aber Bardella konnte nicht aus seiner Haut. Er glaubte im tiefsten Inneren an die Hollywoodversion Washingtons, an die Hauptstadt, in ihrer erregendsten Fernsehvariante. Bardella gehörte zu der Generation neuer Politjunkies, deren Leidenschaft nicht durch inspirierende Kandidaten oder Amtsinhaber wie Barack Obama, John F. Kennedy oder Ronald Reagan entfacht wurde, sondern durch Fernsehauftritte politischer Berater, ob sie nun fiktiv (Josh Lyman) oder real (James Carville) waren. Er wollte dazugehören.

»Als ich hierherkam, stand ich mit meinem Koffer an der Straßenecke und dachte: ›Ich gehöre auf keinen Fall hierher‹«, erzählte Bardella mir. »Sie werden mich bei lebendigem Leib fressen.«

Aber das Wichtigste war, dass er hier war. Er hatte es in die echte Hauptstadtkulisse geschafft und würde seine erbärmliche Untauglichkeit wettmachen, indem er auffallend hart arbeitete und den richtigen Leuten eifrig und effizient diente.

— ★ ★ ★ —

Als Bardella nach Washington kam, erkannte er auf Anhieb die Insider und die Leute, die diese Ausstrahlung zu haben schienen, *jemand zu sein.* »Du konntest merken, dass es gewisse Leute gab, zu denen es alle irgendwie hinzog«, erzählte Bardella. »Sie kamen herein und alle wussten einfach, wer sie waren. Ich erinnere mich, dass ich dachte: Wie es wohl wäre, einer dieser Leute zu sein. Eines der coolen Kids.«

Eines dieser coolen Kids war Kevin Madden, ein gut aussehender Pressesprecher des republikanischen Fraktionsführers im Repräsentantenhaus John Boehner. Während der Sitzungsperiode leitete Madden jeden Montag eine Besprechung der republikanischen Pressesprecher im Kapitol. Bardella, der damals für Bilbray arbeitete, erschien immer besonders früh, setzte sich ganz nach vorn, nickte viel und stellte Fragen. Er brannte darauf, zu lernen und sich zu verbessern, und fiel damit auf, da ansonsten im Raum eine Atmosphäre herrschte wie in einem gelangweilten Collegekurs. Noch wichtiger war, dass Bardella eifrig bedacht war, seinen Lerneifer zu *zeigen* – was an sich schon einen wunderbaren Eindruck macht.

Madden, dessen Ähnlichkeit mit Mitt Romneys Söhnen seine in Yonkers erworbenen rauen Kanten überdeckte, fand Bardellas Unterwürfigkeit amüsant. Aber er wusste seine überbeflissenen Bemühungen zu schätzen. Vor nicht allzu langer Zeit hatte er sich selbst noch als ungeduldiger Presseassistent, der sich beweisen wollte, die unteren Sprossen der Karriereleiter bei der Wiederwahl von Bush und Cheney 2004 hinaufgearbeitet. Ihm war klar, was Bardella versuchte. Es war auch kaum zu übersehen. Und das beflügelte den Jungen nur noch mehr. Nur wenige Pressesprecher von Abgeordneten traten bei diesen Besprechungen in Erscheinung, falls sie wach blieben oder überhaupt kamen. Bardella blieb länger da, stellte sich ausgewählten Sprechern vor und fragte Madden (schüchtern), ob er ihm fünf Minuten seiner kostbaren Zeit stehlen dürfe.

Dann drängte er Madden, ihm zu sagen, ob er etwas tun könne, um sich zu verbessern, *irgendetwas,* weil er doch lernen und besser werden wolle. Er bot sich Madden unverblümt an, um ihn als Mentor zu gewinnen. Das würde sie enger zusammenführen und Madden vielleicht zu Bardellas Fürsprecher machen, der ihn unter seine Fittiche nahm.

Als politikversessener Jugendlicher hatte Bardella die Memoiren des gefeierten Clinton-Beraters George Stephanopoulos gelesen: *All Too Human: A Political Education.* Das Buch hatte ihm sehr gut gefallen und er verfolgte seine Karriere, als Stephanopoulos das Weiße Haus verließ und zunächst als politischer Kommentator und später als Moderator der Sendungen *This Week* und schließlich *Good Morning America* zu ABC ging. Besonders beeindruckt war Bardella von Stephanopoulos' Schilderung seiner Messdienerzeit in der griechisch-orthodoxen Kirche in Cleveland. Darin beschrieb er, dass er als Messdiener auf eine Weise mit den inneren Vorgängen der Kirche in Berührung gekommen war wie nie zuvor. Er fand es aufregend, im Allerheiligsten zu sein und einem privilegierten Club anzugehören, und verglich es mit dem prickelnden

Gefühl, das er als Mitarbeiter eines politischen Stabes empfand, der in den »inneren« Zirkel vordrang, in dem Entscheidungen getroffen wurden. Diese Anekdote konnte Bardella gut nachempfinden, da er in seiner katholischen Kirche in Rochester als Messdiener gedient hatte.

»In Washington gibt es einen Ort, den jeder anstrebt«, sagte Bardella mir bei einem unserer ersten Gespräche. Wir aßen Sushi in der Nähe seines Büros im Kapitol. Während er sprach, unterstrich er seine Äußerungen mit einem Kopfnicken, als wären sie von Musik untermalt. Wenn er den Höhepunkt seiner Satzmelodie erreichte, ging sein Kopf von einem Wippen in ein Wiegen über. »Wenn du diesen Ort erreichst, ›drinnen‹, dann weißt du es einfach«, sagte er. »Es ist aufregend. Als ich Messdiener war, habe ich es gespürt. Und manchmal spürt man es hier auch. Aber man kann sich nie sicher sein, ob das Gefühl anhält oder ob andere dich als Insider sehen. Das macht dich nervös, ständig.«

»Wenn du einmal erlebt hast, ›drinnen‹ zu sein, weißt du nur, dass du dieses Gefühl nie mehr verlieren willst«, fügte er hinzu.

Nach »drinnen« zu kommen, in den Hauptstadtclub, ist in Washington ein aufreibendes Unterfangen. Die Kluft zwischen Besitzenden und Besitzlosen ist hier weniger eine wirtschaftliche Frage; Mitarbeiter von Kongressabgeordneten leben kaum in Saus und Braus, sind aber auch keine Habenichtse. Die Kluft verläuft vielmehr zwischen denen, die »drinnen« sind, und denen, die es nicht sind – ein höchst subjektiver und schnell wechselnder Zustand.

Als 22-jähriger Pressesprecher Bilbrays schickte Bardella Fanpost an Stephanopoulos. Er schrieb ihm, wie sehr ihm sein Buch gefallen hatte und wie sehr er ihn bewunderte. Gegen einen solchen Brief war ja wohl nichts einzuwenden, oder? Und wer hätte es gedacht: Stephanopoulos antwortete und lud Bardella ein, doch mal hereinzuschauen, wenn er das nächste Mal in der Nähe des Washingtoner ABC-Studios am Dupont Circle wäre.

Bardella sorgte dafür, dass er schon bald in dieser Gegend war. Er suchte Rat für seine Karriereplanung, was immer ein wirkungsvolles Kontaktschmiermittel ist. Bardella hatte daran gedacht, einen Job im Büro der republikanischen Senatorin Olympia Snowe aus Maine anzunehmen. Nun fragte er Stephanopoulos, was er davon hielt – eine Frage, die zwischen den Zeilen zum Ausdruck brachte, dass Bardella *gefragt* und »im Rennen« war. Stephanopoulos äußerte die Ansicht, dass Snowe aufgrund ihrer Außenseiterposition als letzte moderate Republikanerin im Kapitol viel Medienaufmerksamkeit erhielt und sich daher für einen Pressesprecher eine gute Chance böte, sichtbar in Erscheinung zu treten. Er signierte für Kurt ein Exemplar seines Buches mit dem Wunsch: »Viel Glück bei Ihrer politischen Bildung.«

Monate später erhielt Bardella zu seiner Überraschung einen Anruf von seinem neuen Freund bei ABC. Stephanopoulos rief beruflich an. Er wollte wissen, ob die republikanische Fraktion im Repräsentantenhaus einem bestimmten Einwanderungsgesetz zustimmen würde. Bardella war der Ansicht, dass es durchgehen würde, und sagte das Stephanopoulos – der die Information einige Stunden später in der Sendung *World News Tonight* an seine Zuschauer weitergab. Er führte »Kongressquellen« an. Bardella war eine »Kongressquelle«! Für ihn war es »das erste Mal, dass ich mit scharfer Munition schoss«, sagte er.

Einige Monate später, im Dezember 2007, wechselte Bardella in das Büro der Senatorin Snowe. Im Senat hatte er es nach eigenem Bekunden mit »Leuten von erheblich größerem Kaliber« zu tun als im Repräsentantenhaus.

Aber er hielt sich nicht einmal ein Jahr bei Snowe. Den Senat fand er langweilig, mühselig – zu vornehm, nicht sein Ding. Also kehrte er zurück zu den unteren Chargen in Bilbrays Büro und suchte sich sein nächstes großes Tier: Darrell Issa.

Issa war ein gewiefter, ehrgeiziger Abgeordneter, der weder das Amt noch das Geld brauchte. Dank seines überaus erfolgreichen Unternehmens für Auto-Alarmanlagen war er bereits der reichste Mann im Kongress. Das gefiel Bardella. Außerdem bewunderte er Issas Selbstbewusstsein. Im Kongress mangelte es zwar keineswegs an Abgeordneten, die sich für die schlauesten Köpfe hielten, aber Issa hatte vielleicht einen legitimen Anspruch, zumindest zu den Klügsten zu gehören. Auf ihn waren 16 Patente aus seiner Blütezeit als Hersteller angemeldet. Genau wie Bardella hatte auch Issa keinerlei Scheu, anderen sein ganzes Wissen aufzudrängen oder vorzuzeigen (seine Patente hingen gerahmt in seinem Büro an der Wand).

Bardella hing in Issas Büro herum, das sich gleich neben Bilbrays im Cannon House Office Building befand. Er freundete sich mit Issas Mitarbeitern an und bedrängte sie so lange, bis sie ihn als Issas Pressesprecher einstellten.

Im Kongress musste Issa sich einen Namen machen, um im Hauptstadtclub bekannter zu werden. Das war Issa wichtig und wurde für Bardella zur Besessenheit. »Ich bin völlig darauf fokussiert, Darrell zu einem bekannten Namen zu machen«, sagte Bardella mir im Sommer 2010. »Wenn beispielsweise Chuck Todd über etwas spricht, was an dem Tag passiert ist, möchte ich, dass er denkt, was Darrell wohl davon halten mag.«

Mich wunderte, dass Bardella und Issa so viel an der Anerkennung gerade jener Washington-Insider lag, die dem populistischen Tea-Party-Aufstand ein Gräuel waren – und der wiederum sollte den Republikanern (und Issa) doch wieder eine Mehrheit verschaffen. Es dauerte nicht lange, bis Issa im Hauptstadtclub Beachtung fand. Er lebte praktisch in den Fernsehsendern. Das hatte er großenteils Bardella zu verdanken, auf den man ebenfalls aufmerksam wurde – sogar zu aufmerksam. Bardella hatte einen (für Stabsmitarbeiter) gefährlichen Hang, seinen Namen gedruckt zu sehen, und einen (für Stabsmitarbeiter) noch gefährlicheren Hang, mehr zu wollen.

»Hier im Kapitol gibt es einen Spruch«, sagte Issa mir. »›Stell dich nie zwischen einen Abgeordneten und eine Kamera‹«. In Issas Fall konnte das vielleicht besonders problematisch sein, denn er schenkte Bardella ein T-Shirt mit dem Aufdruck: »Es geht nur um mich.«

Bardellas Hang zur Eigenwerbung verstieß gegen eine Grundregel im Kapitol, dass Mitarbeiter sich im Hintergrund – und im Idealfall aus der Presse – zu halten hatten.

Aber Bardellas öffentliche Resonanz wuchs weiter. Sie löste schon höhnisches Grinsen aus. Besonders versessen war er darauf, fortwährend unter Beweis zu stellen, wie gut er als unermüdlich rackernder Macher vernetzt war. Bereitwillig wirkte er im Oktober 2009 an einem Politico-Beitrag mit, der untersuchte, ob übermäßiger Blackberry-Gebrauch eine Belastung für das Privatleben von Kongressmitarbeitern sein könnte.[1]

Als Bardella in einem Urlaub sein Blackberry ganz abschaltete, war das Politico eine Meldung wert. »Ich habe seit etwa sechs Tagen keine Pressemitteilung, Erklärung oder Empfehlung mehr verschickt«, wurde er zitiert, und weiter hieß es, dass sein Chef während seines Blackberry-Schweigens in einer E-Mail angefragt hatte, ob er noch lebe.[2]

---

1 Lovely, Erika (2009): BlackBerry, Forbidden Fruit? In: Politico, 28. Oktober 2009.

2 White, Ben (2010): Bernanke Gives Highly-Anticipated Speech at 10 a.m. In: Politico, 27. August 2010.

Politico war für Leute wie Kurt Bardella Gold wert. Die Publikation berichtete rasant über sein aufgeputschtes Leben und war empfänglich für »platzierte« Berichte, die Issa nützten. Außerdem bedachte Politico traditionell unbeachtete Mitarbeiter großzügig mit (einem gewissen) Ruhm.

Dass die Politikversessenen Workaholics sind, war ein immer wiederkehrendes Thema bei Politico. Bardella stellte sich gern als Beispiel eines Menschen zur Verfügung, der Tag und Nacht extrem hart arbeitete. »Es ist erst 11:30 Uhr, aber Kurt Bardella hat schon sein drittes Red Bull getrunken und ein viertes bereitstehen«, schrieb Politico in einem Porträt Bardellas, das erschien, als er 2009 auf der Liste der »50 Politicos to Watch« auftauchte.[3]

»Ich höre nie auf«, zitierte Politico Bardella im Januar 2010 in einem Bericht, der die Frage stellte: »Bringt mein Job mich um?«[4] Aufhänger für den Beitrag war der plötzliche Tod des Stabschefs von John Boehner, dem damaligen Minderheitsführer im Repräsentantenhaus. Aber es ging, wie immer, auch um Kurt Bardella.

»Viele nahmen ihm übel, dass er diese Gelegenheit nutzte, allen unter die Nase zu reiben, wie hart er arbeitet«, sagte ein republikanischer Medienberater der Zeitschrift *Washingtonian* in einem Porträt Bardellas, das ein Jahr später erschien, als er bereits berühmt-berüchtigt war.[5]

Bardella konnte einfach nicht anders. Er hatte seine Liebe entdeckt: zur Politik und zu Issa, sicher, aber auch zu der ganzen Faszination, die vom Polit-Medienbetrieb um 2010 ausging und ihn in ihren Bann schlug. Er hatte wenig mit der Plackerei zu tun, die den Großteil der Politik prägte: politische Debatten, Ratssitzun-

---

3   Coller, Andie (2009): Blasting Politicos. In: Politico, 20. Juli 2009.

4   Lovely, Erika (2010): Is Congress a Health Threat? In: Politico, 15. Januar 2010.

5   Mullins, Luke (2011): The Comeback. In: Washingtonian, Juli 2011.

gen, Ausschussanhörungen, Besuche im Wahlbezirk. Zum Teufel damit. Medien bedeuten sofortige Befriedigung. Dort findet das eigentliche Leben der meisten Politiker statt, in der Wahrnehmung und Beurteilung durch andere, im stündlichen Zustandsbericht ihrer massiv von außen bestimmten Definition. »Nichts ist einflussreicher, als die öffentliche Wahrnehmung der Politik zu formen«, bestätigte Bardella 2007 in einem Porträt in *The Hill*. Insofern stehen die Presse- und Mediensprecher im Kapitol den Abgeordneten und Senatoren häufig näher als die Politik- und Rechtsberater.

Als die Zwischenwahlen 2010 näher rückten, sah es zunehmend so aus, als könnte die Grand Old Party erstmals seit 2006 – dem Jahr, als Bardella nach Washington kam – wieder die Mehrheit erringen. Für Republikaner waren es rasante, erwartungsvolle Zeiten und Bardella hatte das Gefühl, mindestens genauso viel Aufwind in der Hauptstadt zu haben.

Und Bardella – vom Neuling, dem Starruhm imponierte, zum Namedropper avanciert – hatte keine Lust, sein Licht unter den Scheffel zu stellen.

★ Er postete auf Facebook, dass er gerade in einem Meeting mit »Darrell und Präsident Bernanke« saß.
★ »Mit dem Chef und Ralph Nader beim Senatsfriseur«.
★ »Bei CNN mit dem Chef, der um 17:28 Uhr mit Wolf in Sit Room [The Situation Room with Wolf Blitzer] auftritt.«

Gewissenhaft verschickte Bardella von Politico inspirierte Geburtstagsgrüße und spulte »Wir-sind-uns-zwar-noch-nie-begegnet«-Fan-Mails herunter, die seine wachsende Sammlung von Verbindungen in der Stadt stärkten. So kam auch mein erster Kontakt mit Bardella zustande.

Im Frühjahr 2010 schickte er mir eine Fan-E-Mail, nachdem ich für das *New York Times Magazine* einen Artikel über Mike Allen geschrieben hatte. Das war sehr nett von ihm. Er schrieb, der Allen-Artikel erfasse sehr gut die verrückte Beschleunigung des modernen Nachrichtenzyklus in der Hauptstadt.

Politik verläuft inzwischen in »Zyklen« – Nachrichtenzyklen, Wahlzyklen –, einer der Begriffe, die in den letzten Jahren in Mode gekommen sind. Mittlerweile gibt es sogar eine Fernsehsendung auf MSNBC mit dem Titel *The Cycle* (der offenkundig nicht von einer Frau ausgesucht wurde, wie Karen Tumulty von der *Washington Post* anmerkte). In »Zyklus« schwingt der Kreislauf des heutigen Lebens mit – ständige Bewegung, die immer zum Ausgangspunkt zurückführt.

»Der Zyklus« war ein Thema, das Bardella voll und ganz entsprach, da es den Hauptstadtzirkus betraf, in dem er lebte und glänzte. Die Politik war seine Eintrittskarte und verlieh ihm im Wettbewerb ebenso viel Schlagkraft wie sein Lieblingssport Basketball. Er spielte mit derselben Hingabe wie sein Lieblingsspieler Kobe Bryant, der dieselben Initialen hatte wie er.

In seiner E-Mail schlug Bardella mir vor, der Artikel über Allen könne als Grundlage für ein Buch oder einen Film über die aktuellen Mechanismen in Washington dienen. Er sah die Welt um sich herum als belebenden Kampf zwischen Mensch und Nachrichtenzyklus – ein Arbeitsplatzdrama, das Mike Allen der Hauptstadt jeden Morgen schilderte. Und Bardella war mittendrin und brannte darauf, mir zu demonstrieren, wie es funktionierte.

Als ich Bardellas E-Mail erhielt, verband ich mit Darrell Issa nur ein oberflächliches Bild. Ich wusste, dass er einer jener superreichen kalifornischen Unternehmer war, die versucht hatten, sich mit Geld ein politisches Amt zu verschaffen, und gescheitert waren. (Davon gab es im Lauf der Jahre einige in Kalifornien.)

Issa hatte sich 1998 erfolglos um die Nominierung zum republikanischen Senatskandidaten Kaliforniens beworben, obwohl er dafür 9 Millionen Dollar ausgegeben hatte. Erstmals wurde er 2000 als Abgeordneter eines konservativen Wahlbezirks bei San Diego in den Kongress gewählt. Er galt als gewiefter, fähiger und unnachgiebiger Abgeordneter, der es sich mit seinem sogar für den Kongress übertriebenen Hang zur Eigenwerbung mit manch einem Kollegen verdorben hatte. Zweimal bewarb er sich um Führungspositionen, beide Male ohne Erfolg. Beim Bürgerbegehren gegen den kalifornischen Gouverneur Gray Davis 2003 wollte er dessen Nachfolge antreten und half, den Wahlkampf zu finanzieren. Die kalifornischen Republikaner dankten es ihm, indem sie den schlussendlichen Sieger Arnold Schwarzenegger unterstützten. Aber in den ersten zwei Jahren der Obama-Regierung gewann Issa erheblich an Profil. Der Abgeordnete Tom Davis aus Virginia, der den Vorsitz über den Kontroll- und Verwaltungsreformausschuss im Repräsentantenhaus (House Committee on Oversight and Government Reform) führte, hatte bei den Wahlen 2008 nicht wieder kandidiert. Das eröffnete Issa den republikanischen Sitz im Kontrollausschuss und machte ihn zu einer Schlüsselfigur in einem Gremium, das weitreichende Überwachungsaufgaben gegenüber dem Weißen Haus ausübte.

Jeder Kongress bringt einen herausragenden Plagegeist hervor, der geschickt die Aufmerksamkeit auf ärgerliche Missstände (oder seine ärgerliche Person) lenkt und der anderen Partei Schwierigkeiten bereitet, wenn sie die Regierung stellt. Der Demokrat Henry Waxman aus Kalifornien übernahm diese Rolle in den Jahren der Bush-Regierung und der Republikaner Dan Burton aus Indiana setzte Bill Clinton während seiner skandalträchtigen Präsidentschaft zu.

Als nächstes kam Issa, der viel Aufmerksamkeit erregte, indem er viel Wirbel um Dinge machte, die im Fokus der Öffentlichkeit standen (wie die Reaktion der Obama-Regierung auf die BP-Öl-pest) oder undurchsichtig waren (ein möglicher Konflikt um einen Mitarbeiter der Bundesbehörde für Arbeitsbeziehungen). Unermüdlich suchte er die Öffentlichkeit mit dem Strahlen eines Game-Show-Moderators und einem Bluetooth am Ohr. Sein pechschwarzes Haar war kongresstauglich gepflegt. Der Boom des Kabelfernsehens und der Internetmedien hatte eine unersättliche Nachfrage nach Meldungen hervorgebracht, wie Bardella sie Tag und Nacht in Issas Namen herausgab. Er war perfekt auf den fortwährenden Druck eingestellt, unter dem Medienleute standen. »Es besteht ein unmittelbarer, ständiger Hunger auf das Zeug, das wir von uns geben«, sagte Bardella mir im Sommer 2010. Selbst wenn einige Reporter zu Recht fragten, ob Bardellas Verlautbarungen und Äußerungen von Bedeutung waren, gab es immer Medien, die sie nur zu gern aufgriffen. Teils lag es an Faulheit, erklärte Bardella. Aber vor allem an Druck und Nachfrage. Sie mussten als Erste die kleinen Schneeflocken haben, mit denen Issa/Bardella sie ununterbrochen berieselten. So bekamen sie die gängige Variante eines Knüllers im modernen Nachrichtenzyklus und konnten ihre Redakteure zufriedenstellen.

Im Sommer 2010 überlegte ich erstmals, über Issa zu schreiben. Er tauchte häufig in der Presse auf, und immer hieß es in den Artikeln, er könne Obama noch mehr Ärger machen, wenn die Republikaner im November die Mehrheit im Repräsentantenhaus bekämen.

Falls es so käme, was durchaus wahrscheinlich erschien, hätte Issa das Recht, Untersuchungen einzuleiten, Zeugen vorzuladen und die Obama-Regierung ganz nach Belieben in den Wahnsinn zu treiben. Issa bezeichnete sich zwar als Reagan-Republikaner, aber seine eigentliche Leitlinie bestand 2010 offenbar in allem, was der Regierung unter die Haut ging und ihn ins Fernsehen brachte.

Als im Lauf des Sommers der Wahlkampf begann, konzentrierten sich die Demokraten zunehmend auf die Aussicht, dass Issa den Vorsitz des Kontroll- und Verwaltungsreformausschusses übernehmen und reihenweise Vorladungen verschicken könnte. Mindestens zwei politische Gremien der Demokraten – das Weiße Haus und der Demokratische Kongress-Wahlkampfausschuss – brachten dicke Oppositionsdossiers über Issa in Umlauf. »Oppositionsdossier« ist ein politischer Fachausdruck für eine Zusammenstellung unschmeichelhaften Materials über den designierten »Gegner«. Ein solches Dossier über Issa fängt immer mit einer Enthüllungsgeschichte der *Los Angeles Times* an, die während seines erfolglosen Senatswahlkampfs 1998 veröffentlicht wurde.[6] Der Bericht schilderte detailliert Issas schillernde Vergangenheit in seiner »bewegten Jugend«, wie er es nannte – eine Phase, die bei ihm offenbar bis weit in die zwanzig dauerte. Bei einer Anklage wegen Waffenvergehen (er trug eine nicht angemeldete Waffe bei sich) bekannte er sich 1972 schuldig; zudem wurde er 1972 und 1980 zusammen mit seinem Bruder William in Zusammenhang mit Autodiebstählen wegen Gewaltverbrechen angeklagt.[7] Aus Mangel an Beweisen kam es nicht zu einer Verurteilung. Issa bezeichnet sich als Opfer falscher Anschuldigungen und schiebt die Verantwortung auf seinen Bruder. Der Artikel der *Los Angeles Times* enthält unter anderem auch erschütternde Berichte, dass Issa angeblich einen Geschäftspartner mit einer Schusswaffe bedrohte,

6   Lichtblau, Eric (1998): Issa's Rags-to-Riches Tale Has Some Ugly Chapters. In: Los Angeles Times, 23. Mai 1998.

7   Leibovich, Mark (2010): Republican Emerges as Obama's Annoyer-in-Chief. In: The New York Times, 6. Juli 2010.

und eine detaillierte Beschreibung eines überaus verdächtigen Brandes in einer Fabrik, die Issa gehörte.

Im Lauf seiner politischen Karriere tat Issa diese Vergangenheit immer mit der Bemerkung ab, er sei ein »furchtbarer Jugendlicher« gewesen. Aber er hegt einen geradezu obsessiven Groll gegen den Autor des *LA-Times*-Artikels, Eric Lichtblau, der mittlerweile bei der *New York Times* arbeitet. Issa bezeichnet Lichtblau als »notorischen Kriegsbeilschwinger« und »Schurken«.[8] (Übrigens sitzt Lichtblau gerade einen Schreibtisch von mir entfernt im Washingtoner Büro der *New York Times* – und ist ein recht netter Kerl für einen beilschwingenden Schurken.)

Aber ich hatte keine Ahnung von Issas schillernder Vergangenheit, bis ich an einem Sommernachmittag aus dem Weißen Haus einen Anruf wegen des Dossiers bekam.

Der stellvertretende Pressesprecher des Weißen Hauses, Bill Burton, rief mich in der Redaktion an. Burton, der Obama im Wahlkampf 2008 kompetent im Fernsehen vertrat, hat eine fröhliche Art, kann sich aber pitbullhaft in politische Scharmützel verbeißen. Er war leitender Mitarbeiter des damaligen Abgeordneten Rahm Emanuel, als dieser 2006 das demokratische Wahlkampfkomitee im Kongress leitete und seine Partei nach zwölf Jahren wieder die Mehrheit im Repräsentantenhaus errang.

Burton rief mich an, um mir von Darrell Issa zu erzählen. Für Anrufe zu Oppositionsdossiers war dieser recht zahm. Burton fragte mich, was ich über Issa wisse. Nicht viel, antwortete ich. Er

---

8   Wemple, Erik (2011): New York Times and Rep. Issa: A Spat to Remember. In: The Washington Post, 8. September 2011.

riet mir, mir etwas Zeit zu nehmen, um »ihn kennenzulernen«. Als Appetithäppchen erwähnte er Issas Autodiebstähle. Interessant. Und nicht ohne Komik, da Issa sein neunstelliges Vermögen mit dem Verkauf von Autoalarmanlagen verdient hatte. Obendrein warnt Issas Alarmanlage, Viper, potenzielle Autoknacker mit einer tiefen Männerstimme: »Bitte gehen Sie von diesem Wagen weg.« Das fand ich komisch. Es war Sommer und ich brauchte eine Story. Da kam Issa gerade recht.

Alles lief glatt, auch wenn mein antiquierter Kassettenrekorder einmal klemmte und Issa – ein Technikfreak und ehemaliger Präsident der Consumer Electronics Association – ihn freundlicherweise wieder in Gang brachte. Issa war ein geschmeidiger, gewinnender Interviewpartner, obwohl er zweimal unvermittelt in Beschimpfungen über Lichtblau abglitt, die gar nicht mehr aufhörten. Als ich am nächsten Tag an Bardella eine harmlose Rückfrage wegen der alten Autodiebstahlsvorwürfe richtete, rief Issa mich Minuten später aufgebracht an und meinte, ich sollte doch lieber gleich »diesen Beilschwinger Lichtblau« den Artikel für mich schreiben lassen, um Zeit zu sparen. Nicht nötig. Ich schrieb die Story ziemlich schnörkellos: Ich stellte Issa Lesern vor, die ihn nicht kannten, schilderte, wie er das Weiße Haus drangsalierte und sich in Position brachte, um ab November ein noch größeres Ärgernis zu werden. Ein paar beiläufige Passagen befassten sich mit Issas krimineller Vergangenheit.

Das Denkwürdigste an dieser Issa-Episode war für mich, Kurt Bardella zu treffen und den Mini-Ich-Faktor am Werk zu sehen. Seine bewundernde Haltung zu seinem »Boss« oder zu »Darrell« (statt dem üblichen »Herrn Abgeordneten« oder »Sir«) war insofern ungewöhnlich, als seine Hochachtung schon an Verehrung grenzte. Wenn Issa sprach und seine üblichen Floskeln losließ, man müsse das Weiße Haus zur Rechenschaft ziehen, schaute

Bardella bewundernd zu ihm auf. Die beiden hatten sogar dieselben sprachlichen Eigenheiten – statt »you know« streuten sie
»y'doh« in ihre Sätze ein.

In Washington hört man häufig Floskeln wie »Er ist wie ein
Vater für mich« oder »Er ist wie ein Sohn für mich«. An einem
Ort, an dem sich so viele Karrieren um die unsichere Mentoren-
Protegés-Achse drehen, spiegeln berufliche Verbindungen ganz
selbstverständlich familiäre Bindungen wider. Diese Leute verbringen so viel Zeit miteinander und entwickeln eine solche Ab-
hängigkeit, dass daraus ganz natürlich eine tiefere Bindung er-
wächst. Tim Russert übernahm mit der Zeit die Sprechweise
und Eigenheiten seines Chefs, des Senators Daniel Patrick
Moynihan, den er als seinen »geistigen Ziehvater« bezeichnete.
Russert machte sich Moynihans weltmännischen Ton und intellektuelles Auftreten so sehr zu eigen, dass er manchmal im Namen
seines Chefs telefonierte und sein Gesprächspartner (oder
Moynihan) es gar nicht merkte. Als – der echte – Moynihan einmal Ted Kennedy anrief, sagte dieser nur barsch: »Zum Teufel mit
Ihnen, Russert« und legte auf. Nachdem Moynihan erneut angerufen und Kennedy sich entschuldigt hatte, ermahnte er sein
Double mit der simplen Erinnerung: »Ich Moynihan, Sie Russert.«

Bardella ließ sich völlig auf das »Issa-als-Vater«-Motiv ein und
hielt es für echt, statt es als beliebtes Hauptstadtklischee zu begreifen. Kurz nach seiner Ankunft in Washington hatte er sich mit Jim
Nesser entzweit, den er als Vater angenommen hatte, nachdem er
von seinem Adoptivvater, Al Bardella, nichts mehr gehört hatte.
Nesser und Bardellas Mutter hatten sich getrennt und seine Mutter hatte finanziell zu kämpfen. Sie hatte keine Krankenversiche-
rung mehr und nahm schließlich eine Stelle als Zimmermädchen
an. »Ich war gerade nach Washington gekommen und versuchte,
mich hier zurechtzufinden«, erzählte er mir, »und eines Abends

brach meine Mutter in meinen Armen zusammen und sagte, sie hätte keine Ahnung, wie sie das alles schaffen sollte. So was verändert alles. Ich musste tun, was ich konnte, um für sie alles zusammenzuhalten. Man hat mir schon mal gesagt, ich hätte einen Heldenkomplex.«

Bardella und Issa freundeten sich 2009 auf einer Fahrt nach New York an, als Bardella gerade erst in den Stab des Kongressabgeordneten gekommen war. Der neue Pressesprecher hatte für Issa einen Auftritt in Sean Hannitys Sendung bei Fox News arrangiert. Für einen republikanischen Kongressabgeordneten ist ein Auftritt bei Hannity wie der Gewinn einer Reise nach Disney World – und Bardella verdiente viel Anerkennung, dass er es ermöglicht hatte. Da sie weder im Zug noch im Flugzeug Plätze bekamen, fuhr Issa mit dem Wagen. Die Hin- und Rückfahrt verschaffte Bardella im Auto zehn Stunden Zeit mit seinem Boss. Zum ersten Mal sprach er mit Issa über seine komplizierten Familienverhältnisse. »Darrell war ein guter Zuhörer«, sagte Bardella und fügte hinzu, dass Issa seinen verschlungenen Weg nach Washington gut nachvollziehen konnte.

Im November 2010 führte Howard Kurtz von der Online-Zeitung The Daily Beast ein Interview mit Issa, zumindest dachte er das und zitierte den Kongressabgeordneten entsprechend – nur hatte er nicht Issa, sondern Bardella am Telefon.[9] Auf der Liste der peinlichen Journalistenfehler war das ein Knüller, zumal für jemanden wie Kurtz, den langjährigen Medienreporter der *Washington Post,* der über weite Teile seiner Karriere Fehler seiner

9   Kurtz, Howard (2010): The GOP's New Top Cop. In: The Daily Beast, 27. November 2010.

Kollegen aufs Korn genommen hatte. Noch schlimmer wurde die Geschichte, weil Kurtz in seinem Beitrag erwähnte, Issa spräche von sich in der dritten Person.

Aber der Kurtz-Lapsus gehörte eindeutig in die Kategorie »Das kann jedem mal passieren«. Es war einer dieser saumdummen Fehler, die einem überarbeiteten Reporter unterlaufen konnten, besonders kurz vor Redaktionsschluss. Nachdem Kurtz' Artikel erschienen war, klärte Bardella ihn in einer E-Mail über seinen Irrtum auf:

Hey Howard,
ich habe gesehen, dass Ihr Beitrag dieses Wochenende erschienen ist und ich glaube, es gibt da eine kleine Verwechslung. Sie haben nicht mit dem Kongressabgeordneten gesprochen, sondern mit mir als seinem Sprecher – wahrscheinlich kam es so zu Ihrem »Spricht-in-der-dritten-Person«-Hinweis, weil ich es war und nicht er. Ich weiß nicht, wie es zu unserem Missverständnis gekommen ist, aber ich dachte, Sie sollten es wissen.   KB

Kurtz antwortete nicht auf Bardellas E-Mail und korrigierte seinen Beitrag nicht. Damit rückte sein Fehler von der Kategorie »verständlicher Patzer« in die Kategorie »Reporter hält möglicherweise Informationen zurück, um Blamage zu vermeiden«. Einige Wochen vergingen, ohne dass jemand von dem Missgeschick erfuhr. Kurtz wäre auch nicht aufgeflogen, hätte Bardella die Episode nicht gegenüber dem Reporter Ryan Lizza erwähnt, der für den *New Yorker* ein Porträt über Issa schrieb.[10] Erst als ein Mitarbeiter des *New Yorker* zur Überprüfung der Fakten Kurtz anrief und nach dem Fehler fragte, gab Kurtz ihn zu – sechs Wochen nach Erschei-

---

10   Lizza, Ryan (2011): Don't Look Back. In: The New Yorker, 24. Januar 2011.

nen des Beitrags. Er behauptete, er habe seinen Gesprächspartner während des Telefonats mit »Congressman« angeredet, aber Bardella habe ihn nicht korrigiert. Bardella stritt das gegenüber Lizza ab.

»Ich glaube, jeder, der mich gut genug kennt, weiß, dass ich viel zu selbstverliebt bin, um meine Identität zugunsten eines anderen zu verleugnen«, sagte Bardella.

Bei den Wahlen 2010 errangen die Republikaner 63 Sitze hinzu und hatten damit wieder die Mehrheit im Repräsentantenhaus – eine schallende Ohrfeige für die Demokraten, wie Präsident Obama es nannte. Während die politischen Schlaumeier den Urnengang mal wieder zu einer »Wechselwahl« erklärten, neigen Wahlabende in Washington dazu, nach einschläfernd gleichbleibenden Mustern zu verlaufen: Anhänger beider Parteien betrinken sich, egal, wie das Wahlergebnis ausfällt. So sah ich auf dem Capitol Hill einen Tea-Party-Anhänger, der offensichtlich nicht nur Tee getrunken hatte, aus der republikanischen Wahlparty im Hyatt Regency Washington torkeln – mit einem historischen Motto auf seiner Kappe: »Komm mir nicht zu nahe!« Keine zwei Sekunden, nachdem er mir seine Visitenkarte in die Hand gedrückt hatte, übergab er sich auf die Motorhaube eines wartenden Taxis. (»Kotz mir nicht zu nahe«, dachte ich.)

Bardella arbeitete den ganzen Abend auf Issas Wahlparty im Westgate Hotel in San Diego. Als neuer Vorsitzender des Kontroll- und Verwaltungsreformausschusses war Issa nun unbestritten einer der öffentlich meistbeachteten und mächtigsten Republikaner in Washington.

Zu Recht hielt Bardella nicht nur seinen Chef, sondern auch sich selbst von nun an für eine treibende Kraft im Nachrichten-

wesen. Reporter würden zu ihm kommen, nicht umgekehrt. Wenn
er etwa entschied, den Artikel über Issas erste Zeugenvorladung
Jake Sherman von Politico zu geben statt Alan Fram von Associated Press, könnte Sherman sich mit einem hübschen kleinen
Knüller brüsten, während Fram sich von seinem Redakteur vielleicht die unangenehme Frage stellen lassen müsste: »Wieso haben
wir das nicht?« Zwei Stunden später ließe sich der ganze Zyklus
umkehren, wenn Bardella bereit wäre, sein nächstes Häppchen zu
verteilen.

Allmählich fühlte er sich immer mächtiger und wurde entsprechend mit Zuneigung in Form schmeichelhafter E-Mails von
Journalisten und Fernsehagenten überschüttet, die sich seine
Gunst sichern wollten. »Gibt es im Kapitol jemanden, der besser
in seinem Job ist als Sie?«, fragte ein CNN-Agent in einer E-Mail.
Sich bei Türstehern einzuschleimen ist ein Reflex bei Journalisten. Die Interviewkönigin Barbara Walters, die alle bekam, hatte
diese Praxis zur Kunst erhoben. Nachdem sie Ende 2011 ein Ex-
klusivinterview mit dem syrischen Diktator Baschar al-Assad an
Land gezogen hatte, versuchte sie, seiner jungen Presseassistentin
ein Praktikum bei CNN und einen Studienplatz an der Columbia
University zu verschaffen – wie E-Mails belegten, die eine sy-
rische Oppositionsgruppe veröffentlichte. Walters redete die 22-
Jährige in ihren Mails mit »Liebes Mädchen« an und unterschrieb
mit »Umarmung, Barbara«. Die Assistentin, Sheherazad Jaafari,
antwortete, Walters könne »ihrer Adoptivtochter (mir) keine
bessere Mutter sein«, und endete: »Ich liebe Sie sehr und danke
Ihnen noch einmal.« Später entschuldigte Walters sich für ihr
Verhalten.[11]

11 Carter, Bill (2012): Barbara Walters Apologizes for Helping Aide to Assad of Syria. In: The New
York Times, 5. Juni 2012.

Nicht lange nach den Novemberwahlen besuchte ich Bardella im Kapitol. Wir flüchteten aus Issas beengtem Großraumbüro und gingen in einen freien Konferenzsaal, der gerade lautstark renoviert wurde. Im Sommer hatte ich Bardella gesagt, falls die Republikaner die Mehrheit im Repräsentantenhaus bekämen, hätte ich vielleicht Interesse, Issa als Hauptfigur in mein Buch aufzunehmen. Das sei ein Rohrkrepierer, fand Bardella. Auch gut, dachte ich, denn eigentlich war ich mehr an ihm interessiert, dem Inbegriff des Superassistenten, der Washington für sich nutzte und versuchte, im Hauptstadtclub aufzusteigen. Er war eine Art Waisenkind mit Machtwillen, das sich fieberhaft ständig neu erfand. Mir gefiel es, wie unverfroren, ja, triumphierend Bardella seine Kontakte ausbaute und die Karriereleiter hinaufstieg mit der festen Entschlossenheit, es im Hauptstadtclub zu etwas zu bringen.

Da Bardella von seiner eigenen Erzählung sichtlich begeistert war, fand er meinen Vorschlag faszinierend. Wenn ich seine Miene richtig deutete, hatte er schon darüber nachgedacht, wer ihn bei einer Fernsehverfilmung spielen würde. Aber Bardella war auch überzeugt, dass seine Geschichte zu erzählen lohnte: An seinem Beispiel ließe sich gut zeigen, wie Washington im Informationszirkus des 21. Jahrhunderts funktionierte.

Zudem diente seine Geschichte einem höheren Zweck, fand er. Er sah sich als Wahrheitsverkünder – immer eine gefährliche Sorte Mensch im Dorf der Linientreuen. In dem Begriff schwingt unausgesprochen eine gewisse Eitelkeit mit – *dass meine Geschichte wichtig ist* –, die Stabsmitarbeiter vom ersten Tag an zu unterdrücken lernen.

Bardella sagte, er müsse das mit seinen Vorgesetzten besprechen. Sie waren einverstanden, solange seine Mitwirkung Issa nicht schadete und die Ausschussarbeit nicht beeinträchtigte. Er versicherte ihnen, dass das nicht der Fall wäre.

Ich kündigte an, dass ich Bardella in den folgenden Monaten regelmäßig aufsuchen würde, und bat ihn, mir seine Gedanken und Beobachtungen per E-Mail zu schicken. Noch besser, er würde mir einzelne E-Mail-Korrespondenzen zukommen lassen, die seiner Ansicht nach zeigten, womit er seine Tage verbrachte und wie die Interaktion zwischen ihm und dem Hauptstadtclub aussah. Ich erinnere mich nicht, wessen Idee es war, meine oder seine, aber Bardella hielt dieses Vorgehen für sinnvoll. »Meine E-Mails lassen sich im Grunde als Tagebuch lesen, wie ich in dieser verrückten Welt meinen Job mache«, sagte er mir. Sie seien ein perfektes virtuelles Fenster, »wie Washington funktioniert«. Allerdings. Und für meine Zwecke sind E-Mails natürlich genau das richtige dokumentarische Quellenmaterial, um eine Geschichte in Echtzeit zu erzählen.

Bardella hatte offenbar keine Bedenken, Mails von Leuten weiterzugeben, ohne dass sie etwas davon wussten – Leute, zu denen auch Kongressabgeordnete gehörten, die ihm E-Mails schickten (weil er so etwas wie eine große Nummer war). Seiner Ansicht nach unterschieden sich E-Mails nicht sonderlich von anderen digitalen Medieninstrumenten wie einer Facebook-Seite oder einem Twitter-Account. Die E-Mails waren überwiegend harmlos, fand er, und die meisten würden sich hüten, in einer E-Mail etwas Heikles mitzuteilen.

So glaubte Bardella, dass der Kongressabgeordnete Jason Chaffetz nichts dagegen hätte, wenn er mir dessen verärgerte E-Mail zu einem Yahoo!-Artikel weiterleitete. Eine Meldung, auf die der Abgeordnete zufällig gestoßen war. Chaffetz war Vorsitzender des Unterausschusses für nationale Sicherheit, Heimatschutz und Auslandseinsätze und alles andere als erfreut, dass man ihn nicht über den Artikel informiert hatte, der seinen Zuständigkeitsbereich betraf:

Ich würde es begrüßen, wenn die Zusammenarbeit des Ausschusses und des Unterausschusses mit unserem Büro einer Überprüfung unterzogen würde. Habe ich jemals eine Vorwarnung dazu erhalten? Ich denke nein, aber vielleicht irre ich mich ja. Meiner Ansicht nach bin ich der Vorsitzende des für diese Fragen zuständigen Unterausschusses. Irgendwie müssen wir auf irgendeine Art zu einer besseren Koordination in diesen Dingen kommen. Ich finde es inakzeptabel und für alle Beteiligten potenziell peinlich. Und wieso steht das nicht einmal auf der Liste der potenziellen Dinge, die der Stab des Unterausschusses mir gegeben hat?

Gegen Ende des Gesprächs, in dem Bardella mir anbot, E-Mails weiterzuleiten, erwähnte ich meiner Erinnerung nach, dass das ein bisschen ungewöhnlich sei – und er vielleicht noch einmal darüber nachdenken sollte. Aber er versicherte mir, er sähe darin kein Problem.

Bardella beendete das Gespräch mit einer Lieblingsfloskel tatkräftiger Hauptstadttypen, die es auskosten, Grenzen zu sprengen: »Ich fand es immer einfacher, um Verzeihung zu bitten, als um Erlaubnis zu fragen.«

Schon bald sollte Bardella tatsächlich um Verzeihung bitten. Aber das Jahr fing gut an. Am ersten Sonntag des Jahres, am 3. Januar, war der Abgeordnete Issa in drei Fernsehsendungen zu Gast – eine beeindruckende Leistung und ein weiteres Zeichen für Bardellas steigenden Marktwert. (Drei Fernsehauftritte an einem Sonntagmorgen heißen im lokalen Jargon ein »Dreifach-Ginsburg«, benannt nach Monica Lewinskys Anwalt William H. Ginsburg, der am Sonntag, dem 1. Februar 1998, den »kompletten Ginsburg« schaffte: an einem Vormittag in alle fünf landesweiten Nachrichtensendungen zu kommen.)

Für den folgenden Sonntag wollte *Meet the Press* Issa haben. Er sollte nach Mehrheitsführer Harry Reid auftreten, der bereits für dieselbe Sendung eingeladen war. Bardella sagte ab, weil Issa nach einem Besuch der jährlichen Unterhaltungselektronikmesse in Las Vegas mit seiner Frau noch eine Weile in Kalifornien bleiben wollte.

»*Meet the Press* ist nicht mehr das, was es mal war«, stellte Bardella fest, nachdem er erwähnt hatte, dass David Gregory ihn persönlich angerufen und gebeten hatte, den Fernsehtermin für Issa einzuplanen. Tut mir leid, unmöglich, sagte Bardella zu Gregory – oder »David«, wie er ihn nannte.

»Vielleicht hätte ich einfach sagen sollen: ›Wenn Tim noch da wäre, würde ich es machen‹«, stichelte er mir gegenüber.

Am Mittwoch, dem 5. Januar, übernahmen die Republikaner offiziell die Führung im Repräsentantenhaus. Die scheidende Sprecherin Nancy Pelosi überließ den Hammer ihrem republikanischen Nachfolger, John Boehner, der die Sitzungsperiode des 112. Kongresses eröffnete. An solchen markanten Parlamentstagen mischt sich ein Anflug von Erneuerung in den durchdringenden Eindruck der Gleichförmigkeit. Ehemalige Abgeordnete, sprühende Lobbyisten und knorrige Altgediente schlendern in den weiten Hallen an verlorenen Neulingen vorbei. Wähler mochten bei den Protestwahlen 2010 das Alte und Etablierte abgewählt haben, aber solche Tage vermittelten die Botschaft, dass die Mitgliedschaft im Hauptstadtclub etwas fürs Leben ist.

Auf einem Gang sah ich Ex-Senator Rick Santorum aus Pennsylvania (abgewählt 2006), Ex-Senator John Sununu aus New Hampshire (nach Hause geschickt 2008) und Ex-Vizepräsident Dan Quayle (geschlagen bei den Wahlen 1992). Und wusste jemand, dass der ehemalige republikanische Führer des Repräsentantenhauses Bob Michel und der einstige Senator von Nevada

Paul Laxalt noch leben? Aber beide waren da, zockelten einher und klopften Schultern. Auf der Independence Avenue ging der Super-lobbyist und Ex-Senator John Breaux, den Blick fest auf sein Blackberry gerichtet, zu einem Nobeltaxi und stieß sich beim Einsteigen den Kopf.

Bardella verbrachte den Nachmittag mit dem Umzug in sein neues, großes Büro. Seine stattliche Hütte hatte etwa die Größe eines Hotelzimmers – eine erhebliche Verbesserung gegenüber der beengten Zelle im Großraumbüro, in der er in den Zeiten der Minderheitsfraktion gehockt hatte. Er stellte Fotos aufs Regal: Eins zeigte ihn zwischen seinem früheren Chef Brian Bilbray und dem ehemaligen Sprecher des Repräsentantenhauses Dennis Hastert, auf dem anderen stand er zwischen Bilbray und Newt Gingrich.

Auf allen drei großen TV-Kanälen lief die Meldung, dass Robert Gibbs als Pressesprecher des Weißen Hauses zurücktreten würde. Das war Bardellas Traumjob, wie ich von seiner Facebook-Seite wusste. Ich stellte ihm die absurde Frage, was er sagen würde, wenn Obama ihn anriefe und bäte, Gibbs' Nachfolger – und *sein* Mini-Ich – zu werden. Bardella dachte anscheinend tatsächlich einen Moment darüber nach. »Wenn der Präsident anrufen sollte, müsste ich das ernst nehmen«, erklärte er feierlich, fing sich dann aber wieder. »Aber ich glaube nicht, dass der Präsident anrufen wird.«

Im Großen und Ganzen mied Bardella den Pomp und die Partys, die in dieser neuesten neuen Washington-Ära lockten. Einige Wochen zuvor hatte ich mit ihm einen zweitklassigen Empfang zu Ehren des 112. Kongresses im L'Enfant Plaza Hotel besucht, bei dem er kaum einmal von seinem Blackberry aufgeschaut hatte. Die demokratische Abgeordnete Debbie Wasserman Schultz aus Florida hielt eine Ansprache an die neuen Abgeordneten, Reporter, Lobbyisten und diverse ungeladene Gäste. »Ich hasse sie«, knurrte Bardella in sein Blackberry. Wasserman Schultz erzählte aus ihrer Anfangszeit im Kongress: »Ich konnte wesentliche gesetzliche Regelungen zum jüdisch-amerikanischen Erbe durchbringen.« (Bardella: »Wesentliche gesetzliche Regelungen zum jüdisch-amerikanischen Erbe. Verschon mich bloß damit!«) Zum Abschluss mahnte Wasserman Schultz alle, nicht den »Versuchungen« der Hauptstadt zu erliegen.

Bardella wurde aus seiner Blackberry-Trance gerissen, als die attraktive Reporterin Karin Tanabe, die damals für Politico arbeitete, herüberkam und sich vorstellte. Er war unverkennbar völlig hingerissen. Sie unterhielten sich eine Weile und ich hörte Bardella sagen, dass er »in der Kontrolle« arbeitete, was sich für mich nach einem todsicheren Washingtoner Aufreißerspruch anhörte. Aber dann verdarb Tanabe die Stimmung mit der Bemerkung: »O, mein Freund arbeitet auch in der Kontrolle.« Kurz darauf endete das Gespräch.

Die Abwärtsspirale begann für Bardella auf einer Reise mit Issa nach Las Vegas, wo der Kongressabgeordnete eine Elektronikmesse besuchte. Eigentlich sollte Bardella Issas Babysitter bei einem Interview mit Ryan Lizza vom *New Yorker* spielen, der ein Porträt über den Kongressabgeordneten schrieb. Die meiste Zeit verbrachte Bardella aber damit, Lizza sein Herz auszuschütten und ihm zu zeigen, wie tüchtig er war. Lizza schrieb in seinem Artikel viel über Bardella, den Issa als »meine Geheimwaffe« bezeichnete.

»Mein Ziel ist ganz einfach«, zitierte er Bardella im *New Yorker*. »Ich werde Darrell Issa zu einer faktischen Politikerpersönlichkeit machen. Ich werde mich wie ein Laserstrahl auf die 500 Leute hier konzentrieren, die sich für diesen Mist interessieren, und fertig. Wir haben uns stärker auf dieses Publikum ausgerichtet, damit Darrell seinen Einflussbereich hier bei Leuten ausbauen kann, die verfolgen, wer aufsteigt, wer absteigt, wer gewinnt, wer verliert. Anschließend können wir das zu etwas Greifbarerem ausbauen.«

Der Kongressabgeordnete Elijah Cummings aus Maryland, der neue Spitzenmann der Demokraten im Kontroll- und Verwaltungsreformausschuss, schickte Issa einen Brief: »In einem gestern veröffentlichten Porträt des *New Yorker* über Sie heißt es, dass Sie Ausschusspersonal und Steuergelder verwenden, um Ihr öffentliches Image zu ändern und ›von einem unbekannten Kongressabgeordneten zu einer festen Größe des Washingtoner Medien-Politik-Establishments‹ zu werden. Nach Aussagen Ihrer Mitarbeiter ist Issa Enterprises eine ›bestens organisierte Bestrebung, sein Image zu beeinflussen‹.«

Weiter schrieb Cummings: »Es ist schwer nachvollziehbar, wie das alles mit der offiziellen Tätigkeit unseres Ausschusses zusammenhängt.«

Und er schloss: »Ihr Sprecher hat nicht nur die Ausschussarbeit als ›Mist‹ bezeichnet, sondern auch die Medien verunglimpft.«

Ja, das konnte man so sagen.

»Manche Presseleute sind, glaube ich, einfach stinkfaul«, hatte Bardella zu Lizza gesagt. »Manchmal setze ich einen Beitrag auf und sie bringen ihn wortwörtlich. Das ist einfach nur peinlich. Sie passen sich an eine Zeit an, die weniger Qualität und mehr Quantität verlangt. Und in der Regel ist das zu meinem Vorteil, weil es den meisten Reportern, glaube ich, ganz lieb ist, wenn ich ihnen etwas fix und fertig präsentiere. Die meisten entscheiden sich für den einfacheren Weg, damit sie sich dann der nächsten Sache zuwenden können. Reporter werden daran gemessen, wie oft ihr Zeug auf die Drudge-Webseite kommt. Das ist schlecht, aber es ist nun mal die Realität.«

Lizza führte zudem eine Äußerung Bardellas an, wonach sein Umgang mit den Medien eine neue Wendung erfahren hatte. Seit Issa den Vorsitz im Kontrollausschuss innehatte, »fragen Reporter mich in E-Mails: ›Hey, ich schreibe gerade einen Artikel über diese Sache. Meint ihr nicht, dass ihr das mal untersuchen könntet? Wenn ja, könnt ihr mir dann Unterlagen geben, die ihr bekommt?‹ Ich antworte dann etwa: ›Ihr schreibt, dass wir diejenigen sind, die die ganzen Untersuchungen machen wollen, aber in Wirklichkeit drängt ihr uns doch praktisch dazu!‹«

In der öden Kernsätzesteppe war das hochbrisantes Material. Und in vielen Fällen entsprach es der Wahrheit, aber egal. Bardella steckte in großen Schwierigkeiten. Das republikanische Führungsteam war sauer über sein Geschwafel. Führende Berater von John Boehner, dem Sprecher des Repräsentantenhauses, und dem stellvertretenden republikanischen Fraktionschef Kevin McCarthy wollten, dass Bardella gefeuert wurde. Die endgültige Entscheidung überließen sie Issa. »Ich hatte das Gefühl, meinen Dad enttäuscht zu haben«, sagte Bardella mir.

Issas halber Stab wollte, dass Bardella ging, wie er ihm mitteilte. Man zitierte Bardella zu einem Gespräch mit Issa sowie dem Personalchef und dem Mediensprecher des Ausschusses. Sie waren sich einig, dass Bardella in der Geschichte »wie ein aufgeblasener Trottel dastand«, wie er selbst sagte. Issa teilte ihm mit, dass sein Job auf dem Spiel stand und er innerhalb von 24 Stunden über sein weiteres Schicksal entscheiden würde.

»Ich ging zurück in mein Büro, schloss die Tür, öffnete eine Cola und dachte: ›Heilige Scheiße‹«, erzählte Bardella. Darrell wollte eindeutig nicht, dass er ging, sagte Bardella. Der Chef wirkte nicht einmal sauer, fand er, aber ihm war klar, dass die »Optik« Issa zwingen könnte, Bardella zu feuern. Issa war tatsächlich nicht sonderlich wütend. Er wusste, dass Bardella unreif und unnötig kampflustig sein konnte. Das galt für ihn selbst ebenso, besonders als er noch jünger war. Ihm war aber auch bewusst, dass Bardella ein außerordentlich wichtiger Mitarbeiter war.

Er beschloss, Bardella zu halten. Wieso auch nicht? Vielleicht würden Kollegen ihm ein paar Tage lang ordentlich einheizen, aber Bardella war ein Kämpfer. Was er ihm einbrachte, war der Mühe wert.

»Chef«, sagte Bardella zu ihm, »ich werde das wiedergutmachen. Es tut mir so leid, dass ich Sie in diese Lage gebracht habe.«

— ★ ★ ★ —

Vor dem *New-Yorker*-Fiasko hatte Bardella schon fast genug vom Kapitol gehabt und bei einigen PR- und Government-Relations-Beratern wegen möglicher Jobs die Fühler ausgestreckt. In Issas Büro hatte er ein Grundgehalt von 90 000 US-Dollar im Jahr und war bereit, für ein höheres Gehalt in der Privatwirtschaft seinen »Staatsdienst zu monetarisieren«.

Er führte Gespräche mit David Marin, einem ehemaligen Mitarbeiter des Kontroll- und Verwaltungsreformausschusses, der inzwischen bei der Podesta Group, einer der führenden Lobbyfirmen der Stadt, arbeitete. Nach der *New-Yorker*-Geschichte rief Marin bei Larry Brady an, dem Personalchef der Mehrheitsfraktion im Ausschuss – und einer von Bardellas Vorgesetzten –, um ein gutes Wort für ihn einzulegen.

»Vielen Dank für Ihre freundlichen, verständnisvollen Äußerungen über mich gegenüber Larry«, schrieb Bardella in einer E-Mail an Marin. Dieser versicherte ihm, es sei »alles ernst gemeint, Mann«, und ermunterte ihn, den Kopf hoch zu halten. »Mache ich, Mann«, antwortete Kurt. »Ich würde Sie wirklich gerne mal treffen, um über die Zukunft – so in ein, zwei Jahren –

zu reden.« Sie würden in Kontakt bleiben. Bardella schrieb auch einen Brief an den Chef der Creative Artists Agency, einer Künstleragentur aus Hollywood, und schlug die Gründung einer Firma vor, die Filmstars bei Besuchen in Washington im Umgang mit den Medien unterstützen sollte. Er schwor, sich eine Weile zurückzuhalten und nicht in der Presse – nicht einmal in Playbook – aufzutauchen. Mike Allen lud ihn zum Mittagessen ein und erkundigte sich, wie es ihm ging. Er zeigte sich besorgt um ihn »als Mensch und Freund«, was Bardella sehr zu schätzen wusste.

Er bekam auch aufmunternde E-Mails von Juleanna Glover, einer langjährigen republikanischen Mediensprecherin, Lobbyistin und Gastgeberin, bekannt vor allem, weil sie in ihrer großen Villa in Kalorama Partys für Leute gab, die es zu kennen lohnt.

In ihrem Schreiben versicherte Juleanna ihm, dass Lizzas Enthüllungen über Issas Vergangenheit in seinem verheerenden *New-Yorker*-Porträt den Kongressabgeordneten gegen weitere Untersuchungen seiner Vorgeschichte immun machen würden – »zumal Issa es großartig geschafft hat, alle Fragen zu beantworten«. (Wahrhaftig, Issa war einfach *großartig* darin, die Autodiebstahlvorwürfe wegzuerklären.) »Der Artikel hat sich als echter Beleg für die Klugheit, Einsicht und Menschlichkeit Ihres Chefs erwiesen«, schrieb Glover.

»Vielen Dank, Juleanna«, antwortete Bardella. »Ich weiß Ihr Verständnis zu schätzen.«

Bardella sagte, er sei nicht wütend auf Ryan Lizza. Er selbst habe sich dumm verhalten. Er hätte es besser wissen müssen. Ausdrücklich setzte er sich mit Lizza in Verbindung und verabredete sich mit ihm zu einer Nachbesprechung beim Mittagessen. Mit Ryan stand alles zum Besten.

Aber bei jeder passenden Gelegenheit stichelte er gegen Lizza. Viele wohlinformierte Republikaner deuteten an, der Reporter sei ein einseitiger Liberaler, der es darauf angelegt habe, ihn fertigzumachen. Der republikanische Pressesprecher Matt Mackowiak, der häufig mit Bardella Basketball spielte, schickte ihm eine aufmunternde Nachricht: »He Alter … alles o.k.? Dachte, der Lizza-Text könnte problematisch sein … Hat er dich reingelegt?«

Bardella anwortete: »Bruder – alles aus dem Zusammenhang gerissen. Ich werd's überleben. Im Augenblick mache ich mir mehr Sorgen um Darrell, aber danke für die Nachfrage.«

In den drei Monaten von Dezember 2010 bis Februar 2011 leitete Bardella durchschnittlich sieben bis acht E-Mails am Tag an mich weiter. Die meisten stammten von Journalisten, Fernsehproduzenten und Agenten. Es waren mal mehr, mal weniger, und an manchen Tagen kamen gar keine. Sie vermittelten mir eindeutig Einblicke, wie Bardella seine Tage verbrachte und wie im Kapitol gearbeitet wurde. Die meisten E-Mails waren uninteressant und förmlich – Anfragen, ob der Kongressabgeordnete Issa in diese oder jene Sendung kommen könne oder Angebote von Bardella, diesem oder jenem etablierten Namen »Hilfestellung« zu geben. Howie Kurtz schickte Bardella eine versöhnliche E-Mail, in der er bedauerte, dass er ihn mit Issa verwechselt hatte. Er hoffe, sie könnten nach vorn sehen, und Bardella willigte ein.

Ich hatte den Eindruck, dass Bardella mir vieles schickte, was er für seine beste Arbeit hielt – E-Mails, von denen er fasziniert war und die ihn am besten als echten PR-Mann darstellten, mit dem nicht zu spaßen war.

Als er eine Anfrage erhielt, ob Issa in die Fernsehsendung des liberalen Kommentators Ed Schultz auf MSNBC kommen könnte (»Ihnen alles Gute in der neuen Legislaturperiode«, unterschrieb der Agent), leitete Bardella mir mit Freuden seine Antwort weiter: »In Anbetracht der Tatsache, dass Ed seit Monaten Darrell täglich niedermacht, hat er kein Interesse, in eine Sendung zu kommen, deren Moderator bereits eine vorgefasste Meinung hat.«

Zudem schickte Bardella mir aus der Kategorie »Wie der Kongress wirklich arbeitet« E-Mails seiner Kollegen in anderen republikanischen Presseabteilungen. Sie baten ihn etwa, für sie Äußerungen Issas über ihre Chefs aufzusetzen, die sie in ihren Pressemitteilungen verwenden könnten. So erbat der Pressesprecher des Abgeordneten Patrick McHenry aus North Carolina von Bardella einen Beitrag (von Issa) für die Presseerklärung, die sie zu McHenrys Ernennung zum Vorsitzenden eines Unterausschusses im Kontroll- und Verwaltungsreformausschuss herausgeben wollten. »Patrick wird im Zentrum unserer Ausschussbestrebungen stehen, die Bundesverwaltung stärker dafür zur Rechenschaft zu ziehen, wie sie das Geld des amerikanischen Volkes ausgibt«, ließ Bardella Issa wunschgemäß äußern. Die Standardfloskeln gingen noch einige Sätze weiter.

An einem Freitagabend Ende Februar 2011 klingelte mein Handy. Es war Bardella, er klang unsicher: »Jake Sherman von Politico arbeitet an einem Artikel über mich.« Sherman und seine Kollegin Marin Cogan hatten erfahren, dass Bardella mir E-Mail-Kopien zukommen ließ, erklärte er mir. Ich hatte mich schon gefragt, wann das Thema auf den Tisch kommen würde.

Bardella hatte einer ganzen Reihe von Leuten von den weitergeleiteten E-Mails erzählt. Offenbar um anzugeben. Einige hatten sich ungläubig amüsiert (aber nie wütend) bei mir danach erkundigt. Es war nur eine Frage der Zeit, wann die Geschichte in Umlauf kommen würde. Bardella hatte Ryan Lizza davon erzählt. Lizza hatte mich danach gefragt, als er an seinem Doppelmord an

Issa und Bardella im *New Yorker* arbeitete. Wir hatten noch Witze in der Art gemacht, dass ich sagte: »Ich nehme an, morgen isst du mit Bardella im Bistro Bis zu Mittag, was?« Irgendwann sagte ich vielleicht einmal zu Bardella, er sollte nach Möglichkeit nicht so viel darüber reden. Daraufhin behauptete er, er habe keiner Menschenseele von den weitergeleiteten E-Mails erzählt. Das war eine Lüge, aber ich hakte nicht weiter nach. In Wahrheit fand ich die meisten E-Mails nicht sonderlich interessant. Wesentlich interessanter – und offenbar berichtenswert – war die Tatsache, dass er sie weiterleitete. Hier eine zufällige Auswahl:

★ Ein Produzent von Fox Business erkundigte sich, ob Issa in David Asmans Sendung kommen könne, wer auch immer David Asman sein mochte (offenbar war Issa dort früher öfter zu Gast, hatte die Auftritte aber eingestellt). »In letzter Zeit haben wir uns zurückgewiesen gefühlt«, schrieb der Produzent.

★ Newt Gingrich schrieb persönlich und bedankte sich bei Bardella, dass er dem ehemaligen Sprecher des Repräsentantenhauses vor einem Auftritt in *Meet the Press* ungefragt Kernsätze zu bestimmten Themen geschickt hatte. (»Sehr hilfreich, danke, Newt«)

★ Sam Stein von der Huffington Post war sauer, weil Bardella eine Exklusivmeldung über Issas Kritik an einem Hypothekenprogramm an Politico vergeben hatte. »Brutal«, schrieb Stein. »Das ist ein Fachgebiet der Huffington Post. Sie hätten mit dieser Exklusivmeldung zu uns kommen sollen!«

Am Telefon fragte Bardella mich immer wieder, was er machen sollte. Er sprach leise und atemlos, als verstecke er sich unter einer Treppe. Ich sagte ihm, er sollte sich einfach damit herausreden, dass er über seine Beteiligung an meinem Buch nicht sprechen dürfte – oder ein ähnliches rechtliches Hindernis anführen. Das habe er schon gemacht, antwortete er. Tatsächlich hatte er Sherman jedoch gesagt: »Sie behaupten, ich würde ihn bei jeder E-Mail, die ich versende, ins BCC setzen? Selbstverständlich nicht!« Damit war klar, dass Bardella festgenagelt war. Jeder Idiot wusste, was das bedeutete: Er setzte mich bei einigen E-Mails ins BCC.

Einige Minuten später rief mich Jake Sherman an. Wir waren uns nie begegnet, aber ich wusste, wer er war: ein guter junger Reporter, der seit einem Jahr über den Kontroll- und Verwaltungsreformausschuss berichtete. Aufgrund meines Interesses an Bardella hatte ich seine Artikel (ja, und einige seiner E-Mails) gelesen. Unser Gespräch hatte inoffiziellen Charakter. Ich bestätigte nichts und kam mir dabei wie ein Idiot vor, weil er eindeutig ein zutreffendes Gerücht aufgeschnappt hatte, und mein erster Impuls war, ihm einfach zu sagen, wie die Dinge lagen. Aber es war nicht klar, ob er etwas Veröffentlichungsfähiges in der Hand hatte, und ich wollte nicht seine bestätigende Quelle sein. Dazu war ich nicht in der Lage, solange Bardella mich nicht von unseren Grundvereinbarungen entband – dass ich bis zum Erscheinen dieses Buches keine Details unserer Abmachungen veröffentlichen würde.

Sherman und ich redeten hin und her. Ich erinnerte ihn, dass Karriere und Ruf eines Menschen auf dem Spiel standen – was rückblickend bevormundend und manipulativ geklungen haben muss.

Für normale Nachrichtenkonsumenten wäre ein Pressesprecher im Kapitol, der E-Mails an einen Nachrichtenjournalisten weiterleitet, der ein Buch schreibt, keine sonderlich interessante »Story«. In Städten wie Amarillo, Fort Collins oder Macon wissen nur wenige, was Pressesprecher sind oder warum es sie überhaupt gibt (geschweige denn, dass ihr Anteil an der Hauptstadtwirtschaft

Milliarden Dollar ausmacht). Aber der Hauptstadtclub besteht nicht aus normalen Menschen. Es ist eine besondere Bevölkerung aus Journalisten, öffentlichen Bediensteten, Beobachtern, Politikern und Amtsinhabern – also genau die Leute, über und für die Politico schreibt. Was könnte interessanter sein? Washington steht für das »Me« in Medien.

An diesem Punkt gingen bei mir die Alarmlampen an. Alles war offenbar startklar für einen kleinen Hauptstadtspaß, bei dem ich im Mittelpunkt stand – nicht gerade das, was ein Reporter sich wünscht.

Am folgenden Tag, einem Samstag, rief mich Politicos Mitbegründer und Chefredakteur John Harris an, mit dem ich zusammen bei der *Washington Post* gearbeitet hatte. Er sagte, er sei besonders an der Bardella-Geschichte interessiert und versuche, ihr auf den Grund zu gehen. Unser Gespräch verlief ähnlich wie das mit Sherman am Vortag: John wollte wissen, was vorging, und ich sagte ihm nichts, versuchte aber, hilfsbereit zu erscheinen.

Der einzige Unterschied bei meinem Gespräch mit Harris war, dass ich ihn seit Jahren kannte und lange mit ihm zusammengearbeitet hatte. Nun standen wir aber theoretisch auf unterschiedlichen Seiten, wenn auch vereint durch unsere gemeinsame Beteiligung an diesem esoterischen Spiel: zwei Socken im selben Trockner, die von den Stammkunden des Waschsalons angestarrt werden.

Das Absurde dieser Situation wurde noch durch den Umstand verschärft, dass John und ich uns einige Stunden später bei der Party zu Jim VandeHeis 40. Geburtstag begegnen sollten: VandeHei hatte früher mit uns beiden bei der *Washington Post* gearbeitet und später zusammen mit Harris Politico gegründet. »Kann das nicht bis zu VandeHeis Party warten?«, fragte ich scherzhaft zu Beginn unseres Gesprächs, bevor wir beide in unsere jeweiligen Rollen verfielen.

VandeHeis Party fand in der American Legion Hall auf dem Capitol Hill statt und war ein wahres Festival für die Hauptstadtprominenz. Zu Ehren von Jim wurde ein Video mit dem aufsteigenden republikanischen Star Paul Ryan, Obamas Wirtschaftsguru Austan Goolsbee und Clubhonoratioren wie Bob Woodward und Tom Brokaw gezeigt. Es gab eine klassische Garagenrockband und viel Typisches aus Jims Heimat Wisconsin – Old-Milwaukee-Bier, Fanartikel der Green Bay Packers. Es kamen etwa 150 Gäste, darunter auch einige Journalisten und Redakteure von Politico, die mit der noch unveröffentlichten Bardella-Story zu tun hatten. Keiner von uns sprach über den in Arbeit befindlichen Artikel. Einen Teil des Abends trug ich einen Hut in Käseform, wie er Green-Bay-Packer-Fans ziert.

Am nächsten Tag wandte sich Harris schriftlich mit der Bitte an Issa, er möge als oberster Ermittler im Repräsentantenhaus überprüfen, ob sein Pressesprecher E-Mails von Journalisten an einen anderen Journalisten weiterleitete, der an einem Buch über Leute arbeitete, die solche Dinge interessant fänden.

Falls so etwas tatsächlich geschehe, sei das ein »ungeheuer unprofessionelles« Verhalten, schrieb Harris als Redakteur, der »Besorgnis äußerte« – aus Reportersicht ein kluger Schachzug: Eine offizielle Beschwerde zwang Issa zu einer Reaktion, aus der sich eine perfekte Politico-Story machen ließe. Issa fand ebenfalls das Weiterleiten interner E-Mails »unpassend«.

(Meiner Meinung nach sind E-Mails an Mitarbeiter einer staatlichen Stelle Unterlagen, zu der die Öffentlichkeit legitimerweise Zugang haben sollte. Jack Shafer, Medienautor von Slate, erklärte: »Ich sehe nicht ein, wieso es in Ordnung ist, wenn ein Staatsbediensteter einem Reporter Informationen über eine nationale Sicherheitsangelegenheit zukommen lässt, wenn aber ein Staatsbediensteter weitergibt, was Reporter ihn fragen, ist es ›ungeheuer unprofessionell‹, ›kompromittierend‹ oder ›untragbar‹, wie Harris es ausdrückt.«)

— ★ ★ ★ —

»Ich bin sicher, das ist der Beginn einer denkwürdigen Woche«, postete Bardella kryptisch am Montag, dem 28. Februar, auf seiner Facebook-Seite.

Sherman und Cogan von Politico schrieben an diesem Abend ihren ersten Artikel zu diesem Thema: »Der Abgeordnete Darrell Issa, republikanischer Vorsitzender des mächtigen Kontroll- und Verwaltungsreformausschusses, hat eine Untersuchung eingeleitet, ob Pressesprecher Kurt Bardella ordnungswidrig E-Mails von Journalisten an einen *New-York-Times*-Journalisten weitergeleitet hat, der ein Buch über Washingtons politische Kultur schreibt, wie Politico erfahren hat.« Politico teilt seinen Lesern ständig mit, was das Organ erfahren hat. Weiter hieß es: »Politico hat Issa, Bardella und Leibovich mehrfach Gelegenheit gegeben, zu dementieren, dass E-Mails ordnungswidrig weitergeleitet wurden. Bardella und Leibovich lehnten jeden Kommentar ab. Issa erklärt, dass er es schlichtweg nicht weiß.«

Mir gefiel der finstere Ton, als ob man uns alle zusammen auf einer Flughafentoilette erwischt hätte oder etwas in der Art.

Die Hauptstadtkonventionen verlangten, dass Issa das höchstwichtige *Verfahren* durchführte, die Angelegenheit zu *untersuchen* und dann seine *Ergebnisse* zu präsentieren. Dazu gehörte auch, dass er mich befragte. Aber ich würde nicht an Issas »Untersuchung« mitwirken, weil es »(1) gegen meine Grundvereinbarungen mit Bardella verstieß, (2) eine Beteiligung an einer politischen Übung wäre (die Issas »Untersuchung« eindeutig war) und (3) für einen hartgesottenen Reporter geboten war, der Obrigkeit »die Kooperation zu verweigern«.

In den folgenden Tagen gab es viel Wirbel. In den 72 Stunden, nachdem Politico die »Bombe« hatte platzen lassen, erschienen mindestens 150 Artikel über die *Bardella-Affäre.* (Politico brachte in den ersten 48 Stunden sieben Beiträge zu diesem Thema.) VandeHei erklärte in einem Videoclip auf Politico.com, diese Geschichte werde »das Tagesgespräch antreiben«. Mike Allen widmete ihr an dem Dienstagmorgen, an dem sie »das Tagesgespräch antrieb«, genau die Hälfte von Playbook. Er und andere nannten mich in der Presse bei meinem Spitznamen »Leibo«, der sich seit dem ersten Schuljahr durch alle Stationen meines Lebens gehalten hatte. Im Allgemeinen habe ich nichts gegen diesen Spitznamen. Auf dem College war er immer ein gutes Frühwarnsystem, welche Frauen niemals mit mir ausgehen würden (wenn sie mich infantilisierend »Leibo« nannten, hatte ich keine Chance). Aber in der Presse »Leibo« genannt zu werden, gefiel mir nicht, weil es eine Vertrautheit und Cliquenzugehörigkeit suggerierte, die zwar weit verbreitet war, mit der ich aber nicht so ohne Weiteres abgestempelt werden wollte – zumal ich gerade darüber ein Buch schrieb.

Mein Arbeitgeber, die *New York Times,* brachte ebenso einen Artikel über die Bardella-Geschichte wie mein früherer Arbeitgeber, die *Washington Post.* Viele, die ich seit Jahren kannte, mit denen ich zusammenarbeitete und Kontakte pflegte, schrieben Artikel, Blogposts und Kolumnen über die Sache. Alle Beiträge waren komisch gespickt mit »umfassenden Enthüllungen«, denen zufolge die Autoren mit diesem oder jenem und in vielen Fällen mit mir befreundet waren.

Ich steckte mittendrin in dem Schlamassel, hatte allerdings das Gefühl, sehr populär zu sein. Shafer, der Pressekritiker von Slate, monierte, wie John Harris sich aufspielte und überreagierte, und fügte hinzu: »Zur Information: Mark Leibovich ist ein Freund von mir.« (Obendrein schrieb er mir am selben Tag in einer aufmunternden E-Mail: »Mir gefällt deine Glatze.«) Ryan Lizza verfasste einen langen Blogpost für den *New Yorker* (»Umfassende Enthüllung: Sowohl Cogan als auch Leibovich sind Freunde von mir«). Jeffrey Goldberg, Autor des Goldblog der Zeitschrift *Atlantic,* trug ein kurzes Posting bei, in dem er erklärte, ich sei ein »Freund des Goldblog« und das gelte auch für Shafer (»außer wenn er mich gerade wegen irgendwas anbrüllt«), und Lizza sei sein Nachfolger beim *New Yorker* (»und ebenfalls ein Freund – ja, ich wundere mich auch, dass ich Freunde habe, auch wenn ich hauptsächlich wechselnde Verbündete habe«).

Dana Milbank (ein Freund!) schrieb in seiner Kolumne in der *Washington Post:* »Wenn Washingtons politische Kultur noch inzestuöser wird, werden unsere Kinder mit zu vielen Fingern geboren.«

Den besten Beitrag zu der ganzen Geschichte schrieb John Dickerson, politischer Autor für Slate, Sprecher von CBS News, auf Twitter: »Statt ein Buch über Washingtons Selbstbezogenheit zu schreiben, hat Mark Leibovich die Leute dazu gebracht, sie in Echtzeit auszuleben.«

Am Dienstagmorgen rief Issa mich an. »He, wir sind in den Nachrichten«, sagte ich vielleicht ein bisschen zu locker zu ihm. »Ich hatte schon bessere Wochen«, antwortete er. Dann leierte ich den Standardsatz herunter, dass ich ihm nicht bei seiner Untersuchung helfen würde. Mein Tian'anmen-Platz! Issa akzeptierte das anscheinend und wirkte, als ob er mit seinem Anruf lediglich einen Punkt abhakte und sich das Recht erkaufte, in seiner späteren

Schilderung der Untersuchung öffentlich zu sagen, er habe »mit Leibovich gesprochen«. Unser Gespräch dauerte zwei oder drei Minuten. Ich sagte ihm, dass ich Bardella nicht für einen schlechten Kerl hielt und ihm keine bösen Absichten zutraute.

Im Lauf des Tages rief Issa Bardella in sein Büro und feuerte ihn. Sein Verhalten werfe ein schlechtes Licht auf Issa und den Kontroll- und Verwaltungsreformausschuss, erklärte er seinem Mini-Ich. In einer Presseerklärung gab Issa bekannt: »Der stellvertretende Kommunikationsdirektor des Ausschusses, Kurt Bardella, hat E-Mail-Korrespondenz von Journalisten an den *New-York-Times*-Journalisten Mark Leibovich für ein Buchprojekt weitergegeben. Dieses zwar begrenzte Vorgehen war höchst unangemessen, ein grundlegender Vertrauensbruch gegenüber den Journalisten, die zu unterstützen es seine Aufgabe war, und unvereinbar mit etablierten Regeln des Medienbüros. Aus diesem Grund wurde sein Beschäftigungsverhältnis beendet.«

Im Internet tauchten Meldungen über Bardellas Entlassung auf. Im Newsletter der Huffington Post, »HuffPost Hill«, hieß es: »Ein Buch über die inzestuösen Washingtoner Verhältnisse – geschrieben von einem Mann, den alle inzestuös ›Leibo‹ nennen – sorgte inzestuös dafür, dass jemand gefeuert wurde.«

Es ist kein Spaß, etwas mit der Entlassung eines anderen zu tun zu haben. Zudem redeten manche mit mir oder über mich ganz so, als wäre ein Haufen schleimiger E-Mails, die Journalisten an einen Pressesprecher im Kapitol geschickt hatten, mit zugespielten Pentagon-Papieren zu vergleichen. Ja, Journalisten schleimen sich ein, besonders hier, wie Shafer in einer der endlosen Analysen dieser Geschichte anmerkte: »Wenn es ein Verbrechen wäre, sich bei wichtigen Quellen einzuschleimen, säßen in diesem Augenblick 95 Prozent aller Washingtoner Journalisten im Gefängnis.« Manche drängten mich, in meinem Buch möglichst viele E-Mails ihrer

Kollegen zu veröffentlichen. »Ein Buch über die Medienverknüpfungen in der Hauptstadt, das nicht für einige in gewissem Maße peinlich ist, wäre wie ein Film über die Wüste ohne Sand«, schrieb Clint Hendler in der *Columbia Journalism Review.* Da stand ich also mittendrin im »Bardella-Fall«, von dem Chad Pergram von Fox News sagte, dass er »eine Weile im Kongress widerhallen wird« und »als symbolische Geschichte vom Aufstieg und Fall eines Menschen in einer der unerbittlichsten Arenen der Welt dastehen wird«.

Wäre diese »symbolträchtige Geschichte« zehn Jahre früher passiert, hätte sie vielleicht in Howard Kurtz' Kolumne »Mediennotizen« in der Montagsausgabe der *Washington Post* Erwähnung gefunden oder einen ausführlicheren Bericht in der *Columbia Journalism Review* bekommen. Da sie aber 2011 passierte und sämtliche Internetportale und alle möglichen Leute ihre »Sicht« der Dinge beitragen wollten, »beherrschte« die Geschichte des skrupellosen Pressesprechers das Kapitol eine ganze Woche lang – in der ansonsten die Mehrheitspartei im Kongress den Staat lahmzulegen drohte und in Kairo eine Revolution ausgebrochen war.

Kurtz widmete der Episode sogar einen Teil seines CNN-Medienmagazins *Reliable Sources.* In einem Interview mit seinem ehemaligen *Washington-Post*-Kollegen John Harris erinnerte Kurtz die Zuschauer an seine eigenen Erfahrungen mit Bardella – an den Vorfall, bei dem er Issa zitiert hatte, obwohl er eigentlich mit Bardella telefoniert hatte. Da Bardella aber nun in Ungnade gefallen war, erhob Kurtz nun neue Vorwürfe gegen ihn – und behauptete, Bardella habe den Abgeordneten Issa »imitiert« und deshalb habe er die beiden verwechselt.

In Wirklichkeit ist in Washington ein »Skandal«, bei dem es nicht um gewählte Volksvertreter, Geld oder nackte Haut geht, kein echter Skandal – außer für die Medien, und das auch nur, wenn es um die Medien geht. »Der Bruch zwischen Issa und

Bardella ... ist nach Kongressmaßstäben etwa so erschütternd wie die Scheidung von Brad Pitt und Jennifer Aniston«, schrieb Pergram auf FoxNews.com.

Alex Pareene vom Internet-Magazin Salon.com produzierte einen der besseren »Distanz-Artikel« zu der ganzen Affäre: »Das von sich besessene, Nabelschau haltende Washingtoner Pressecorps ist in heller Aufregung über die Entlassung des Pressechefs eines Kongressabgeordneten (eines Mannes, dessen Aufgabe es war, sich mit Mitgliedern des Washingtoner Pressecorps anzufreunden, Meinungsmache zu betreiben und ihnen Informationen zuzuspielen), der wegen des Verbrechens gefeuert wurde, dass er Journalisten-E-Mails an einen anderen Journalisten weitergegeben hat, der an einem Buch über das von sich besessene, Nabelschau haltende Washingtoner Pressecorps schreibt.«

Erwartungsgemäß erwies sich die »symbolträchtige Geschichte« als Schneeflocke, die sich nach einigen Tagen in nichts auflöste. Viele versicherten mir, diese Kontroverse habe eine Menge »Wirbel« um mein Buch verbreitet, und was war schließlich wichtiger als das? Wohl wahr, nehme ich an, obwohl ich aus schriftstellerischem Eigennutz befürchtete, dass dies das wohlgeordnete Ende der Washingtoner »Erzählung« von Kurt Bardella zu sein schien.

Bardella war untergetaucht. Alle Karrierenachrufe – die mahnenden Geschichten, die Beschwörungen des »Jungen, der zu nah an die Sonne flog« – listeten die Warnungen und »Ich-hab's-doch-gesagt«-Mahnungen auf.

Politico schrieb: »»Es war nur eine Frage der Zeit«, sagte ein Reporter einer Kapitol-Zeitung, der mit Bardella zusammengearbeitet hatte.«

»Kurt hat Warnsignale bekommen«, erklärte ein Mitarbeiter des republikanischen Stabes im Repräsentantenhaus, dem Politico Anonymität zugesichert hatte. »Hätte jemand gesagt: ›Pressesprecher X hat das gemacht‹, hätten acht von zehn Leuten auf Kurt getippt.«

Bardella war ganz unten und in Hinblick auf meine Geschichte hatte ich den Eindruck, dass er da auch bleiben würde. Wie dumm von mir. Ich ging davon aus, dass Bardellas Karriere am Ende war und man nie wieder von ihm hören würde. Und das widerspricht einem Naturgesetz der gigantischen Hauptstadtamöbe, das besagt, dass man in dieser Stadt immer wieder ein Mittagessen bekommt.

Bardella verschwand für einige Wochen von der Bildfläche. Ich hörte nichts von ihm. Sporadisch schrieb er auf seiner Facebook-Seite, dass er Basketball spielte und auf dem Capitol Hill war. Er postete Bibelverse: »Der Herr ist mein Hirte; mir wird nichts mangeln.« Er hatte viele neue Facebook-Freunde, unter anderem George Deukmejian, den ehemaligen republikanischen Gouverneur von Kalifornien. Mit Freunden sprach er darüber, dass er seinen Weg verloren habe und nun zu Gott zurückkehre. Er dachte viel über sich nach. Abgesehen von der Tatsache, dass Bardella eine katholische Schule besucht hatte, hatte ich ihn nie über Religion reden hören, aber jetzt fuhr er voll auf den Glauben ab. Ich will ja nicht zynisch erscheinen, aber (ach, zum Teufel!) öffentlich bekundeter Glaube ist in Washington tendenziell der erste Schritt zur Rehabilitation.

Anfang April schickte er mir eine E-Mail und entschuldigte sich, dass er sich länger nicht gemeldet hatte. Ich war etwas überrascht, weil ich dachte, er wollte vielleicht mit mir als dem Hauptkomplizen seines Niedergangs nichts mehr zu tun haben. Außerdem war ich erleichtert, dass mit ihm alles okay war. Niemand, mit dem ich in den vorangegangenen Wochen gesprochen hatte, wusste, wo Bardella war. Ein Blogger behauptete, er sei nach Kalifornien gezogen, aber wie sich herausstellte, hatte er sich nie weit von seiner Wohnung in Virginia entfernt und nur gelegentlich Freunde auf dem Capitol Hill besucht. Nun wollte er sich mit mir treffen, um mich auf den neuesten Stand über seine Überlegungen und Pläne zu bringen.

Etwa um diese Zeit begann er, Kommentare für Politico zu schreiben. Ja, für Politico: also für die Publikation, die Bardella in Washington berühmt gemacht, seinen Namen innerhalb von zwei Jahren zwei Dutzend Mal in Artikeln erwähnt und bis zum Erbrechen über die weitergeleiteten E-Mails und über jeden Aspekt seiner Schmach berichtet hatte. Nach nur wenigen Wochen in der Versenkung diente Politico ihm nun als Motor seiner Rehabilitierung. Als »Kurt Bardella, ehemaliger Kongressmitarbeiter«, schrieb er kurze Beiträge für die Rubrik »Arena« der Webseite, ein offenes Forum, in dem Leser »ihre Sicht« eines Ereignisses darstellen konnten.

»Ich musste meinen Namen da draußen präsent halten und im Gespräch bleiben«, erklärte Bardella mir seine Politico-Kommentare einige Wochen später. Er brauchte es wie die Luft zum Atmen, seinen Namen gedruckt zu sehen. Als ich anmerkte, vielleicht sei er ein bisschen süchtig nach den kleinen aufputschenden Prisen Ruhm, an die sich ein Akteur der Nachrichtenzyklen gewöhnt habe, stritt er es vehement ab. Die Kommentare »waren lediglich meine Art, mich wieder ein bisschen ins Spiel zu bringen«, erklärte er.

Bardella bat mich, ihn in einem Sportclub im Ritz-Carlton zu treffen, wo er täglich drei Stunden Basketball spielte. Ich vermutete, dass er sich in der Rolle einer filmreifen Sportskanone gefiel. Er wollte, dass ich ihn so sah – und idealerweise in meinem Buch so präsentierte –, da er (vorerst) darauf reduziert war, sich einsam mit seinen geliebten Körben zu trösten. Während er sich mit mir unterhielt, warf er Drei-Punkte-Körbe, einmal sogar acht hintereinander. Kobe Bryant kann eben spielen. Und das Spielfeld war ein perfektes Bild für den zwangspausierenden Stabsmitarbeiter – der ideale visuelle Rahmen für die Rehabilitierungserzählung.

Wir aßen in einer Snackbar neben dem Spielfeld zu Mittag. Er aß ein Sandwich mit Geflügel-Teriyaki und sprach von seiner Spiritualität. »Gott hat für jeden von uns einen Weg«, sagte er finster. Er hatte um Geduld und Demut gebetet. Mehrmals hatte er mit Issa gesprochen, der offenbar nicht wütend auf ihn war. »Jahrelang hat er mich instinktiv angerufen, sobald er aus einem Flugzeug gestiegen ist«, sagte Bardella. »So eine Verbindung geht nicht so einfach verloren.« Ich fragte ihn, ob er sich vorstellen könnte, wieder für Issa zu arbeiten. Sicher, antwortete er, alles ist möglich. Aber er müsste eine Weile warten, von seinen Ersparnissen leben und sehen, was sich ergäbe.

Durch die Geschichte hatte Bardella falsche Freunde verloren – die anonym schlecht über ihn redeten –, und das war nur gut so, fand er. Aber er hatte auch Unterstützung erfahren. Der Obama-Pressesprecher Bill Burton, der mir als Erster vorgeschlagen hatte, über Issa zu schreiben, schickte Bardella einen Durchhaltegruß. Mike Allen fragte nach, wie es ihm ging. Mehrere Journalisten, die (zu Recht) vermuteten, dass Bardella mir ihre E-Mails weitergeleitet hatte, schrieben ihm, dass sie es ihm nicht verübelten, und boten ihm an, sich mit ihm zu treffen. Und falls er Lust habe, über seine Geschichte zu reden, würden sie seiner Darstellung bestimmt »faires Gehör« verschaffen.

»Ich spürte, wie die Schleimerbrigade wiederkam«, erzählte er mir. Falsches Mitgefühl zeichnet einige der besten Journalisten der Stadt aus und alle versprechen »faires Gehör«. Schließlich gab Bardella seine Geschichte einem Journalisten der mittlerweile eingestellten *North County Times*, den er seit Jahren aus seiner Heimatstadt in der Nähe von San Diego kannte. »Ich bin ein bisschen vom Weg abgekommen«, erzählte er dem Reporter Mark Walker.[12] Mir sagte er, dass Walker freundlich und ohne weitere Fragen über seine Geschichte schreiben würde. Und das tat er auch. Anschließend schickte Bardella den Artikel Mike Allen, der seine Äußerungen exklusiv zitieren und seine Zerknirschung in der Playbook-Gemeinde verbreiten wollte.

Einige Wochen nach Bardellas Entlassung traf ich manche, die mir sagten, sie hätten etwas über mich gelesen, wüssten aber nicht mehr genau, was. Bardella ging es ebenso. Die Lebensdauer öffentlicher Schande reduziert sich so weit, dass am Ende das eigentliche Vergehen weggewaschen ist und nur ein neutraler Glanz von Berühmtheit übrig bleibt.

Eines Tages erhielt Bardella einen Anruf von einem Produzenten von Anderson Coopers CNN-Fernsehsendung. Sie wollten ihn als »republikanischen Strategen« oder etwas in der Art für eine Fernsehdiskussion über Leute, die bezweifelten, dass Präsident Obama tatsächlich in den Vereinigten Staaten geboren sei. Der Produzent erklärte ihm, sie suchten »neue Stimmen« für die Sendung. Bardella – der (als seltener asiatisch-amerikanischer Fernsehexperte) den Bonus »facettenreich« hatte – zeigte sich interessiert. Also machten sie ein Vorinterview für die Sendung, das aber durchfiel. Sie vereinbarten, in Kontakt zu bleiben.

Ende Mai trafen Bardella und ich uns erneut. Auf seinen Vorschlag hin verabredeten wir uns in einer Zigarrenbar in der Innenstadt, Shelly's Back Room. Dort hatte er seinen eigenen Humidor. Ich hasse Zigarrenbars.

Aber ich willigte ein, mich mittags dort mit ihm zu treffen. Ich bemühte mich wirklich, ihn selbst jetzt noch zu mögen oder zumindest interessant zu finden. Er erzählte mir, dass er einige

12 Walker, Mark (2011): Exclusive: Former Issa Spokesman Breaks Silence. In: North County Times, 18. März 2011.

Gespräche über Jobs geführt hatte: mit einem konservativen »Super-PAC« – einer Gruppierung, deren vorrangige Aufgabe die Finanzierung politischer Werbung ist –, hinter dem die milliardenschweren Brüder Koch standen, sowie mit einer PR-Firma in Washington.

Er hatte auch mit dem Journalisten Jonathan Strong von der neuen konservativen Webseite Daily Caller gesprochen, die der libertäre Fernsehmoderator Tucker Carlson mitbegründet hatte. Da Strong über den Kongress berichtet hatte, kannte er Bardella. Einige seiner E-Mails hatte Bardella an mich weitergeleitet und eine Korrespondenz von Anfang Februar war mir im Gedächtnis geblieben.

»Gefälligkeit« hatte Strong in die Betreffzeile geschrieben. In der E-Mail erklärte er, dass der Daily Caller Werbematerial für Anzeigenkunden zusammenstellte, und fragte an: »Ich habe die Aufgabe, einige Zitate von Kongressabgeordneten einzuholen, wie sie den Daily Caller lesen und wie er ihnen gefällt. Könnten Sie mir dabei helfen?« Es erschien mir selbst nach Hauptstadtmaßstäben als ziemlich plump vertraulich, dass ein Kongressreporter einen Kongressabgeordneten bat, seinen Namen für das Werbematerial einer Publikation herzugeben. Bardella zeigte sich hilfsbereit. Er erkundigte sich, was Strong gern von Issa hören wollte. »Etwas wie: Ich lese gern den Daily Caller, mit leichten Abwandlungen«, antwortete Strong. »Ich lese ihn täglich, mein Stab hält sich durch die Lektüre auf dem Laufenden usw.« Er fügte noch hinzu: »Meine Chefs machen mir deswegen die Hölle heiß.« Innerhalb von drei Minuten hatte er Bardellas Anwort. »Der Daily Caller hat sich nicht nur zu einer Pflichtlektüre in Washington entwickelt, sondern auch seine führende Stellung in einem Nachrichtenzyklus behauptet, der sich im Lauf des Tages ständig verändert. Ich kann gar nicht sagen, wie oft mein Stab mir

Meldungen schickt, die vom Daily Caller stammen – Abgeordneter Darrell Issa.«

»Super. Danke«, schrieb Strong eine Minute später an Bardella.
Nun suchte der Daily Caller einen neuen Werbechef, der seine Artikel in Umlauf bringen und Wirbel um die noch junge Webseite
machen sollte. Strong erkundigte sich, ob er Tucker Carlson Bardella empfehlen dürfe. »Klar«, antwortete der. Carlson, der aus dem Daily Caller eine konservative Variante der Huffington Post zu machen hoffte, war von Bardellas Energie und Ehrgeiz beeindruckt.
Ganz offensichtlich hatte Bardella Issa viel überwiegend positive
Medienaufmerksamkeit verschafft (bis sie ins Negative umschlug).

Mit besonderem Eifer geißelte Carlson die selbstgerechte, ver-
urteilende Haltung des Hauptstadtclubs. »Das ist so eine vorein-
genommene Stadt, wenn es um Leute wie Kurt geht«, erklärte
Carlson, der einige Jahre zuvor an dem Wettbewerb *Dancing with
the Stars* teilgenommen hatte. Im April hatte er mich angerufen
und mich nach meiner Meinung gefragt, ob er Bardella einstellen
sollte. Es widerstrebte mir, mich auf die eine oder andere Weise
weiter in Bardellas Schicksal einzumischen. Aber ich fand, es war
das Mindeste, was ich für ihn tun konnte, nachdem man ihn mei-
netwegen gefeuert hatte. Also legte ich ein gutes Wort für ihn ein.

Ich sagte Carlson, was er ohnehin schon wusste: dass Bardella
hochriskant, aber potenziell gewinnbringend, getrieben, talentiert
und unreif sei. Er habe etwas Verzweifeltes an sich und müsse gut
im Auge behalten werden. Aber ihn einzustellen könne durchaus
ein kluger Schritt entgegen jeder Intuition sein. Carlson lud Bardella zu einem Vorstellungsgespräch ein und stellte ihn eine Woche später ein.

Innerhalb weniger Wochen schrieb Bardella Kommentare für
den Daily Caller. Sein erster Beitrag befasste sich mit dem Eintritt
der Kongressabgeordneten Michele Bachmann in den Präsident-

schaftswahlkampf. »So lange ihre Kandidatur nicht völlig implodiert, schafft allein schon ihre Anwesenheit, egal, ob sie gewinnt oder verliert, im republikanischen Feld Gefahren für die etablierteren Kandidaten«, äußerte Bardella.[13] Sein Kommentar wurde in Auszügen in den morgendlichen E-Mail-Newslettern zitiert, unter anderem in The Note von ABC und in First Read von NBC. Die Leute lasen, was er zu sagen hatte, und schickten ihm Rückmeldungen.

Bardella war ganze zwei Monate in der Versenkung verschwunden. Nun war er wieder da, ebenso wie Jack Abramoff, der nach dreieinhalb Jahren Haft aus dem Gefängnis entlassen wurde. Es gab viel Wirbel um Abramoffs Buch, das im Lauf des Jahres erschien. Zu seiner Buchparty in Carlsons Haus warteten jede Menge Hauptstadtjournalisten in der Schlange auf den Parkservice. Abramoff hielt eine Rede, gab viele Interviews und zeigte sich weiterhin reuig. Jeden Tag war Jom Kippur. Er vermittelte die Botschaft strikter Bußfertigkeit. Politico verknüpfte mit seiner Buchveröffentlichung ein Videoporträt, in dem der Moderator Patrick Gavin dem sympathischen Verbrecher Fragen stellte wie: »Und was nehmen Sie aus dem Gefängnis mit?« oder »Sind Sie aufgeregt über den Auslieferungsbeginn?«

Bardellas Rückkehr aus der Versenkung erfolgte wesentlich schneller, als er gedacht hätte. Er sagte, es mache ihm Spaß und er bemühe sich, ein besserer Mensch zu werden, aus seinen Fehlern zu lernen und sich gottgefällig zu verhalten.

Unterdessen hatte die Werbechefin bei Daily Caller, deren Nachfolge Bardella antrat, eine neue Stelle im Kapitol als Pressesprecherin eines publicityhungrigen republikanischen Abgeordneten aus Kalifornien angetreten: Darrell Issa.

---

13 Bardella, Kurt (2011): Bachmann Can Win by Losing. In: Daily Caller, 16. Mai 2011.

— ★ ★ ★ —

Kaum vier Monate nach seiner Entlassung widmete Luke Mullins Bardella ein 7400 Worte umfassendes Porträt in der Zeitschrift *Washingtonian,* dem Hochglanzmagazin, das Clubmitglieder bei Whole Foods an der Kasse mitnehmen. Die Story trug den Titel: »Kurt Bardella: The Comeback«.

Bardella fand, dass der Beitrag ihn in einem guten Licht erscheinen ließ und dazu beitrug, sein Profil abzurunden. Beim Lesen des Artikels gewann man den Eindruck, dass sich für Bardella der Kreis schon bald schließen würde. Issa wurde mit der Äußerung zitiert, dass Kurt »bei uns immer ein Zuhause hat«. Bardella und einige seiner Kollegen hatten diese Möglichkeit mir gegenüber bereits erwähnt. Als Bardella Anfang März abgetaucht war, war zudem auch Issa aus den Medien verschwunden: Der Kongressabgeordnete versuchte sich nach der unangenehmen E-Mail-Geschichte zurückzuhalten. Aber es war klar – und im Kapitol sprach man darüber –, dass er Bardella vermisste. Ohne sein Mini-Ich hatte er sich anscheinend wieder in einen unscheinbaren Kongressabgeordneten verwandelt.

Am 24. August 2011, keine sechs Monate nach seiner Entlassung, wurde Bardellas Rückkehr in Issas Stab bekannt gegeben. Es wirkte wie die logische Vollendung des Lebenszyklus: die Schlange, die sich in den Schwanz biss.

In seiner neuen Stellung hatte Bardella nichts mit der Presse zu tun. Er war als Stabsmitarbeiter Issas Rechtsberater unterstellt. Der Kontroll- und Verwaltungsreformausschuss gab eine Presseerklärung heraus, dass Issa der Ansicht sei, Bardella habe eine zweite Chance verdient, auch wenn er sich unangemessen verhalten habe.

9
Darstellende Künste

Richard Holbrooke trat im Weißen Haus ans Urinal.

»Eric, ich bin sehr enttäuscht von Ihnen«, sagte er zu dem erschrockenen Mitarbeiter des Weißen Hauses, der neben ihm pinkelte. Möglicherweise war Holbrooke dem jungen Mann auf die Toilette gefolgt. Das war ihm zuzutrauen.

Der Mitarbeiter war Eric Lesser, der im Obama-Wahlkampf Koffer geschleppt und sich geschickt auf die Position des Assistenten von David Axelrod hochgearbeitet hatte. Wie die meisten Assistenten in Washington war auch Lesser im Grunde nur ein besserer Sekretär. Aber in einer Regierung, die in ihren ersten Monaten von den Medien geradezu verschlungen wurde wie eine kostenlose Mahlzeit, war selbst ein ehemaliger Kofferträger heiß begehrt. Die *New York Times* hatte zwei Artikel über ihn gebracht. Bevor Lesser an die Harvard Law School ging, ehrte Tammy Haddad ihn mit einer Party. Durch seine gute Stellung in der Hauptstadt war Lesser ein »lohnender Kontakt«.

Lesser hatte gute Manieren, war gewissenhaft und saß zwei Türen vom Oval Office entfernt: Er hatte Zugang zu Axelrod und Axelrod konnte einem Zugang zu Obama verschaffen. Niemand wusste das besser als Holbrooke, der unerbittliche Diplomat, der in den 1990er-Jahren einen Frieden zwischen den Kriegsparteien in Bosnien ausgehandelt hatte. Holbrooke war vielleicht außer George F. Kennan der fähigste amerikanische Diplomat, der nie in den Ministerrang aufstieg. Ein Grund dafür war, dass er unkontrollierbar war – einer von der Sorte, die einen bis auf die Herrentoilette verfolgen.

Den »Inbegriff des Washingtoner Besserwissers« nannte Admiral Mike Mullen, der Vorsitzende der Gemeinsamen Stabschefs, ihn voller Zuneigung. Aber Holbrookes Referenzen waren nicht von der Hand zu weisen. Er hatte sein Handwerk bei einigen der außenpolitischen Schwergewichte des vorigen Jahrhunderts gelernt. Er nahm als jüngster Mitarbeiter des Außenministeriums an den Pariser Friedensgesprächen zwischen Nord- und Südvietnam teil, arbeitete an den Pentagon-Papieren zu Vietnam mit, diente im Peace Corps, war Herausgeber der Zeitschrift *Foreign Policy*, leitete später die Ostasien- und Pazifikabteilung im Außenministerium und war Botschafter in Deutschland und bei den Vereinten Nationen. Auf Drängen seiner langjährigen Freundin, Außenministerin Hillary Clinton, hatte Obama ihn zum Sonderberater für Pakistan und Afghanistan ernannt.

Als Machtkenner studierte Holbrooke die meisterhaften Schachzüge von Clark Clifford, dem prägenden Strippenzieher Washingtons im ausgehenden 20. Jahrhundert (dessen Memoiren er mitverfasst hatte). Holbrooke bestaunte, wie Clifford in Edward Bennett Williams Eigner-Loge bei den Spielen der Redskins vorging und sich genau dort positionierte, wo wichtige Persönlichkeiten ihn beim Eintreten sofort sehen mussten.

Der Eröffnungszug auf der Herrentoilette war ein Lieblingstrick in Holbrookes Mauschelarsenal. Allerdings beschränkte er seine Badezimmerpolitik keineswegs auf Urinale. »Einmal kam

Richard mir auf die Damentoilette nach, um mir etwas Wichtiges zu sagen«, erzählte Hillary Clinton. »In Pakistan!«

Nun stand Dick Holbrooke also neben Lesser, dem Türhüter des Türhüters des Präsidenten, und erklärte, dass er enttäuscht sei. Warum?

»Sie haben mir keinen Termin bei David besorgt.« Schon seit einiger Zeit hatte Holbrooke zu Axelrod vorzudringen versucht, auf den er die größten Hoffnungen setzte, dass er ihm zu einem Gespräch mit Obama verhelfen könnte.

Als ich Lesser nach der Urinalepisode fragte, die ich nur vom Hörensagen kannte, lehnte er jeden Kommentar ab und antwortete lediglich: »Ich ziehe es vor, meine Urinalgespräche für mich zu behalten.«

Washington ist voller selbsternannter überlebensgroßer Persönlichkeiten. Holbrooke repräsentierte deren Idealtypus sowohl in Bezug auf die Überlebensgröße als auch auf die Selbsternennung. »Das Ego ist gelandet«, teilten sich Regierungsmitarbeiter auf ihren Blackberrys mit, sobald Holbrooke bei einer Sitzung eintraf.[1]

Da Holbrooke von der historischen Bedeutung seiner Arbeit überzeugt war, hatte seine Art, andere zu bedrängen, herumzukommandieren und sich einzuschmeicheln, etwas Karikaturenhaftes. »Er übertrieb diese ganze Schmeichelei, obwohl man im Grunde wusste, dass er kein Wort davon meinte«, sagte Bill Clinton über Holbrooke.[2]

---

1   Kamen, Al (2009): In the Loop. In: The Washington Post, 27. April 2009.

2   Bill Clinton, Rede bei Richard Holbrookes Trauerfeier im Kennedy Center, 14. Januar 2011.

Aber unter seinen Protegés hatte er treue Anhänger. In gewissen Kreisen des außenpolitischen Establishments der Demokraten wurde er nicht nur geduldet, sondern verehrt. Als Averell Harrimans Witwe Pamela 1997 in der National Cathedral zur letzten Ruhe getragen wurde, gehörte er zu den Sargträgern. Bei der Beerdigung des ehemaligen Verteidigungsministers Les Aspin 1995 hielt er die Trauerrede und würdigte das »triumphale, aber unvollendete Leben« des Verstorbenen.

Er war mit Diane Sawyer liiert, heiratete in dritter Ehe die ehemalige ABC-News-Korrespondentin Kati Marton, die vorher mit Peter Jennings verheiratet war, und war mit einer Fülle bekannter Journalisten eng befreundet (unter anderem mit Tom Brokaw und Charlie Rose). Sie lobten seinen Intellekt und sein weites Herz und feierten seine schrulligen Egotrips. Er beschäftigte einen persönlichen Archivar. »Richard ist eben Richard«, griffen sie einen Lieblingssatz Hillary Clintons auf, mit dem sie Holbrookes anstrengende Persönlichkeit als – manchmal – der Mühe wert entschuldigte.

»Was für ein Arschloch«, stichelte ein Freund Bill Clintons einmal gegenüber dem Ex-Präsidenten, als er Holbrooke bei einer Veranstaltung der weltweiten Nichtregierungsorganisation Asia Society, die er geleitet hatte, schwafeln hörte.

»Ja«, bestätigte Clinton. »Aber er ist unser Arschloch.«

Holbrooke war nie Obamas Arschloch. Der Präsident hatte schon bald genug von ihm. Laut einer häufig erzählten Anekdote gab es während der Debatte über die amerikanische Truppenstärke in Afghanistan 2009 im Situation Room des Weißen Hauses eine Besprechung außenpolitischer Berater mit dem Präsidenten, bei der Holbrooke den Oberbefehlshaber melodramatisch erinnerte, er stehe vor einer »folgenschweren Entscheidung«, vergleichbar der, mit der Lyndon B. Johnson sich in Vietnam konfrontiert gesehen habe. Darauf erwiderte der Präsident kühl: »Reden Leute wirklich so?«[3]

Obamas Sicherheitsstab – vor allem der Nationale Sicherheitsberater James Jones und sein Stellvertreter Denis McDonough – konnte mit Holbrooke ebenfalls nicht viel anfangen. Für viele im Weißen Haus verkörperte er die alte Garde des außenpolitischen Establishments der Demokraten. Außerdem gehörte er genau zu der Sorte von Drama Queen, die die dramafeindliche Obama-Kultur nicht ausstehen konnte. Vizepräsident Biden bezeichnete Holbrooke als den »egoistischsten Scheißkerl, den ich je getroffen habe«, wie Bob Woodward in *Obama's Wars* schrieb.[4] Allerdings räumte er ein, dass Holbrooke dank seiner fanatischen Energie und seiner guten Kontakte in Afghanistan und Pakistan (»AfPak«, wie Holbrooke es hartnäckig nannte) vielleicht gerade der Richtige für diese Aufgabe war. Aber das Verhältnis verschlechterte sich so weit, dass Sicherheitsberater Jones Holbrooke 2009 und Anfang 2010 nahelegte, sich nach einem anderen Job umzusehen. Ein heikler Punkt war Holbrookes Mitwirkung an einem Porträt, das George Packer im September 2009 für den *New Yorker* schrieb und das ihn nach Auffassung vieler allzu stark in den Mittelpunkt rückte.[5] Unter der Überschrift »Die letzte Mission« zeichnete es Holbrooke als heldenhaft von dem Bestreben besessen, in Afghanistan die Fehler von Vietnam zu vermeiden. Der Präsident war keineswegs glücklich darüber, und nachdem der Artikel erschie-

---

3 Chandrasekaran, Rajiv (2012): Little America: The War Within the War for Afghanistan. New York 2012, S. 230.

4 Baker, Peter (2010): Woodward Book Says Afghanistan Divided White House. In: The New York Times, 21. September 2010.
Woodward, Bob (2010): Obama's Wars. New York 2010; dt. Obamas Kriege: Zerreißprobe einer Präsidentschaft. München 2011, S. 97.

5 Mann, James (2012): The Obamians: The Struggle Inside the White House to Redefine American Power. New York 2012, S. 234.

nen war, stauchte McDonough Holbrooke zusammen und wies ihn an, sich von den Medien fernzuhalten.

Ein weiterer Grund, dass Holbrooke von Anfang an auf Misstrauen stieß, war seine tiefe Verbundenheit zu Hillary Clinton. Ihr Präsidentschaftswahlkampf 2008, den Holbrooke tatkräftig unterstützte, stellte seine beste Chance dar, seinen Traumjob als Außenminister zu bekommen. Als sich Clintons Niederlage abzeichnete, bemühte Holbrooke sich um die Gunst ihres Rivalen, schrieb Memos für Obama und umwarb seine außenpolitischen Berater. Eine seiner engagiertesten Unterstützerinnen im Obama-Lager war Samantha Power, die Holbrooke aus ihrer Zeit als freie Journalistin in Bosnien in den 1990er-Jahren kannte.

Power war während der Vorwahlen 2008 aus Obamas Wahlkampfteam ausgeschieden, nachdem sie Hillary Clinton als »Monster« bezeichnet hatte, kehrte aber nach den Vorwahlen zurück und stieg im Weißen Haus zu einer wichtigen außenpolitischen Beraterin auf.

Als Hillary Clinton überraschend Außenministerin wurde, kam auch Holbrooke wieder ins Spiel. Sie hätte ihn am liebsten zu ihrem Stellvertreter ernannt, aber das Weiße Haus legte ein Veto ein. Auf Clintons Drängen ernannte Obama Holbrooke zum AfPak-Sondergesandten. (Als Power ihren Kollegen aus Obamas Wahlkampfteam, Cass Sunstein, heiratete, beschloss Holbrooke, zu diesem Anlass eine Entspannung zwischen ihr und Hillary Clinton – dem besagten Monster – zu vermitteln. Power erzählte Obama später von diesem »Hochzeitsgeschenk«, worauf Obama stichelte: »Manche Leute bekommen einfach nur Toaster.«)

Im November 2010 waren gut informierte Beobachter überzeugt, dass Holbrooke seinen Posten nur dank Hillary noch hatte. Nach einem der Gespräche – im März 2010 –, in denen Jones Holbrooke drängte, sich einen anderen Job zu suchen, rief Holbrooke tatsächlich Clinton in Saudi-Arabien an und erzählte ihr davon. Nach ihrer Rückkehr erklärte sie Obama, es stünde ihm frei, Holbrooke »entgegen den Einwänden Ihrer Außenministerin« zu entlassen.[6]

Holbrookes Ausgrenzung im Weißen Haus wurde in klassischer Washington-Manier besiegelt: durch ein demütigendes Woodward-Porträt. Alle paar Jahre veröffentlicht der berühmteste Hauptstadtjournalist, Bob Woodward, ein neues Buch über die jeweilige amerikanische Regierung und löst damit die beliebte sportliche Übung aus, herauszufinden, wer am besten und wer am schlechtesten weggekommen ist und wer Woodwards Quellen waren. In jedem Buch, so scheint es, schneidet ein Akteur schlechter ab als alle anderen.

In Woodwards Buch *Obamas Kriege*, das im September 2010 erschien und die Regierungsdebatten über den Irak und Afghanistan behandelte, ging diese Auszeichnung unbestritten an Holbrooke. Das Buch schilderte ihn als Menschen, der hilflos in einem Haifischbecken schwamm. Unter den angeführten unwürdigen Begebenheiten war eine Episode vom 22. Januar 2009, dem Tag, an dem Obama Holbrooke offiziell im Außenministerium einführte.

Vorher hatte Holbrooke zu Obama gesagt: »Mr. President, ich möchte Sie um einen Gefallen bitten.«[7] Er bat den Präsidenten, ihn bei der Vorstellung »Richard« zu nennen, nicht »Dick«, wie er es sonst tat, was Holbrookes Frau, Kati Marton, nicht mochte. Obama hielt sich daran und nannte ihn »Richard«. Aber er fand die Bitte offenbar merkwürdig, was bekannt ist, weil er vielen

---

6   Chandrasekaran, Rajiv (2012): Little America: The War Within the War for Afghanistan. New York 2012, S. 229.

7   Woodward, Bob (2010): Obama's Wars. New York 2010; dt. Obamas Kriege: Zerreißprobe einer Präsidentschaft. München 2011, S. 253.

davon erzählte. Als Holbrooke erfuhr, dass Obama die Episode mit höhnischer Schadenfreude herumerzählt hatte, fühlte er sich gedemütigt.

Eine von Holbrookes – zumindest für manche – gewinnenderen Eigenschaften war, dass er seine Unsicherheiten offen zur Schau trug. Unverhohlen bewertete er seine jeweilige Stellung. Ständig ließ er sich darüber aus, warum der Präsident ihn nicht mochte, das Weiße Haus nicht auf ihn hörte und seine Talente nicht würdigte. Am Samstag, dem 4. Dezember 2010, entdeckten meine Freunde Peter Baker und Susan Glasser Holbrooke an einem benachbarten Tisch in einem Restaurant in Georgetown. Holbrookes Frau Kati hatte den Arm um ihn gelegt, während er auf sein Blackberry schaute und das Gerät seiner Frau zeigte. Glasser fragte Baker, ob sich die Gerüchte schließlich bewahrheitet hätten und Holbrooke entlassen worden sei. Das war zwar nicht der Fall, aber er hatte gerade wieder einmal einen Tiefschlag einstecken müssen: Am Vortag hatte der Präsident eine Geheimreise nach Afghanistan angetreten und eine kleine Delegation von Mitarbeitern und Diplomaten mitgenommen, der Holbrooke nicht angehörte. Es war nur die letzte einer Reihe mittlerweile regelmäßiger Kränkungen. Holbrookes Gegner im Weißen Haus hielten AfPak-Besprechungen mit Obama ab, ohne Holbrooke Bescheid zu geben. Sie lehnten seine Anträge ab, mit Militärflugzeugen in die Region zu reisen. Bei einem Besuch des afghanischen Präsidenten Hamid Karzai versuchten sie, ihn von einem Gespräch im Oval Office auszuschließen (aber Außenministerin Clinton intervenierte und verlangte Holbrookes Teilnahme).[8]

Fast ausnahmslos nahm man an, dass Holbrooke im Lauf des Jahres 2010 aus seinem Regierungsposten ausscheiden würde. Aber

8 Ebd., S. 230.

Obama unternahm nichts – weitgehend aus Respekt vor Hillary Clinton. Stattdessen trat im Oktober einer von Holbrookes Erzfeinden im Weißen Haus zurück, der Nationale Sicherheitsberater James Jones, teils weil er unter Verdacht stand, als Hauptquelle hinter den Prügeln zu stehen, die Holbrooke in Woodwards Buch bezogen hatte. Dagegen war Holbrooke Anfang Dezember noch immer im Amt und fest entschlossen, lange genug zu bleiben, um in Afghanistan einen tragfähigen Frieden auszuhandeln und damit sein »Vermächtnis« zu krönen, auf das er völlig fixiert war. Wenn er nur zum Präsidenten durchdringen könnte, bevor seine Zeit abgelaufen wäre.

Auf dem regulären Weg über die Nationalen Sicherheitsberater (McDonough und Jones' Nachfolger Tom Donilon) hatte Holbrooke keine Chance auf einen Termin beim Präsidenten. Aussichtsreicher war Axelrod, der schnauzbärtige Spin-Doctor des Präsidenten, der maßgeblich an Obamas politischem Aufstieg mitgewirkt hatte.

Der bedrängte Diplomat hatte den Eindruck, einen guten Draht zu Axelrod zu haben. Das ging den meisten so, die mit Axelrod zu tun hatten. Er bezeichnete sich selbst nicht als »Politiker«, sondern treffend als »Beobachter«. Es fiel schwer, ihn nicht zu mögen, obwohl er sich im Lauf seiner langen, erfolgreichen Karriere als Politikberater aus Chicago auch manche Feinde gemacht hatte. Selbst als Hillary Clinton zum unverzichtbaren Mitglied des Obama-Teams wurde, nahm Axelrod weiterhin einen besonderen Platz auf der Liste derjenigen ein, die wegen früherer Sünden für sie und ihre treuen Anhänger gestorben waren. Die Clintons hatten David und Susan Axelrods Stiftung für Epilepsieforschung, CURE, immer unterstützt. Sie waren zu CURE-Veranstaltungen erschienen und Hillary hatte sich gegenüber Axelrods Tochter Lauren wunderbar verhalten und großzügig gezeigt. Daher fühlten sie sich von ihm verraten, als er 2008 so aggressiv Wahlkampf gegen Hillary gemacht hatte – und seine größte Sünde hatte er begangen, als er kurz vor den Vorwahlen in Iowa Clinton indirekt eine Mitschuld an der Ermordung der ehemaligen pakistanischen Premierministerin Benazir Bhutto zugeschrieben hatte, weil sie den Irakkrieg unterstützt hatte.

Axelrod beklagte zwar häufig »Washingtons krankhafte Hofintrigen«, genoss aber offenkundig sein Ansehen in der Hauptstadt. Er war oft in Restaurants und auf Partys anzutreffen und mit politischen Journalisten gut befreundet – vor Jahren hatte er selbst als politischer Journalist bei der *Chicago Tribune* gearbeitet. Zu Touristen, die ihn fotografieren wollten, war er immer freundlich. In mancherlei Hinsicht war auch Holbrooke ein Produkt Washingtons – sogar exemplarisch in seiner Faszination von Macht, Status und täglichen Hinweisen auf das historische Werk, das hier vollbracht wurde. Aber er war außerordentlich stolz, dass er seinen festen Wohnsitz in Manhattan hatte. Ohne jede Zurückhaltung machte er die »parasitäre Kultur« der Hauptstadt nieder. »Washington ist die einzige Stadt, in der Leute sich wichtig vorkommen, weil sie ein Bild von sich um den Hals tragen«, sagte er einmal zu Samantha Power und meinte damit die in Regierungsgebäuden üblichen Ausweise. Das brauchen sie, damit sie noch wissen, wer sie sind, scherzte er. Als Erstes nahm er sein Namensschild ab, wenn er freitags in seine Wohnung am Central Park West kam. »Richard war in Washington ein Außenseiter«, sagte seine Frau Kati Marton mir. »Er war zu sehr in der Welt engagiert und eine zu große Persönlichkeit, um sich auf Washington zu beschränken.«

Axelrod war wie Holbrooke gründlich zermürbt von den parasitären Hauptstadtakteuren. Über weite Teile der Jahre 2009 und 2010 machten Washingtons Geistesgrößen Obamas Hauptdefizit in Axelrods Zuständigkeitsbereich aus: ein »Kommunikationsproblem«. Obama hatte historische Gesetze durchgebracht, die Wirtschaft vor dem Zusammenbruch bewahrt und Terroristen getötet wie Moskitos, konnte seine Erfolge aber offenbar nicht gut verkaufen. Also warf man Axelrod – dem Kommunikationschef und verehrten Bewahrer der Obama-Botschaft – vor, er habe »die Erzählung verloren«. Er nahm es schwer und machte sich Sorgen um seine Stellung beim Präsidenten.

Axelrod verehrte Obama in einem Maße, dass er manchmal als liebestolles Groupie gehänselt wurde. »Ich habe gehört, dass er als ›Moonie‹ bezeichnet wurde«, scherzte Axelrods Freund William Daley, der spätere Stabschef Obamas. Die Hänseleien gingen zuweilen in Spott und Frustration über, was großenteils hinter seinem Rücken geschah (das Weiße Haus unter Obama konnte allgemein recht passiv-aggressiv sein). Eine große Kritikerin Axelrods war Anita Dunn, eine führende Beraterin im Wahlkampf 2008, die 2009 kurze Zeit Kommunikationschefin des Weißen Hauses war. Dunn lästerte gegenüber Kollegen über Axelrod, weil er unorganisiert und in Kommunikationsfragen schwer zu überzeugen sei und in Sitzungen dem Druck des Präsidenten nur widerstrebend etwas entgegensetzte.

Valerie Jarrett, eine führende Beraterin Obamas, enge Verbündete Dunns und Axelrods Rivalin um den Status des Ersten unter Gleichen im Weißen Haus, untergrub Axelrod subtil. Sie hielt sich – nicht Axelrod – für die persönliche Treuhänderin der hehren Motive und Gaben des Präsidenten. Ein hochrangiger Regierungsmitarbeiter tat Jarretts Rolle im Weißen Haus als »Stimme der Reinheit« ab. Andere Lästerer nannten sie »die nächtliche Stalkerin«, weil sie den Präsidenten und die First Lady regelmäßig nach der Arbeit in ihren Privaträumen besuchte. Jarrett hielt ihre Rolle ebenso für etwas Besonderes wie den Präsidenten. Sie war »darauf bedacht, mehr als nur eine Mitarbeiterin zu sein«, sagte ein hochrangiger Berater des Weißen Hauses. In einem Interview erklärte Jarrett, ihre Stellung beim Präsidenten als »Erste unter Gleichen« sei übertrieben und falsch dargestellt worden: »Ich glaube, unsere Beziehung wird mit einem geheimnisvollen Nimbus umgeben, der nichts mit der Wirklichkeit zu tun hat. Mir ist klar, dass er mittlerweile in Washington zur Legende geworden ist, und ich glaube, er wird von Leuten aufrechterhalten, die sich mit der Beziehung, die wir haben, unbehaglich fühlen.« Aber Kollegen waren der Ansicht, dass Jarrett ihre Sonderstellung zuweilen eifersüchtig hütete.

Nachdem ein bewaffneter Mann im Juni 2009 im United States Holocaust Memorial Museum um sich geschossen und einen Wachmann getötet hatte, fand das FBI bei dem Schützen persönliche Informationen über Axelrod, der daraufhin Personenschutz bekam. Auch Jarrett erhielt Personenschutz (wichtig genug zu sein, um Geheimdienstbeamte zur Seite gestellt zu bekommen, war in vielen Regierungen ein Anlass zu internen Eifersüchteleien). Ein hochrangiger Regierungsvertreter – zumal eine afroamerikanische Frau wie Jarrett – konnte durchaus als wahrscheinlicheres Ziel für Attentate gelten als die meisten anderen, aber mehrere Mitarbeiter des Weißen Hauses bezweifelten mir gegenüber, dass es besondere Drohungen gegen sie gegeben habe. Sie vermuteten vielmehr, dass Jarrett den Präsidenten »aus Neid« um Personenschutz gebeten hatte. »Die Person, von der Valerie sich bedroht fühlte, war Axe«, stichelte ein leitender Mitarbeiter.

Jedenfalls war Obamas angeblich so eng verbundenes Beraterteam zu diesem Zeitpunkt weitgehend ein Mythos. Dunn verließ das Weiße Haus Ende 2009, um die PR-Firma SKDKnickerbocker zu leiten. Manche ihrer ehemaligen Kollegen verübelten ihr, dass sie Klienten vertrat, deren Ziele denen des Weißen Hauses widersprachen, obwohl sie die Regierung immer noch beriet und enge Kontakte zu ihr unterhielt (ihr Mann Bob Bauer war Rechtsberater des Weißen Hauses). So half Dunn Michelle Obama erheblich bei ihrem Programm »Let's Move« gegen Fettleibigkeit bei Kindern. Als Unternehmensberaterin versuchte sie später zusammen mit Nahrungsmittelherstellern und Medienunternehmen, Werbeverbote gegen zuckerhaltige Lebensmittel für Kinder zu verhindern.

So übel die über alles erhabene Obama-Welt auch taktieren konnte, hielt sie es intern doch für einen Affront, als »zu politisch taktierend« oder als »Macher« zu gelten. Überlegene Nonchalance, achselzuckende Selbstironie und nüchterne Sachlichkeit blieben die bevorzugten Eigenschaften. Wer sich anders, also »politisch taktierend« verhielt, war ein typischer Hauptstadtschacherer, ein Rückfall in die Clinton-Ära: jemand wie Richard Holbrooke.

Endlich gelang es Holbrooke, für den Morgen des 10. Dezember 2010 einen Termin bei Axelrod zu bekommen. Das Gespräch war kurz und sachlich. Er brachte seine »Bitte« vor, den Präsidenten zu sprechen. Axelrod reagierte unverbindlich, aber nicht durchweg entmutigend. Bevor Holbrooke ging, erwähnte er, es sei bemerkenswert, dass er immer noch im Amt sei – Jim Jones dagegen nicht.

Freunde von Holbrooke machten sich Sorgen um seine Gesundheit. Er ging auf die siebzig zu, stand unter starkem Stress, schlief kaum und wurde dicker. Mittlerweile hatte er das beunruhigende Aussehen, als könne er jeden Augenblick tot umfallen, wie es bei fieberhaft getriebenen, aus der Form geratenen Männern in einem gewissen Alter zu finden ist. Washington ist voll von ihnen. Aufgedunsen und mit rotem Gesicht. So war Russert auch kurz vor seinem Ende. Ted Kennedy hatte dieses Todesaussehen über weite

Teile seiner letzten 30 Lebensjahre. »Das ist etwas, was du nicht ewig machen kannst«, sagte Axelrod über den großen Job in Washington. »Sonst bringt es dich um.«

Holbrooke geriet bei seinem morgendlichen Gespräch mit Axelrod ins Schwitzen und außer Atem. Er nahm einen Becher Wasser an, den Axelrod ihm anbot, trank ihn und eilte dann zu einem Termin mit Außenministerin Clinton.

Auch Clinton hatte sich sehr besorgt über Holbrooke geäußert. Wenn es um die persönliche Gesundheit geht, kann sie sehr mütterlich sein. Als First Lady hatte sie der kleinen Chelsea, wenn sie krank war, immer ein besonderes Gericht aus Eiern und Apfelsoße zubereitet. Viele Mitarbeiter erlebten im Lauf der Jahre, dass Hillary in Gesundheitskrisen ihre medizinische Versorgung persönlich koordinierte. Gegen Ende der zweiten Amtszeit ihres Mannes kümmerte sie sich in aller Stille viel um ihre beste Freundin in Arkansas, Diane Blair, die an Krebs im Endstadium litt.

Kurz nachdem Holbrooke am Morgen des 10. Dezember das Weiße Haus verlassen hatte, traf er im Büro der Außenministerin im siebten Stock des Ministeriums ein. Er zog sein Jackett aus, setzte sich und bekam plötzlich ein rotes, schmerzverzerrtes Gesicht. Seine blauen Augen wurden fahl. Das Blut rauschte in seinem Kopf. »Richard, was ist?«, fragte die Ministerin. Holbrooke atmete tief ein und legte die Hand auf die Augen.

»Ich weiß nicht«, antwortete er. »So etwas habe ich noch nie erlebt.«

Eigenständig ging Holbrooke in die Arztpraxis unten im Gebäude. Der Arzt war nicht da und er musste endlos lange auf einen Krankenwagen warten – zehn bis fünfzehn Minuten, zur Frustration aller, vor allem Holbrookes, der bei Bewusstsein war, aber Schmerzen hatte. Irgendwann gaben seine Beine nach und er fiel auf dem Gang zu Boden. Endlich kam der Krankenwagen und brachte Holbrooke ins nahe George Washington University Hospital. Dort wartete bereits Clintons Arzt, den die Ministerin angerufen hatte.

Man stellte bei Holbrooke einen Aorta-Riss fest, wie er häufig durch Bluthochdruck entsteht. Es war eine aufwendige Notoperation notwendig. Die Nachricht von Holbrookes Zusammenbruch verbreitete sich über die Medien und Twitter. Wie bei jeder Meldung über einen Prominenten, der ins Krankenhaus kam, hieß es auch über Holbrooke, es gehe ihm »den Umständen entsprechend gut« (oder er sei »stabil«, falls er bewusstlos war). Trotz starker Schmerzen war er bei Bewusstsein und unterhielt sich mit den Ärzten. Ein Arzt drängte ihn, er solle versuchen, sich zu entspannen, und schlug vor, er solle an den Strand denken. »Ich hasse den Strand«, antwortete Holbrooke laut seinem Stellvertreter Dan Feldman, der bei ihm war. Außerdem könne er sich nicht entspannen, weil er die Verantwortung für Afghanistan und Pakistan trage. »Den Afghanistankrieg zu beenden, das würde mich entspannen!«, sagte Holbrooke. Als diese Äußerung bekannt wurde, diente sie Kritikern der amerikanischen Afghanistanpolitik einschließlich der Taliban als Futter. Holbrooke hätte es jedenfalls gefallen, dass seine schicksalhaften Worte Diskussionsstoff boten und möglicherweise von historischer Bedeutung waren. Das konnte sein Archivar später klären.

Holbrooke wurde einer 20-stündigen komplizierten Notoperation unterzogen, aus der er nicht mehr aufwachte. Meldungen bezeichneten seinen Zustand nun als »ernst«, ein sicheres Zeichen, die Nachrufe vorzubereiten (von »ernst« erholt sich niemand mehr). Hillary Clinton verbrachte Stunden im Krankenhaus und hielt still Katis Hand. Am Abend des 13. Dezember nahm Präsident Obama an einem Weihnachtsempfang im Außenministerium teil, der alljährlich für Botschafter in den Vereinigten Staaten stattfand. Obama und Außenministerin Clinton hielten jeweils eine Ansprache, in der sie Holbrooke würdigten, und trafen sich mit seiner Familie, während die Gäste mit Weihnachtsliedern unterhalten wurden. Im Lauf der Nacht starb Holbrooke.

Die Nachricht kam zwar nicht unerwartet, löste in der Hauptstadt aber dennoch »russerteske« Erschütterung aus. Eine Persönlichkeit von enormer Präsenz war plötzlich nicht mehr da. Die Meldung platzte in eine Buchparty für David Eisenhower (der etwas über seinen Großvater geschrieben hatte) im Haus von Al Hunt und Judy Woodruff, die Andrea Mitchell sofort verließ, um über die Neuigkeit zu berichten. Politico-Chefredakteur John Harris würdigte Holbrooke als »buckelnden Egohengst«, der »Geschichte nicht nur begreifen, sondern über ihre Bühne galoppieren wollte«.

Herden buckelnder Hengste – Senatoren, Diplomaten, Journalisten und Protegés – galoppierten ins George-Washington-Hospital, um ihm die letzte Ehre zu erweisen. Hillary Clinton schlüpfte in die Trösterinnenrolle und trieb Holbrookes Mitarbeiter in die Bar des Ritz-Carlton zu einer spontanen »irischen Totenwache«. In einer Nische der Bar erzählten sie sich stundenlang Anekdoten über Richard, und Clinton blieb bis zum Schluss. In den folgenden Tagen kam es vielfach zu ähnlichen Zusammenkünften.

Die Mutter aller Trauerfeiern für Holbrooke fand selbstverständlich im säkularen Tempel der Hauptstadt statt, im Kennedy Center, wo Richard und Kati noch eine Woche vor seinem Tod an der Verleihung des Kennedy-Preises teilgenommen hatten. Der vollständige Name dieses großartigen Kulturzentrums lautet: The John F. Kennedy Center for the Performing Arts. Von Gott ist darin nicht die Rede: Die darstellenden Künste sind die Gottheit in dem mit roten Wänden ausgestatteten Opernhaus gleich neben dem Konzertsaal. Zweieinhalb Jahre zuvor hatte die Hauptstadt hier Tim Russert betrauert und gewürdigt. Hier werden Darbietungen beurteilt. Die gefeierte amerikanische Sopranistin Renée Fleming sang das *Ave Maria* (wunderbar) zu Ehren von Holbrooke, dessen Eltern jüdisch waren, der aber selbst den jüdischen Glauben nie praktizierte. Falsche Palmen zierten die Bühne, Teil der Kulisse für Holbrookes Lieblingsmusical *South Pacific,* das zufällig gerade im Kennedy Center gespielt wurde. Statt eines Kreuzes beherrschte eine riesige Leinwand mit einer Fotomontage über Richard die Bühnenmitte.

Es war genau die fernsehtaugliche Make-up-Zusammenstellung, die er sorgfältig inszeniert hätte: die Gästeliste, die Trauerredner, die Sitzordnung (mit reservierten und nicht reservierten Plätzen), der Parkservice für die Limousinen und die Blaubeer-Scones und Lachsschnittchen beim Empfang auf der Dachterrasse. »Eine Würdigung des allwissenden, jeden kennenden Energiebündels von Mensch, das Richard Holbrooke war«, schrieb die *Washington Post* am nächsten Tag.

Holbrookes Finale im Kennedy Center hatte es verdient, dass zwei Präsidenten (Clinton und Obama), der Vizepräsident, Außenminister, ausländische Regierungschefs, Botschafter und Fernsehmoderatoren erschienen. Es waren genau die Honoratioren, nach denen Holbrooke über den Kopf des Gesprächspartners, der ihn gerade mit Beschlag belegte, Ausschau gehalten hätte. Der »Hauptstadt-Skalpblick«, wie er genannt wird.

Während ein Militärquartett in rot-blauen Uniformen im Foyer Trauermusik spielte, nahm man Colin Powell an den Metalldetektoren beiseite. Abtasten: Arme heben, Beine spreizen, das ganze Programm. Madeleine Albright, Außenministerin in Clintons zweiter Amtszeit (als Nachfolgerin von Warren Christopher), kam zu spät. Sie bekam 1996 das Ministeramt, das Holbrooke gern gehabt hätte, nachdem Hillary sich bei ihrem Mann dafür eingesetzt hatte, dass er den Posten einer Frau gab. Holbrooke nahm es ihr nicht übel und rechnete fest damit, dass die Demokraten sie 2004 oder 2008 als Präsidentschaftskandidatin nominieren würden. Ende der 90er-Jahre begann Holbrooke, Hillary bei jährlichen Weihnachtsfeiern zu »ehren«, die er und Kati in ihrer Wohnung in Manhattan veranstalteten – an dieser Tradition hielten sie fest, so lange Hillary im Senat war. Matt Damon, Glenn Close und Robert De Niro sangen dann Weihnachtslieder mit den Henry-Kissinger-Typen, mit denen Holbrooke sich gerne umgab.

Solche Geschichten wurden nach Holbrookes Tod als liebenswerte Anekdoten über jemanden erzählt, dem ein grundlegendes Verlegenheits- oder Scham-Gen fehlte. Bei Nachtflügen in diplomatischer Mission tauschte Holbrooke seinen Anzug regelmäßig gegen einen knallgelben Schlafanzug, in dem er häufig auch Pressekonferenzen gab. Gemeinsamer Tenor solcher Schilderungen war: »Man kam einfach nicht umhin, diesen Mann zu mögen«, obwohl manche durchaus anders konnten.

Hillary Clinton erzählte Freunden, es habe ihr furchtbar leidgetan, dass ihre Niederlage gegen Obama 2008 Holbrooke nahezu mit Sicherheit um die Chance auf einen höheren Posten gebracht hatte (obwohl seine Ernennung zum Außenminister keineswegs so sicher war, wie manche glaubten). Sie hatte schon immer eine Schwäche für Männer mit starker Persönlichkeit – meist älter, narzisstisch und oft mit einem selbstzerstörerischen Hang. In diese Kategorie gehörte auch ihr verstorbener Vater Hugh Rodham, ein »So-oder-gar-nicht«-Konservativer, mit dem sie in ihrer Jugend häufig aneinandergeraten war. Und auch ihr Mann, zumindest in wesentlichen Aspekten (narzisstisch, selbstzerstörerischer Hang). Es waren keine sachlich-nüchternen Männer. Und es war kaum verwunderlich, dass Holbrooke bei Obama und seinem Stab nicht gut ankam. Seine »Richard-ist-nun-mal-Richard«-Allüren konnten aufreibend sein, sogar für Außenministerin Clinton, die in seinen letzten Monaten vertraulich äußerte, dass sie viel zu viel Zeit und Energie auf Angelegenheiten verwendete, die mit Holbrooke zu tun hatten.

Das Obama-Team hegte eine tiefe Verachtung für die »Ich-hab's-ja-gesagt«-Kreise, wie es sie nannte. Meist waren es Demokraten – häufig Clinton-Anhänger, wenn nicht gar Bill Clinton selbst –, die monierten, dass Leute wie Holbrooke nicht richtig eingesetzt würden. Wenn die Regierung nur geschickter wäre, beklagten sie. Wie die Clintons es waren. Ein Hauptärgernis im außenpolitischen Establishment war für die Obama-Leute Leslie Gelb, ein Mitarbeiter des Außenministeriums unter Carter, der anschließend eine herausragende Karriere als Korrespondent für nationale Sicherheit und Redakteur der *New York Times* machte. Mit Vorliebe kritisierte Gelb in Fernsehen und Presse, dass die Obama-Mannschaft das geballte Fachwissen ignorierte, das ihr zu Gebote stand. Sobald Gelb oder einer seiner »Ich-hab's-ja-gesagt«-Kollegen loslegte, bekam ich aus dem Weißen Haus »Sie-tun's-schon-wieder«-E-Mails wie diese: »Erinnern Sie sich noch, wie ich Ihnen gesagt habe, dass dieser Les Gelb uns durch den Dreck zieht und manchen erklärt hat, dass er das macht, weil wir ihn nicht fragen? Ich hätte gedacht, dass er das nicht öffentlich zugeben würde, aber im Grunde tut er das in diesem Artikel. Schöner Einblick, was für Arschlöcher es im außenpolitischen Hauptstadtestablishment gibt.« Im Anhang war ein Ausschnitt aus dem *National Journal,* in dem Gelb mit der Äußerung zitiert wurde: »Ich habe nicht den Eindruck, dass die Obama-Regierung Unterstützung sucht. Ich höre selten, dass sie jemanden von außen fragen.« Oder auch Leute im Inneren, sagte Gelb im kleinen Kreis. Holbrooke war einer seiner engsten Freunde.

Als die Zustimmung für Obama Ende 2010 und Anfang 2011 sank – und er bei den Zwischenwahlen vernichtend geschlagen wurde –, fühlte sich die »Ich-hab's-ja-gesagt«-Fraktion bestärkt. Holbrookes Tod wurde zum Flammpunkt. »Was in Gottes Namen hat sie veranlasst, Dick Holbrooke nicht voll und ganz zu nutzen?«, fragte Gelb in *Newsweek*.

Holbrookes Frau, Kati Marton, war selbst eine lautstarke Kritikerin der Obama-Regierung, besonders was ihre Meinung zum Umgang mit ihrem Mann betraf. Sie hielt viele im Weißen Haus für engstirnig, leicht einzuschüchtern und nicht reif genug, das überragende Talent in ihrer Mitte sinnvoll einzusetzen. »Richard wusste, dass ihm ein Platz in der Geschichte sicher war«, sagte sie zu mir. »Und wenn er auf Leute wie [Jim] Jones stieß, sagte er zu mir: ›Kati, das wird alles herauskommen, wenn Geschichte geschrieben wird.‹«

Fünfzehn (fünfzehn!) Trauerredner sprachen im Kennedy Center, und den meisten war es keineswegs fremd, im Konvoi zu fahren: Ex-Präsident Clinton, Präsident Obama, der ehemalige UN-Generalsekretär Kofi Annan, der Vorsitzende der Generalstabschefs Mike Mullen und selbstverständlich Hillary Clinton. Leslie Gelb gab eine klasse Vorstellung, recht amüsant und ohne Bitterkeit. Das Promiaufgebot spiegelte hervorragend die aktuellen demokratischen Machtstrukturen wieder: Die Obama-Regierung wurde niedergeknüppelt und die »Ich-hab's-ja-gesagt«-Fraktion führte in Holbrookes Namen einen Beerdigungs-Freudentanz auf.

»Ich mochte den Mann, weil er etwas zustande bringen konnte«, sagte Bill Clinton, der »Ich-hab's-ja-gesagt«-Chef, während

Gelb hinter ihm auf der Bühne nickte und Hillary es ihm nachtat. Unausgesprochen enthielt diese Äußerung die Frage: Was hatte der gegenwärtige Präsident in Hinblick auf Frieden in AfPak »zustande gebracht«?

Die Trauerfeier dauerte annähernd zwei Stunden. Obama war gezwungen, sie über sich ergehen zu lassen. Er saß links neben Hillary, zappelte und warf verstohlene »Holt-mich-hier-raus«-Blicke in den Backstage-Bereich. Er hasste es, die Reden anderer auszusitzen. Zu Beginn seiner Präsidentschaft hatte er sich beschwert, dass er zuhören musste, wenn Biden jeden Würdenträger im Raum vorstellte, während er hinter ihm wartete, bis er seine Rede halten konnte. Er ließ Jarrett sein Missfallen an Bidens Büro weiterleiten und sprach von da an gewöhnlich als Erster und ging dann.

Noch schlimmer war an dieser quälenden Veranstaltung, dass Obama für Holbrooke so wenig übrig gehabt hatte. Er zollte seiner Laufbahn Respekt, machte sich aber nicht die Mühe, eine engere Beziehung zu dem Verstorbenen vorzutäuschen. »Wir sind hier zusammengekommen, um ein außergewöhnliches Leben zu würdigen«, begann Obama und spulte dann zwölf Minuten lang Standardfloskeln aus dem Lebenslauf und Anerkennung für einen Menschen herunter, »der einen Unterschied bewirkt« und »Machthabern die Wahrheit gesagt« hatte und so weiter.

Als Obama fertig war, setzte er sich wieder und musste weiteres Blabla über sich ergehen lassen. Manches enthielt versteckte Kritik an ihm, die zuweilen kaum verschleiert war. Darin war der vorletzte Redner, Bill Clinton, unübertroffen.

»Ich konnte die Leute nie verstehen, die ihn nicht zu würdigen wussten«, sagte Clinton über Holbrooke. »Die meisten, die es nicht taten, waren nicht annähernd so gut im *Tun*.«

Clinton war wie Holbrooke ein überaus geselliger Mensch. Auch er konnte zutiefst unsicher und verletzlich sein. Das hatte große Nachteile, ermöglichte es ihm aber auch, sich mit den Bedürfnissen anderer zu identifizieren – und beispielsweise zu verstehen, dass nächtliche Anrufe bei Newt Gingrich, der ebenso auf andere angewiesen war wie er selbst, viel bewirken konnten.

Obama ist beeindruckend selbstgenügsam. Das ist eine Stärke, kann aber auch die Isolation seines Amtes verstärken und ihn unduldsam gegenüber den anfälligen Hauptstadtegos machen. Clintons Finanzminister Larry Summers, der später Obamas führender Wirtschaftsberater wurde, äußerte sich gegenüber Kollegen verwundert, dass der Präsident häufig allein im Oval Office zu Mittag aß. Kati Marton erzählte, dass Henry Kissinger sie einige Tage nach Holbrookes Tod anrief, um sie zu trösten. In dem Gespräch verglich er Obama mit Nixon: Beide seien Einzelgänger. »Aber der Unterschied ist, dass Nixon gern große Persönlichkeiten um sich hatte. Obama nicht.«

Nie wirkte der in der Gunst sinkende aktuelle Präsident einsamer als auf dieser Bühne voller Trauerredner. Während Obama geradeaus starrte, gab Bill Clinton das Stichwort für die letzte Rednerin, seine Frau.

»Hillary und ich wurden gebeten, den Abschluss zu bilden, und wir halten uns hier an Holbrookes Protokoll«, sagte Bill Clinton. »Derjenige mit der wahren Macht spricht als Letzter.«

Barack Obama hatte zwar die Wahl 2008 gewonnen, aber Hillary Clinton war die Siegerin seiner ersten Amtsperiode.

Als sie aufstand, um Holbrookes Festaufgebot zu krönen, tat sie es als populärste Politikerin Washingtons. Diesen Status hatte sie erworben, weil sie die Hauptstadt verlassen hatte. Als Außenministerin konnte sie den Sumpf meiden, den Obama 2008 geschworen hatte, trockenzulegen. Das schlagkräftigste Argument ihres Wahlkampfs 2008 war, dass sie das Spiel beherrschte. Sie kannte Washington. Wusste, wie die Hauptstadt funktionierte. War zäh genug, hier mitzuspielen, und gerissen genug, die Oberhand zu gewinnen. Obamas Argument war, dass er das Spiel ändern würde. Die Wähler entschieden sich für den Wandel. Und Hillary erklärte mit einem knappen, strahlenden Lächeln: »Schön, ich bin weg«, bis Obama sie zurückholte, um das Außenministerium zu leiten.

Clinton das Außenministerium zu übertragen wirkte wie ein gewiefter, ja, machiavellistischer Schachzug, ein politisch-taktischer Schritt, der Skeptiker glauben ließ, dass Obama vielleicht doch die Eier besäße, sich in der Hauptstadt durchzusetzen. (Diese Skepsis äußerte James Carville, der witzelte, »wenn Hillary Obama eins ihrer Eier gäbe, hätte er zwei«. Diesen Scherz wiederholte er mehrfach öffentlich, bis Hillary ihn bat, damit aufzuhören.)

Während der Präsident auf der Bühne nervös herumrutschte und innerlich kochte, trat die Außenministerin breitschultrig ans Rednerpult. Es war 30 Monate her, seit die Clintons, geschlagen vom Obama-Dynamo, zu Tim Russerts Trauerfeier ins Kenndey Center gekommen waren. Aber die großen Tiere sterben nicht. Man kann sie blamieren, ihres Amtes entheben, besiegen. Aber die Clintons kommen wieder, besonders Hillary, die häufig ein Mantra wiederholt, das sie Eleanor Roosevelt zuschreibt: Frauen in der Politik »müssen ein so dickes Fell wie ein Rhinozeros entwickeln.« »Ich sage zwar scherzhaft, dass ich Narben von meinen Erfahrungen vorzeigen kann«, sagte Clinton mir in einem Interview 2008 einige Monate vor Russerts Tod. »Aber wissen Sie, unsere Narben sind ein Teil von uns und sie erinnern uns an die Erfahrungen, die wir gemacht haben, an unsere Geschichte. Ich sorge immer dafür, dass das Rhinozerosfell noch atmet. Und vor dieser Herausforderung stehen wir alle. Aber noch einmal, nicht alle müssen das öffentlich ausleben.«

Es war Hillarys Markenzeichen, die oberste politische Tugend exemplarisch zu verkörpern: überleben. Sie war da, wartete ab und überlebte. Beerdigungen und Trauerfeiern boten ein krönendes Forum für ihr wunderbares Überlebensspiel. Sie hielt ebenso wie Bill großartige Trauerreden. Dabei lief sie zur Bestform auf und gab sich mit mütterlicher Selbstbeherrschung und Stoizismus.

»Ich hatte einen Platz in der ersten Reihe, wenn es darum ging, Richard zu nehmen wie er war«, sagte Hillary Clinton und nannte Holbrookes plötzliches Ableben »einen persönlichen Verlust« und »einen Verlust für unser Land«. Sie lobte Holbrooke als »Genie der Freundschaft« – ein typisches Hauptstadtkonstrukt, egal, ob es von Clinton oder sonst wem stammt: Freundschaft als Kunst, die »Können« oder »Genie« erfordert. Die Elite dieses Faches sammelte die größten, glanzvollsten Freunde und stellte sie bei grandiosen Ereignissen wie diesen zur Schau. Wenn Holbrooke ein Genie der Freundschaft war, waren die Clintons Großmeister. »Freunde der Clintons« (Freunde von Bill, Freunde von Hillary) bildeten eigene Unterausschüsse der Politklasse.

Hillary war immer zurückhaltend, ein von Grund auf »verschlossener Mensch«, trotz ihrer weltweiten Berühmtheit. Es war immer schon einfacher, ihr Anhänger zu sein, als sie wirklich kennenzulernen. Ihre Bewunderer sprechen von ihr mit distanzierter Ehrfurcht, die vermuten lässt, dass sie eher Jünger als echte Freunde sind. »Hillary ist ein Mensch, der sich sehr verletzlich fühlt, und als Reaktion macht sie sich kugelsicher«, sagte Nancy Pietrafesa, eine Klassenkameradin Clintons am Wellesley College und eine ihrer engsten Jugendfreundinnen.

Aber Momente der Trauer boten ihr Zugang zu den tröstlichen Massenritualen, die sie und ihr Mann bestens beherrschten. Sie hatten öffentliche Trauer perfektioniert. Selbst halb private Trauer: Eine demokratische Pressesprecherin, die ich persönlich kenne, war 2002 mit Clinton zusammen, als die Nachricht eintraf, dass ihr damaliger Senatskollege Paul Wellstone bei einem Flugzeugabsturz in seinem Heimatstaat Minnesota ums Leben gekommen war. Clinton erfuhr davon bei einer Wahlkampfveranstaltung für den Kongressabgeordneten Joe Hoeffel in Philadelphia und brach im Aufenthaltsraum in Tränen aus. Ihre persönliche Assistentin, Huma Abedin, bat meine Bekannte, den Raum zu verlassen. Als sie nach fünf Minuten wieder hineindurfte, hatte Hillary wieder eine stoisch versteinerte Miene, ließ durch nichts erkennen, dass etwas nicht in Ordnung war, und hielt ihre Rede.

Hillary Clinton war über Holbrookes Tod »am Boden zerstört«, wie sie Freunden sagte. »Er lebte genug für zehn Leben, daher haben wir, auch wenn wir trauern, Grund zur Freude«, erklärte sie über den Mann, den sie als durchweg einzigartig auf der Welt beschrieb. Sie beschloss den Trauerredenmarathon mit einem feierlichen »Gott segne dich, mein Freund« und großem Beifall des heimischen Publikums.

Hillary kümmerte sich sofort um mögliche Nachfolger. Gelegentlich meldete sie sich telefonisch bei Kati, aber das Leben in der Hauptstadt geht immer weiter. Das ist der kälteste Aspekt einer jeden Fahrt auf dem Hauptstadtkarussell, so beglückend sie auch sein mag. Im März fand Kati in ihrer Post eine Karte vom Nationalkomitee der Demokratischen Partei, adressiert an »Richard C. Holbrooke«: »Ihre Mitgliedschaft ist beendet.«[9]

---

9 Marton, Kati (2012): A Love Story. New York 2012, S. 32.

— ★ ★ ★ —

Unweigerlich sah Clinton sich Fragen ausgesetzt, ob sie 2016 wieder für das Präsidentenamt kandidieren würde. Auf keinen Fall, erklärte sie, und nachdem sie es mehrfach wiederholt hatte, mahnten ihr Mann und Terry McAuliffe sie, sich nicht so entschieden zu äußern. Sie lachte nur. In der Politik wirkt nichts verlockender als Widerstreben, auch wenn es nur vorgetäuscht ist.

Im Frühjahr 2011 war Washington vollauf mit dem hirnverbrannten Stillstand bei den Verhandlungen über die Schuldenobergrenze, der drohenden Schließung staatlicher Einrichtungen und den hartnäckig hohen Arbeitslosenzahlen beschäftigt. Hillary – die irgendwo als Königin der Welt unterwegs war – machte einen erheblich besseren Eindruck als die Hauptstadt mit ihren kleinen Albernheiten. Freunden erzählte sie, wie wenig sie Washington vermisste, wenn sie fort war. Im Stillen sei sie erleichtert, dass sie sich nicht um Dinge kümmern müsste, wie sich eine Rede für das White House Correspondents' Association Dinner auszudenken, denn schließlich habe sie den Präsidentschaftswahlkampf nicht gewonnen und müsse daher auch keine Rede halten, geschweige denn überhaupt erscheinen (was sie dann auch nicht tat).

Anfang 2011 saß ich im Büro von Robert Gibbs, der seinen Posten als Pressesprecher des Weißen Hauses bald aufgeben sollte. Die Funktionäre der White House Correspondents' Association waren nervös, weil die britische Königsfamilie gerade Prinz Williams Hochzeit auf den 29. April festgesetzt hatte, also genau auf das Wochenende des Presseballs. Falls der Präsident zur königlichen Hochzeit über den Teich fliegen sollte, würde er den Ball verpassen? Gibbs musste den Verbandspräsidenten beruhigen, dass der »andere« Präsident (Obama) nicht an der Hochzeit teilnehmen würde. Die Hauptstadt atmete auf.

Es sollte sich allerdings herausstellen, dass die Teilnahme des Präsidenten am Presseball beinahe durch den amerikanischen Überfall auf Bin Ladens Unterschlupf in Pakistan vereitelt worden wäre. Kurz vor dem Einsatz diskutierten die wenigen hochrangigen Zuständigen für nationale Sicherheit, die in die Operation eingeweiht waren, im Situation Room des Weißen Hauses über den Termin. Letztlich erfolgte der Einsatz am Sonntagabend, zunächst fasste man jedoch den Samstagabend als Möglichkeit ins Auge. Aber jemand wies darauf hin, dass Obama an diesem Abend beim Correspondents' Association Dinner erwartet wurde und seine Abwesenheit (und die anderer hochrangiger Regierungsvertreter) von den zahlreichen Journalisten im Saal als Hinweis gewertet werden könnte, dass etwas im Busch war.

Daraufhin schaute Hillary Clinton auf und sagte: »Fuck the White House Correspondents' Dinner«.

10
Anarchie im Ruhewagen

Bin Laden wurde am Sonntag getötet. Das war gut, weil es die Welt sicherer machte und vor allem dem Presseball nicht in die Quere kam. Der große Fang des Wochenendes aber war Sarah Palin, die ehemalige Gouverneurin von Alaska, die zu Tammy Haddads Brunch in Katharine Grahams unbewohnter Villa erschien. *Toll, Tamster!*

Palin, die damals noch als relativ sicherer Tipp für eine Präsidentschaftskandidatur 2012 galt, kam mit ihrem Mann Todd, ihrer Tochter Bristol, ihrer Freundin von Fox News, Greta Van Susteren, und deren Mann, dem Anwalt John Coale. Sie absolvierte ihre Rote-Teppich-Pflicht und ließ sich dann in die Schlammgrube der »Lamestream«-Medien herab, der »Trantüten«-Sender[1], die sich bei ihrem Anblick in Kinder verwandelten, die hinter dem Eiswagen herrannten.

Palin war eine Schau – sogar exotisch (aus Alaska!) – und von einer Menschenmenge umringt. Journalisten machten Handyfotos und erzählten ihr von ihren Kindern. Ich muss gestehen, dass

---

[1]   Sarah Palin hat diese Bezeichnung für alle großen TV-Sender (außer Fox) geprägt, vor dem Hintergrund, dass diese, ihrer Meinung nach, nicht freundlich über sie berichten. Anm. d. Übers.

auch ich mit Palin plauderte, allerdings kam sie zu mir – oder landete zufällig neben mir. Tammy machte ein Foto und stellte es auf irgendeine Webseite. Jessica Yellin von CNN steht auf dem Foto zwischen uns. Wir (Jessica und ich) sehen auf dem Schnappschuss hingerissener aus, als uns lieb sein kann, aber was soll's. Palin hätte nicht netter sein können. Wir waren uns 2008 einmal für etwa fünf Sekunden in ihrem Wahlkampfflugzeug begegnet. Beim Brunch erzählte ich ihr, dass ich vor einigen Monaten in Alaska war. Sie riss den Mund zu einer ehrlich verwunderten Miene auf, als ob noch nie zuvor jemand nach Alaska gereist wäre. »Warum haben Sie mich nicht besucht?«, fragte sie und klang durchaus aufrichtig. Ich scherzte, ich hätte nicht erschossen werden wollen. Sie nahm mir das Versprechen ab, sie beim nächsten Mal in Wasilla zu besuchen. (Wie findet man Sarah Palin in Alaska überhaupt? Steht sie im Telefonbuch? Können wir SMS-Freunde werden?)

Einige Wochen später schaltete Palin wieder auf Bosheit um und startete eine Bustournee durch den Nordosten der USA, die viele für ein Vorspiel zu ihrem Präsidentschaftsrennen 2012 hielten. Den Medien teilte sie ihre Reiseroute ausdrücklich nicht mit, was diese zwang, ihrem Bus in sinnloser Hatz von Virginia bis nach Hampshire zu folgen (und in West Massachusetts nur knapp einem Tornado zu entgehen). Alle meckerten, Palin war es egal, und alles war wieder beim Alten.

»Ich glaube nicht, dass ich den Mainstream-Medien etwas schulde«, sagte Palin in einem Interview, das sie Van Susteren in ihrem Bus gab. Coale, Van Susterens Mann, wunderte sich über die Unverschämtheit der Medien: »Sie haben sie auf jede erdenkliche Art mit Dreck beworfen. Und da erwarten sie noch, dass man vor ihnen katzbuckelt?«

Na ja, ja! Aber es war nett von Palin, am Presseballwochenende aufzutauchen und sich verträglich zu geben. Und es war ein großer

Gewinn für Tamster, die zu ihrem Megabrunch unter anderem auch Rupert Murdoch »bekam«. Sie hatte einen tollen Lauf und war selbst für ihre Verhältnisse allgegenwärtig. In einer Zeit, in der Washington nichts geregelt bekam und massiven Zorn auf sich zog, war Tammy die treibende Kraft hinter dem Einzigen, was die Hauptstadt offenbar richtig machte: sich selbst zu feiern.

Einige Monate vorher hatte Tammy eine Buchparty für den Erstlings-Romanautor Graham Moore mitveranstaltet, den 29-jährigen Sohn von Michelle Obamas Stabschefin Susan Sher. Irgendwann kam Tammy zu mir und dem Mann, mit dem ich mich gerade unterhielt, und verkündete: »ELIZABETH EDWARDS LIEGT IM STERBEN! ELIZABETH EDWARDS LIEGT IM STERBEN! ICH HABE GERADE MIT IHRER TOCHTER TELEFONIERT!«

»So, jetzt kommen Sie, Sie müssen den Autor kennenlernen«, sagte sie und zog mich mit sich, um mich mit Susan Shers Sohn bekanntzumachen. Eine Frau fing Tammy ab und sagte: »Wir kommen am Mittwochabend zu Ihrer Party.«

»Ach, ich bin einfach überall«, antwortete Tammy.

Die Party am Mittwochabend wurde von CURE veranstaltet, der Epilepsieforschungsstiftung der Familie Axelrod, die Tammy als Frau des Jahres ehrte. Die Auszeichnung ging mit einer Videomontage einher, in der mehrere Vertreter der neuen Medien (David Gregory, Joe Scarborough und Mika Brzezinski) Tammy Tatkraft, Ausdauer und fabelhafte Eigenschaften bescheinigten.

Am Samstag organisierte Tammy eine weitere Sause, diesmal im eleganten Jefferson Hotel zu Ehren des ehemaligen britischen Premierministers Gordon Brown. Er hatte ein »wichtiges neues Buch« geschrieben, *Beyond the Crash* [2]: viel Düsteres über weltweite Armut und Einkommensungleichheiten, also genau das,

---

2 Brown, Gordon (2010): Beyond the Crash: Overcoming the First Crisis of Globalization. London 2010; dt. Was folgt: Wie wir weltweit neues Wachstum schaffen, Frankfurt a. M. 2011.

worüber man nachdenkt, wenn man unter den Lüstern im Jefferson Hotel Lachs- und Kaviarkanapees isst.

Das 1923 eröffnete Grandhotel hätte kaum prachtvoller funkeln können als bei diesem Anlass. Die Festlichkeiten wurden auf Tammys Webseite WHC Insider übertragen. Im persönlichen Erleben war es ein bisschen überfüllt und heiß. Ich versuchte, mich wegzuschleichen, aber Terry McAuliffe bestand darauf, dass ich ihn in ein Separee begleitete, um Tammys gute Bekannte Connie Milstein zu begrüßen, die Immobilienexpertin, der das Hotel gehörte und die offensichtlich in McAuliffes Hirnstamm einen Sensor aktiviert hatte, der ansprach, sobald er sich in zehn Metern Entfernung von einem potenziellen reichen Wahlkampfspender befand. Als ich in dem Separee stand und wartete, bis Andrea Mitchell und Alan Greenspan ihr Gespräch mit Milstein beendet hatten, stürmte Tammy mit Gordon Brown in Person herein. Sie stellte mich dem ehemaligen Premierminister vor, der etwas erschöpft wirkte. »Er schreibt gerade ein Buch darüber, wie es in Washington läuft, und versucht, mich zur Mitwirkung zu bewegen«, erklärte Tammy. »Und ich glaube, er ist verrückt.«

»Ich nicht«, erwiderte Gordon Brown und schaute mich an. »Folgen Sie Tammy nur überallhin. Etwas Besseres könnten Sie kaum machen.«

Tammy errötete.

Bereits vorher hatte Tammy als Highlight des Abends einige Begrüßungsworte gesprochen und Gordon Browns Buch gelobt. Mehrmals sprach sie von einem »besonderen Abend«, einem »unglaublichen Abend« und einem »erstaunlichen Abend«, obwohl »wir alle schwierige und harte Zeiten hier in Washington und auf der ganzen Welt durchmachen«. Ich musterte die Kronleuchter, die hohe cremeweiße Decke und McAuliffe, der einige Schritte entfernt eine Champagnerflöte hob.

— ★ ★ ★ —

Im Juli 2011 blieb der Amtrak-Zug, in dem ich saß, irgendwo zwischen New York und Washington im gottverlassenen Delaware liegen. Wir hatten keinen Strom. Es war heiß. Die Toiletten stanken. Die Passagiere waren gereizt. Die Situation barg ein philosophisch-ethisches Dilemma: Gelten die Regeln für Ruhewagen auch an Bord eines liegengebliebenen Zuges? Manche fanden, nein, und sprachen in ihre Mobiltelefone, andere fanden, ja, und starrten die Übeltäter wütend an, einige brüllten sie sogar an. Manche brüllten zurück. Eine dritte Gruppe mahnte zur Friedfertigkeit. Einige telefonierten weiter. Noch mehr wütende Blicke und Gebrüll hin und her. Ein Passagier erkundigte sich bei einem anderen, ob es etwas Neues gebe. »Ruhe!«, brüllte ein militanter Ruheverfechter. »Seien Sie doch ruhig!«, erwiderte ein Gegenrebell. Einer ließ einen eindeutigen Kommentar los, während ein zweiter sich als Komiker versuchte und scherzte, der Staat habe den Zugverkehr eingestellt, um das Staatsdefizit abzubauen, und wo sie schon mal dabei wären, hätten sie gleich Delaware verkaufen sollen. Niemand lachte.

Im Ruhewagen herrschte Anarchie – ein passendes Abbild des Gemeinschaftsgeistes in Washington: Zwischen dem Weißen Haus und dem Kongress tobte die Debatte über die Anhebung der staatlichen Schuldengrenze auf Bundesebene. Der 2. August, der Termin, an dem die US-Regierung ihre Kreditverpflichtungen nicht mehr würde bedienen können, war nur noch eine Woche entfernt. Alle stritten, nichts bewegte sich – wie in unserem Zug.

Schließlich erzielten der Kongress und das Weiße Haus eine Einigung und, wer hätte es gedacht, auch unser Zug setzte sich wieder in Bewegung und ich kam noch rechtzeitig nach Washington und zur Abschiedsparty für Joe Lockhart, den Ex-Pressesprecher des Weißen Hauses in Bill Clintons finstersten Lewins-ky-Zeiten. Nachdem er das Weiße Haus verlassen hatte, gründete Lockhart gemeinsam mit zwei Beratern Al Gores – Mike Feldman und Carter Eskew – die Glover Park Group, eine demokratische Medienfirma, die sich zu einem parteiübergreifenden »integrierten Dienstleistungsunternehmen« für Lobbyarbeit und strategische Kommunikation entwickelte und 60 Millionen US-Dollar Jah-resumsatz machte. Nun hatte Lockhart eine neue Stelle als Kom-munikationschef bei Facebook in Menlo Park angenommen.

Im eleganten Sitz der Glover Park Group in der Innenstadt drängten sich bei der Abschiedsparty die üblichen Stammgäste. Sie fand mitten im Abhörskandal der News Corporation[3] statt, der gerade Großbritannien und weite Teile der Medien in Auf-ruhr versetzte. Das Thema beherrschte sämtliche Gespräche auf der Party, während wir Fingerfood mampften und Cocktails schlürften, spendiert von der Glover Park Group, die übrigens ein wichtiger Lobby- und Kommunikationspartner der News Cor-poration war.

In der Nähe der Terrasse kam ich mit Geoff Morrell ins Ge-spräch, einem ehemaligen Hauptstadtkorrespondenten für ABC News, der später Chefpressesprecher von Verteidigungsminister Robert Gates unter Präsident Bush und Obama war. Nach vier Jahren in Regierungsdiensten stand Morrell – einer der engsten Freunde von Mike Allen – unmittelbar vor seinem Ausscheiden aus dem Pentagon und musste sich zwischen mehreren Stellen-angeboten entscheiden. Er sagte nicht, mit welchen Firmen er im Gespräch war, erwähnte aber, dass Bob Barnett ihm bei den

---

3 Mitarbeiter der britischen Sonntagszeitung »News of the World«, die zum News-Corporation-Konzern des australischen Medienunternehmers Rupert Murdoch gehörte, hatten sich Zugang zu Mobilfunk-Mailboxen von Prominenten verschafft und Polizeibeamte bestochen. Mit der Sonntagsausgabe vom 10. Juli 2011 wurde die Zeitung eingestellt. Anm. d. Übers.

Verhandlungen half. Das war keine Überraschung und kaum hatte Morrell mir das erzählt, da kam auch schon Barnett dazu und erzählte mir, was für ein »erstklassiger« Klient Morrell sei.

Später erfuhr ich, dass man Morrell einen Führungsposten bei Hill & Knowlton Strategies, U.S., angeboten hatte, dem PR-Giganten unter der Leitung von Dan Bartlett, dem ehemaligen Berater von George Bush, den Morrell aus seiner Zeit als Hauptstadtkorrespondent kannte. Außerdem hatte er ein Angebot von Tony Podesta, dem demokratischen Megalobbyisten, dessen Firma, Podesta Group, trotz der lahmenden Wirtschaft gerade ein weiteres hervorragendes Jahr erlebte.

Während die nationale Arbeitslosenquote am Labor Day bei 9,1 Prozent lag, trug Morrell seinen Teil zu ihrer Senkung bei und Mike Allen brachte die Meldung in Playbook: Geoff Morrell ging als US-Kommunikationschef zu BP. »BP America sieht sich nach dem katastrophalen Ölaustritt im Golf mit einer Fülle von Ermittlungen und Klagen konfrontiert und hat den ehemaligen Pressesprecher des Pentagon, Geoff Morrell, zum US-Kommunikationschef gemacht«, schrieb Allen in seinem Leitartikel.[4] Das signalisiere »offensive neue Bemühungen, sich von den vergangenen Kommunikationsdebakeln zu erholen und das Image auf einem wichtigen Markt zu verbessern. Morrell, der am Dienstag seine Stelle antrat, wird in Washington bleiben und häufig in die BP-Zentralen in Houston und London reisen … Der 42-jährige Morrell hat auf beiden Seiten des Podiums gearbeitet: Er berichtete für ABC News über das Weiße Haus und war dann Pentagon-Pressesprecher während der Amtszeit von Verteidigungsminister Robert Gates, die über zwei Präsidenten reichte und von zwei Kriegen geprägt war.«

---

4   Allen, Mike (2011): BP America Hires Geoff Morrell. In: Politico, 5. September 2011.

Der Playbook-Beitrag umfasste 645 Worte und nahm annähernd 30 Prozent der Ausgabe an diesem Morgen ein. »Sie haben einen längeren Artikel bekommen als Obama für die Tötung Bin Ladens«, staunte Tony Podesta in einer Glückwunsch-E-Mail an Geoff. Im politisch-wirtschaftlichen PR-Bereich bezeichnet man das als »erfolgreiche Markteinführung«.

Wenn jemand einen Posten im Staatsdienst aufgibt, um »Chancen in der Privatwirtschaft wahrzunehmen«, ist die erfolgreiche Einführung entscheidend. Es ist wichtig, dass die Bekanntgabe der neuen Position mit großem Rummel einhergeht – um alle zu erinnern, wie wichtig man in der Regierung war, und um sicherzustellen, dass jeder weiß, wo man zu finden ist, wenn man nun den »Staatsdienst monetarisiert«.

Morrells große Neuigkeit illustrierte die starken Interessenverflechtungen, aus denen Washingtons Selbsterhaltungsmaschinerie heute besteht: Alte Medien (ABC News), republikanische Regierungen, demokratische Regierungen, Konzerne (BP) und neue Medien (Playbook) treffen sich, vermittelt durch Barnett, an der vergoldeten Drehtür.

Morrell verdankte den neuen Posten bei BP teils seinem Freund Dick Keil. Der ehemalige Hauptstadtreporter für Bloomberg war zu der parteiübergreifenden Medienberatung Purple Strategies gewechselt, die der republikanische Experte Alex Castellanos (CNN) und der demokratische Fernsehmoderator Steve McMahon (MSNBC) gegründet hatten. Keil, der Morrell noch als ABC-Korrespondenten kennengelernt hatte, ist ein sympathischer, ernsthafter Mensch, den ich aus seiner Reporterzeit kenne. Wie die meisten in Washington arbeitet er unentwegt. Einmal traf ich ihn im Supermarkt und zog ihn mit der Imagearbeit auf, die Purple Strategies geleistet hatte, um BP nach dem kleinen Problem an der Golfküste »neu aufzustellen«. Ohne Zögern legte Keil los und nannte BP »die größte Unternehmenskehrtwende in der Geschichte« oder so etwas in der Art, bevor er zur Feinkosttheke ging. Tatsächlich erholte BP sich recht gut – auch dank der Großzügigkeit des US-Verteidigungsministeriums. Bloomberg News berichtete später, dass sich BPs Pentagonverträge in den zwei Jahren nach der größten Ölpest der amerikanischen Geschichte mehr als verdoppelten (von 1,04 Milliarden US-Dollar im Fiskaljahr 2010 explodierten sie auf 2,51 Milliarden Dollar).[5]

Morrells Stellenwechsel war Teil eines gewagten Trends bei großen Tieren der Obama-Regierung, sich wie Neugeborene an den Brüsten ihrer Erzfeinde festzusaugen. BP war zwar nicht der größte Schurkenkonzern der ersten Amtsperiode, gehörte aber sicher zu den drei Spitzenreitern.

Weitere Kandidaten? Wohl kein anderes Unternehmen hatte für die katastrophale Wirtschaftslage, die Obama 2009 erbte, mehr Schuldzuweisungen (und Empörung) abbekommen als Goldman Sachs. Der Konzern hatte im Zentrum der Hypothekenkrise gestanden, die alles ins Rollen gebracht hatte. Er erhielt vom Staat Unsummen an Notkrediten und zahlte dann ebensolche Unsummen an Manager-Boni aus. Es konnte also etwas merkwürdig oder sogar ungehörig erscheinen, wenn ein hochrangiger Mitarbeiter des Finanzministeriums unter Obama Goldman Sachs half, das angeschlagene Firmenimage reinzuwaschen. Aber einige Monate später gab der Finanz-Rechtsberater Jake Siewert sein Ausscheiden aus der Obama-Regierung bekannt und wurde bald darauf globaler Kommunikationschef bei Goldman Sachs. Siewert hatte gegen Ende der zweiten Amtszeit Bill Clintons als Pressesprecher des Weißen Hauses gedient und anschließend neun Jahre lang beim

---

5   Ivory, Danielle (2013): BP's U. S. Defense Contracts Doubled Since Year of Gulf Oil Spill. Bloomberg, 6. Februar 2013.

Alcoa-Konzern gearbeitet, bevor er Berater der Obama-Regierung wurde. In Regierungs- und Medienkreisen war er weithin bekannt und beliebt und im Hauptstadtclub hatte man schon über seinen nächsten Drehtürdurchgang spekuliert.

Siewert also landete bei Goldman Sachs. »Wir verkommen zur Parodie unserer selbst«, sagte mir ein leitender Mitarbeiter des Weißen Hauses zum Wechsel hochrangiger Regierungsangehöriger zu den Wirtschaftsgiganten, die das Obama-Team bekämpft hatte.

Als Siewert zu Goldman Sachs und Morrell zu BP ging, war die unheilige Dreiergruppe komplett, denn vorher war schon Peter Orszag – der ehemalige Leiter des Office of Management and Budget (OMB) im Weißen Haus – zu Citigroup gewechselt, einer weiteren Inkarnation der Finanzkrise, Empfängerin staatlicher Rettungsgelder und Boni-Zahlerin.

Auf seine Art war Orszag in seiner Zeit im Weißen Haus eine Nerd-Fallstudie für die grassierende Obama-Manie. Sobald der designierte Präsident im November 2008 Orszags Nominierung bekannt gegeben hatte, war er – was seltsam ist – auf Anhieb zum unerwarteten Sexsymbol avanciert, obwohl es sofort wilde Spekulationen gab, ob der Taschenrechner-Casanova vielleicht das schlechteste Toupet der Welt trug. Groupies gründeten den Fanblog Orszagasm.com für die angeblich attraktive Intelligenzbestie.

Rahm Emanuel erklärte der *New York Times,* Orszag habe »Nerdsein sexy gemacht«.[6] Klatschkolumnen berichteten über Orszags Liebesleben und manche in Obamas Stab machten sich schon Sorgen, dass sein Profil sich ein bisschen zu stark aufblähen könnte.

6 Kantor, Jodi (2009): Obama's Man on the Budget: Just 40 and Going Like 60. In: The New York Times, 27. März 2009.

Egal, Ende gut, alles gut: Nun saß Orszag bequem bei der Citigroup im Sessel und blieb bei Journalisten beliebt, was angesichts seiner Bereitwilligkeit, mit ihnen zu reden, niemanden überraschte. (Reporter sind für die kleinste Freundlichkeit dankbar.) Persönlich habe ich, glaube ich, nur einmal mit Orszag gesprochen, obwohl er mich kürzlich auf Facebook seiner Freundesliste hinzugefügt hat. Gegen Ende seiner Amtszeit im Weißen Haus galt er intern als Hauptquelle vieler Informationen, die nach außen durchsickerten. Einer der jungen Besserwisser im Kommunikationsstab bezeichnete ihn als »das undichte Toupet mit Brille«.

Wenn Obama sich über etwas besonders ärgerte, dann waren es undichte Stellen. Damit stand er unter den amerikanischen Präsidenten zwar nicht allein da, aber für ihn war es offenbar ein besonders wunder Punkt. Im Wahlkampf 2008 war er ungeheuer stolz gewesen, dass so wenig nach außen durchgesickert war, und nun konnte er nicht fassen, dass so viele in Washington ihre Wichtigkeit unter Beweis stellen mussten, indem sie Journalisten vertrauliche Informationen gaben. Es machte ihn wahnsinnig, dass einige dieser Leute in seinem Weißen Haus arbeiteten.

Im Spätsommer 2011 schaltete die Regierung auf Wahlkampf um, nachdem die Republikaner sie im Kongress einige harte Wochen lang in den Verhandlungen über die Schuldenobergrenze wüst beschimpft hatten. In den Medien und bei bestimmten Obama-Insidern fasste eine »Parallelerzählung« Fuß, dass die Regierung ihre Strategie nicht geschickt genug mit ihrem entstehenden Wahlkampfteam in Chicago koordinierte. Um die Strategien besser abzustimmen, regte der Präsident ein halbwegs regelmäßiges Samstagstreffen im Roosevelt Room an, an dem 15 führende Regierungsangehörige, das Büro des Vizepräsidenten, das Wahlkampfteam und ein Netz externer Berater teilnehmen sollten. Bei der ersten Besprechung äußerte Obama die Sorge, die Gruppe sei etwas zu groß, fügte aber hinzu, er vertraue allen und erwarte, dass alles, was dort besprochen werde, vertraulich bleibe. Teilnehmer dieser Besprechungen beschrieben sie als dynamisch und produktiv und als gutes Forum für den Präsidenten, Ansichten von Leuten zu hören, mit denen er nicht alle Tage sprach.

Beim fünften oder sechsten Treffen notierte der Präsident nach Angaben mehrerer Anwesender auf einem gelben Schreibblock eine Liste der Themen, die er seiner Ansicht nach in seiner ersten Amtsperiode nicht klar genug angesprochen hatte und nach einer Wiederwahl in Angriff nehmen wollte. Dazu gehörten Klimawandel, Einwanderung, gleichgeschlechtliche Ehe und die Schließung des US-Gefangenenlagers am Marinestützpunkt Guantanamo Bay. Einige Tage später erfuhren die Autoren des Buches *Game Change,* Mark Halperin und John Heilemann, von der Themenliste des Präsidenten und erwähnten sie gegenüber Obamas Wahlkampfmanager Jim Messina, der dem Präsidenten umgehend davon berichtete. Obama war so wütend, dass alle, die von der undichten Stelle wussten, schon vor dem zitterten, was er beim nächsten Samstagstreffen sagen würde.

Obama sprach die Angelegenheit umgehend an, dabei zeugte sein Ton aber eher von Enttäuschung als von Zorn: »Ich habe euch vertraut.« Dann erklärte er, die Besprechungen seien seiner Ansicht nach hilfreich gewesen und er hoffe, sie würden in irgendeiner Form weitergehen – allerdings, sagte er, künftig ohne ihn, und damit ging er hinaus.

Nachdem Obama gegangen war, sagte Vizepräsident Biden der Gruppe, sie habe den Präsidenten enttäuscht. Im Raum herrschte Schweigen. Schließlich brach unter den anwesenden Beratern eine lebhafte Diskussion aus, wer so etwas tun würde und wieso das Weiße Haus überhaupt an Büchern mitwirkte. Manche beklagten, dass sich der Zusammenhalt ihres Chicagoer Wahlkampfes vor dem

Einzug ins Weiße Haus nicht wiederherstellen ließ. Besonders lautstark – und wütend – äußerte sich Robert Gibbs, Obamas langjähriger Sprecher und Berater, der Anfang 2011 aus der Regierung ausgeschieden und nun als Wahlkampfberater tätig war. Gibbs, der für seine kämpferische Art und sein häufig feuriges Eintreten für seinen Chef bekannt war, ließ eine Schimpfkanonade darüber ab, dass sie im Wahlkampf 2008 nie Probleme mit undichten Stellen gehabt hätten. Das hatte sich geändert, sobald sie gewonnen hatten und nach Washington gezogen waren. Mittlerweile waren Lecks eine so regelmäßige Erscheinung, dass sie fast nur noch achselzuckende Resignation auslösten. Aber dieser Fall war eine besonders bittere Pille, weil Obama allen zu Beginn dieser Treffen gesagt hatte, wie sehr er ihnen vertraute. »Jemand hier hält sich für größer als der Präsident«, tobte Gibbs. »Wer zum Teufel denkt so was?«

Als ich Gibbs später auf diese Sitzung ansprach, bestätigte er meine Darstellung und sah in der Episode ein wichtiges Anzeichen, dass eine Gruppe, die über mehrere Jahre hinweg gemeinsam Kämpfe durchgestanden hatte, nun in der Vorbereitung ihres letzten Wahlkampfs mit ihren eigenen Brüchen konfrontiert war. Das ist natürlich eine bekannte Entwicklung bei politischen Bewegungen. Mit der Zeit werden der Idealismus und das zielstrebige Bemühen, die Wahl eines Kandidaten zu erreichen und im Weißen Haus zu überleben, durch die eigennützigeren Interessen verwässert, sich in Washington einzunisten: bei der Presse zu punkten, sein eigenes Profil zu stärken und sich als wichtig genug zu erweisen, dass sich der Staatsdienst hinterher möglichst gut bezahlt macht. Aber in diesem Fall war diese Entwicklung offenbar besonders erschütternd. Ein hochrangiger Wahlkampfmanager hatte den Eindruck, dass viele an irgendeinem Punkt vor allem darüber nachdachten, wer sie in der *Game-Change*-Verfilmung in der Fassung von 2012 spielen würde.

»Für viele von uns wurde das echte Leben zu einer Art Polit-spielfilm«, sagte er. Ganz so, als ob die Leute plötzlich untereinander in prägnanten Dialogen redeten und sich ihre Gespräche als szenische Darstellung oder Fototermin vorstellten. Der Wahlkampf 2008 wirkte ganz allgemein wie ein organisches Geflecht echter Überzeugungen. Die Verhaltensregeln waren allen klar und es musste nicht ausbuchstabiert werden, was richtig und falsch war. Das »Kein-Ego-kein-Ruhm«-Memorandum, das jeder in Obamas Übergangsteam unterschreiben musste, erschien damals, Ende 2008, eigentlich überflüssig. Diese Botschaft ging schließlich verloren oder wurde zumindest in dem Maße abgeschwächt, wie Obamas *Change*-Truppen in die Fänge der Schleimerstadt gerieten.

Sofern diese Entwicklung überhaupt einen filmreifen Höhepunkt hatte, war es der Moment, als Obama den Roosevelt Room verließ, Biden Schelte verteilte und in der anschließenden Sitzung Bilanz gezogen wurde. »Es war eine Diskussion, in der wir uns fragten: ›Was ist aus uns geworden?‹«, erzählte Gibbs mir. Bereits vor seinem Ausscheiden aus dem Weißen Haus hatte Gibbs diese Frage mehrfach in verschiedenen Gremien gestellt. Er äußerte häufig Enttäuschung über die zahlreichen Kleinigkeiten, bei denen Obamas Regierung sich an die bestehenden Verhältnisse, gegen die sie 2008 Sturm gelaufen waren, hatte anpassen müssen: die diversen Ausnahmen von der Keine-Lobbyisten-Regel; die seiner Ansicht nach allzu enge Umklammerung mit Washingtons Echokammer; der Eigennutz, der über das Gemeinwohl siegte.

»Ich erinnere mich, dass ich in der Sitzung sagte: ›Irgendwie haben wir alle uns verändert‹«, erzählte Gibbs. »Oder vielleicht hat Washington uns verändert.«

11
Der Präsidentschaftswahlkampf: wieder derselbe Film

> Die größte Gefahr, die uns bei dieser Wahl droht, ist,
> dieselbe alte Politik mit denselben alten Akteuren zu
> versuchen und ein anderes Ergebnis zu erwarten.
>
> *Barack Obama, Democratic National Convention, 2008*

Von allen romantischen Maximen des Obama-Wahlkampfs
2008 war das Ziel, die »alten Akteure« in einem frisch geputzten
Washington kaltzustellen, besonders ausgeprägt. Das galt auch für
das Versprechen des Präsidentschaftskandidaten, dass Lobbyisten
»mein Weißes Haus nicht leiten werden«. Diese kleine Erinnerung
an 2008 wurde regelmäßig hervorgeholt, sobald sich eine Ausnahme durch die Drehtür schmuggelte.

Die jüngste dieser Ausnahmen war Steve Ricchetti, einer der
bestausgestatteten Lobbyisten der Stadt, der Anfang 2012 als Berater in Bidens Stab kam. Zu Ricchettis Klienten hatten unter anderem Fannie Mae, Eli Lilly und die American Hospital Association
gehört. Schlupflöcher über Schlupflöcher. Offenbar hatte sich
Ricchetti nach Obamas Wahlsieg aus dem Lobbyistenregister
streichen lassen, daher war alles in Ordnung, obwohl er Präsident
einer Lobbyfirma blieb.

Nachdem Biden ihn engagiert hatte, schrieb Dana Milbank[1]
in der *Washington Post:* »Ricchetti ist öfter durch die Drehtür ge-

---

1 Milbank, Dana (2012): Settling In to Washington's Ways. In: The Washington Post, 6. März 2012.

gangen als ein Page im Mayflower Hotel«. Als er 2008 Hillary Clinton unterstützt hatte, hatte Obamas Team ihr vorgeworfen, ihn als Wahlkampfspendensammler zu nutzen (während Obama selbst redlich an seinem selbstverhängten Lobbyisten-Bann festhielt). Ricchettis Ernennung »zeigt nur, wie oberflächlich Obamas moralische Reformen waren – und wie absurd die offiziellen Maßstäbe sind, wer in der Beeinflussungsbranche ein ›Lobbyist‹ ist«, schrieb Milbank.

»Uns war klar, dass wir dafür Prügel beziehen würden«, sagte mir ein Mitarbeiter Obamas im Weißen Haus eine Woche nach Bekanntgabe der Ernennung Ricchettis. »Aber Biden wollte ihn unbedingt haben und hat um ihn gekämpft. Und wir dachten nicht, dass es außerhalb der üblichen Kreise, die sich künstlich aufregen, sonderliche Reibereien geben würde.« Vielleicht würde auch das Wahlkampfteam Dresche beziehen, weil es Broderick Johnson – einen Ex-Lobbyisten für AT&T, BellSouth, Microsoft und andere – engagiert hatte. Aber höchstens ein oder zwei Tage lang. Das entsprach mittlerweile dem üblichen Vorgehen des Obama-Teams, wenn die zynische Hauptstadtwirklichkeit mit seinen hehren Idealen von 2008 kollidierte: die Ausnahme zugeben, die verärgerten Blogposts und Pressemeldungen aussitzen und weitermachen. Dieser Lobbyistenbann war ohnehin vier Jahre alt.

Auch Cecilia Muñoz, die kürzlich zu Obamas innenpolitischer Beraterin avanciert war, hatte sich vorher als Lobbyistin betätigt: für die hispanische Wohltätigkeitsorganisation National Council of La Raza. Für ihre Einstellung setzte der Präsident sein Versprechen aus, »die Drehtür zu schließen, die Lobbyisten ungehindert in die Regierung lässt«.

Im Lauf von vier Jahren hatte die Obama-Welt eine imposante Kollektion von »Was-soll's«-Ausnahmen angehäuft. Es fing 2008, als Obama noch Senator war, mit seinem Bekenntnis an, nicht aus dem öffentlichen Finanzierungssystem für Präsidentschaftswahlkämpfe auszusteigen. Damit hätte er für seinen Wahlkampf nur begrenzte Mittel aufwenden können. Als sich aber abzeichnete, dass es ihm gelingen würde, beliebig viele Spenden aufzutreiben, löste sich Obamas Bekenntnis in nichts auf – im Gegensatz zu John McCain, der im öffentlichen Finanzierungssystem blieb.

Im Februar 2012 gab Obama seinen langjährigen Widerstand auf, seine Wahlkampfspender an »Super-PACs« (Political Action Committees) zu verweisen, die er für eine »Gefahr für unsere Demokratie« hielt.[2] Zu seiner Kehrtwende kam es, als die Obamafreundlichen Super-PACs erheblich weniger Spenden einsammelten als die seiner Gegenspieler.[3]

Bloomberg News meldete, dass Obamas Wahlkampfmanager Jim Messina sich im Stillen mit einigen demokratischen Wall-Street-Titanen getroffen und ihnen versichert habe, sie im Wahlkampf nicht zu verteufeln (wie Obama es in den vorangegangenen drei Jahren gemacht hatte).[4] Und wo er schon mal da war, bat Messina sie gleich um Wahlkampfspenden.

2   Stein, Sam (2012): President Obama Softens Super PAC Opposition. In: The Huffington Post, 6. Februar 2012.

3   Anmerkung der deutschen Übersetzung: PACs sind in den USA Lobbygruppen, deren Ziel es ist, einzelne Politiker finanziell zu unterstützen. Nicht nur Interessengruppen, auch viele Amtsinhaber gründen eigene PACs, um ihr Fundraising zu organisieren. Früher galt, dass ausschließlich Einzelpersonen einen Kandidaten mit maximal 5000 US-Dollar unterstützen dürfen. Unternehmen, Verbänden und Gewerkschaften war eine solche Unterstützung verboten.
Seit 2010 gilt, dass PACs Spenden in unbegrenzter Höhe von allen, auch von Unternehmen, annehmen dürfen, wenn sie diese nicht direkt an einzelne Kandidaten oder Parteien fließen lassen: die Super-PACs. Deren Mittel fließen in eigene Werbeprogramme und Lobbyarbeit für einen Kandidaten. Erst nach der jeweiligen Wahl müssen sie die Herkunft und Höhe ihrer Mittel transparent machen. Eine Auswertung des Wahlkampfs 2012 hat ergeben, dass die Finanzierung der Super-PACs vollkommen intransparent war: »Der Weg des Geldes kann nicht nachvollzogen werden« (Aitken, Lee: There's No Way to Follow the Money. In: The Atlantic, 16. Dezember 2013).

4   Nichols, Hans (2012): Obama Campaign Chief Messina Seeks to Assure Wall Street Donors. Bloomberg, 8. Februar 2012.

Obamas Super-PAC-Kehrtwende löste einige Tage lang vorhersehbare Entrüstung über seine Scheinheiligkeit bei den Rechten und Händeringen über seine Unredlichkeit bei den Linken aus. Insgesamt war es eine weitere Bestätigung für das Argument, dass »change« für Obama eher ein Werbeslogan als ein echtes Ideal war. Im Hauptstadtclub war die vorherrschende Reaktion, auf Distanz zu gehen und die Entrüstung von einer »Es-ist-wie-es-ist«-Warte aus achselzuckend abzutun.

»Jeder moderne Präsident bedient sich im vierten Amtsjahr aller billigen politischen Tricks, gebrochenen Versprechen und frisierten Wahrheiten, die für eine Wiederwahl nötig sind«, erklärte Jim VandeHei in Politico. »So viel zum rechten Weg: Sieg ist wichtiger als Redlichkeit.«

Nachdem alle ihren Schock und ihre Entrüstung überwunden hatten, feierte die Hauptstadt die Kehrtwende. Sie war nicht nur vorhersehbar, sondern gut fürs Geschäft. Demokratische Medienberater, Werbefachleute und andere Parasiten würden Millionen mit den vom Präsidenten abgesegneten Super-PACs verdienen. Republikaner würden das Wettrüsten weiterführen, »was wiederum mehr Geld für ihre Strategen, Meinungsforscher und Werbefachleute bedeutet; und die Medien verdienen noch mehr Geld, weil das alles in Fernseh- und Internetwerbung fließt«, schrieb VandeHei. »Inzestuös, was?«

— ★ ★ ★ —

Endlich fingen die Vorwahlen an. Gott sei Dank. Die Republikaner hatten schon monatelang Spitzenkandidatenroulette gespielt: zuerst Michele Bachmann, dann Herman Cain, schließlich Newt Gingrich. Wie viele Spitzenkandidaten mussten noch untergehen?

Jetzt wurde es ernst und für alle aus dem Hauptstadtclub war es an der Zeit, alte Bekannte im Marriott in Des Moines oder im Radisson in Manchester (dem Paris von New Hampshire) wiederzutreffen. Und natürlich in Spin Rooms, wo jeder jeden kennt – oder jemand einem ein Schild über den Kopf hält, das den Leuten sagt, wer man ist – falls man wichtig genug ist. He, da ist Bay Buchanan!

Man weiß nie, wem man in Spin Rooms über den Weg läuft. Eigentlich ist die Ex-Schatzmeisterin Bay Buchanan genau die Sorte Mensch, die man dort antrifft. Wie die Zeitschrift *U.S. News* beim Zahnarzt. Bay Buchanan gehört dort einfach hin.

Spin Rooms sind grässlich. In diesen gemischten Begegnungsstätten lassen sich Wahlkampfberater und Wahlredner nach Wahlkampfdebatten blicken, um Medienleute bei Laune zu halten. Ihre Währung sind die geisttötenden Standardfloskeln, dass Kandidat X »sich heute Abend hervorragend geschlagen hat« oder Kandidat Y »als Einziger auf der Bühne präsidial gewirkt hat« – ehrliche Erkenntnisse. Aus unerfindlichen Gründen halten sich diese Spin Rooms als Standardzubehör der gut 8000 Debatten, die zu jedem Präsidentschaftswahlkampf gehören.

Buchanan, die durchaus nicht grässlich ist, lebt in jenen Niederungen »politischer Fernsehleute«, bei denen man den Überblick verliert, ob sie nun gerade als Expertin, Moderatorin, Wahlkampfrednerin oder irgendeine Hybride auftritt (genauso wie man den Überblick verliert, wenn ein Jurist der Börsenaufsicht einen Posten bei einer Lobbyfirma in Washington übernimmt oder ein Citigroup-Manager zur Börsenaufsicht geht und plötzlich gegen seine früheren und vielleicht zukünftigen Kollegen ermittelt). Buchanan könnte durchaus in einem Spin Room zur Welt gekommen sein, nachdem sie in einem Ü-Wagen gezeugt und in einem Green Room unter warmen Fernsehscheinwerfern ausgebrütet und gleich von Wolf Blitzer in Empfang genommen wurde, als sie aus dem Ei schlüpfte.

Es ändert sich nie. Präsidenten und Wahlen kommen und gehen, neue Technologien wie Twitter entstehen und revolutionieren die Welt. Weltanschauungen ändern sich, Fehler werden gemacht. Alles geht weiter. Und dann sind wir alle wieder hier im Spin Room mit Bay B.

Der Spin Room in einem Kongresszentrum in North Charleston, South Carolina, hat die Größe eines Tennisplatzes. Es ist der 19. Januar 2012. Die republikanischen Vorwahlen drohten gerade wieder irgendwie interessant zu werden, nachdem der vermeintliche Spitzenkandidat Mitt Romney – der die Vorwahl in New Hampshire mit großem Vorsprung gewonnen hatte – hier im durchseuchten politischen System des Palmenstaates South Carolina einige harte Tage durchmachen musste. Newt Gingrich fand viel Aufmerksamkeit. Wichtige Konservative unterstützten weiterhin Newt Gingrich und Rick Santorum, und Romney verwandelte sich jedes Mal, wenn jemand ihn fragte, warum er seine Steuererklärungen nicht veröffentlichte, in einen gut frisierten Wackelpudding.

Bay Buchanan war also hier, um für Mitt Romney einzutreten. Sie war ein abgenutztes Rädchen im Kabelfernsehgetriebe: eine republikanische »Aktivistin« und Schwester von Pat Buchanan, worauf sich ihr Ruhm wohl vor allem stützte. Sie leitete Pats drei erfolglose Präsidentschaftswahlkämpfe und erwarb sich im Lauf der Jahre den Ruf einer »prominenten Konservativen«. Selbstverständlich war sie eine Zeit lang Gastmoderatorin der CNN-Sendung *Crossfire* – wie anscheinend die Hälfte der Anwesenden.

»Na, da sind wir ja alle wieder beisammen«, stellte Buchanan fest, als ich sie im Spin Room traf. Ihre Begrüßung kristallisierte perfekt das ewig Gleichbleibende dieser Übung heraus: eine

Menge »Leute, die immer noch dabei sind«. Einige Tage vor den Vorwahlen in New Hampshire hatte sie sich für Romney ausgesprochen, was sein Wahlkampfteam veranlasste, ihre Unterstützung in einer Pressemitteilung groß hinauszuposaunen. Sicher hatte er deshalb in dem Granitstaat mit so hohem Vorsprung gewonnen: der Bay-Buchanan-Schub. Gut, das ist sarkastisch; ich will gar nicht auf Buchanan herumhacken, die einen ganz netten Eindruck macht. Außerdem sollte man sich nicht mit ihr anlegen, schon gar nicht in ihrem eigenen Wohnzimmer, dem Spin Room.

Mit fachkundigem Ernst sagte sie: »Mitt Romney war heute Abend in der Debatte herausragend, wahrhaftig.« Der allgemeine Konsens lautete jedoch, dass Romney in der Debatte keineswegs herausragend war, wahrhaftig nicht. In South Carolina stürzten seine Umfragewerte entsprechend ab und er erlitt dort schließlich eine erdrückende Niederlage gegen Newt Gingrich.

»In unserem Wahlkampfzentrum wurde heute Abend gejubelt«, erzählte Buchanan mir. »Das war ein entscheidender Sieg!«

In Spin Rooms herrscht wie in so vielen Politikbereichen eine ähnliche gesellschaftliche Hierarchie wie in einer Highschool-Cafeteria. Die großen Meinungsmacher scharen die Mengen um sich, während die kleineren weniger Reporter – oder schlimmer noch, ausländische Pressekorrespondenten – anlocken.

Buchanan ist, bei allem Respekt, eine mickrige Größe unter den Meinungsmachern. Sie hat zwar viel darüber zu sagen, wieso Romney sich »heute Abend bestens geschlagen hat«, aber nur wenige hören ihr zu. In ihrer Ecke wirkte sie etwas verloren, zumal im Vergleich zu den coolen Kids wie Tim Pawlenty, dem Ex-Gouverneur von Minnesota (der die Werbetrommel für Romney rührte), oder Santorum (der für sich selbst warb). Sowohl Pawlenty als auch Santorum hatten ständig mehrere Mikrofone mit Fellwindschutz vor dem Gesicht – das ultimative Statussymbol in Spin Rooms.

Falls Buchanan unter Mikrofonneid litt, verbarg sie ihn gut. Aber während unserer Unterhaltung erreichte sie ein Spin-Room-Tief und erlebte eine Demütigung, die bei mir ein Gefühl auslöste, das ich niemals bei mir erwartet hätte: echtes Mitgefühl für Leute wie Bay Buchanan. Als sie gerade in Fahrt kam – und mir erzählte, wie aufgeregt das Romney-Team hinter der Bühne während der Debatte war –, unterbrach sie ein Fernsehreporter. Aus Island.

»Haben Sie einen Moment Zeit für Island«, fragte er sie. Buchanan seufzte schwer und sackte scheinbar in sich zusammen – sie schloss buchstäblich die Augen, als ließe sie das ganze Ausmaß der Erniedrigung auf sich wirken, die sie vor meinen Augen mitten in der Cafeteria erlebte.

»So tief bin ich gesunken«, sagte Buchanan, bevor sie sich zusammenriss, um Romney-Wähler in Reykjavik zu gewinnen. »Island.«

Spin Rooms erlebten wie Buchanan ihren medialen Höhepunkt in den 90er-Jahren und existieren immer noch. Sie sind immergrüne Lebensräume der politischen Klasse – ebenso wie Green Rooms und Wahlkampfzentralen. Die Spin-Room-Bewohner hassen diese Umgebung oder tragen zumindest ihre Abneigung dagegen zur Schau. Das war von Anfang an so. »Diese Meinungsmache ist demütigend und entwürdigend, aber die Medien bestanden darauf«, erzählte der mittlerweile verstorbene Messerkämpfer für die Grand Old Party, Lee Atwater, dem altgedienten politischen Journalisten Roger Simon für sein Buch *Road Show: In America*

Anyone Can Become President. It's One of the Risks We Take. »Ich war bei der Reagan-Mondale-Debatte [1984] bei der ersten Spin-Truppe dabei und würde das alles nur zu gern abschaffen.«

Schweißtreibende, überfüllte und deprimierende Spin Rooms sind in einer Zeit völlig überholt, in der die Echtzeit-Wahlkampf-propaganda größtenteils im Internet stattfindet. Viele Intrigen, die früher in Spin Rooms gesponnen wurden, erfolgen heutzutage innerhalb von Sekunden, nachdem die Kandidaten auf der Bühne gesprochen haben – über E-Mail, Blogposts oder Twitter.

Der Spin Room in North Charleston befand sich gleich neben dem Medienzentrum, wo einige Hundert Journalisten gerade ein Prachtstück von Debatte auf kinoleinwandgroßen Bildschirmen verfolgt hatten. Wir, die Reporter, saßen an langen Tischen wie Studenten bei einer Prüfung. Es war der übliche Ablauf (wie bei einer Prüfung) und auch nicht ohne Konkurrenzdruck. *Habe ich was verpasst? Schauen Sie auf Ihren eigenen Laptop!*

Die Debatte unterstrich den bislang ereignisreichsten Tag des republikanischen Wahlkampfs. Innerhalb von Stunden war viel passiert: Marianne Gingrich, Newts zweite Frau, hatte in einem ABC-News-Interview behauptet, ihr Ex habe sie um eine offene Ehe gebeten, ein Ausdruck, der sofort auf Twitter zum Trend-thema wurde, was immer das heißen mochte. (Seit den 70er-Jahren war die offene Ehe nicht mehr so ein Trendthema gewesen.) Rick Perry, der Gouverneur von Texas, war aus dem Rennen ausgeschieden und unterstützte jetzt Gingrich; und Santorum erfuhr zweieinhalb Wochen nach den Vorwahlen in Iowa, bei denen Romney mit knappem Vorsprung zum Sieger erklärt wurde, dass er die Wahl doch mit einer Handvoll Stimmen gewonnen hatte.

Dann kam das Debattengerangel, das John King von CNN mit einem Witzchen über offene Ehen in Gingrichs Richtung eröffne-te. Auf ging's. Newt setzte seine beste »Wütender-Teddybär«-

Miene auf und schlug mit perfekt dosierter Empörung zurück. Er nannte die Frage »nahezu widerwärtig« – und drosch damit ein weiteres Mal in diesem Wahlkampf auf die Nachrichtenmedien ein, die ihn ständig mit kostenloser Aufmerksamkeit überhäuften und in denen er viele private Freunde hatte. Einige Tage zuvor hatte Gingrich uns in einem Spin Room in Myrtle Beach mit seiner illustren Gesellschaft beehrt. Dort waren er und seine dritte Frau, Callista, von gut 200 ihrer widerwärtigen Medienfreunde umringt gewesen. Und Newt hätte, ehrlich gesagt, kaum heimischer wirken können.

In der Debatte in North Carolina erklärte Gingrich außerdem: »Ich denke grandiose Gedanken«, während Santorum behauptete, die Gedanken des ehemaligen Sprechers des Repräsentantenhauses seien »nicht überzeugend«. Mitt Romney verwendete unterdessen für seine geplante Gesundheitsreform ehrfurchtgebietend und ohne Ironie den abwertenden Begriff »Romneycare«.

Das ganze North-Carolina-Spektakel war ein Musterbeispiel, dass digitale Zug-um-Zug-Reaktionen den Medienansturm im Spin-Room-Ökosystem abgelöst hatten. Im Lauf der 90-minütigen Debatte erfuhr ich über Twitter, dass Gingrichs Wahlkampfteam seine Steuererklärungen veröffentlichte, während fast zeitgleich Romney auf der Bühne stotternd erklärte, warum er es nicht tat.

Unterdessen startete Romneys Wahlkampfteam eine »Grandioser-Newt«-Offensive, die Gingrich in einer Flut von Twitter-Postings (#grandiosenewt) mit einschlägigen Beispielen lächerlich machte. Im Lauf der Debatte gab Romneys Wahlkampfteam eine Mordspressemitteilung heraus, die unter der Überschrift »Ich denke grandiose Gedanken« Kernsätze von Newt auflistete, wie: »Ich denke, ich bin eine Transformationsgestalt« oder »Im Grunde bin ich ein Revolutionär«.

Um das Maß voll zu machen, twitterte Romneys Pressesprecher Eric Fehrnstrom: »Liegt es an mir, oder sieht Newt wirklich aus wie Perikles ohne goldenen Harnisch?«

Und Ryan Lizza vom *New Yorker* fragte sich (ebenfalls auf Twitter): »Wieso redet Santorum wie Hook aus *Cars*?«

Das war im Spin Room kaum zu übertreffen. Trotzdem ging der Ansturm unmittelbar nach der Debatte los. Journalisten kamen in Scharen. »Wie Bienen zum Honig«, stellte Ben Ginsberg fest, ein langjähriger republikanischer Anwalt, Wahlgesetzguru und bekanntes Mitglied im Hauptstadtclub. Er rührte die Werbetrommel für Romney und in seinem Vergleich kamen, ehrlich gesagt, nicht Bienen, sondern Fliegen und etwas weitaus Unappetitlicheres als Honig vor.

Aber es war durchaus keine völlig freudlose Pflichtveranstaltung. In gewisser Hinsicht war sie von einer vertrauten Energie erfüllt, die man von eingespielten (wenn auch unerklärlichen) Routineübungen kennt – wie dem Kundenansturm am ersten Tag des Weihnachtsgeschäfts, über den die Fernsehnachrichten aus unerfindlichen Gründen nach wie vor ebenso staunend berichten wie über Spin Rooms.

Die beste Antwort auf die Frage »Warum Spin Rooms?« ist die Gegenfrage: »Warum Truthahn zum Erntedankfest?« Es ist Tradition. Die ganze Familie kommt zusammen, der verrückte Onkel wird von Jahr zu Jahr ein bisschen verrückter und der zu Ausfällen neigende Vetter betrinkt sich (mal wieder). *He, was hat Howard Fineman bloß mit seinem Haar angestellt? Das ist ja nicht mehr schwarz, sondern silbrig grau.*

Tatsächlich war Finemans Haar ein großes Thema in unseren Polit-Medien-Kreisen, seit er 2008 aufgehört hatte, es zu färben. Woche für Woche im Fernsehen zu sehen, wie es grauer werde, scherzte der *Daily-Show*-Moderator Stephen Colbert, sei, als

sähe »man eine Armee langsam über freies Feld marschieren«. Eine
Zeit lang widmete sich eine ganze Webseite Finemans heller wer-
dendem Haar. Als er bei einem Empfang Präsident Obama traf,
sprach auch der ihn sofort darauf an: »Das Grau sieht gut aus.«
Kein Wort über Politik, Journalismus oder Howards zahlreiche
Talente.

Egal, Howard hatte nun ein neues Leben bei der Huffington
Post und wieder etwas jugendlich Beschwingtes, das er bei *Newsweek* verloren hatte – im Gang, nicht im Haar. »Arianna ist die
Katharine Graham des Online-Journalismus«, sagte Fineman zu
mir über seine neue Chefin. Das wusste ich bereits, weil er es jedes
Mal sagt, wenn ich ihm begegne, was an solchen Orten unweigerlich der Fall ist.

— ★★★ —

In Washington war eins der wichtigsten gesellschaftlichen Ereig-
nisse dieses Winters die Bar Mitzwa[5] von Aaron Brooks, dem Sohn
des *New-York-Times*-Kolumnisten David Brooks, in der Adas-
Israel-Synagoge in Cleveland Park. Im Gotteshaus drängten sich
Medienmacher verschiedener Bereiche (Spirituelles, Ideologisches,
Ernährung). Selbstsicher und altklug schilderte Aaron seine
Reisen mit Dad auf Wahlkampftour. Die versammelten Freunde
platzten vor Stolz. Der Junge könnte glatt der jüdische Luke
Russert werden!

Abends beim Empfang tanzten die Feiernden die Hora, die jüdische
Version des traditionellen Kreistanzes, der in gewissem Sinne ein
Ausdruck dessen ist, was bei den Medien in Washington täglich
passiert. Dabei ging der konservative Kolumnist Andrew Ferguson

---

5 Bar Mitzwa bezeichnet im Judentum den Status und die Feier der religiösen Mündigkeit.
Knaben erreichen sie im Alter von 13 Jahren. Anm. d. Übers.

vom *Weekly Standard* auf den Kolumnisten Jeffrey Goldberg von Bloomberg View zu. Leicht verlegen wollte Ferguson Goldberg »vorwarnen«, dass er ihn in einer bald erscheinenden Kolumne angreifen würde. Offenbar hatte Goldberg kürzlich in seiner eigenen Kolumne Newt Gingrich vorgeworfen, im republikanischen Vorwahlkampf verkappte rassistische Töne angeschlagen zu haben, die nur weiße Rassisten als solche verstanden – sogenannte »dog whistles«. Ferguson war wie viele Konservative überzeugt, dass Nichtkonservative sich solche verkappten Botschaften nur einbildeten.

Goldberg ist, nebenbei bemerkt, ein Freund, ein Mensch und so etwas wie eine Bürgermeisterfigur unter der jüdischen Bevölkerung der Region. Sollten Juden aus irgendwelchen Gründen in den nächsten 50 Jahren einen eigenen Flughafen in Bethesda bauen, würde er sicher nach Jeffrey Goldberg benannt.

Offenbar betrachtet auch Fidel Castro sich als Jeffs Freund. Einige Monate zuvor hatte er Jeff aus heiterem Himmel über einen Mittelsmann anrufen lassen, um ein Interview zu vereinbaren. Und bald sollte Jeff mit Präsident Obama im Oval Office ein 45-minütiges Gespräch über das todernste Thema der iranischen Atomwaffenbestrebungen und Israel führen.[6] Nach dem Interview griff Jeff im Hinausgehen in seine Tasche, um ein Geschenk für den Oberbefehlshaber herauszuholen.

»Ich weiß, es ist geschmacklos …«, sagte Goldberg verlegen. »Was«, unterbrach ihn der Präsident, »Sie haben ein Buch?« Offenbar geben viele Journalisten, die den Präsidenten interviewen, ihm ein Exemplar ihres Buches. Ja, Jeff hatte ein Buch. Allerdings nicht irgendein Buch: Er reichte Obama eine *New American Haggadah,* eine überarbeitete Fassung der Pessachfeier mit einem Kommentar

---

6 Goldberg, Jeffrey (2012): Obama to Iran and Israel: »As President of the United States, I Don't Bluff«. In: The Atlantic, 2. März 2012.

von Goldberg. Obama blätterte in der *Haggadah,* die Jeff gern als Grundlage des Pessach-Seders im Weißen Haus gesehen hätte.

»Heißt das, wir können die *Maxwell House Haggadah* nicht mehr verwenden?«, fragte der Präsident, beängstigend vertraut mit einer seltsamen jüdischen Tradition: Der Kaffeekonzern lässt seit Jahrzehnten Ausgaben der *Haggadah* drucken. Als Obama nach seinem Amtsantritt 2009 erstmals im Weißen Haus einen Pessach-Seder einführte, entschied er sich wie unverhältnismäßig viele Einwohner von Baton Rouge, Florida, und Shaker Heights, Ohio, für die *Maxwell House Haggadah.* Der Präsident nahm Jeffs Geschenk lächelnd an. Aber in dem Bestreben, die breite Masse jüdischer Wähler im Wahlkampf 2012 von seinen traditionellen prosemitischen Wertvorstellungen zu überzeugen, blieb er der Maxwell-House-Ausgabe treu.

Die ersten Monate des Jahres 2012 brachten der selbstgenügsamen Hauptstadt verschlafene Betriebsamkeit. Der Winter machte ein weiteres Jahr Pause. In der Stadt fiel ebenso wenig Schnee, wie auf dem Kapitol Gesetze verabschiedet wurden. Der Fernsehinquisitor Mike Wallace starb im Alter von 93 Jahren – ein kaum überraschendes, aber dennoch bedeutsames Ereignis, das allen Gelegenheit bot, ihre Klischees über die Vorgänge im Himmel herauszukramen, obwohl Wallace jüdisch war und nicht an den Himmel glaubte. (Ann Curry von NBC sprach uns allen aus dem Herzen – ja, wahrhaftig –, als sie sich ausmalte: »Heute werden im Himmel scharfe Fragen gestellt.«)

Die eigentliche »Action« fand außerhalb von Washington statt, wie es in Wahljahren üblich ist. In der einst so geordneten Grand Old Party herrschte ein schizophrenes Hin und Her, da ihre Wähler zwischen erschreckenden Erkenntnissen schwankten: Sie standen kurz davor, Thurston Howell III [7] (Romney) zu nominieren, und sollten daher Alternativen in Betracht ziehen, aber beide Alternativen (Santorum und Gingrich) drohten bei den allgemeinen Wahlen in 35 bis 40 Bundesstaaten zu verlieren. Das führte zu ständigen Umschwüngen.

Der Hauptstadtclub war ratlos über ein derart wirres Bild. Sobald Romney eine große Vorwahl gewann (New Hampshire, Florida, Michigan) und anscheinend kurz vor dem Durchbruch stand, verlor er mit großem Abstand gegen Gingrich (in South Carolina) oder Santorum (in Colorado, Alabama und Mississippi).

Romney schaffte es nicht, auch nur zwei Tage lang nicht den Eindruck zu bestätigen, dass er in einem abgehobenen Viertelmilliardärs-Biotop lebte. Seine Bemühungen, Volksnähe zu demonstrieren, wirkten unweigerlich tollpatschig. In Michigan erzählte er der Menge, dass seine Frau Ann »ein paar Cadillacs« fuhr. Anderswo erwähnte er, dass er die Eigentümer der NASCAR- und NFL-Teams kannte und kürzlich während einer der republikanischen Wahlkampfdebatten eine Zehntausend-Dollar-Wette abgeschlossen hatte. Die Hauptstadt, besonders die Presse, war entsetzt. Was für grauenhafte Fehler! Alle wunderten sich, wie wirklichkeitsfremd er war. Er stolperte einfach weiter, schaffte es aber nicht, »die Sache unter Dach und Fach zu bringen« und sich entsprechend der selbstgefälligen Expertenmeinung zu verhalten, die ihn für unausweichlich hielt.

Alexander Burns beschrieb den gesamten Wahlkampf in Politico als eine Variante des Blindekuhspiels, »ein Spiel, bei dem ein glückloses Grüppchen republikanischer Kandidaten und ein

---

7   Satirisch überzeichnete Figur eines Millionärs aus der 60er-Jahre CBS Sitcom *Gilligan's Island.*
    Anm. d. Übers.

angeschlagener, verzweifelter Amtsinhaber versuchen, Anschluss an eine historisch wankelmütige und frustrierte Wählerschaft zu finden«.

Aha, die frustrierte Wählerschaft – auch bekannt als die dummen Wähler. Fangen wir davon lieber gar nicht erst an. Die Vorwahlen hatten den Kern jener Region erreicht, in der viele in Washingtons »Stammbesetzung« den Schauplatz des Films *Deliverance* wiedererkennen: Mississippi und Alabama. Nur allzu gern bestätigten die meisten Republikaner in diesen tiefsten Südstaatenprüfsteinen sämtliche Klischees über den regionalen Menschenschlag und erzählten Meinungsforschern (unter anderem), sie hielten Präsident Obama für einen Muslim. In beiden Bundesstaaten verlor Romney schließlich haushoch gegen Santorum, wobei viele Wähler erklärten, sie würden ohnehin niemals einen Mormonen wählen, da könnte er (Romney) noch so oft gönnerhaft Mundartausdrücke wie »y'all« in seine Reden einflechten oder sich damit brüsten, dass er gern Käsegrütze aß und College-Football-Matches anschaute.

Als Gradmesser für den Zeitgeist gehörte Burns Politico-Artikel zu den produktiven Wahlbeiträgen.[8] Er zeigte, dass Wähler sich – und der Wirklichkeit – in ihren Ansichten häufig widersprechen. Sie waren wütend auf Obama wegen der steigenden Benzinpreise, obwohl er dagegen nun wirklich nichts tun konnte (darin waren sich Experten beider Parteien einig, wie Burns anführte). Sie sprachen sich vehement gegen Rettungspakete aus, waren aber für staatliche Finanzhilfen für die Autoindustrie. Burns behauptete, Wähler verträten eine »ganze Litanei widersprüchlicher, irrationaler und schlichtweg unsinniger Meinungen«. Sie waren wankelmütig.

---

8   Burns, Alexander (2012): How Much Do Voters Know? In: Politico, 13. März 2012.

»Und ›wankelmütig‹ ist«, schrieb er, »noch eine nette Beschreibung der Wähler von 2012, die verwirrt wie Forrest Gump durch die Präsidentschaftswahlen tappen. Es ist nicht nur unklar, welcher Partei sie sich lieber anschließen würden; es ist durchweg fraglich, ob die breite Masse der Wähler die Details – oder auch die elementarsten Fakten – der nationalen politischen Debatte auch nur ansatzweise begreift.«

Ja, »wankelmütig« war tatsächlich noch nett gesagt. Das erste Zitat des Artikels stammte von dem demokratischen Meinungsforscher Tom Jensen, der Burns' Prämisse klar und deutlich herausarbeitete: »Das erste, was man als Meinungsforscher lernt, ist, dass Menschen dumm sind.«

Burns, ein Harvard-Absolvent von Mitte zwanzig, bezog für seinen Artikel gerechte Kritik. Der Medienkritiker Erik Wemple von der *Washington Post* fand, ein Teil der Äußerungen gehörte in die »Ruhmeshalle des Hauptstadtsnobismus«, und schlug als Alternativüberschrift vor: »Wieso sind Wähler nicht so brillant wie Politico-Mitarbeiter?«

»Ein unglaublich langer und unerträglich dummer Beitrag«, urteilte der Medienjournalist Jason Linkins in einer Kolumne der Huffington Post unter der Überschrift: »Sind Wähler dumm oder nur ständig schlechter politischer Berichterstattung ausgesetzt?«[9] Darin fasste er Burns' »bombastischen Haufen Herablassung« so zusammen: Die Wählerschaft »besteht aus einer großen watschelnden Horde hilfloser Dummbatzen, die in ihrem hoffnungslosen Leben offensichtlich völlig aufgeschmissen wären, wenn Politico ihnen nicht gelegentlich Dinge so erklären würde, dass selbst sie sie begreifen.«

---

9   Linkins, Jason (2012): Are Voters Stupid, or Are They Just Routinely Subjected to Terrible Political Reporting? In: The Huffington Post, 15. März 2012.

Zugegeben, damit traf er einen überaus wunden Punkt des Po-
litico-Beitrags: Er war unverhohlen herablassend, elitär und bewusst
verächtlich. Im Zentrum zeigte ein großes Foto Forrest Gump, der
auf einer Bank saß. Genau das gefiel mir an dem Artikel. Er brachte aufs Verräterischste zum Ausdruck, für wie beschränkt viele
Hauptstädter den amerikanischen Wähler halten. Das gilt für Politiker und Lobbyisten ebenso wie für Journalisten. Wenn Politico
ein Spiegelbild dieser lokalen Einstellungen war, hatte der Artikel
die Stimmung in der Hauptstadt perfekt getroffen.

Dieser »dumme« Artikel gab anscheinend auch die Ansicht des
Weißen Hauses über die amerikanische Wählerschaft treffend wieder. Viele vermuteten, dass diese Einstellung vom Präsidenten und
der First Lady ausging. »Barack wird niemals zulassen, dass ihr
wieder ein Leben führt wie früher: unbeteiligt und uninformiert«,
sagte Michelle Obama in einer Wahlkampfrede 2008, die damals
wenig Aufmerksamkeit erregte, aber als inoffizielle Vollmacht für
den »Sind-Wähler-dumm?«-Artikel herhalten konnte.

Anfang 2012 geriet die Hauptstadt ganz aus dem Häuschen
über das neue Buch der *Times*-Journalistin Jodi Kantor, *Die
Obamas*. Mehrere Passagen schilderten, dass das Obama-Team
entnervt über die Unfähigkeit der Wähler war, die Bemühungen
des Präsidenten nach 2008 voll und ganz zu würdigen. Kantor
schrieb über die Reise des Präsidentenpaares 2009 nach Norwe-
gen, wo Obama den Friedensnobelpreis entgegennahm: »Die
Reise nach Oslo befeuerte einen Gedanken, den die Obamas und
ihre Freunde wie ein Mantra wiederholten, umso stärker die
Popularitätswerte des Präsidenten sanken: Die amerikanische
Öffentlichkeit wisse ihr herausragendes Staatsoberhaupt im Grunde nicht zu schätzen.«

Sie zitierte den besten Freund des Präsidenten, Marty Nesbitt,
der sagte, dass Obama »überall in der westlichen Welt 70 bis

80 Prozent der Wählerstimmen bekommen würde – nur nicht in den Vereinigten Staaten«.[10]

Politiker, ihre Mitarbeiter und Journalisten unterscheiden sich insofern nicht von vielen Fachleuten, als sie untereinander abfällig über ihre Klientel sprechen. Mitarbeiter von Goldman Sachs bezeichnen gewöhnliche Investoren als »Deppen«, wie wir im März 2012 aus dem Kommentar eines scheidenden Goldman-Managers in der *New York Times* erfuhren. Flugbegleiter nennen gelegentliche Freizeitflugpassagiere höhnisch »Clampetts« nach der Familie aus der Fernsehserie und dem Spielfilm *Beverly Hillbillies*. Barney Frank sagte einmal – über den inzwischen verstorbenen David Broder – sinngemäß: »Alle hassen den Kongress, alle hassen die Medien, alle hassen Washington. Aber lassen Sie sich gesagt sein: Die Wähler sind auch kein Vergnügen.« Genau das hatte der Demokrat aus Massachusetts einige Jahre zuvor demonstriert, als er einer Frau bei einer Bürgerversammlung sagte: »Sich mit Ihnen unterhalten zu wollen, wäre so, als würde man versuchen, mit einem Esstisch zu diskutieren.« Politische Berater nennen reiche Kandidaten, die ihren Wahlkampf selbst finanzieren, häufig schlicht »Scheckbuch«. Der Lobbyist Jack Abramoff bezeichnete einen geprellten amerikanischen Ureinwohner (in E-Mails) als »eindeutig den dümmsten Idioten des Landes«.

Burns' Artikel drückte als perfekte Denkblase die Haltung vieler Politico lesender Akteure aus, deren Lebensunterhalt und Branche von der Dummbatzenklientel amerikanischer Wähler (und Steuerzahler, Mediennutzer und Konsumenten) abhingen. Außerdem war er ein brauchbarer »Aufreger«, der für Diskussionen und »Wirbel« sorgte. Aber das eigentlich Geniale war, dass er

---

10 Kantor, Jodi (2012): The Obamas. New York 2012; dt. Die Obamas: Ein öffentliches Leben. München 2012, S. 197.

überhaupt geschrieben wurde, dass Politico tatsächlich so weit ging und es wagte, mit einem der großen Tabus des Washingtoner Schickeria-Lebens an die Öffentlichkeit zu gehen: Wähler sind nicht klug. Die Basis unserer Demokratie ist Forrest Gump.

Als ich den Burns-Artikel sah, konnte ich mir sofort vorstellen, wie er zustande gekommen war. Ein paar Politico-Typen hatten sich über dies und das unterhalten und waren schließlich bei der dummen Wählerschaft gelandet. Das hätte in jeder Nachrichtenredaktion in Washington oder anderswo passieren können. Nachdem alle eine Weile ihre Gedanken abgesondert hätten, hätte sich alles in Luft aufgelöst und fertig. Da es sich aber um Politico handelte, legte jemand los und gab tatsächlich einen Artikel in Auftrag, der »die Frage stellte«, ob Wähler wirklich dumm sind (eine der großen Selbstbeschwichtigungen im Journalismus: Wir vertreten oder unterstützen keine aufwieglerischen Meinungen, sondern »stellen lediglich Fragen«). Dumme Wähler gab es schon immer, aber jetzt war Politico da, um dieses Phänomen ausdrücklich zu untersuchen.

Tatsächlich erschien einige Tage später Politico-Gründer John Harris im neu geschaffenen »Politico-TV« und offenbarte, dass der »Dumme-Wähler«-Artikel genauso zustande gekommen war: »Viele Storys erwachsen aus Schimpftiraden. Alex Burns schrieb eine meiner Tiraden auf.« Burns tätigte ein paar Anrufe, um die These seines Chefs, dass Wähler dumm sind, zu belegen – oder »zu recherchieren«.

Er »fand tatsächlich eine ganze Reihe Meinungsforscher, die bestätigten: ›Ja, das Erste, was ein Meinungsforscher lernt, ist, dass Wähler dumm sind‹«, erklärte Harris. Allerdings meinten sie das nicht wörtlich, sondern wollten damit lediglich sagen, dass Wähler, die an Meinungsumfragen teilnehmen, »einfach ihre Meinung in einem Kontext der Unwissenheit ausdrücken«.

Dieser wunderbar transparente Moment war einer wachsenden Medienmacht zu verdanken, die unbelastet war von dem traditionellen Diktat, dass Medienarroganz im Stillen stattzufinden hatte. Es war ein Beispiel, wie Politico seine Besessenheit von »Hauptstadtprozessen« auf sein eigenes, für uns faszinierendes Ökosystem anwandte. Sie brachten sie ins Fernsehen.

Politico hatte im Wahlkampf 2012 einen guten Lauf. Ende 2011 berichtete die Publikation über einige schlimme Frauengeschichten des damaligen republikanischen Spitzenkandidaten Herman Cain (Vorwürfe wegen sexueller Belästigung, Seitensprüngen usw.) aus seiner Zeit als Vorsitzender der National Restaurant Association. Politicos führende Wahlkampf- und Regierungsberichterstatter veröffentlichten durchgängig solide, maßgebliche und häufig bahnbrechende Storys.

Einige Artikel gehörten zu den Schlauberger-Gesellschaftsspielchen, für die Politico bekannt war. Ein Musterbeispiel war der klassische Beitrag über die Möglichkeit, dass Biden 2016 für das Präsidentenamt kandidieren könnte.

Die »Biden 2016«-Spekulationen waren in der Stadt in Umlauf, seit Obama Biden im August 2008 aus dem Senat gerettet und zum Vizepräsidentschaftskandidaten ernannt hatte. Sie gingen fast ausschließlich auf Biden und seine Unterstützer zurück, die Journalisten immer wieder (selbstverständlich streng vertraulich) baten, eine spätere Präsidentschaft Bidens nicht auszuschließen. Abgesehen von der Pro-forma-Erwähnung, dass Biden »eine weitere Präsidentschaftskandidatur nicht ausgeschlossen« hatte, nahm niemand diese Aussicht sonderlich ernst. Er hatte bereits zweimal mit verheerenden Ergebnissen kandidiert (1988 und 2008), wäre beim Amtsantritt 2017 bereits 74 Jahre alt und galt allgemein als liebenswerter Rodeoclown der Regierung Obama – nicht gerade ein Thronfolger, wie viele ihn sich vorstellten.

Aber Biden und seine Anhänger wollten ihn »im Spiel« halten, um dem natürlichen Schwund im Umfeld eines Amtsinhabers vorzubauen, dem man keine sonderlichen Bestrebungen und Möglichkeiten mehr zutraute. Und Politico lieferte dafür das perfekte Setting – in seinem Artikel »Joe Biden 2016? Nicht so abwegig«, der auf der Webseite groß aufgemacht war. Im Westflügel löste er Gekicher aus: über Politico, weil sie die Story gebracht hatten (engstirnig, kurzsichtig, banal, typisch Politico, sagten sie), und über Bidens Fans, die den Artikel ganz offensichtlich gepusht hatten.

Biden war begeistert von dem Artikel, wies seine Freunde ständig darauf hin und versprühte sogar verbal süßes Parfüm über Politico, als er in Coconut Creek, Florida, vor Senioren sprach: »Gehen Sie ins Internet auf die Webseite Politico.com.« Er verwies die Zuhörer auf einen Beitrag von Jake Sherman über den Haushaltsplan der Republikaner im Repräsentantenhaus. »Eine überaus angesehene Publikation, an der alle großen Zeitungen sich orientieren.« Vergesst, dass die Obama-Kreise Politico angeblich hassten, zumindest, wenn sie nicht gerade eigennützige Informationen an die Reporter durchsickern ließen. Es war weder das erste noch das letzte Mal, dass Biden seine Zurückhaltung aufgab. »Ich nehme an, der »Biden 2016«-Artikel hat ihm gefallen«, mailte mir ein hochrangiger Mitarbeiter des Weißen Hauses.

In den ersten Monaten des Jahres 2012 waren Präsident Obama und Vizepräsident Biden viel im Wahlkampf unterwegs. Die Arbeitslosenzahlen sanken und die Zustimmung zu Obama stieg. Aber dann schossen die Benzinpreise in die Höhe und seine Umfragewerte sanken, und so ging es weiter.

Obamas Wiederwahlkampagne war weit vom messianischen Wahlkampf 2008 entfernt. Hoffnung und Wandel verstaubten wie in der Garage verstaute Maklerschilder. Immer wieder sprach Obama davon, »sich durchzukämpfen«, und Biden tischte ein Zitat des langjährigen Bürgermeisters von Boston, Kevin White, auf, der einige Wochen zuvor verstorben war: »Vergleicht mich nicht mit dem Allmächtigen, vergleicht mich mit der Alternative.«

Im März zeichnete sich ab, dass die Alternative Romney sein würde, wohl der lockerste, alltäglichste Präsidentschaftskandidat aus Massachusetts seit John Kerry, wenn nicht gar seit Michael Dukakis. Zu einer besonders köstlichen Situation kam es Anfang Februar, als Donald Trump sich in seinem gleichnamigen Hotel in Las Vegas für Romney aussprach. Seit Don Kings letzter Solo-Pressekonferenz hatte sich nicht mehr so viel prachtvolles Haar in einem einzigen Saal in Vegas versammelt. Das mit Abstand Beste an der Erklärung – und mein Lieblingsmoment im gesamten Wahlkampf – war, Ann Romney zu beobachten, die daneben stand und offenbar nur eine Synapse von einem gigantischen Lachkrampf entfernt war.

Mrs. Romney stand leicht lächelnd da, hatte die Hände in Hüfthöhe gefaltet, wurde immer röter im Gesicht und kniff die Lippen zusehends fester zusammen. Irgendwann raunte Mitt ihr etwas zu, vermutlich eine Mormonenvariante von: »Kannst du das hier verdammt noch mal fassen?« Ann schob den Hals ruckartig vor, als ob die Ventile sich gleich öffnen würden. Gerade noch rechtzeitig bekam sie sich offenbar in den Griff und schaute zutiefst erschrocken drein, vielleicht, weil sie so kurz davor gestanden hatte, die Beherrschung zu verlieren. Den Rest des Abends hielt sie sich gut – ein gelungener Charaktertest für eine angehende First Lady.

Santorum stieg im April aus dem Rennen aus. In der Rede, in der er seine Niederlage anerkannte, sprach er dennoch von einem

Sieg, wie geschlagene Kandidaten es häufig tun: »Wir haben gewonnen. Allerdings haben wir auf eine ganz andere Art gewonnen.« In der modernen Politik bedeutet »auf ganz andere Art zu gewinnen« höhere Vortragshonorare, größere Nachfrage nach Beratungsdiensten, Gespräche über ein Buch und Fernsehauftritte und eine erneute Kandidatur 2016 – all das umwirbelte Santorum nach seinem »Sieg«.

Sobald die Medien ihre atemlose Schilderung des »heillos chaotischen Kandidatenrennens der Grand Old Party« abgeschlossen hatten, waren alle sich einig, dass Romney das Ding die ganze Zeit schon in der Tasche gehabt hatte. Seine Nominierung erwies sich als ebenso unvermeidlich wie (im Januar) die Meldung, dass Haley Barbour nach seiner zweiten Amtszeit als Gouverneur von Mississippi wieder unter die Lobbyisten der K Street gehen würde.

Romney war der Sohn des verstorbenen Gouverneurs von Michigan, George Romney, der selbst einmal für das Präsidentenamt kandidiert hatte. Georges Hoffnungen auf das Weiße Haus hatten sich jedoch zerschlagen, als er behauptete, man habe ihn einer »Gehirnwäsche« unterzogen, damit er den Vietnamkrieg unterstützte. (Das machte ihn zum Ziel einer der größten Herabsetzungen aller Zeiten durch Senator Eugene McCarthy, der sagte, bei George »hätte eine leichte Spülung genügt«.)

Das Obama-Team setzte stark darauf, dass sein Großer Mann erheblich zugänglicher wirkte als der exotische Mitt Romney. Die Imageberater des Präsidenten verordneten hohe Dosierungen von Obama-Volksnähe. Das machten sie alljährlich und platzierten die diversen Spitzenvertreter – den Präsidenten, den Vizepräsidenten und die First Lady – in einen Medienrahmen, in dem sie mit ihren Stammtischreferenzen glänzen konnten. Sie erinnerten uns wie in jedem März seiner Präsidentschaft, dass Obama viel von College-Basketball verstand (und es im Lauf von vier Jahren in stundenlangen Interviews mit dem Sportsender ESPN bewiesen hatte). In der diesjährigen Ausgabe aß er für die Kamera Gegrilltes, sang mit B. B. King und zeigte sich bewandert in aktuellen Sitcoms, indem er erwähnte, dass seine Tochter Malia gern *Parks and Recreation* sieht. Joe Biden, ein Freund PS-starker Autos, wurde in Gewerkschaftsversammlungen im Rust Belt geschickt, um von seinem Vater, einem einfachen Arbeiter, zu erzählen, und Michelle erinnerte in der *Late Show with David Letterman* alle daran, dass sie im Vorjahr beim Discounter Target eingekauft hatte.

Meinungsumfragen strapazieren immer das Bild des sprichwörtlichen »Kandidaten, mit dem man lieber ein Bier trinken würde« – und solche Wettbewerbe fallen nie zugunsten eines Milch trinkenden Mormonen wie Mitt Romney aus –, aber der Präsident trug ganz schön dick auf mit dem Guinness, das er bei einem Thekenfototermin am St. Patrick's Day in Washington trank.

Subtext dieses Volksnähe-Wettbewerbs war, dass beide Kandidaten nicht als Hauptstadttypen gelten wollten. Obama ließ keine Gelegenheit aus, zu betonen, wie sehr er Washington hasste und dass er weit über dem Gemauschel, der kleinkarierten Dummheit und dem Opportunismus stand, die an bodenständigen Orten wie Chicago (dem Sitz seiner Wahlkampfzentrale einen Steinwurf von der Michigan Avenue entfernt) nicht vorkamen. Romney hatte sich im Vorwahlkampf gebrüstet, keine Hauptstadtverbindungen zu haben, und konnte sich als reinigender Frischluftstrom aus der Privatwirtschaft präsentieren. Neue Ansätze, neue Gesichter und so weiter.

Und sobald Romney die Nominierung in der Tasche hatte, fand er sich von denselben Leuten umringt, die sich alle vier Jahre um die Präsidentschaftskandidaten scharten.

— ★★★ —

Der Wahlkampf trat in die Phase der »informellen Berater« ein. Sie sprießen in der Hauptstadtlandschaft aus dem Boden wie die Baumgruppen bei *Familie Feuerstein*. Es sind immer dieselben Leute im selben Film, die für die diesjährigen selbsternannten »Außenseiter« dieselben Rollen übernehmen: *Und täglich grüßt das Murmeltier.*

Romney schwamm in »informellen Beratern«, angefangen bei Charlie Black, dem Prototyp eines »informellen Beraters« und einer vertrauten Hauptstadtmischung aus Wahlkämpfer, Fernsehstammgast und Superlobbyist. Der 46-jährige Black beriet Romney, wie wir wissen, weil er in vielen Artikeln als »informeller Berater« erwähnt und zitiert wurde. Black recycelt sich alle vier Jahre und stellt Beratungsdienste eines alten Hasen, Hintergrundinformationen und alles zur Verfügung, was der Wahlkampf eines Spitzenkandidaten sonst noch braucht. Das ist die Aufgabe informeller Berater.

Was sie allerdings nicht tun dürfen, ist, Schaden anzurichten, und das kann knifflig sein, da sie häufig genau die fest etablierte Lobby- und Geldelite der Hauptstadt verkörpern, die die Wähler verabscheuen. Zudem können manche ihrer früheren Verbindungen durchaus unschön sein. So gehörten zu Blacks Lobbyklienten Diktatoren wie Ferdinand Marcos von den Philippinen und Mobutu Sese Seko aus Zaire (heute Demokratische Republik Kongo).

Aber das »Informelle-Berater«-Arrangement ist eine schöne Sache, die sowohl dem Kandidaten als auch den üblichen Verdächtigen hilft. Die öffentliche Verbindung zu Romney kann Blacks Klienten beeindrucken – eine wichtige Währung in der Hauptstadt (informelle Berater werden von den Wahlkampfteams selten in barer Münze bezahlt und brauchen das Geld in der Regel ohnehin nicht). Als Gegenleistung können sie sich im umstrittenen, aber immer noch mächtigen republikanischen Hauptstadtestablishment für den Kandidaten einsetzen und eine Verbindung zu Spendern, Unterstützern und diversen nützlichen Experten herstellen.

»Ich habe den besten Job, den ich je bei einer Wahl hatte«, erzählte Black mir zu seiner aktuellen Rolle. Er ist ein umgänglicher Mensch aus North Carolina und war an neun Präsidentschaftswahlkämpfen beteiligt, angefangen 1976 mit Gerald Ford. »Ich trage keine Verantwortung und bin für nichts verantwortlich zu machen.«

Schöner Job, wenn man ihn bekommt. Und viele schaffen es offensichtlich.

Die informellen Berater kommen im Frühjahr zum Vorschein, wenn das Wetter wärmer wird und die Vorwahlkämpfe zu Ende gehen. Dann wird der politische Kalender berechenbarer für Leute wie den Ex-Kongressabgeordneten und jetzigen Lobbyisten Vin Weber, den Ex-Senator und mittlerweile hoch bezahlten Berater Jim Talent, den Ex-Gouverneur und jetzigen Berater des Weißen Hauses John Sununu und Allzweck-Insider wie Black, Wayne Berman und (selbstverständlich) Bay Buchanan – die allesamt Romneys Wahlkampfteam berieten.

»Ich bin fest davon überzeugt, dass Wahlkämpfe wie Symphonieorchester sind«, erklärte der ehemalige republikanische Lobbyist und Berater Ron Kaufman, der Romney regelmäßig zur Seite stand (und in vielen Hotelbars zu finden war, wenn Mitt und Ann schon lange ihre Pyjamas angezogen hatten). »Man muss zum richtigen Zeitpunkt bestimmte Instrumente hinzufügen. Lässt man sie zum falschen Zeitpunkt einsetzen, kann es das ganze Stück zerstören. Jetzt ist der richtige Zeitpunkt.«

Kaufman gehört insofern zu einem gehobenen Club »unbezahlter Berater«, als er Romney seit Jahren kennt und ihn häufig auf Reisen begleitet, wie es bei Romneys Kandidatur 2008 der Fall war. Damit steht er eine Stufe über einem »informellen Berater«, auch wenn die Wahlkampfteams diese Bezeichnung offenbar bevorzugen. Als Romney 2008 John McCain wegen seiner Verbindung zu Lobbyisten – wie dem allgegenwärtigen Black – angriff, sprach der damalige Associated-Press-Journalist Glen Johnson ihn auf seinen ständigen Reisebegleiter Kaufman an. Romney erwiderte, er sei lediglich ein informeller Berater: »Mein Wahlkampf stützt sich nicht auf Washington-Lobbyisten. Ich war nicht in Washington. Ich habe keine Lobbyisten an meiner Seite, die sich für die eine oder andere Branche einsetzen.«

Inzwischen hat Kaufman sich aus der Liste registrierter Lobbyisten streichen lassen. Auch Black vermittelte 2008 die Illusion, sauber zu bleiben, und kündigte seinen »Rückzug« von der Lobbyarbeit an, nachdem er zu McCains Wahlkampfteam gestoßen war. Aber nun kommt das Überraschende: Sein »Rückzug« endete kurz nach McCains Wahlkampagne.

Inzwischen ist Black Vorsitzender der parteiübergreifenden Lobbyfirma Prime Policy Group. Zu ihren Kunden gehören Walmart, Google und Finanzunternehmen. »Nachdem Obama gewonnen hatte, sagte ich scherzhaft zu meinen demokratischen Partnern: ›Großartig, jetzt brauche ich vier Jahre lang keine Lobbyarbeit bei der Regierung mehr zu machen‹«, erzählte Black mir. »Ich kann mehr Golf spielen.«

Die Hauptstadt verbrachte den Großteil der Wahlkampagne 2012 damit, sich nach deren mit Stars gespicktem Vorgänger zurückzusehnen. Wie ein großer Bruder hing der Wahlkampf 2008 über dem von 2012 mit seiner Besetzung aus Unvermeidlichen (Romney), Runderneuerten (Gingrich, Santorum) und dem Großen Entzauberten (Obama).

Insofern war das Spitzenevent des Spätwinters wohl Anfang März die mit Spannung erwartete Premiere des Films *Game Change,* der HBO-Verfilmung des gleichnamigen Bestsellers über die »Wahlkampagne des Lebens« 2008. Das Buch der altgedienten Journalisten Mark Halperin und John Heilemann war Anfang 2010 erschienen und hatte recht gute Kritiken bekommen, hohe Verkaufszahlen erreicht und viel Aufsehen erregt. Es enthielt jede Menge Frischfleisch (Elizabeth Edwards, die ihren Rock hebt, um ihren fremdgehenden, ramponierten Ehemann zu verspotten!) und war der Inbegriff eines Bestsellers in einer Kategorie – politisches Sachbuch –, in der außer Woodward fast niemand Riesenerfolge feiern konnte. Außerdem schenkte es Washington einen Galaabend mit rotem Teppich im Newseum, und was hätte schöner sein können?

Die Stars stolzierten über den Teppich, der allerdings nicht rot, sondern blau war – durchaus passend, da die Filmemacher sich mächtig für die Demokraten ins Zeug gelegt hatten. Kritiker schlachteten das als Beleg für die Linkslastigkeit des Films aus, der sich auf die katastrophale Wahlkampagne von McCain und seine frankensteinhafte Vizepräsidentschaftskandidatin Sarah Palin konzentrierte.

Der Koproduzent Tom Hanks kam ebenso zur Vorpremiere ins Newseum wie der Regisseur Jay Roach, die Schauspielerin Julianne Moore (die Palin spielte) und das Brangelina-Paar des Abends: die Autoren Halperin und Heilemann. Der erheblich größere, eierköpfige Heilemann wirkte neben seinem kleineren Mitautor Halperin (Ernie) wie Bert aus der *Sesamstraße.* Joe

Scarborough und Mika Brzezinski posierten zusammen für Fotos. Ben Bradlee wirkte mit seinen 90 Jahren rüstig und agil. Regierungsangehörige, Senatoren, Kongressabgeordnete, Lobbyisten und Journalisten knabberten mariniertes Hanger Steak mit Maui-Zwiebeln. Alle gratulierten Heilemann und Halperin und umarmten Tammy, die selbstverständlich dabei half, das alles zu organisieren.

Es war ein lustiger Film voll plakativer Sätze mit vielschichtigem Nachhall. »Man kann im Leben nicht die Zeit zurückdrehen und einen zweiten Versuch machen«, sagte Wahlkampfleiter Steve Schmidt an einer Stelle über die Notwendigkeit, mutige Entscheidungen zu treffen.

Schmidt wirkte nervös, als er alte Freunde im Foyer begrüßte. Dem rundköpfigen Republikaner wurde als McCains Wahlkampfleiter das Verdienst beziehungsweise die Schuld zugeschrieben, den angehenden Präsidentschaftskandidaten überredet zu haben, Sarah Palin zur Vizepräsidentschaftskandidatin zu machen.

Bevor Schmidt zu McCains Wahlkampfteam kam, hatte er bereits in diversen Funktionen als Medienstratege bei Bushs Wiederwahl und im Weißen Haus gearbeitet. Er übernahm besondere Aufgaben wie die Betreuung von Kandidaten für das Bundesrichteramt während ihrer Befragung durch den Senat. Eine Zeit lang war er Sonderberater von Vizepräsident Dick Cheney. Er galt als entschlussfreudig und tatkräftig und blieb auch noch bei McCain, als bereits viele dessen Wahlkampfteam 2007 endgültig verlassen hatten. Im Sommer 2008 hatte er praktisch die Wahlkampfleitung übernommen.

Fair oder nicht: Schmidt wird immer als derjenige bekannt bleiben, der sich für Palin einsetzte und dann unzählige Details über die ganze Tortur unter anderem an die Autoren von *Game Change* preisgab.

Wenn man Schmidt auf Werbetour für *Game Change* im Fernsehen über die Wahlkampagne reden hörte, machte er den Eindruck echter Gewissensbisse. Seine Zerknirschung wirkte aufrichtig und war es auch, wie seine Freunde bestätigten. Seine offenen Äußerungen waren teils auch eine lukrative Katharsis. Er schilderte seine Angst vor der Aussicht, dass Palin nur den Herzschlag eines 72-Jährigen vom Oval Office entfernt wäre. Rückwirkend hatte Schmidt Angst um sein Land. Allerdings hatte diese Angst nicht gereicht, um Alarm zu schlagen, bevor 130 Millionen Wähler ihre Stimme abgegeben hatten: 60 Millionen für McCain und Palin. Die Vereinigten Staaten sind sicher ein wunderbares Land, aber Selbsterhaltung ist in der Hauptstadt heilig. Würde Schmidt in Washington wohl je wieder ein Mittagessen bekommen? Nachdem er mit diesem Debakel in Zusammenhang stand? Nachdem er es John McCain unmöglich gemacht hatte, das Einzige zu tun, wonach er sich nach 2008 sehnte: sein Leben weiterzuführen?

Schmidt hatte am Büfett im Newseum die große Auswahl. Starversessene Kinogänger bedrängten ihn mit Glückwünschen. Schmidt war hier ebenso ein Star wie bei der Vorpremiere von *Game Change* am Abend zuvor in New York. Er tauchte von nun an häufig im Fernsehen auf und bekam einen Expertenjob bei MSNBC. Er wurde zu *Meet the Press* eingeladen. Er bekam einen Gastauftritt (als er selbst) in dem Independent-Wahlkampffilm *Knife Fight* über einen unkonventionellen Politstrategen. Er kaufte ein wunderschönes Haus am Lake Tahoe, das der Fernsehsender mit einem eigenen Fernsehstudio ausstattete, damit er dozieren konnte, ohne aus dem Haus gehen zu müssen. Er hielt bezahlte Vorträge. Seine ganze Zerknirschung und seine demonstrativen Schuldbekenntnisse besaßen einen natürlichen Reiz.

»Ich habe viele Siege und viele Niederlagen erlebt«, erzählte Schmidt Adam Nagourney für eine Titelstory der *New-York-Times*-Sonntagsbeilage *Sunday Styles,* die schilderte, wie zerknirscht Schmidt noch immer über die McCain-Wahlkampagne war – und wie berühmt er nach *Game Change* wurde. »Und das Ende dieses Wahlkampfs fühlte sich an wie ein Autounfall.«

Nur wenige Genres sind in den Medien besser zu vermarkten als Autounfälle. Mit seiner öffentlichen Zerknirschung drängte Schmidt sich geschickt in die Schlange am Palin-Büfett. Linksgerichtete Medienleute in Hollywood, Washington und New York waren hingerissen von ihm – ein weiteres Beispiel, dass die Medien für Republikaner mit Selbstgeißelungstendenzen schwärmen, vor allem, wenn sie sich von der orthodox-konservativen Haltung abwenden und nach links rücken (ein Musterbeispiel ist McCains unkonventioneller Wahlkampf 2000, als er der »erfrischend freimütige« McCain war, während er 2008 nach rechts rückte und zum »bitteren« McCain wurde).

Schmidt hatte ein siebenstelliges Einkommen, als McCain ihn 2007 in sein Wahlkampfteam holte – nach dem »Autounfall« verdiente er noch mehr. Er war nun stellvertretender Vorstand für öffentliche Angelegenheiten bei einer der weltgrößten PR-Firmen, Edelman. Schon früh trat er als Republikaner für die gleichgeschlechtliche Ehe ein (die Medien LIEBEN republikanische Verfechter der gleichgeschlechtlichen Ehe). Er wurde an Flughäfen erkannt, aß mit Obamas Spitzenberater David Plouffe in der Kantine des Weißen Hauses zu Mittag und wurde zusammen mit dem Präsidenten persönlich fotografiert. Einige Wochen später gehörte er zu den Celebritys beim White House Correspondents' Association Dinner und diversen After-Partys.

Eine bessere Comeback-Geschichte hätte man für eine gepeinigte Persönlichkeit des öffentlichen Lebens nicht erfinden können. Und man hätte kaum ein besseres Fallbeispiel in der Tradition glorreicher Wiederauferstehung aus einem Fiasko finden können, eine Kunstform, deren Meisterin natürlich Sarah Palin war.

Viele in der Hauptstadt amüsierten sich über *Game Change,* fanden das Buch und den Film allerdings zu klatschsüchtig. Und hier interessiert sich niemand für Klatsch, auf keinen Fall. Dafür sind alle viel zu edel gesinnt. Einige Kritiker spotteten. Sie fanden, das Buch konzentriere sich zu stark auf die prickelnden Spannungen und ignoriere die substanzielle politische Auseinandersetzung. Wie konnten sie es wagen?

Eine ganze Reihe von Leuten war gekränkt. Fühlte sich verheizt. Etwa Jim Manley, der langjährige Sprecher von Ted Kennedy und Harry Reid. Manley hatte für die Autoren ein »Deep-background«-Gespräch mit Reid arrangiert – was in der Regel heißt, dass Journalisten den Inhalt verwenden dürfen, allerdings ohne jeden Hinweis auf die Quelle. In diesem Interview verfiel Reid in seinen Hinterwäldlermodus und bezeichnete Obama unbedacht als »hellhäutigen« Afroamerikaner, der »nur einen Negerdialekt hat, wenn er ihn haben will«.

Oh, das hätte Senator Reid nicht sagen sollen. Nicht gut. Zum Glück war es ja »on deep background«, wie Manley Heilemann und Halperin nach dem Gespräch noch einmal erinnerte, nur um sich dreifach abzusichern. Ja, ja, klar, sagten sie.

Und dann landeten die Äußerungen im Buch. Manley setzte Himmel und Hölle in Bewegung. Heilemann und Halperin rechtfertigten sich – und sagten dann, sie würden nicht über die Art ihrer Recherchen für das Buch sprechen. Es habe Missverständnisse über die Grundregeln gegeben oder etwas in der Art, was ich nie recht verstanden habe. Man konnte hundert Journalisten fragen, was »deep background« bedeutete, und bekam hundert verschiedene Antworten.

Alle waren sich einig, dass Reids Äußerungen »unglücklich« waren. Republikaner forderten seinen Rücktritt. Der Mehrheitsführer rief Obama an und entschuldigte sich. Manley bezeichnete Heilemann und Halperin als »Lügner«.

Egal. *Game Change* war vom Pixelstaub eines Verkaufsschlagers umgeben. Die Autoren ebenso. Alle lieben Gewinner.

Oder besser: Alle sind neidisch auf Gewinner. Halperin und Heilemann lösten vielschichtige Reaktionen auf ihren kommerziellen Erfolg aus: Sie hatten einen Megabestseller geschrieben, einen tollen HBO-Vertrag bekommen, bezahlte Auftritte im ganzen Land und angeblich fünf Millionen US-Dollar Vorschuss für eine weitere Version von *Game Change* nach 2012 unter Dach und Fach gebracht.[11]

Die zwiespältige Haltung ihnen gegenüber erwuchs nicht nur aus Neid. Das galt besonders für Halperin. Der ehemalige Chef des Politikressorts bei ABC News hatte 2002 den Online-Politiknewsletter The Note gegründet, einen Vorläufer von Mike Allens Playbook. Er galt als Königsmacher in der »Gang der 500« – ein Begriff, den er geprägt hatte – und schien diese Rolle zu genießen.

Halperin bekam die regelmäßigen Fernsehauftritte, die ihm bei ABC versagt geblieben waren, als MSNBC ihn als führenden Politikanalysten für *Morning Joe* engagierte. Das vermasselte er 2011, als er Präsident Obama in der Sendung als »einen ziemlichen Arsch« bezeichnete und vom Sender auf unbestimmte Zeit suspendiert wurde – wobei »auf unbestimmte Zeit« in solchen Zusammenhängen eine äußerst ominöse Formulierung ist. In den beiden

---

11 Flamm, Matthew (2010): Penguin Press Pays Mega Bucks for Political Book. Crain's New York Business, 25. März 2010.

Hauptsitzen amerikanischer Schadenfreude (Politik und Medien) herrschte ungebührlicher Jubel. Halperin saß die Sache aus. Nach einigen Wochen war er wieder auf Sendung. Und nun waren alle hier im Newseum und applaudierten ihm und Heilemann, als die beiden vor dem Film vorgestellt wurden.

Viele der Gäste bei der Vorpremiere von *Game Change* beteiligten sich hier an einer seltsamen Vorführung ihres eigenen journalistischen Versagens. Dutzende (vielleicht sogar Hunderte) Beteiligte an dem Präsidentschaftswahlkampf, über den es angeblich die ausführlichste Berichterstattung der Geschichte gegeben hatte, feierten hier in Wirklichkeit ein monumentales Zeugnis, wie wenig an wesentlichen Informationen sie damals aufgedeckt hatten. Vielleicht waren »Heileperin« insofern im Vorteil, als sie ihr Buch nach der Wahl geschrieben hatten. Aber wenn alle diese pikanten Details und ungeschriebenen Titelstorys so offensichtlich waren, hätte man doch wohl erwarten sollen, dass irgendein Blogger oder eingebetteter Journalist darüber gestolpert wäre. *Game Change* war in erster Linie zu einem Warenzeichen geworden, zu einem Spektakel und einer neuen Institution in Washington, die es zu feiern und mitzuerleben galt. Und es war eine tolle Party.

Vor dem Newseum verteilten einige Demonstranten – Palin-Anhänger – weiß-gelbe Flugblätter (gestaltet wie Broadway-Theaterzettel). Sie wiederholten den häufig vorgebrachten Vorwurf der Gouverneurin von Alaska, *Game Change* beruhe auf einer »falschen Darstellung«. So oder so: In Washington geht es ohnehin großenteils schon lange nicht mehr um wahrheitsgemäße Darstellungen. Es geht vielmehr um virtuelle Realität: ein Videospiel, in dem wir alle nur Figuren sind und mitzuspielen versuchen. Dabei fiel mir eine Zeile aus einem Porträt zu David Gergen ein, das der große, inzwischen verstorbene Michael Kelly 1993 für das *New York Times Magazine* (mit der Überschrift »Meister des Spiels«)

geschrieben hatte: »Was in der politischen Welt passiert, ist von der realen Welt getrennt. Es existiert nur für den flüchtigen historischen Augenblick in einer Art magischem Film, einem nie endenden, endlos revidierbaren Dokudrama. Seltsamerweise wissen die Getreuen, dass der Film nicht wahr ist – behaupten aber dennoch, dass es die einzige Wahrheit ist, die wirklich zählt.«

12

Der Präsidentschaftswahlkampf: traurig und besorgniserregend

April bis November 2012

Die erhabenen Götter der Erzählung hatten ein schnelles, zorniges Urteil über den Wahlkampf des Präsidenten gefällt: ein Fehlstart.

Immer wieder wichen Einzelne aus dem Wahlkampfteam in *Meet the Press* von der offiziellen politischen Linie ab. Als Erstes erklärte Stammgast Joe Biden, er habe »keine Bedenken« gegen die gleichgeschlechtliche Ehe. Allerdings war er nicht befugt, »daraus eine Nachricht zu machen«, wie Politiker heutzutage gern sagen. Der Präsident – der erklärt hatte, er bilde sich gerade eine Meinung zu diesem Thema – tat genau das. Angeblich hatten das Weiße Haus und das Wahlkampfteam eine große Einführungsstrategie für das Coming-out des Präsidenten geplant, um es mal so zu nennen. Es sollte der Höhepunkt seiner Meinungsbildung werden. Und ja, sie sollte im Fernsehen übertragen werden.

Aber dann ging Biden hin und verpatzte den Rollout, indem er mit dem Offensichtlichen und Zutreffenden herausplatzte – andere coole Obama-Anhänger wie Axelrod und Plouffe wären viel zu diszipliniert, um so etwas Unpassendes zu sagen. Aus diesem Grund fällt es schwer, Biden nicht zu mögen. Er ist ein begeisterter

Wahlkämpfer, bei dem man sich – anders als bei den introvertierten Obamas – nicht vorstellen kann, dass er jedes Mal zum Desinfektionsmittel greift, sobald er der Menge entkommt.

Etwa um diese Zeit begleitete ich Biden zu einer Gewerkschaftsversammlung nach Toledo, die das Weiße Haus als »inoffiziellen Wahlkampfstart« bezeichnete (bis zum Labour Day Anfang September gab es gut 50 solcher »inoffiziellen Wahlkampfstarts«). Auf dem Hinflug schlenderte der Vizepräsident in der *Air Force Two* nach hinten, um die mitreisenden Pressevertreter zu begrüßen. Ein Reporter fragte ihn, wie er sich bei seiner ersten »legitimen Wahlkampfveranstaltung« fühlte. »Legitim?«, fragte Biden. »Ist irgendwas, was ich mache, legitim?« Er lachte mit allen anderen, bis seine Kommunikationschefin, die ehemalige Journalistin der *Washington Post* und des *Wall Street Journal* Shailagh Murray, ihn wieder hinter den schützenden Vorhang in den vorderen Teil des Flugzeugs bugsierte und eine weitere Pressesprecherin, Liz Allen, durch die Kabine ging und Bidens Äußerung – rückwirkend – als nicht zur Veröffentlichung bestimmt erklärte.

Obama hatte Biden mittlerweile mögen gelernt, sprach aber häufig von ihm mit gönnerhafter Zuneigung – als ob der Vizepräsident der geliebte Familienhund wäre, der ständig auf den Teppich pinkelte. Obama nahm Biden in Schutz.

In einem vertraulichen Gespräch im Oval Office entschuldigte sich Biden bei Obama für seine Offenheitspanne zur gleichgeschlechtlichen Ehe. Anschließend bestätigte der Präsident auf ABC, ja, auch er fände, gleichgeschlechtliche Paare sollten heiraten können. Sein Vizepräsident hätte sich »ein bisschen vorschnell« geäußert. Statt mit seiner Stellungnahme zur gleichgeschlechtlichen Ehe Geschichte zu schreiben, lenkte Obama mit seinem lahmen Hinterherzockeln die Aufmerksamkeit auf die Tatsache, dass er möglicherweise den Wählern seine wahre Überzeugung zu einer wichtigen gesellschaftlichen Frage seit Jahren vorenthalten hatte.

Dennoch versetzte ihm *Newsweek* eine Klatsche mit der Titelschlagzeile: »Der erste schwule Präsident.«[1] (Das war nur fair, wenn man bedenkt, dass Bill Clinton Jahre zuvor als »der erste schwarze Präsident« abgestempelt worden war.)

Am folgenden Sonntag war ein weiterer Obama-Unterstützer in *Meet the Press* zu Gast, der Bürgermeister von Newark, Cory Booker, und erklärte, Obamas Wahlkampfangriffe auf Romneys Tätigkeit im Private-Equity-Sektor[2] wirkten »abstoßend auf die amerikanische Öffentlichkeit«. (Da Booker von diesem Wirtschaftszweig eine Menge Geld kassiert hatte, wirkte es offenkundig auch abstoßend auf ihn.) Bookers Äußerungen waren ein gefundenes Fressen für die Experten: noch ein Ausrutscher, schon zum zweiten Mal nacheinander war in *Meet the Press* ein erhoffter Parteiroboter durchgebrannt. Schlagartig verwandelte Booker sich in einen schwer erreichbaren Superliebling aller Fernseh-Talkshow-Agenten. Die Obama-Leute drangen zu Booker durch und prompt löste sich sein Widerwille in Luft auf. Allerdings hatte er bis dahin schon für eine »Abweichung« gesorgt, die dem Wahlkampfteam eine harte Woche bescherte.

»Obama legt einen Fehlstart hin«, erklärte eine große Politico-Schlagzeile einige Tage später.[3] Mike Allen und Jim VandeHei listeten in ihrem Artikel die Schnitzer von Biden und Booker, die »wirre Botschaft« des Wahlkampfteams und die Verärgerung

1   Sullivan, Andrew (2012): Obama: The First Gay President. In: Newsweek, 13. Mai 2012.

2   Firmenbeteiligungen, die nicht an Börsen handelbar sind. Das Beteiligungskapital wird in der Regel über spezialisierte Kapitalbeteiligungsgesellschaften eingesetzt. Während diese Anlage- und Geschäftsform in den USA eine längere Tradition hat, steht sie in Europa in der Kritik. Hier hat sich dafür der Begriff »Heuschrecken« als Metapher durchgesetzt. Anm. d. Übers.

3   Allen, Mike / VandeHei, Jim (2012): Obama Stumbles out of the Gate. In: Politico, 25. Mai 2012.

»einiger Demokraten« über den verstolperten Wahlkampfauftakt auf. Mit einem Mal sah sich die Wahlkampagne des Präsidenten, ja, *in der Defensive.*

Der Artikel enthielt im sechsten Absatz eine unvergessliche Einschränkung, die zu Recht in 99 Prozent aller Wahlkampfartikel hätte stehen können: »Sicher könnte sich das alles im Verlauf eines langen Präsidentschaftswahlkampfs als vorübergehend und bedeutungslos erweisen.«

Eine weitere für Obamas Wahlkampf bedauerliche Bemerkung gab es im April von Hilary Rosen, Tammys bester Freundin, CNN-Expertin, Schwulen- und Lesbenaktivistin und Kommunikationsberaterin der Wirtschaft, die jahrelang als Spitzenlobbyistin der Musikindustrie tätig war. Auch sie war ein bisschen vorschnell, als sie in CNN sagte, Ann Romney habe »nie auch nur einen Tag in ihrem Leben gearbeitet«. Am nächsten Tag entschuldigte sie sich, in gewisser Weise, dafür.

Aber Romneys Wahlkampfteam witterte eine Empörungs-Chance. Das Opfer wurde so verteufelt, dass Ann Romney den Patzer von Rosen als »vorzeitiges Geburtstagsgeschenk« bezeichnete. Die Romney-Maschinerie lief auf vollen Staubaufwirbel-Touren. Immer wieder bezeichneten sie Rosen als »Vertraute« des Präsidenten. Das war überzogen, obwohl sie seit Obamas Amtsantritt laut öffentlichen Eintragungen 35-mal im Weißen Haus zu Gast war. Erst einen Monat vorher hatte sie an einem Staatsempfang des Weißen Hauses zu Ehren des britischen Premierministers David Cameron teilgenommen. Als Begleiter hatte sie einen Firmenkunden mitgebracht, John Kelly von Microsoft. »Ein Missbrauch der Einladung«, erklärte ein hochrangiger Mitarbeiter des Weißen Hauses dazu mir gegenüber – wies aber ausdrücklich darauf hin, dass Hilary Rosen eine Freundin war.

Die Obama-Leute versuchten, ihre bedauerliche Bemerkung auf geschickte Art zu begraben, indem sie das Vernünftigste taten: überreagieren. Das Weiße Haus vom Präsidenten und Vizepräsidenten abwärts verurteilte den Ausrutscher. Pressesprecher Jay Carney ergriff vor Rosen die Flucht, als wäre sie eine lesbische Variante von John Edwards. Als er nach ihr gefragt wurde, war seine erste Reaktion: »Ich persönlich kenne drei Frauen namens Hilary Rosen.«[4] In diesem Moment fiel mir eine Szene ein, die einige Jahre zurücklag: Carney und Hilary Rosen – die Hilary Rosen, die, wer hätte es gedacht, der von CNN sehr ähnlich sah – tanzten zusammen auf der Party für die *Meet-the-Press*-Türhüterin Betsy Fischer im Haus des Lobbyisten Jack Quinn. (Carney bestreitet, an der Polonaise beteiligt gewesen zu sein, belassen wir es also beim »Tanzen«.)

Diese Hilary Rosen ist eine weitere klassische Hauptstadtüberlebende. Als ehemalige Spitzenlobbyistin der Recording Industry Association of America stand sie unter Beschuss, weil sie in einer Zeit, als Internet-Tauschbörsen üblich wurden, unverhohlen für das Urheberrecht der Musikindustrie eintrat. In einem Porträt zu Rosen, das 2003 in der Zeitschrift *Wired* erschien, hieß es: »Auf einer Unbeliebtheitsskala stuften Fans der Webseite Whatsbetter.com Rosen knapp unter Nazis in Illinois ein.«[5] Sie erhielt Morddrohungen und reiste von da an mit Leibwächtern. Bei ihren Vorträgen forderten Demonstranten andere »Hilary-Hasser« auf, ihr per Post Kacke zu schicken.

---

4 Bruce, Mary (2012): White House Distances Itself from Hilary Rosen. In: ABC News, 12. April 2012.

5 Bai, Matt (2003): Hating Hilary. In: Wired, Februar 2003.

Im Vergleich zu solchen Gehässigkeiten war die Ann-Romney-Geschichte eine Kleinigkeit. Rosen merkte allerdings sofort, dass es ein Problem gab, als sie aus den CNN-Studios nach Hause kam und ihr Babysitter ihr sagte, dass oben ständig ein Computer piepte. Damit zeigte Rosens TweetDeck-Seite jede Erwähnung von @HilaryR auf Twitter an. An diesem Abend erhielt sie zudem einen Anruf von Obamas stellvertretender Wahlkampfmanagerin Stephanie Cutter, die sie vorwarnte, dass das Wahlkampfteam ihre Äußerung verurteilen müsste. Okay, klar, sagte Rosen. Sie kannte das Spiel, sie verstand das. Anita Dunn, ihre Geschäftspartnerin bei der Beraterfirma SKDKnickerbocker, hatte dem Präsidenten als Kommunikationsdirektorin des Weißen Hauses gedient und beriet das Obama-Team nach wie vor. Ähnliche tröstende Anrufe und E-Mails bekam Hilary in den folgenden Tagen von Freunden im Wahlkampfteam und im Weißen Haus, während sie sich öffentlich von ihr »distanzierten«. Das Weiße Haus wollte diesen Patzer so schnell wie möglich aus der Welt schaffen, auch wenn Hilary Rosen für ein paar Tage als Kollateralschaden darunter leiden musste. Ja, tut, was ihr tun müsst, antwortete sie, auch wenn sie sich über den geballten öffentlichen Unmut so vieler Spitzenvertreter (Biden, Axelrod, Messina usw.) ärgerte. Alle versicherten ihr, dass der aufgewirbelte Staub ihr nicht schaden, wenn nicht sogar nützen würde.

Und so war es selbstverständlich auch. *Meet the Press* lud sie für den folgenden Sonntag in die Sendung ein – ein Upgrade in die erste Klasse gegenüber ihrem Touristenklassensitz bei CNN. Sie lehnte das Angebot auf Bitten des Weißen Hauses ab, das es lieber sah, wenn sie sich für eine Weile zurückzog. Einige Sonntage später erschien sie erstmals in der ABC-Sendung *This Week* mit einer ganzen Reihe von Green-Room-Kumpanen wie Ralph Reed, dem konservativen christlichen Aktivisten und ehemaligen besten

Freund Jack Abramoffs. @RalphReed twitterte ein tolles Foto, auf dem er und Hilary im Backstagebereich strahlten und sich beide als gute Verlierer und großartige Patrioten präsentierten.

Rosens einziger Fehler bei dem Ann-Romney-Patzer war, dass sie der anderen Seite »eine Angriffsfläche bot«, gegen die sie ihre Entrüstungsgeschütze richten konnte. Zudem gab sie ein hervorragendes Angriffsziel ab – eine unverblümte Linke mit Hollywood-Verbindungen – und der Romney-Maschinerie war klar, dass sie damit Wechselwählergift in der Hand hatte. Sie nutzten die offene Flanke und gewannen die Runde.

Und dann war es vorbei wie ein kurzer Windpockenausbruch. Alle hörten auf, sich von Hilary R. »zu distanzieren«. Bei den Festlichkeiten rund um das White House Correspondents' Association Dinner in der folgenden Woche war sie wieder die heiß begehrte Persönlichkeit, die einem Zutritt zu Partys verschaffen konnte. Einige Monate später nahm Michelle Obama sie bei einem Empfang im Weißen Haus beiseite, schaute ihr in die Augen und sagte: »Ich habe an Sie gedacht. Ist alles okay? Ist zwischen uns alles okay?« Selbstverständlich war zwischen ihnen alles in Ordnung. Das stand nie infrage.

Einige Wochen nach dem Ann-Romney-Patzer war Rosen am Sonntag vor dem Memorial Day bei der Hochzeit von Betsy Fischer von NBC und Jonathan Martin von Politico zu Gast. Mike Allen persönlich leitete die Trauungszeremonie auf einem Anwesen in Warrenton, Virginia, etwa eine Autostunde von Washington entfernt. Tom Brokaw, der von New York eingeflogen war, bezeichnete ihre Eheschließung in seinem Toast auf Jonathan und Betsy als Verbindung der »beiden mächtigsten Organisationen im politischen Journalismus Amerikas«, Politico und NBC. »Es ist, als ob ein Mitglied der Familie Gotti ein Mitglied der Familie Gambino[6] heiraten würde«, sagte Brokaw laut Mike Allen, der am nächsten Tag ausführlich in Playbook über Brokaws Ansprache berichtete. »Darum nämlich geht es in unserem Leben, unserer Kultur, unserem Land«, fuhr Tom Brokaw fort. »Heutzutage werden wir jeden Tag daran erinnert, was uns spaltet. Aber das, was uns vereint, ist die Vorstellung, dass zwei Menschen zueinander finden, denen leidenschaftlich an unserem Land und an dem politischen System liegt, das es lenkt.«

Brokaw trug zu Ehren von Jonathan und Betsy seine spezielle Timothy-Russert-Krawatte. Das Modehaus Vineyard Vines hatte sie nach Russerts Tod vor nahezu vier Jahren eigens für einige ausgewählte Freunde von Tim anfertigen lassen. War tatsächlich schon eine ganze Legislaturperiode in der Hauptstadt ohne ihn vergangen?

Die Tim-Russert-Krawatte zierten kleine Football-Bälle sowie Miniaturen von Nantucket und dem Kapitol – alles Dinge, die Tim geliebt hatte. Und auch Betsy hatte er gemocht. Er war ihr Chef und Förderer, für den sie nahezu 20 Jahre gearbeitet hatte. »Ich erinnere mich noch, wie Tim mir anfangs von Betsy erzählte, wie genial sie ist und wie viel sie ihm bedeutete«, sagte Brokaw. »Und dann erlebten wir das Trauma, Tim zu verlieren, und zwischen Betsy und mir wuchs ein eigenes Band.«

Brokaw war gut bei solchen Ereignissen. Stammesansprachen sind ein wichtiges Medium. Mit seinen mittlerweile 72 Jahren war Brokaw nach Tims Tod praktisch zum abwesenden Bürgermeister des Hauptstadtclubs aufgestiegen. Vorübergehend hatte er 2008 einige Monate lang *Meet the Press* moderiert, bis David Gregory

6 Legendäre New Yorker Mafiafamilien. Anm. d. Übers.

sich im Wettbewerb um Russerts Nachfolge durchgesetzt hatte, auch wenn er ihn nie vollwertig ersetzen konnte.

Die Sendung erlebte über weite Teile des Jahres 2012 einen Rückgang der Einschaltquoten und es kursierten Gerüchte über Gregorys Absetzung. Der Fairness halber sei gesagt, dass Russert Jahre gebraucht hatte, um Tim Russert zu werden, und Gregory im Ruf steht, sich als Moderator und Mensch bessern zu wollen – obwohl er manchmal genauso von sich eingenommen wirkt, wie viele es von ihm behaupten. Trotzdem: »Die Sendung ist in Schwierigkeiten und niemand mag Gregory«, sagte ein angeblicher »Insider« dem iPad-Nachrichtendienst The Daily in einem Beitrag, der sich rasant in der Hauptstadt verbreitete, nachdem die Huffington Post ihn groß herausgebracht und einen Link geschaltet hatte. Ein anderer Insider lieferte das unerlässliche Zitat: »Tim Russert würde sich im Grabe umdrehen.« (NBC wies den Artikel als »leichtfertige Darstellung« und »grundlegend unwahr« zurück. Anfang 2013 verlängerte Gregory schließlich seinen Vertrag als Moderator von *Meet the Press.)*

Brokaw gehörte zu den wenigen Persönlichkeiten in Washington, die noch ähnlich großen Respekt genossen wie Russert. Er setzte sich tatsächlich für Kriegsveteranen ein und twitterte nicht nur an Gedenktagen über sie. Sein Megabestseller über Veteranen des Zeiten Weltkriegs, *The Greatest Generation,* machte ihn zum ebenso verlässlichen Veteranenfürsprecher, wie Tim Russert durch sein Buch *Big Russ and Me* zum selbsternannten Botschafter der Vaterfreuden wurde.

Brokaw verbrachte seine Zeit überwiegend auf seiner Ranch in Montana und gab gelegentlich Gastauftritte bei großen politischen Veranstaltungen wie den Vorwahlen in Iowa, Parteitagen und Wahlkampfdebatten. Meist lief er mit einem zufriedenen, schiefen Grinsen herum, das vermuten ließ, dass er in eine Menge

Insiderwitze eingeweiht war und nicht nur in die, die alle kannten. Er schwebte mit einer ehrwürdigen, selbstironischen Zurückhaltung über allem. Von seinem Hörgerät behauptete er, es sei ein »Viagra-Tropf«.

Einen Monat zuvor hatte er nach dem Presseball 2012 in einem Interview mit Howie Kurtz die Entwicklung der politischen Medienkultur beklagt. Seiner Ansicht nach hielten die Amerikaner das politische System heutzutage für ein »abgekartetes Spiel«.[7] Auch die Medien würden sich mittlerweile weniger um Amerika kümmern als um Werbung für ihre eigene Marke und den Celebrity-Rummel. »Es geht alles nur um: ›Sieh mich an, sieh mich an, sieh mich an‹«, sagte er.

Der Presseball war laut Brokaw das perfekte Symbol für alles, was aus den Hauptstadtmedien geworden war: eine groß angelegte Demonstration von Hedonismus und künstlicher Berühmtheit. Er vermittelte die Botschaft, dass nichts wichtiger sei als die im Ballsaal Anwesenden – und aus diesem Grund würden zig Millionen Dollar für deren mehrtägiges Vergnügen aufgewendet. Wer würde Washington feiern, wenn es sich selbst nicht feierte? »Ich habe das starke Gefühl, dass es viel zu weit geht«, sagte Brokaw über den Presseball. »Ich gehe nicht mehr hin.« Und mit schiefem Grinsen setzte er noch ein i-Tüpfelchen obendrauf: »Wenn man hingeht, stiehlt es einem die Seele.«

Zum Abschluss seiner Ansprache für Betsy und Jonathan beschwor Brokaw den anderen Allmächtigen herauf: Tim Russert. Er verkündete, dass er »Reliquien« für die Neuvermählten habe. Brokaws Frau Meredith, eine ehemalige Miss South Dakota, brachte diese Reliquien und hielt Toms Mikrofon, als er sie dem Paar überreichte: ihre Buffalo-Bills-Trikots.

7 Mirkinson, Jack (2012): Tom Brokaw Doubles Down on WHCD: »If You Go, It'll Steal Your Soul«. In: The Huffington Post, 8. Mai 2012.

— ★ ★ ★ —

Die Arbeitslosenzahlen dümpelten einige Tage später immer noch um 8,2 Prozent herum und schürten Befürchtungen, dass der kurzlebige Anschein einer wirtschaftlichen Erholung nur eine Scheinblüte sein könnte.[8] Die *Times-Picayune* gab bekannt, dass sie ihre tägliche Printausgabe einstellen würde – damit war New Orleans die erste amerikanische Großstadt ohne Tageszeitung.

Aber der Boom der Nachrichtenmedien in der Hauptstadt fuhr gerade eine reichliche Ernte ein. Am Tag nach dem Memorial Day wurde bekannt, dass die Super-PACs auf Seiten Romneys über eine Milliarde Dollar für Werbung ausgeben würden, um Obama auf abscheulichste Weise darzustellen. Den »Megaspendern« hinter der Anti-Obama-Werbung standen vergleichbare Anstrengungen der anderen Seite gegenüber. Man erwartete, dass die »unabhängigen« Gruppierungen und Romneys und Obamas Wahlkampfspendensammler mehr als zwei Milliarden Dollar in den saftlosen Wirtschaftszweig pumpen würden, der nur aus dem gegenseitigen Vernichtungskampf zweier Männer bestand. In diesem gefräßigen Wettkampf brachten Casinomagnaten und Hobbywahlkämpfer wie Sheldon Adelson ungeniert über 20 Millionen Dollar Taschengeld auf, um Newt Gingrich im republikanischen Vorwahlkampf gegen Mitt Romney zu unterstützen – und weitere zig Millionen, um Romney im Präsidentschaftswahlkampf gegen Obama zu helfen. Unterdessen sank in den USA das mittlere Familieneinkommen auf 77 300 Dollar, also etwa auf den Stand der frühen 90er-Jahre.[9]

8 Bureau of Labor Statistics: The Employment Situation in May 2012, 4. Juni 2012.

9 Appelbaum, Binyamin (2012): Family Net Worth Drops to Level of Early '90s, Fed Says. In: The New York Times, 11. Juni 2012.

Experten und Kandidaten jeder Couleur beklagten im Fernsehen, dass so viel Geld in die Politik floss und beide Seiten damit zynische Botschaften verbreiteten. Aber in Wahrheit war die Hauptstadt begeistert von dem Geldregen. Die Millionen flossen an Werbeleute, »Strategen« und Rundfunk- und Fernsehsender. Die Huffington Post meldete in dieser Woche, dass die 150 führenden Beraterfirmen im Wahlkampf 2012 bereits mehr als 465 Millionen Dollar Umsatz gemacht hatten, Geld, das großenteils von außenstehenden Gruppierungen stammte.[10] Ein Kandidat würde gewinnen, einer verlieren, und Millionen politischer Konsumenten würden erneut entmutigt werden. Aber die Hauptstadt würde in diesem seltsamen Kampf der Ideen wieder einmal die Oberhand behalten – in diesem Jahr mehr denn je.

Ende Mai gewann Romney genügend Delegierte, um sich die republikanische Nominierung zu sichern. Die Medien behandelten das als klassisches Eilmeldungsereignis, das wieder einmal das Ende eines »zermürbenden Vorwahlkampfs« und den inoffiziellen Beginn des allgemeinen Wahlkampfs markierte.

Präsident Obama tätigte den üblichen »Ich-wünsche-Ihnen-und-Ihrer-Familie-alles-Gute«-Anruf bei Romney – sicher »kollegial« –, bevor die beiden Männer sich für weitere fünf Monate Rufmord rüsteten.

— ★ ★ ★ —

Im Lauf des Sommers 2012 kam ich zu der Erkenntnis, dass ich es grässlich fände, zu den Leuten zu gehören, die sich auf dem Sterbebett wünschten, sie hätten sich mehr Gedanken über potenzielle Vizepräsidentschaftskandidaten gemacht. Also beschloss ich,

---

10 Fineman, Howard (2012): Political Consultants Rake It In, $466 Million and Counting in 2012 Cycle. In: The Huffington Post, 5. Juni 2012.

mich einige Wochen mit der Frage zu befassen, wen Mitt Romney für den Fall seines Wahlsiegs im November zum Vizepräsidenten machen könnte.

Bei der letzten Wahl hatte ich richtig auf Joe Biden als demokratischen Vizepräsidentschaftskandidaten getippt, diese Vorhersage aber nie im Fernsehen geäußert, daher war sie also eigentlich nicht offiziell und somit nichts, womit ich mich brüsten konnte. Ein Freund des Vizepräsidenten erzählte mir einmal, dass Biden skeptisch war, als Barack Obama ihn als Kandidaten für dieses Amt auswählte: »Sobald man einwilligt, jemandes Vizepräsidentschaftskandidat zu werden, bekommt man die Eier abgeschnitten.« (Der Freund, der das erzählte, wollte anonym bleiben aus Angst, dass Biden ihm die Eier abschneiden würde.)

Offensichtlich hatte Biden gewisse Unsicherheiten bezüglich seiner Männlichkeit. Damit unterschied er sich zwar von so gut wie keinem männlichen Politiker in Washington, aber bei ihm war es besonders ausgeprägt. Er erinnert gern daran, dass er 36 Jahre lang im Senat niemandem unterstellt und stolz »sein eigener Herr« war. Sobald er sich bedrängt fühlte, erklärte er Mitarbeitern und Senatskollegen: »Meine Männlichkeit ist nicht verhandelbar.«

Ich erinnere mich, dass ich Biden im Oktober 2008, kurz nach einer Wahlkampfrede in Maumee, Ohio, interviewte. Er erzählte mir, dass er versucht hatte, seinen langjährigen Senatskollegen John McCain zu erreichen, der bei der Präsidentschaftswahl nun sein Gegner war. Biden war verärgert, weil er gehört hatte, dass McCains Wahlkampfteam oder irgendein Ableger davon Bidens Tochter mit Schmutz beworfen hatte. Da McCain seine Anrufe nicht entgegennahm, versuchte Biden bei einer Wohltätigkeitsveranstaltung der Clinton Global Initiative in New York, an der sie beide teilnahmen, ihn hinter der Bühne zu treffen. Als ein Mitarbeiter ihn am Eingang zu McCains Garderobe aufzuhalten versuchte, sagte Biden: »Ich gehe trotzdem hinein« und fügte hinzu, er »erwarte, mit mehr Respekt behandelt zu werden.«

Im Frühjahr 2012 schrieb ich einen Artikel über Biden. Es war etwa um die Zeit, als er Ärger mit dem Präsidenten bekam, weil er wahrheitsgemäß geäußert hatte, dass er für die gleichgeschlechtliche Ehe war. Seine Mitarbeiter arrangierten für mich ein Telefongespräch mit Außenministerin Clinton über Biden. Ich rechnete mit dem vorhersehbaren munteren Geplauder, dass »Joe großartig« ist und sie »Joe mag«. Die Außenministerin und ich wussten beide, wie es läuft.

Doch dann jubelte Hillary Clinton mir diese erschütternde Bemerkung über Onkel Joe unter: »Vizepräsident zu sein ist ein bisschen so, wie First Lady zu sein. Man ist da, um den Präsidenten zu unterstützen und ihm zu dienen.«[11] Wow. Wie herrlich und überraschend entmannend! Und so treffend für Bidens brautjungfernhafte Unsicherheit. Ich zitierte den Satz. Mir war klar, dass er eine Schlaumeierintrige lostreten würde: Versuchte die Allmächtige, den Vize in seine Schranken zu weisen? Wollte sie Biden untergraben, weil sie bei den demokratischen Vorwahlen 2016 gegen ihn antreten würde? Die Geschichte wäre augenblicklich auf Twitter und in den Blogs. Virales Gold. Für etwa zwölf Stunden. Und dann wäre die Hauptstadt wieder mit anderem beschäftigt und würde einen Sommer lang Selbstbefriedigung mit Ratespielen betreiben, wem Romney im Fall seines Wahlsiegs die Eier abschneiden würde.

Nach einer Weile wurde mir das Vize-Rätselraten langweilig und ich beschloss, mich lieber um eine Einladung zu Walter Isaacsons jährlichem Aspen Ideas Festival zu bemühen. Dabei handelt es sich um ein pflegendes Gruppenbad für Clubmitglie-

11 Leibovich, Mark (2012): For a Blunt Biden, an Uneasy Supporting Role. In: The New York Times, 7. Mai 2012.

der, das alljährlich im Sommer in dem Urlaubsort in den Rocky Mountains stattfindet. Sämtliche Mafiafamilien – Journalisten, Unternehmer, Politiker, Berater, Ehemalige und diverse Kraken – sind zahlreich vertreten. Zu meiner großen Schande muss ich gestehen, dass ich noch nie eingeladen war.

Aber dank Mike Allens Allgegenwart und Eifer konnte man sich leicht über Playbook einen lebhaften Eindruck von Aspen machen. »Einen schönen Montagmorgen vom Aspen Ideas Festival, dem Sommerlager für Washington und die Upper East Side«, schrieb Allen Anfang Juli. Er schilderte das Ideenfestival als »intellektuelles Utopia, in dem David Brooks Gott ist, es Smoothies umsonst gibt und ›Überbehütung‹ ein Problem ist. Aktuelle Podiumsdiskussion: ›Warum wir nicht wollen, dass jeder nach Harvard geht‹«.

Mittlerweile ist es ziemlich einfach, die Aspen-Magie über die Nachrichtenmedien mitzuerleben, die diesen anspruchsvollen Speichelaustausch als Ereignis von großer nationaler Tragweite behandeln. Andrea Mitchell moderierte ihre Sendung von dort aus: »Gleich sind wir live in Aspen mit *dem* Mann schlechthin: Mike Allen!«

Allen präsentierte seinerseits seine »Aspen-Schnappschüsse«: »Alan Greenspan wartet auf ein spätes Frühstück mit seiner Braut, die ihre MSNBC-Sendung ›Andrea Mitchell Reports‹ live von der DLA-Piper-Terrasse in Aspen Meadows Resort, der Heimat des Aspen Institute, sendet.« Nebenbei: Jeffrey Goldberg hatte in diesem Jahr die Ehre, den pakistanischen Ex-Präsidenten Pervez Musharraf mit Barbra Streisand bekanntzumachen. »Ms Streisand, ich würde mich freuen, wenn Sie nach Pakistan kämen, wenn ich in unser Land zurückkehre«, sagte der General im Ruhestand. »Pakistan?«, fragte Streisand Goldberg im Weggehen. »Ist es da sicher?«

In Washington passierte ohnehin gerade nicht viel, abgesehen von der Rekordhitze – der Juli war der heißeste Monat, der in den USA je verzeichnet wurde.[12] Die Wirtschaft in der Hauptstadt brummte, während sie im Land weiterhin stagnierte. Es »erinnert unangenehm an die raubgierige Hauptstadt in Suzanne Collins' Reihe *Die Tribute von Panem*«, schrieb David Leonhardt in der *New York Times*.[13] Nach seinen Angaben hatte der Hauptstadtbezirk, District of Columbia, pro Kopf mehr Konjunkturfördermittel erhalten als jeder andere US-Bundesstaat. Die Arbeitslosenquote lag dort im Juni bei 5,7 Prozent gegenüber 9,3 Prozent in Chicago, 9,6 Prozent in New York und 10,3 Prozent in Los Angeles. Nach einer Gallup-Umfrage war Washington die wirtschaftlich zuversichtlichste Region der Vereinigten Staaten.

Dieser wirtschaftliche Wohlstand entwickelte sich unter anderem aus dem anhaltenden Wachstum der Staatsausgaben, dem Boom der Lobbywirtschaft, der Flut von Wahlkampfgeldern – ganz zu schweigen von der anhaltenden, schweißtreibenden Orgie, die wirtschaftliche und politische Unternehmen miteinander feierten.

Am ärgerlichsten war die ständig wachsende Zahl der Profiteure, die »nach oben fielen«. Der demokratische Meinungsforscher Mark Penn, der den PR-Giganten Burson-Marsteller leitete, wurde im Sommer 2012 Topmanager bei Microsoft – wo er lange Jahre Berater war. In jüngster Zeit hatte Penn sich vor allem als Chefstratege in Hillary Clintons Präsidentschaftswahlkampf 2008 einen Namen gemacht. Er galt dort als ausgesprochen umstritten und war nach Ansicht vieler im Wahlkampfteam der verantwort-

---

12 Foster, Joanna (2012): What Cornfields Show, Data Now Confirm: July Set Mark as U. S.'s Hottest Month. In: The New York Times, 8. August 2012.

13 Leonhardt, David (2012): Why D. C. Is Doing So Well. In: The New York Times, 4. August 2012.

liche Kapitän dieser *Hindenburg*. Zudem stand er beispielhaft für eine erfolgreiche Hauptstadtkarriere, die im Gegensatz zu dem verbreiteteren Typus des aalglatten Jahrgangsbesten stand. Penn war eher ein Außenseitertyp, der vermutlich als Jugendlicher gehänselt und im Sportunterricht als Letzter gewählt wurde. Als zahlenverrücktes Genie konnte er sich jedoch als funktionierende und florierende Marke etablieren – ein Pfund, mit dem auch »*Die-Rache-der-Nerds*«-Technologie-Unternehmer wie Bill Gates wucherten.

Niemand bezweifelte, dass Penn trotz seiner Misserfolge seine dauerhafte Essenseinladung in Washington behalten würde. Nach dem Hillary-Fiasko kehrte er auf seinen Chefposten bei einer der weltgrößten PR-Firmen zurück und schaffte es irgendwie, seinen Gurustatus in den Augen von Bill und Hillary zu behalten. Es half, dass er ein erstklassiger Schleimer war, wofür die Clintons ausgesprochen anfällig waren, besonders in Form von Memos. In einem Dokument, das Penn 2006 für seine Chefin Hillary verfasste (und das der Autor Joshua Green in der Zeitschrift *Atlantic* veröffentlichte), schmeichelte Penn ihr, indem er sie mit Margaret Thatcher verglich und vor übertriebenen Bemühungen ihrer anderen Berater warnte, sie weicher erscheinen zu lassen.[14] »Ein Wort über Menschlichkeit«, schrieb Penn. »Bill Gates bat mich einmal: ›Können Sie mich menschlicher machen?‹ Ich sagte: ›Menschlichkeit wird überschätzt‹.«

Alexander Burns von Politico fasste die Hauptstadtreaktion auf Penns neue Anstellung bei Microsoft in einem Tweet besser zusammen, in dem er Anteilseignern riet: »Verkaufen!«

In den sechs Wochen vor den Nominierungsparteitagen erreichte die Wahlkampagne des Präsidenten und die von Romneys

---

14   Green, Joshua (2008): The Hillary Clinton Memos. In: The Atlantic, 11. August 2008.

Bostoner Genies 27 erklärte »neue Tiefpunkte« (Quelle: die jeweils gegnerische Seite). Keiner der beiden Kandidaten hatte anscheinend Spaß am Wahlkampf. Eine Ausnahme am Rande war Biden, der als Einziger den Eindruck eines munteren Kriegers in seinem Schützengraben machte – auch wenn Obamas Wahlkampfteam zeitweise versucht war, ihn im Keller einzusperren.

Im August passierte Biden eins seiner gelegentlichen kleinen Malheurs, als er einem überwiegend schwarzen Publikum sagte, als Präsident würde Romney »euch alle wieder in Ketten legen«. Das war ein unglückliches Bild, zu dem es im Rahmen einer Debatte über Romneys Pläne kam, die Wall Street wieder von den »Fesseln zu befreien«, die die Obama-Regierung ihr mit ihrer Regulierung verpasst hatte. Selbstverständlich warf man Biden vor, »die Rassenkarte zu spielen« (denn politische Rhetorik ist nichts weiter als ein großes Kartenspiel und der belastete Bereich der Rassenbeziehungen ist bloß eine Karte, die man »ausspielt«).

Aber die »Kettenbemerkung« war eine von Bidens blöderen Äußerungen. Selbst sein zuverlässigster Beschützer, Obama, schüttelte nur den Kopf und sagte: »Was soll man da machen?«

Obamas Wahlkampf stützte sich wie 2008 auf eine junge, basisorientierte und datengetriebene Maschinerie, die ihre Gegner, wie rückblickend klar ist, weit in den Schatten stellte. Aber im Gegensatz zu 2008 war die mühsame Wiederwahlkampagne voller interner Dramen und Ego-Kämpfe, die an die Öffentlichkeit drangen. Politico brachte eine Reihe von E-Books heraus – namentlich *Obama's Last Stand* von Glenn Thrush –, die eine fortwährende Fundgrube für durchsickernde interne Konflikte waren wie die hitzige Auseinandersetzung zwischen Axelrod und Stephanie Cutter, wer einen hochkarätigen Fernsehauftritt bekommen sollte.

Im Frühsommer 2012 musste sich ein gefeierter junger Computercrack des Wahlkampfteams beim Führungsstab entschuldigen, nachdem herausgekommen war, dass er geschützte technische Informationen an einen europäischen Reporter weitergegeben hatte. Und ein junger Freiwilliger in Obamas Parteitagsteam wurde gefeuert, nachdem er den geplanten Ablauf an Mike Allen verraten hatte.

Obama bemühte sich in seinen Wahlkampfreden nach Kräften, den alten Zauber wiederzuerwecken. Er redete viel darüber, dass sein Haar nun tatsächlich grau war – was beim zweitausendsten Mal, als er es sagte, etwa so interessant war wie vier Jahre zuvor sein Standardsatz über seine »großen Ohren«. (Körperliche Selbsterniedrigung, abgehakt.) Die Wahlkampfreden des Präsidenten hatten zuweilen etwas so Gezwungenes wie die Van-Halen-Wiedervereinigungstournee, bei der Sammy Hagar statt David Lee Roth auftrat. Es war, als ob the Big O nur die Tage auf dem Kalender abhakte. Im Juli erlebte ich seinen Wahlkampfauftritt in Mansfield, Ohio, einen Tag später in Akron und Anfang August in Loudoun County, Virginia. Dort verschluckte er ärgerlicherweise ständig die Endsilben, als er mit den hart arbeitenden Mittelschichtwählern Klartext redete – so also sah es aus, wenn der Präsident die volksnahe Karte spielte.

Obama hatte aber immer noch seine guten Momente, die oft von Nostalgie für seinen letzten Wahlkampf durchdrungen waren. Mitte August ging er auf eine bierselige Bustour durch Iowa, die auf seine glücklichen Tage im Maisfeldstaat 2008 zurückgriff. Man sang »Four more beers!« Auch Michelle war dabei. »Unsere Familie hat so wunderbare Erinnerungen an unsere Zeit hier in Iowa«, sagte die First Lady und fragte Barack, was er auf dem Jahrmarkt gegessen habe. »Schweinekotelett und Bier«, antwortete er unter Gelächter. Sein Strahlen ließ auf reichliche Mengen Bier schließen. »Er ist so zufrieden mit sich«, sagte Michelle. Yes, he was.

— ★ ★ ★ —

Irgendwann im Lauf des Sommers gelangten Obama und seine Führungsriege zu der Überzeugung, dass Romney die Schwelle »ein zu großer Trottel, um gewählt zu werden« erreicht hatte.

Praktischerweise erreichte der demokratische Mehrheitsführer im Senat, Harry Reid, zur gleichen Zeit eine neue »Ist-mir-doch-scheißegal-was-ich-sage«-Schwelle – was sich größtenteils gegen seinen mormonischen Glaubensbruder Romney richtete. Reid, dessen Frau gerade eine harte Chemotherapie gegen eine fortgeschrittene Brustkrebserkrankung hinter sich hatte, schoss sich auf Romneys Weigerung ein, seine früheren Steuererklärungen zu veröffentlichen.

Reid stellte fest, wenn Romney einen Ministerposten haben wollte, würde er ohne Offenlegung seiner Steuererklärung keine Bestätigung durch den Senat bekommen: »Er könnte nicht nur als Minister nicht bestätigt werden, er könnte auch nicht als Hundefänger bestätigt werden, denn bei einem Hundefänger – da würde man sich zumindest mal seine Steuererklärungen ansehen wollen.« (Es ist allerdings nicht klar, seit wann Hundefänger durch den Senat bestätigt werden.)

Der Mehrheitsführer merkte zudem an, dass Mitt Romneys Vater George ohne Weiteres seine Steuererklärungen aus zwölf Jahren offengelegt hatte, als er 1967 für das Präsidentenamt kandidierte.[15] »Sein armer Vater muss sich für seinen Sohn schämen«, erklärte Reid der Huffington Post über George Romney, der – beschämt oder nicht – seit 17 Jahren tot war. Unter Verweis auf einen Freund beim – von Romney mitgegründeten – Finanzinvestor

---

15 Capehart, Jonathan (2012): On Tax Returns, Mitt Won't Follow the Leader – His Dad. In: The Washington Post, 11. Juli 2012.

Bain Capital behauptete Reid zudem, »es heißt«, Mitt habe zehn Jahre lang gar keine Steuern gezahlt.[16]

Später fragte ich Reid, ob er persönlich etwas gegen Romney habe, da es doch sehr danach aussah. »Er und ich stammen aus verschiedenen Welten«, sagte er nach langem Zögern. »Daher gab es von Anfang an gewisse Reibereien, so sehr ich mich auch bemüht habe. Es fällt mir schwer, zu glauben, dass so jemand versteht, was ich in meinem Leben durchgemacht habe.« Reid gab seine »Information«, dass Romney keine Steuern gezahlt hatte, nach seinen Angaben mehrfach an Leute im Weißen Haus und im Wahlkampfteam weiter, aber niemand machte etwas daraus. »Also sagte ich, zum Teufel, ich mache es«, erklärte Reid. »Wenn ich es nicht gemacht hätte, wäre es vermutlich nie passiert.« Auf meine Frage, ob jemand im Weißen Haus oder im Wahlkampfteam ihn je gebeten habe, seinen Ton ein bisschen zu mäßigen, lächelte er bloß.

Die Experten legten sich schließlich fest, dass Romney höchstwahrscheinlich Tim Pawlenty, den Ex-Gouverneur von Minnesota, auch »T-Paw« genannt, zu seinem Vizepräsidentschaftskandidaten machen würde. Eine Zeit lang stand er an der Spitze der sogenannten »Short List« möglicher Kandidaten, die in den Hundstagen vor der Bekanntgabe im Geistesäther kursierten. Pawlenty hatte sich 2011 kurze Zeit um die Nominierung zum republikanischen Präsidentschaftskandidaten beworben, bereits 2008 in der engeren Wahl für die Vizepräsidentschaft gestanden und wollte den Posten anscheinend unbedingt haben. Er unterstützte Romney schon bald, nachdem er selbst aus dem Rennen ausgestiegen war, tat unermüdlich seine Spin-Room-Pflicht und

---

16 Stein, Sam / Grim, Ryan (2012): Harry Reid: Bain Investor Told Me That Mitt Romney »Didn't Pay Any Taxes for 10 Years«. In: The Huffington Post, 31. Juli 2012.

diente Romneys Wahlkampf auf nationaler Ebene. Auch in Chicago tippte man überwiegend auf Pawlenty und fand das Gespann T-Pawn-Mittens potenziell hervorragend. Zu Pawlentys Hauptvorzügen gehörte, dass er ein prominenter Republikaner war, der nicht auf Anhieb die Milliardärs-Aura eines Mitt Romney oder Donald Trump ausstrahlte.

Pawlenty war der Sohn eines Milchwagenfahrers und redete ständig von seiner kurzen Karriere als Hockeyspieler, seiner Kindheit und Jugend in einer »Fleischverarbeitungsstadt« in Minnesota und seiner Vorliebe für die Discountkette Sam's Club. Er stellte sich als Paradebeispiel für den amerikanischen Traum des kleinen Mannes dar und gehörte sogar zu den seltenen Republikanern, die die Wall Street zu kritisieren wagten. Bevor er seinen Präsidentschaftswahlkampf 2011 beendete, schwor er in einem Fernsehinterview, seine »Kernbotschaft an die Wall Street werde sein: ›Nehmt eure Schnauzen aus dem Trog‹«.

Romneys Kernbotschaft beim Thema Vizepräsidentschaftskandidaten war zu Pawlentys Leidwesen, dass er »eine andere Richtung einschlagen« werde. Pawlenty war enttäuscht, dass er – wieder einmal – übergangen wurde, gab sich aber pro forma als guter Verlierer und versicherte, dass er weiter für Romney Wahlkampf machen würde.

Und dann stürzte er sich in einer absehbaren Wendung seines amerikanischen Traums selbst in den Trog: Er wurde Chef des Financial Services Roundtable, einer Lobbygruppe, die die Elite der Wall-Street-Banken vertrat.

Romney machte letztlich den Kongressabgeordneten Paul Ryan aus Wisconsin zu seinem Vizepräsidentschaftskandidaten und setzte unserem alle vier Jahre wiederkehrenden Ratespaß für dieses Mal ein Ende.

Der 42-jährige, blendend aussehende Ryan kam bei der republikanischen Basis gut an und wurde von den Medien als eine »mutige Wahl« begrüßt, wie man sie dem vorsichtigen Romney niemals zugetraut hätte. Im Lauf der Jahre hatte Ryan sich zudem in Washington den begehrten Ruf eines Mannes mit Substanz erworben. Schließlich hatte er sich eingehend mit dem Bundeshaushalt befasst. Außerdem redete er viel über seine »Liebe zu Ideen«.

Ryan hatte als Teenager die Werke der konservativen Philosophin Ayn Rand gelesen – und nichts macht einen Schüler für Mädchen attraktiver als eine zerlesene Ausgabe von *Atlas wirft die Welt ab*. Im Kongress hatte er 2010 einen zusammengestrichenen Haushaltsplan aufgestellt, der bei den Republikanern im Repräsentantenhaus als fiskalische Magna Charta galt. Viele intellektuelle Konservative, die Sarah Palins Aufstieg 2008 bedauert hatten, feierten Ryan. Er besaß den Nimbus eines Strebers.

Romneys Entscheidung für Ryan erlöste die Rechte von zwei nagenden Unsicherheitsfaktoren: erstens, dass ihr Bannerträger Romney insgeheim ein Gemäßigter war, und zweitens, dass die konservative Tea-Party-Bewegung gefährlich anti-intellektuelle Züge angenommen hatte, verkörpert durch Michele Bachmann, Herman Cain und besonders die letzte republikanische Vizepräsidentschaftskandidatin Sarah Palin. Palins Name war in der Romney-Blase tabu. Ein Beteiligter an Romneys Suche nach einem Vizepräsidentschaftskandidaten erzählte mir, dass während des gesamten Auswahlverfahrens der Imperativ galt: »keine Palins« – keine unliebsamen Überraschungen bei Überprüfungen, keine Primadonnen, keine Leichtgewichte. Bei einer Wahlkampfveranstaltung in Orlando, die ich kurz nach Ryans Nominierung besuchte, fragte ein Mann ihn nach »den Todeskommissionen, die wir bekommen werden«, als Folge von Obamas Gesundheitsreform. »Also, diesen Begriff würde ich dafür nicht verwenden«, antwortete Ryan, um sich fluchtartig von dem Ausdruck »Todeskommissionen« abzusetzen, den Palin in den hitzigen Debatten über die Gesundheitsreform 2009 populär gemacht hatte.

Ryan wirkte in natura noch jünger und kantiger als im Fernsehen. Polizisten im Kapitol hielten ihn regelmäßig für einen Praktikanten oder Nachwuchsmitarbeiter. In seinem Erscheinungsbild erinnerte er an andere bekannte Gestalten. Wie er mir erzählte, wurde er als Kind wegen seines spitzen Haaransatzes an der Stirn gehänselt.

Anders als Romney vermittelte Ryan nicht den Eindruck, als ob ihm jeden Moment ein Kronleuchter auf den Kopf fallen könnte. Er strahlte nicht ständig eine prätraumatische Fettnäpfchenpanik aus. Er konnte über Football, Angeln und Bogenschießen plaudern. In einem Interview im neuen Romney-Ryan-Wahlkampfbus erzählte er mir, dass seine erste Schusswaffe ein kleinkalibriges Jagdgewehr für die Eichhörnchenjagd war. An diesem Punkt sah ich mich genötigt, »Schädlinge« zu erwähnen – eine Anspielung auf Romneys Bemerkung, er jage »kleine Schädlinge, wenn man so will«, über die viele sich 2007 lustig gemacht hatten. Ryan kicherte: »Sie schmecken wie Hühnchen.« Dann fragte er seinen Pressesprecher Michael Steel: »War das jetzt zur Veröffentlichung freigegeben?«

Ryan besaß ein ausgeprägtes Bewusstsein für Popkultur und eine Generation-X-Ausstrahlung, die ein Gegengewicht zur altbackenen Lawrence-Welk-Anmutung[17] des 23 Jahre älteren Romney bildete.

Nach der Entscheidung für Ryan gewann Romney unmittelbar eine gewisse Leichtigkeit – wie ein schüchterner Achtjähriger, der

---

17 Lawrence Welk (1903 – 1992) war ein durch seine TV-Shows bekannter Big Band Leader. Als guter Geschäftsmann galt er als einer der wohlhabendsten Entertainer Hollywoods. Anm. d. Übers.

sich durch eine neue Schildkröte als Haustier völlig verwandelt. Als Romney bei einer Wahlkampfveranstaltung in Norfolk, Virginia, Ryan als auserwählten Vize bekannt gab, sah man den »Gov« (wie sein Stab ihn nannte) tatsächlich in seinen Schuhen wippen. Es sah aus, als ob er tatsächlich Spaß hätte und den Spaß nicht nur nach Regieanweisung vorspielte.

Romneys Wahlkampfmanager merkten, dass er seinen Vize wirklich gern um sich hatte. Seine Stimmung besserte sich erheblich. (Dasselbe sagte man über Michael Dukakis, wenn seine Frau Kitty bei ihm war.) Nach einigen Tagen beschlossen sie, die beiden nach Möglichkeit im Wahlkampf gemeinsam auftreten zu lassen. Bilanz: Die Romney-Ryan-Männerfreundschaft war ein Grund zum Feiern. Ryan erzählte mir von einer persönlichen E-Mail, die Romney ihm schrieb, nachdem Ryan seine ersten Soloauftritte im Wahlkampf erfolgreich absolviert hatte: »Er schrieb: ›Im Grund habe ich Sie ausgesucht, weil ich dachte, Sie könnten mir regieren helfen. Ich wusste gar nicht, dass Sie auch ein ordentlicher Wahlkämpfer sind, Sie haben sich auch darin als ziemlich gut erwiesen. Also vielen Dank‹.« Es war merkwürdig, dass Ryan mir von sich aus davon erzählte, weil es zeigte, dass er offensichtlich unsicherer war, als er normalerweise erkennen ließ. Botschaft: Mittens fand ihn gut!

Journalisten fanden ihn ebenfalls gut. Sie lieben solche »Die-beiden-mögen-sich-wirklich«-Geschichten ohnehin, weil sie nicht viel Arbeit machen. Bei gemeinsamen Auftritten kann man die Körpersprache lesen. Außerdem erzählen Wahlkampfhelfer liebend gern Wohlfühlgeschichten, wie gut sich die beiden Kandidaten verstehen – zumindest bis der Wahlkampf vorbei ist und sie Anekdoten über boshafte Wahlkampfgespanne, Unstimmigkeiten zwischen den Familien und was sonst nicht noch alles auspacken.

Im Allgemeinen gefiel den Nachrichtenmedien Ryans Nominierung auch noch aus einem anderen wichtigen Grund: Er war nett zu den Medien. Das war in Romneys Wahlkampfbus durchaus unüblich, der manche Zusammenstöße zwischen überforderten Pressesprechern und den Medienzootieren erlebt hatte, die es leid waren, sich das ganze Jahr mit den täglichen Romney-Brosamen abspeisen zu lassen. Im Juli erreichte das Verhältnis bei Romneys einwöchiger Auslandsrundreise seinen Tiefpunkt. Die Medien waren zunehmend frustriert über seine Weigerung, mit ihnen zu reden. Bei Romneys Besuch am Grabmal des unbekannten Soldaten in Warschau kochte die Stimmung über. Als der Ex-Gouverneur zu seinem Wagen ging, riefen Reporter ihm Fragen über seine früheren Pannen zu. »Leckt mich am Arsch«, schimpfte Romneys Presseassistent Rick Gorka. Und zu Jonathan Martin von Politico sagte er: »Du kannst mich mal!« Manche im politischen Echosystem behandelten das Vorkommnis als bedeutenden internationalen Zwischenfall, als Scharmützel zwischen müden, aber immer noch mächtigen Supermächten – der Presse und Romneys Wahlkampfteam –, das ähnliche Spannungen heraufbeschwor wie der Kalte Krieg. Als Gorkas unbedachte Äußerungen um die Welt rasten, tauften die Schakale die polnische heilige Stätte in »Gorka-Park« um.

Dagegen erkundigte Ryan sich sogar nach dem Befinden der Schakale, wenn er sie im Flugzeug traf (was Romney und Obama nie taten). Zweimal – in Roanoke, Virginia, und in Cincinnati – gesellte er sich sogar bei einem inoffiziellen Abendessen zu den Reportern, die über seinen Wahlkampf berichteten. Umgekehrt kauften die Wahlkampfreporter, die überwiegend um die zwanzig waren, Ryan und seinen Beratern bei »Voodoo Doughnut« in Portland, Oregon, Donuts, worauf Ryan pflichtschuldig im Flugzeug zu ihnen ging und sich bedankte. (Anschließend warf er den

größten Teil des Blaubeer-Donuts weg, weil er seinem Gesund-
heitsbewusstsein widersprach und er ihn widerlich fand, wie er
später zugab.)

Ryans Ernennung veranlasste viele Experten beider Seiten zu
der Erklärung, seine Wahl werde zu einer anspruchsvolleren, ide-
engestützten Debatte führen. Das musste stimmen, weil William
Kristol es sagte. »Diese Entscheidung hat das Wesen des Präsidentschaftswahlkampfs 2012 verändert«, schrieb das konservative Orakel im *Weekly Standard.* »Das bedeutet, das wir es nun mit einem
großen Wahlkampf um große Themen und große Entscheidungen
zu tun haben.« Er bezeichnete Ryan als »intellektuellen Kopf der
Republikanischen Partei«.

Biden rief Ryan an, um ihn im Wahlkampf »willkommen zu
heißen«, und Obama lobte Ryans »wunderbare Familie«.

Und innerhalb weniger Tage nahmen sich beide Wahlkampfteams wieder unter Beschuss und rechneten vor, wie viele alte
Menschen die Medicare-Pläne der anderen Seite umbringen
würden.

Aus unerfindlichen Gründen erklärte Ryan sich zu einem Gespräch für ein Porträt bereit, das ich kurz nach seiner Ernennung
zum Vizepräsidentschaftskandidaten angefangen hatte. Romneys
Wahlkampfmanager in Boston waren darüber nicht gerade erfreut.
Sie fürchteten, dass Ryan den Präsidentschaftskandidaten in den
Schatten stellen könnte – Bedenken, die noch zunahmen, als sich
abzeichnete, dass Ryan mehr Begeisterung bei der Basis weckte.
Dennoch ließ er mich herein und lud mich sogar zu Gegrilltem
und Bier ein, während er sein Green-Bay-Packers-Spiel in *Monday
Night Football* schaute.

»Ist das der Kerl, der den Mordsartikel über mich schreibt?«, fragte Ryan seinen Pressemann Michael Steel, der mich in die Suite des Kandidaten im Cincinnati Hotel ließ (das überraschenderweise in Cincinnati steht). Ryan versteht sich geschickt auf sarkastische Bemerkungen, die zugleich entwaffnend und manipulativ sind – und von einem gespielt fatalistischen Bewusstsein zeugen, wie das Spiel läuft, zugleich aber die stillschweigende Aufforderung enthalten, ihn trotzdem zu mögen.

In Ryans Suite hatte sich eine kleine Auswahl republikanischer Markennamen eingefunden, unter anderem Senator Rob Portman aus Ohio, der republikanische Parteivorsitzende Reince Priebus und Ryans Wahlkampfmanager Dan Senor, einer der führenden Medienberater des US-Einsatzes im Irak unter Präsident Bush. Ryan trank immer wieder aus seiner Miller-Lite-Flasche und schniefte. Er war stark erkältet. Das betonte er immer wieder. Und die Erkältung hatte er seit Wochen. »Ich sollte nichts trinken«, sagte er. »Aber, was soll's, es gibt Rippchen, es gibt Fußball, also muss ich Bier trinken.« Er hustete (Atlas hustete!). Tränen traten ihm in die Augen, und am nächsten Morgen musste er früh aufstehen.

Nach etwa 45 Minuten und mehrfachem Husten erklärte Ryan, die zweite Halbzeit des Spiels werde er im Bett ansehen. Ich versicherte ihm, dass ich an dieser Stelle aussteigen würde.

Eine Woche später führte Steel mich in Iowa in Ryans Wahlkampfbus. Es war ein bequemes Fahrzeug, ausgestattet mit tiefen Kunststoffsitzen mit den Romney-Ryan-Insignien, einer holzgetäfelten Küche, einem Wohnbereich und allen erdenklichen Laptops, iPads, Fernsehern und anderen Geräten. Im Bus saßen etwa ein Dutzend Mitglieder aus Ryans erweitertem Familienkreis: seine beiden Söhne Charlie (acht) und Sam (sieben), seine Tochter Liza (zehn); seine Frau Janna und ihre jüngeren Schwestern Dana und Molly. Die drei Schwestern stammen aus einer prominenten demokratischen Familie aus Oklahoma und haben (ebenso wie ihre verstorbene Mutter) das Wellesley College besucht. Als ich in den Bus kam, stellte Steel mich laut und deutlich vor als »der Mann von der *New York Times,* der ein Profil über Paul schreibt«. Er sagte das jedes Mal, wenn ich das Sperrgebiet des Kandidaten betrat. Im Klartext: Passt auf, was ihr sagt – die Pressesprechervariante des Polizistenspruchs bei einer Verhaftung: »Sie haben das Recht zu schweigen« (oder passender des Spruchs einer Krankenschwester, die bei der Aufnahme in eine psychiatrische Klinik pflichtgemäß fragen muss, ob der Patient Selbstmordgedanken hegt).

Sein Pressemann Michael Steel erklärte, dass ich einen »Mordsartikel« über Ryan schreiben würde. Ich korrigierte ihn, dass mir eher ein »mörderischer« Artikel vorschwebte. »Es wird also eher ein mörderischer Mordsartikel«, fasste Ryan, der Konsensfinder, zusammen und bot mir ein mittägliches Miller Lite an. Da er immer noch mit seiner Erkältung zu kämpfen hatte, entschied er sich für eine Kunststoffflasche mit purpurrotem Vitaminwasser.

Ryans Körper- und Ernährungsspleen war mittlerweile allgemein bekannt – ein zentraler Bestandteil der Marke Ryan, eine Übung in Disziplin und Genauigkeit in seinem Herangehen an körperliche wie auch fiskalische Fitness. An fünf Tagen in der Woche trainierte er nach einer DVD, die im Fernsehen beworben wurde. Als unmittelbar nach seiner Ernennung im Internet ein Foto von Ryan in Badehose auftauchte, wurden seine Bauchmuskeln die meistdiskutierten in der Geschichte der Vizepräsidentschaftskandidaten, abgesehen vielleicht von Joe Liebermans Bauch.

Ryan gibt sich gern als kleinstädtischer Mittelschichtamerikaner, nicht als »Hauptstadttyp« – meist ein erster Hinweis auf einen Washington-Insider. Tatsächlich hat er sein halbes Leben hier verbracht: Nach dem College arbeitete er in diversen Politiker-stäben und wurde 1998 mit 28 Jahren in den Kongress gewählt.

Vertreter beider Parteien, die Ryan persönlich kennen, finden ihn angenehm, rücksichtsvoll und umgänglicher als manch ande-ren Kongressabgeordneten. Aber er kann auch arrogant und ab-weisend sein, wie es für bestimmte Typen charakteristisch ist. In seinem Highschool-Jahrbuch wird er als »größter Arschkriecher der Klasse« bezeichnet. Gegen Ende des Wahlkampfs stellte das Dienstleistungsunternehmen Manhattan Mini Storage auf New Yorker Plakatwänden die Frage: »Erinnert Paul Ryan Sie nicht an jeden Burschenschaftler, von dem Sie bereuen, mit ihm geschlafen zu haben?«

Ryan hatte wie die meisten Kongressabgeordneten, die nicht ganz auf den Kopf gefallen sind, eine ziemlich schlechte Mei-nung von vielen seiner Kollegen und hatte schon über Alterna-tiven nachgedacht. Anfang 2011 hatte er überlegt, selbst in das Präsidentschaftsrennen einzusteigen. »Viele ermunterten mich, zu kandidieren«, sagte er mit der bei Politikern beliebten beschei-den-prahlerischen Floskel. Sobald Romney ihn Anfang August auswählte, nahm sein Leben erwartungsgemäß verrückte For-men an.

Wenn eine Supernova aufsteigt, macht es immer Spaß, zu be-obachten, wie die Leute in Washington darauf reagieren. Plötz-lich überschlagen sich alle und brüsten sich, wie gut sie die Paul Ryans dieser Welt kennen und wie stark sie sie gefördert haben. »Wir sind SEHR gute Freunde«, erklärte der republikanische Kongressabgeordnete James Sensenbrenner aus Wisconsin. »Ich war eindeutig sein Mentor.«

Einige Wochen nach seiner Ernennung war Ryan erstmals als Vizepräsidentschaftskandidat wieder im Repräsentantenhaus. Bei

einem kleinen Empfang umschwärmten ihn seine republikanischen Kollegen. Leute, mit denen er seit Jahren im Kongress saß
und die teils doppelt so alt waren wie er, gebärdeten sich wie
jugendliche Fans, baten ihn um ein Autogramm oder um ein Foto
mit ihm. Aus dem größten Arschkriecher wird der, dem alle in
den Arsch kriechen wollen – ein weiterer Gewinner im Schleimer-
wettbewerb der Hauptstadt. Ich fragte Ryan, wie viele Kollegen
Fotos haben wollten.

»Ich weiß nicht, fünfzig?«, antwortete er. »Ich fand das sehr
seltsam.«

13

Der Präsidentschaftswahlkampf: Bauchlandungen, Whiskeytrüffeln und wunderbare Ruinen

Im Hochsommer stahlen uns die Hüter des Green Room im Himmel Gore Vidal, den bissigen Sprachtitan und Autor eins der wenigen großen literarischen Werke über die Hauptstadt: *Washington, D. C.*[1] Dick Cavett sagte, wenn man einige Zeit mit Vidal verbrachte, »fühlte man sich, als ob man gerade ein herrliches Bad im geschliffenen, geistreichen Gebrauch unserer leider im Niedergang befindlichen englischen Sprache genommen hätte«. Von Vidal stammen auch zwei meiner Lieblingsaphorismen, die sich auf die Hauptstadt anwenden lassen: (1) Auf Cavetts Frage nach seiner Lebensphilosophie sagte er: »Lehne nie eine Gelegenheit zum Sex oder zu einem Fernsehauftritt ab.« Und (2): »Erfolg genügt nicht. Die eigenen Freunde müssen scheitern.«

Vidal starb am 31. Juli 2012 im Alter von 86 Jahren. Er war der Enkel eines Senators aus Oklahoma, von dem ein weiterer meiner Lieblingssätze über Washington stammt: Senator Thomas Gore sagte, mit seinen grandiosen Bauwerken wird Washington »wunderbare Ruinen abgeben«.

1   Vidal, Gore (1967): Narratives of Empire, Teil 6: Washington, D. C. , 1967 erstmals erschienen, 432 Seiten.

Als der Obama-Romney-Wahlkampf seinem Ende zuging, war klar, dass die Ruinen noch warten konnten. Der politischen Klasse ging es gut. Beide Parteitage – der republikanische Ende August in Tampa, der demokratische Anfang September in Charlotte – strotzten vor Überfluss in diesen äußerst mageren Zeiten. Die Partygäste schwammen im Geld der Privatwirtschaft und fühlten sich pudelwohl – ganz im Gegensatz zur rezessionsgebeutelten Bevölkerung. Überall gab es Feste. Jeder, der über rudimentäre Überredungskünste bei Türstehern verfügte, konnte sich Zugang zu den Trögen erschleichen. Es gab Schlangen wartender Limousinen, Eisskulpturen, von den Medien gesponserte Zentren mit kostenloser Verpflegung (die »Oase« der Huffington Post bot zudem in beiden Städten kostenlose Massagen, Aromatherapie und Yogakurse an) und jede Menge Politiker, deren Dienste es zu würdigen galt.

Außerdem erinnerten uns zahlreiche Podiumsdiskussionen daran, dass es hier um wichtige Themen ging.

Chris Christie, der rundliche republikanische Gouverneur von New Jersey, war der unumstrittene große Mann in Tampa – zumindest im ersten Teil des republikanischen Parteitags. Romney hatte ihm das begehrte Amt des Hauptredners übertragen, weil er (weitgehend dank YouTube) im Ruf stand, Zwischenrufer, Reporter und Lehrergewerkschaftstypen, die ihn ärgerten, nach allen Regeln der Kunst niederzumachen. Diese Wutausbrüche gehörten vollkommen selbstverständlich zu Christie (ihn in Rage zu bringen war, als würde man »ein Rhinozeros ärgern«, sagte David Letterman). Außerdem trugen sie Christie den Ruf ein, schonungslos harte politische Wahrheiten auszusprechen, und sicherten ihm den Status als reinigende Urgewalt des unbändigen Konservatismus und als Gegengewicht zum Über-Ich Romney.

Die Presse hatte Christie das begehrte politische Etikett verpasst, einer zu sein, »der sagt, wie es ist« und anderen »die Meinung geigt«. Dieses Etikett wird in Abständen immer wieder vergeben – Ross Perot bekam es Anfang der 90er-Jahre und John McCain zu seinen »Klartext-Express-Zeiten« (»straight-talk express«). Hingerissene Beobachter behandeln sie regelmäßig mit der Ehrfurcht, die ihrem Status gebührt: »Erster in der politischen Geschichte, der wirklich die Wahrheit sagt«. Und ebenso regelmäßig nutzen sich ihre Auftritte ab.

Christie kam mit Riesentaschen voller Wohlwollen daher. Er war bei der *Morning-Joe*-Bevölkerungsgruppe sehr beliebt. Joe und Mika waren große Fans von ihm und luden ihn regelmäßig ein. Bill Kristol war sein Förderer, Brokaw sein Freund und Springsteen sein Idol – Springsteen zu mögen war eine bei vielen Politikern beliebte Pose, aber bei Christie war sie echt (er hatte über 100 Konzerte des »Boss« besucht).

Der Gouverneur hatte sich ein Mordsimage charismatischer Verschrobenheit gesichert. Außerdem machte er über weite Teile des Jahres 2011 eine Riesenshow um eine mögliche Präsidentschaftskandidatur. Er führte den üblichen Tanz öffentlicher Unentschlossenheit auf und betonte endlos, wie sehr er sich »in aller Bescheidenheit« geschmeichelt fühlte, dass Leute ihn immer wieder zu einer Präsidentschaftskandidatur aufforderten. Nie wirken Persönlichkeiten des öffentlichen Lebens weniger bescheiden, als wenn sie sich »in aller Bescheidenheit« äußern.

Christies rollender Egotrip durch Tampa hatte etwas von einer Generalprobe für 2016. Er ließ sich pro Tag bei drei bis vier Delegiertenfrühstücksempfängen blicken und traf Aktivisten aus wichtigen Vorwahlstaaten (South Carolina) und Spendensammelmaschinerien (Kalifornien). »Hier geht es nicht um mich«, betonte er häufig. »Es geht um Mitt Romney.« In seiner Rede sprach er 16 Minuten lang 1800 Worte über New Jersey und spie dann den Namen des Präsidentschaftskandidaten aus. Seine »Grundsatzrede« wurde zur »Ichsatzrede«: »Eine Prime-Time-Bauchlandung«, urteilte Politico.[2] Bis zum Wochenende war der Wal über den Hai hergefallen.

Bei mir hinterließ Christie in dieser Woche einen bleibenden Eindruck, als er sich am Dienstagmorgen seiner Ichsatzrede bei einer Frühstücksveranstaltung der Delegierten aus Michigan mit einem erregten Rennpferd verglich: »Verstehen Sie: ein Pferd, das beim Kentucky Derby in der Startbox steht und gegen das Tor donnert.« Er rollte seine breiten Schultern vor und zurück, damit die Delegierten seine Ungeduld und Erregung voll erfassen konnten. Dann stürzte er davon, zog sein marineblaues Jackett aus und raste durch die Lobby des Embassy Suites in Tampa.

»Heute keine Fragen!«, rief er dem Grüppchen der etwa 15 Reporter und Kameraleute in seinem Gefolge zu, bevor er sich auf den Beifahrersitz eines wartenden SUV fallen ließ, der ihn zur Probe in das zwei Blocks entfernte Stadion bringen sollte.

Christie inspizierte die Stadionbühne, während in der Nähe die Rockband »3 Doors Down« probte. Wenn eine Band heutzutage bei einem republikanischen Nominierungsparteitag spielt, ist das in der Regel ein Zeichen, dass sie völlig abgehalftert ist.

Nach einer etwa viertelstündigen Probe stürmte Christie davon, während »3 Doors Down« losheizte. Als er durch die engen Stadiongänge und -tunnel stapfte, umgab die hämmernde Musik Christie mit einer ausgesprochenen Wrestling-Show-Aura. Ich folgte ihm durch das Stadion, weil niemand mich daran hinderte.

---

2 Harris, John F. / Mark, Tim (2012): Chris Christie's Flop at the GOP Convention. In: Politico, 29. August 2012.

Bei einem Parteitag kommt man ziemlich weit, wenn man nur mit einer gewissen Zielstrebigkeit mitläuft und sich den Anschein gibt, zur Entourage zu gehören. Schließlich trat ich neben Christie – der »in dieser Woche nur Fernsehinterviews« gab, wie seine Leute erklärten – und fragte ihn unerschrocken, ob er vor seiner Rede ein spezielles Essen eingeplant hätte.

»Etwas Leichtes«, antwortete er. »Vielleicht einen Salat mit Hühnchen oder so.« An diesem Punkt bemerkte mich einer von Christies Sicherheitsleuten – der selbstverständlich aussah wie ein Statist aus den *Sopranos* – und forderte mich auf, keine Fragen mehr zu stellen. Auch recht, denn Christie hatte sich schon auf den Beifahrersitz seines SUV gehievt und die Tür hinter sich zugeknallt. Sein leuchtend weißes Hemd blähte sich beinahe bis ans Handschuhfach auf und sah aus, als ob der Airbag ausgelöst worden wäre.

»Ich kann gar nicht fassen, dass so viele Amerikaner Lebensmittelmarken bekommen«, sagte die demokratische Lobbyistin Heather Podesta zu mir. Von den Lebensmittelmarkenempfängern war aber offensichtlich niemand hier im lichtdurchfluteten Saal des Mint Museum in Charlotte, wo Heather und ihr Mann, der Superlobbyist Tony Podesta, während des demokratischen Nominierungsparteitags täglich einen Brunch veranstalteten.

Den Podestas liegt viel am Essen, nicht nur an Leuten, die Lebensmittelmarken bekommen. Vor dem Parteitag hatten sie eigens eine »Verkostungsreise« nach Charlotte unternommen, um bei ihren erlesenen Empfängen für die zahlreichen Senatoren, Kongressabgeordneten und Kandidaten, denen sie Geld gaben, nur das Beste aufzutischen. Heather und Tony hatten 30 örtliche

Esslokale ausprobiert und herausgekommen war die heutige dekadente Mischung aus Whiskeytrüffeln, Gurkenscheiben mit Geflügelsalat und Krabbenküchlein mit Pfirsich-Chowchow.

»Die Lage ist immer noch außer Kontrolle«, sagte Heather kopfschüttelnd. Anscheinend wollte sie immer noch ihre Meinung zu den Lebensmittelmarken anbringen. Ja, wie auch immer. Wo ist die Kellnerin mit den Krabbenküchlein hin verschwunden?

Heather Podesta ist 42 Jahre alt – annähernd ein Vierteljahrhundert jünger als der Superlobbyist. Sie hat grau-schwarzes Haar, ein strahlendes Lächeln und einen leichten Silberblick. Sie trug ein buntes Seidenkostüm, das wie mit Farbe besprüht aussah. »Graffiti-inspiriert« nannte sie ihr Outfit.

Demokraten verstehen es mittlerweile ganz gut, ihre zahlreichen Schlenker zu rechtfertigen. Schließlich sind sie die Partei des kleinen Mannes und müssen daher eine große, übertriebene Schau um Prinzipien veranstalten. So schwor die Parteivorsitzende Debbie Wasserman Schultz, Charlotte sei »der erste Nominierungsparteitag der Geschichte, der kein Geld von Lobbyisten, Unternehmen oder politischen Aktionskomitees annimmt«. Von den fünf Millionen US-Dollar an Konzernspenden erfuhr ja niemand etwas – oder zumindest erst wesentlich später.[3]

Die kuriose Verteufelung von Lobbyisten, die mit dem Aufstieg Barack Obamas einherging, hielt im Übrigen auch keinen von ihnen ab, sich selbst zu feiern. Vier Jahre zuvor hatten die Podestas beim demokratischen Parteitag in Denver sogar herausfordernde Sticker in Form eines scharlachroten L – für Lobbyist – erfunden. Noch mehr Herausforderung? Die Geschäfte liefen fabelhaft und die Bloody Marys waren ebenfalls gut.

---

3   Democratic Convention Used Corporate Cash, Despite Pledge to Only Use Funds from Individuals. Associated Press, 18. Oktober 2012.

Tony Podestas Firma Podesta Group erlebte gerade ihr bestes Geschäftsjahr aller Zeiten, wie Tony mir erzählte. Er und die Lobbyisten, die er beschäftigte, hatten nach seinen Angaben keinerlei Schwierigkeiten, Termine im Weißen Haus zu bekommen, obwohl die Regierung sich immer wieder damit brüstete, wie wenig sie für solche Interessenvertreter übrig hatte. In den Besucherlisten des Weißen Hauses tauchte Tonys Name bis Mai 2012 ganze 27-mal auf.[4] Sicher schadete es nicht, dass er denselben Nachnamen hatte wie John Podesta, der Ex-Stabschef des Weißen Hauses unter Bill Clinton war und Co-Vorsitzender von Obamas Übergangsteam 2008/2009. Die Leute nahmen (zu Recht) an, dass sie Brüder waren und ständig miteinander redeten (was stimmte), was Tony mühelosen Zugang zur Regierung verschaffte (sie schworen, dass das nicht der Fall war, aber Klienten konnten vermuten, was sie wollten).

Gegen Ende des Brunches setzte Tony sich in eine Ecke des sonnigen Saales. Der *Atlantic* hatte gerade erst berichtet, dass 1974 drei Prozent der Kongressabgeordneten und Senatoren Lobbyisten wurden. Mittlerweile sind es 50 Prozent.[5]

»Sie waren großartig heute Morgen im Fernsehen, Süße«, sagte Tony zu Senatorin Kay Hagan aus North Carolina und gab ihr einen süßen Kuss auf die Wange. Dann erinnerte er sie, dass sie eine »dauerhafte Einladung« in Heathers und sein Ferienhaus in Italien habe.

In Bezug auf die üppigen Aufwendungen bei den Parteitagen räumte Tony ein, dass es vielleicht ein bisschen zu viel war: »Sterben in einer Woche wie dieser zu viele Shrimps? Ja, wahrschein-

---

4 Farnam, T.W. (2012): White House Visitor Logs Provide Window into Lobbying Industry. In: The Washington Post, 20. Mai 2012.

5 Gerson, Elliot (2012): To Make America Great Again, We Need to Leave the Country. In: The Atlantic, 10. Juli 2012.

lich.« Er trug einen braunen Anzug und rote Sneaker ohne Schnür-
senkel. Für die Shrimps hatte er eher ein Achselzucken als
peinliche Verlegenheit übrig. Da seine Firma Lobbyarbeit für den
BP-Konzern machte, dessen Rohöl viele wehrlose Shrimps ver-
giftet hatte, war seine Glaubwürdigkeit als Schalentierfreund
ohnehin zweifelhaft.

Heather sagte, das Anti-Lobbying-Gerede der Obamas hätte
ihr eine Zeit lang Sorgen gemacht. »Ich kam mir vor wie in einem
Käfig. Aber das Essen war gut.«

»Mein Gott, Bob Rubin ist in den Pool gefallen!«
Bob Rubins charakteristische schlaffe Augenlider hingen noch
mehr herunter, als ich es in Erinnerung hatte. Aber Milliardenver-
luste an Investorengeldern zu verantworten, kann schon seinen
Tribut fordern.

Noch immer bewegte er sich mit der Aura eines ganz Großen
durch das Foyer des Ritz-Carlton in Charlotte. Er war der unumstrittene König der Ritz-Carlton-Demokraten: der allerwichtigste
Macher in der modernen Verbindung von Politik und Schaffung
von Reichtum. Als Bill Clinton den langjährigen Bediensteten bei
Goldman Sachs zu seinem Finanzminister gemacht hatte, markierte dieser Schritt den zeitgenössischen Vollzug einer köcheln-
den Romanze zwischen Washington und der Wall Street. Das Ex-
periment wurde als Erfolg bejubelt. Beleg: der Wirtschaftsboom
der ausgehenden 90er-Jahre, vielleicht der schönste Triumph, den
Clinton in seiner zweiten Amtszeit genießen konnte, wenn nicht
gerade ein Absetzungsverfahren gegen ihn lief.

Als Rubin »in den Ruhestand ging«, bezeichnete Clinton ihn
als den »größten Finanzminister seit Alexander Hamilton«. Zehn

Jahre später rückte der Ex-Präsident davon anscheinend etwas ab, als er in einem Interview in der ABC-Sendung *This Week* erklärte, er hätte – gegen Rubins Rat – die Derivatmärkte stärker regulieren sollen, die dann erheblich zum Wirtschaftseinbruch beigetragen hatten. Egal. Rubin verbrachte seinen »Ruhestand« als Vorstand der Citigroup, wo er von 1999 bis 2009 insgesamt etwa 126 Millionen verdiente – während viele Investoren der Bank in dieser Zeit alles verloren.[6]

»He, da ist Bob Rubin«, sagte einer der vielen Schaulustigen, die im Foyer des Ritz dieses Festival des Nadelstreifenpopulismus beobachteten. Durch seine ledrig braune Haut und seinen benommenen Blick sah Rubin aus wie eine dieser uralten Echsen, die man nur auf Ökotourismusreisen nach Costa Rica zu sehen bekommt (auf hyperteuren Expeditionen, wie Ritz-Carlton-Demokraten sie lieben). Rubin wirkte müde und bemerkte offenbar gar nicht, dass Senator John Kerry, ein weiteres Musterbeispiel eines Ritz-Carlton-Demokraten, mit dem Handy am Ohr (bitte nicht stören!) direkt an ihm vorbeiging, um sich im Foyer zum Dienst zu melden. Rubin war offenbar auf dem Weg zu einem Empfang für Großspender und Vertreter des Weißen Hauses im 18. Stock.

Später fiel Rubin in den Pool – ein Vorfall, der in einer Parteitagswoche als Nachricht durchging.

Andere Gäste zogen ihn heraus und berichteten, er sei »guter Dinge«. Die Politik mochte im Geld schwimmen – aber in diesem Fall schwamm das Geld.

Heather Podesta war ebenfalls im Foyer eingetroffen und hatte sich in einen Sessel fallen lassen. »Ich bin fix und fertig«, gestand sie mir und bediente sich aus einem Schälchen mit Sesammandeln. Nach einer Weile schleppte sie sich zu einem weiteren Empfang,

---

6 Dash, Eric / Story, Louise (2009): Rubin Leaving Citigroup; Smith Barney for Sale. In: The New York Times, 9. Januar 2009.

der im luxuriösen Haus von Erskine Bowles, dem Ex-Stabschef in Clintons Weißem Haus, stattfand. Plötzlich durchbrach schrilles Geschrei das dumpfe Grundrauschen der Macht. Demonstranten – etwa ein Dutzend, alle in Pink – zogen störend durch das Foyer. Sie sangen etwas (schwer Verständliches) zur Melodie von *Hit the Road Jack* und skandierten dann: »Raus mit dem Geld aus der Politik!« Sicherheitskräfte brachten sie nach draußen.

— ★ ★ ★ —

Der größte Star der Woche – des Sommers und vielleicht sogar des ganzen Wahlkampfs – war William Jefferson Clinton. Er war mittlerweile vollständig rehabilitiert nach dem Fiasko von 2008: von seinem armseligen Auftreten in Hillarys Wahlkampf, den Vorwürfen eines unterschwelligen Rassismus, dem Geraune, dass er zu denjenigen gehörte, die nach einer Bypass-Operation den Verstand verloren hätten. Bubba war wieder da.

Er hielt die mit Abstand beste Rede beider Parteitage, weckte mitreißende Unterstützung für den Präsidenten und schaffte es, die Argumente für dessen Wiederwahl besser zu vermitteln als Obama selbst. Nach Clintons Rede am Mittwochabend umarmte Obama seinen Ex-Rivalen auf der Bühne und sagte, er sollte für Clinton das neue Amt eines »Ministers, der Dinge erklärt«, schaffen. Charlotte hatte zuweilen etwas von einer Clinton-Wiedervereinigung und Sammelstelle für Clinton-Anhänger, die sich auf das scheinbar Unvermeidliche vorbereiteten: Hillarys Kandidatur 2016.

Wie nicht anders zu erwarten, war Terry McAuliffe die ganze Woche lang Stammgast im Ritz. Der demokratische Geldbeschaffer gehörte ebenso selbstverständlich in diese Umgebung wie das Schokoladenfondue, die Mini-Hummerröllchen und Louis-Roederer-Champagner für 420 Dollar pro Flasche.

»Man erkennt sie immer an der Art, wie sie sich bewegen, an dieser Zielstrebigkeit«, sagte Jeff Smith, ein ehemaliges Mitglied des Senats von Missouri, der an der Washington University politische Wissenschaften gelehrt hatte. Kurz nach der Jahrtausendwende hatte ich Smith gelegentlich zitiert. Dann kandidierte er für den Abgeordnetensitz von Dick Gephardt (nachdem der ehemalige demokratische Fraktionsvorsitzende im Repräsentantenhaus »in den Ruhestand« getreten war, um sich pa$$ioniert anderen Aufgaben zu widmen). Nachdem Smith bei der Wahl knapp unterlegen war, hatte ich ihn aus den Augen verloren. Es stellte sich heraus, dass er gegen gesetzliche Regelungen zur Wahlkampffinanzierung verstoßen hatte und für ein Jahr ins Gefängnis gewandert war. Smith schaffte es also nie nach Washington.

Aber er schaffte es nach Charlotte. Nach seiner Haftentlassung im November 2010 lehrte Smith Politik an der New School in New York und schrieb Beiträge für Politico. Nun saß er im Foyer des Ritz und studierte den Gang der Mächtigen. »Es ist einfach dieser Gang«, stellte er fest. »Man erkennt ihn, sobald man ihn sieht. Er schreit: ›Ich bin jemand, ich bin reich und ich gehöre hierher!‹«

In den letzten Wahlkampfwochen lag das Land Bill Clinton zu Füßen: die Bürger, die ihn zweimal gewählt hatten, die Republikaner, die ein Absetzungsverfahren gegen ihn eingeleitet hatten, und die Demokraten, die ihn vier Jahre zuvor vorübergehend geschnitten hatten. Er hatte sogar Präsident Obama in der Tasche, den er vorher nicht hatte ausstehen können und der nun in einem Maße in seiner Schuld stand, dass er gezwungen war, Clinton als einen der Ersten anzurufen, als der Wahlkampf sich einem gnädigen Ende zuneigte.

Clinton hatte stark abgenommen, was schon auf Fotos erkennbar war. (Der »große Hund« war nun eher ein »veganer Hund«.)

Aber es war erschütternd, den schlanken Clinton aus der Nähe zu sehen, zumal sein Kopf noch so groß war wie eh und je – was durch sein rotes Gesicht und seine vortretenden Wangenknochen noch betont wurde. Clinton wirkte wie ein hagerer älterer Mann, der einen übergroßen Bill-Clinton-Gummikopf aufgesetzt hatte.

— ★ ★ ★ —

Ende Oktober traf ich zufällig auf dem Rückflug von Fort Lauderdale zum Washingtoner Reagan National Airport Bob Barnett. Er erzählte mir (sofort), dass er nach Camp David fahren würde, um dem Präsidenten bei der Vorbereitung auf seine letzte Fernsehdebatte mit Mitt Romney zu helfen. Nachdem Barnett 2008 nur begrenzten Erfolg gehabt hatte, war es ihm nun endlich gelungen, in Obamas Debattenvorbereitungszirkel vorzudringen. Es hatte ihm geholfen, dass er weiterhin der herausragende Weichensteller war, der führenden Regierungsmitgliedern und Wahlkampfkoryphäen – dem Präsidenten und Hillary, Michelle und Bill – lukrative Verträge verschaffte.

Nach wie vor war er der wohl mächtigste Anwalt in der Welt der Politik, Print- und Fernsehmedien. Noch bemerkenswerter war jedoch Bobs offenkundiges Bedürfnis, ja, seine Gier, als weiser Berater großer Männer und Frauen – aller Großen –, als moderner Weiser in der Tradition eines Clark Clifford, James Baker und Edward Bennett Williams anerkannt zu werden. Daher war seine Rolle bei der Debattenvorbereitung für ihn immer noch von überragender Bedeutung. Sie brachte ihn mit den eigentlichen Spielern und Hauptakteuren in einen Zusammenhang, in dem er nicht als bezahlter Mietling auftrat. Selbstverständlich hatte sich Barnetts kleine Rolle in Obamas Debattensitzungen schon lange herumgesprochen, bevor er mir im Flugzeug davon erzählte. Playbook hatte den »Superanwalt« kürzlich in einem »Obama-Debatten-Camp« in der Nähe von Las Vegas »gesichtet«. Diese Erwähnung trug ihm höhnisches Grinsen von vielen in Obamas Team ein, die vermuteten, dass Barnett Mike Allen selbst von dieser »Sichtung« informiert hatte.

Bei den Vorbereitungssitzungen ging der Präsident im Raum hin und her und ermunterte die Anwesenden zu Anregungen. Wenn Barnett gefragt wurde, plapperte er gewöhnlich die »Politico-Meinung« nach, wie das Obama-Team es nannte, oder das, »worüber Washington-Insider und Medienleute redeten«. Eine seiner Äußerungen gegenüber dem Präsidenten leitete Barnett mit der Floskel ein, »die gängige Meinung ist …«, worauf Obama scherzte: »Bob, Sie sind die gängige Meinung«. Alle lachten, auch Bob.

In den letzten Wahlkampftagen vermutete die gängige Meinung einen knappen Wahlabend, obwohl beide Wahlkampfteams sich einen mühelosen Sieg voraussagten. Vor einer Wahlkampfveranstaltung Obamas in Columbus äußerte Valerie Jarrett hinter der Bühne sogar in einer Beratergruppe verwundert: »Ich weiß gar nicht, wieso wir hier nicht 80 Prozent der Stimmen bekommen.« David Plouffe, an den sich die Frage richtete, fühlte sich zu einer unverblümten Antwort genötigt. Unterdessen hatte Romneys Wahlkampfteam schon die Genehmigung eingeholt, seinen großen Wahlsieg mit einem achtminütigen Feuerwerk über dem Bostoner Hafen zu feiern.

Am 6. November gegen 22 Uhr stand der Wahlsieg des amtierenden Präsidenten fest und die zwei Milliarden Dollar teure Wahlkampfkakophonie landete offiziell in Büchern und E-Books.

Romneys Geheimdiensteskorte verschwand wie ungenutztes Feuerwerk. Schlagartig twitterte niemand mehr über seine Essensbestellungen beim Mexikaner.

Das Ende des Wahlkampfs brachte die üblichen Aufrufe zur Einigkeit. »Nach Dienstag steht eins fest: Alle brauchen eine Pause von der Politik«, erklärte Terry McAuliffe einige Tage nach der Wahl.[7] Nach ganzen zweieinhalb Sätzen Pause kündigte er an, dass er 2013 für das Amt des Gouverneurs von Virginia kandidieren würde.

Er brüstete sich mit seiner »nachweislichen Bilanz parteiübergreifender Zusammenarbeit« – mit gutem Grund, wie seine bezahlten parteiübergreifenden »Debatten« mit Leuten wie Eddie Gillespie belegten, der in den letzten Monaten für Romney Wahlkampf gemacht hatte, und mit Karl Rove, der 300 Millionen US-Dollar von Super-PACs für in Rückstand geratene Republikaner herausgehauen hatte.

Am Wahlabend reagierte Rove auf Fox News mit einem Wutausbruch, als der Sender Obama zum Wahlsieger in Ohio erklärte. Dennoch verlängerte Fox in diesem Sommer seinen dicken Vertrag, während Rove ein Abendessen mit ihm zugunsten der Opfer von Hurrikan Sandy versteigerte.

Übrigens bot irgendjemand in Washington auf der Craigslist-Webseite einen Sessel an, der »einmal Senator Max Baucus aus Montana« gehört hatte. Ein anderer Diskussionspartner McAuliffes, Haley Barbour, forderte gemeinsam mit anderen Prominenten der Grand Old Party eine harte Selbstkritik der Partei – oder »eine sehr ernsthafte proktologische Untersuchung«, wie er es ausdrückte.[8]

7   Freed, Benjamin (2012): Terry McAuliffe Is Running for Governor, Again. In: DCist, 9. November 2012.

8   Siegel, Elyse (2012): Haley Barbour Recommends »Proctology Exam« for Republicans Following Election. In: The Huffington Post, 16. November 2012.

David Petraeus erlebte zu dieser Zeit etwas weitaus Schlimmeres. Andrea Mitchell von NBC kam mit der Meldung heraus, dass der hochdekorierte General wegen einer Affäre mit seiner »offiziellen Biografin« seinen Rücktritt als CIA-Direktor erklärt hatte. »Das ist für mich insofern nicht erfreulich, als es wirklich eine persönliche Tragödie ist«, sagte Mitchell. »Da ich selbst über General Petraeus hier und im Auslandseinsatz berichtet habe, bin ich nach allen Äußerungen, die ich von unmittelbar Beteiligten gehört habe, absolut überzeugt, dass es um eine Frage der Ehre geht.« Kurze Zeit später waren Mitchell und Greenspan auf einer Party für David und Holly Petraeus im Haus von David Bradley, dem Verleger des *Atlantic,* zu Gast.

Im übertragenen Sinne ging Petraeus seit Jahren mit der Presse ins Bett. Er zeigte sich ausnahmslos großzügig mit Hintergrundgeplauder und pflegte »Freundschaften« mit der vierten Gewalt, den Medien. Ebenso ausnahmslos stellten sie ihn als furchtlosen, gebildeten Helden und vielleicht sogar als zukünftigen Präsidenten dar. Fox-Chef Roger Ailes drängte ihn angeblich unentwegt, zu kandidieren, und viele Medienvertreter brachten ihn als Vizepräsidenten ins Gespräch. Kein Wunder, dass seine »offizielle Biografin« Paula Broadwell ein überschwängliches Buch über den virilen Soldaten schrieb. *All In* lautete der Titel – urkomisch, aber nicht annähernd so komisch wie der Klappentext von Tom Brokaw: »Petraeus ist einer der bedeutendsten Amerikaner unserer Zeit. Mit und ohne Uniform.«

Die Petraeus-Tragödie machte viele im Hauptstadtclub zutiefst traurig und ernstlich besorgt um das Wohl ihres Viersternefreundes. Was für ein grauenhaftes Ende seiner hochdekorierten Karriere.

Eine Woche später legten sich die Sorgen jedoch, als Mike Allen in Playbook berichtete, dass der in Ungnade gefallene Ehebrecher in guten Händen war: »EXKLUSIV: General David Petraeus hat Superanwalt Robert Barnett von Williams & Connolly als Berater in Angelegenheiten nach seinem Staatsdienst und bei seiner Zukunftsplanung engagiert.« Drei Tage später meldete Playbook, dass auch die »offizielle Biografin« Broadwell von Experten betreut wurde: »EXKLUSIV: Dee Dee Myers und Joel Johnson von der Glover Park Group arbeiten mit Paula Broadwell zusammen … In aller Stille haben die beiden ihre Beratertätigkeit aufgenommen.« Die Hauptstadt liebt es, mit allem, was sie »in aller Stille« tut, zu Playbook zu rennen.

Jenseits solcher prickelnden trivialen Meldungen – und ich komme mir schmutzig vor, darüber zu schreiben, ja, wirklich – waren alle sich einig, dass es für beide Parteien an der Zeit war, sich ernsthaft um ihre fiskalische Verantwortung zu kümmern. Dräuend rückte die sogenannte »Fiskalklippe« (»fiscal cliff«) näher, die Ende Dezember massive Ausgabenkürzungen und Steuererhöhungen bringen würde, falls der Kongress nicht etwas zur Reduzierung des Haushaltsdefizits unternahm. Mit einem Mal sehnten viele in der Hauptstadt sich zurück nach dem parteiübergreifenden Simpson-Bowles-Plan zur Reduzierung des Haushaltsdefizits, der nach den Ausschussvorsitzenden Alan Simpson und Erskine Bowles benannt war.

Er galt plötzlich als Totem der Kompromissbereitschaft, fürsorglichen Strenge und Staatskunst, die Obamas erster Amtszeit so sehr gefehlt hatten. Ein Beleg für ihr Fehlen war die Tatsache, dass beide Seiten den Simpson-Bowles-Plan rundweg abgelehnt hatten, als er 2010 vorgelegt wurde.

Aber da nun alle patriotische Klarheit erlangt hatten, wurden der volksnahe 80-jährige Ex-Senator aus Wyoming (Simpson) und sein demokratischer Stichwortgeber (Bowles) zu öffentlichen Musterknaben fiskalischer Tugendhaftigkeit. Ihr gehobener Status wurde auf typische Hauptstadtmanier durch Vortragshonorare von 40 000 US-Dollar bekräftigt, die sie nun bei gemeinsamen Auftritten verlangen konnten. Ein noch besseres Beispiel für den Ertragswert des Renommees fiskalischer Gediegenheit wurde Ende November bekannt: Der Ex-Kongressabgeordnete und Tea-Party-Führer Dick Armey, der die Gruppierung FreedomWorks leitete, verließ im Streit mit dem Management die Organisation gegen die Zahlung von acht Millionen Dollar an Beraterhonoraren. Für acht Millionen kann man viele Mistgabeln kaufen. Und Tee.

Einige Tage später herrschte in der Hauptstadt Aufregung über die Meldung, dass der meistgefeierte Ausgaben-Hardliner des Senats, Jim DeMint aus South Carolina, sein Amt aufgab, um für über eine Million Dollar im Jahr zur Denkfabrik Heritage Foundation zu wechseln.[9] In der folgenden Woche begegnete mein Kollege Carl Hulse zufällig dem demokratischen Senator Christopher Dodd bei einer Filmvorführung in der Hauptstadt-niederlassung der Motion Picture Association of America, der mächtigen Filmlobby, die Dodd mittlerweile leitete. »Mensch, DeMint hat richtig abgesahnt«, sagte Carl zu dem ehemaligen Peace-Corps-Freiwilligen. »Es könnte sein, dass er sogar mehr ver-dient als Sie.«

»Nein, tut er nicht«, antwortete Dodd lachend. »Das habe ich überprüft.«

@howardfineman: Frohes Erntedankfest. Viele Gründe, dankbar zu sein: Familie, Freunde und Freiheit in einem Land, das trotz seiner Mängel die beste Hoffnung der Menschheit darstellt.

---

9   Steinhauer, Jennifer (2012): Tea Party Hero Is Leaving the Senate for a New Pulpit. In: Salon, 24. Mai 2012.

— ★ ★ ★ —

Nachdem alle für die Ernte gedankt hatten, pilgerte ein Trupp Clubmitglieder nach Cambridge, Massachusetts, zu einer Aufarbeitung der Wahlen am Harvard Institute of Politics. Zu dieser Übung hatten sich seit 1972 nach jeder Präsidentschaftswahl die führenden Köpfe aller Wahlkampfteams und Dutzende renommierter Journalisten eingefunden.

Die Wahlkampfteams von Obama und Romney schickten acht Diskussionsteilnehmer ins Feld, die sich an zwei Tischen gegenübersaßen. Es war ein skurriles Bild: Das Siegerteam versuchte (nicht ganz überzeugend) seine Selbstgefälligkeit zu kaschieren, während die Verlierer zu verbergen suchten, dass sie nicht sonderlich glücklich waren, nur drei Wochen nach einer bitteren Niederlage an dieser Veranstaltung teilnehmen zu müssen. Romneys Wahlkampfmanager Matt Rhoades verzog ständig Mund und Wangen zu so etwas wie einem Lächeln, das aber tatsächlich zu einer Grimasse geriet. Am selben Tag empfing Obama Romney im Weißen Haus zum traditionellen »Seien-wir-alle-nett-zueinander«-Ritual.

Die ganze Kennedy-School-Veranstaltung wirkte ziemlich aufgesetzt und überflüssig. Viele der sich selbst erhaltenden Insider hatten ohnehin schon ihr Herz in Echtzeit über Twitter oder bei verschiedenen E-Book-Autoren ausgeschüttet. An einem der letzten Sitzungstage fiel am Spätnachmittag in weiten Teilen von Cambridge – und in dem Gebäude, in dem die Veranstaltung stattfand – der Strom aus. Die Teilnehmer diskutierten ohne Beleuchtung weiter, bis die Sonne unterging und die Veranstalter das restliche Programm absagten. Daraufhin verteilten sich alle auf diverse Lokale.

Ich ging in Charlie's Kitchen, eine Kneipe gleich gegenüber am Harvard Square, die ich unmittelbar nach David Axelrod betrat.

Prompt erntete er in der überfüllten College-Bar stehende Ovationen. Es folgte eine Flut von Glückwünschen, Freibier und Fotoanfragen. Offenbar erging es ihm überall so und das galt auch für die anderen Obama-Abkömmlinge, wenn auch nicht im selben Maß wie für Axelrod. Er war der am leichtesten erkennbare Volksheld des Obama-Apparats. Seit die politische Klasse angefangen hatte, wiedererkennbare Berater wie Halbgötter zu behandeln, hatte jede siegreiche Wahlkampagne einen oder zwei hervorgebracht: Karl Rove für Bush, Begala und Carville für Clinton. Aber Axelrods Über-Beraterstatus in den Medien sorgte bei manchen Wahlkampf- und Regierungs-Insidern auch für einen gewissen Groll. Er war in Obama-Kreisen nicht mehr die heilige Kuh wie zu Anfang des magischen Ritts ins Weiße Haus. Manche Kollegen – von denen viele zu Valerie Jarrett hielten – waren der Ansicht, dass er sich mit Blick auf sein Promileben in einer Post-Obama-Ära zunehmend um die eigene Imagepflege kümmerte.

In den letzten Wahlkampftagen hatte Axelrod bei einem Auftritt in der Sendung *Morning Joe* geschworen, sich den Schnäuzer, den er seit 40 Jahren trug, abrasieren zu lassen, falls Obama in Michigan, Minnesota oder Pennsylvania die Wahl verlieren sollte, wie Romneys Wahlkampfteam voraussagte. Solche öffentlichen Wetten waren früher den Hauptakteuren vorbehalten – man denke etwa an Super-Bowl-Wetten zwischen rivalisierenden Bürgermeistern. Im Zeitalter der Beraterpromis waren sie ins Zentrum solcher Mätzchen gerückt. Selbst zwei untergeordnete Parteifunktionäre – der demokratische Parteisprecher Brad Woodhouse und sein republikanischer Kollege Sean Spicer – wetteten darum, dass der Verlierer sich den Kopf kahl rasieren müsste, und die angesehene ABC-Sonntagssendung *This Week* hielt die Einlösung der Wette für interessant genug, sie live zu übertragen. Letztlich ließen sich sowohl Spicer als auch Woodhouse für wohltätige Zwecke eine Glatze schneiden – wobei 12 000 Dollar für eine Krebshilfegruppe zusammenkamen.

Obwohl Obama in den drei genannten Bundesstaaten die Wahl gewann, willigte Axelrod ein, sich in der *Morning-Joe*-Sendung den Schnäuzer abnehmen zu lassen, falls Joe und Mika halfen, eine Million Dollar an Spenden für Davids und Susans Epilepsiestiftung CURE zu sammeln. Das schafften sie mithilfe berühmter Spender wie George Clooney, Tom Hanks und des Milliardärs Donald Trump, der sich im Lauf des Wahlkampfs von einer grausigen Kuriosität zu einer nativistischen Lachnummer entwickelt hatte.

Aber durch seinen großzügigen Beitrag konnte Donald sein Image im landesweiten Fernsehen ein schönes Stück aufpolieren und er rief in der Sendung an, um Axelrod telefonisch zu umarmen, der seinen Schnurrbart für eine gute Sache opferte. Ich kann gar nicht genug betonen, dass es tatsächlich eine gute Sache war. David und Susan Axelrod haben durch die Krankheit ihrer Tochter Lauren unendlich viel durchgemacht und Heldenhaftes geleistet. »Ich werde sämtliche Hebel in Bewegung setzten, Leute zu bewegen, etwas zu dieser Sache beizutragen«, sagte Axelrod mir. »Dafür entschuldige ich mich nicht. Und ich werde keinerlei Energie darauf verschwenden, mich in Donald Trump hineinzuversetzen und mir Gedanken über seine Motive zu machen. Es war eine großzügige Geste, die ich zu würdigen weiß.«

Das fortwährende Spektakel löste allerdings in der Hauptstadt allmählich »Es-reicht«-Geraune aus, zumal viele Organisationen Mühe hatten, zum Jahresende fünfstellige Spenden für ihre guten, wohltätigen Zwecke zu sammeln. Aber mit diesen Bedenken auch nur im Entferntesten an die Öffentlichkeit zu gehen, hieß, sich Ärger einzuhandeln, wie Greg Sargent, ein Blogger für die *Washington Post,* erlebte. Am Tag der *Morning-Joe*-Sendung twitterte Sargent: »Bin ich der Einzige, dem @davidaxelrod's Schnäuzer egal ist?« Nach den feindseligen Reaktionen zu urteilen, war er offenbar tatsächlich der Einzige, und so machte Sargent sofort eine Kehrtwende.

Mit ihrer beneidenswerten Position auf der Verbindungsachse von Politik, Prominenz und Medien konnte die CURE-Stiftung weiterhin symbiotische Beute einheimsen. Am Abend nach Axelrods *Morning-Joe*-Rasur gab Tammy in Washington eine weitere große Party für CURE. Den Großteil des Abends unterhielt ich mich mit Luke Russert über College-Basketball. In den vier Jahren seit dem Tod seines Vaters hatte er sich als führender MSNBC-Kongresskorrespondent als feste Größe auf dem Capitol Hill etabliert. Aus Gründen, die auf der Hand liegen, hatte er allerdings auch einiges durchmachen müssen, und ich gebe zu, dass ich anfangs auch einige abfällige Bemerkungen gemacht habe. Aber Luke hat mich für sich eingenommen, weil er auf dem Boden geblieben ist und mit harter Arbeit eine doppelt schwierige Lage bewältigt hat: Er hatte seinen Vater und besten Freund verloren und musste sich verfrüht in einem großen Job durchbeißen, während die halbe Stadt sich das Maul darüber zerriss, dass er diese Stelle bekommen hatte. Er betrachtete seine Lage und die parasitäre Umgebung, in der er aufgewachsen war, mit einer guten Portion Humor – ganz zu schweigen vom Schwarm der Opportunisten im Kapitol, die sich unter Berufung auf seinen Vater gut mit ihm zu stellen versuchten.

Ansonsten bot Tammys Epilepsie-Spendenparty die allzu vertraute Szenerie in einer nun um vier Jahre verlängerten Ära: Georgetown-Villa, Parkservice, Büffet und jede Menge Tammy. Joe Biden ließ sich blicken und redete 20 Minuten in seiner gewohnt gedämpften, vertraulichen Art. Wie man sich vorstellen kann, wurde viel über Axelrods geopferten Schnäuzer gewitzelt. Die demokratische Superlobbyistin Heather Podesta und der republikanische Medienberater und CNN-Mitarbeiter Alex Castellanos moderierten die Veranstaltung gemeinsam.

Castellanos kündigte an diesem Abend an, dass er sich ebenfalls seinen Schnurrbart abrasieren würde, wenn CURE im Dezember weitere 500 Spender zusammenbekäme – noch ein Beleg, dass es in Washington keine Scham, nur Wohltätigkeit gibt.

Der Marke Alex Castellanos hat es sicher nicht geschadet, sich derart öffentlich mit einer über jeden Zweifel erhabenen Sache in Verbindung zu bringen, und das gilt auch für seine »Full-Service-Dienstleistungsfirma für öffentliche Angelegenheiten«, Purple Strategies, die bereits heldenhafte Imagearbeit für zahlreiche in Not geratene Unternehmen geleistet hatte – zum Beispiel für BP nach der Ölkatastrophe im Golf.

Am 10. Dezember bekam ich eine Massen-E-Mail von Castellanos, in der er sein Angebot ankündigte. In der Betreffzeile stand die abstruse Überschrift »David Axelrod nackt«, die nicht nur meine Aufmerksamkeit erregte, sondern auch die meines Spamfilters. »Alle kommen nach Washington, um die Welt zu verändern«, schrieb Castellanos. »Wir alle möchten etwas Sinnvolles tun.« Dann forderte er uns auf, für CURE zu spenden, und zwar nicht nur um der guten Sache willen, sondern für den zusätzlichen Anreiz, zu erleben, wie ein begehrter republikanischer Experte und Berater sich live in der CNN-Sendung *Situation Room* den Schnäuzer abrasieren ließ. Gleichzeitig verschickte Axelrod eine E-Mail mit einem Spendenaufruf direkt an 88 befreundete Journalisten. (Vielleicht waren es auch mehr, obwohl die E-Mail an 88 Adressen ging – an meine nicht, aber jemand leitete sie an mich weiter.)

»Vielen Dank für das, was Sie tun«, sagte Wolf Blitzer zu Axelrod und Castellanos, als sie gemeinsam an diesem Abend in der Sendung auftraten – Purple Strategies schaltete auf seiner Webseite einen Link zu der Sendung.

— ★ ★ ★ —

Nach dem gesicherten Wahlsieg bereiteten viele Spitzenvertreter der Obama-Regierung sich darauf vor, den Wahlkampf und das Weiße Haus hinter sich zu lassen, und brannten darauf, schwelendem Unmut Luft zu machen. Ein bevorzugtes Ziel war Valerie Jarrett, die ausdauernde Vertraute des Präsidenten und der First Lady, für die viele in Obamas innerem Kreis noch nie viel übrig hatten. Ihre zahlreichen Auseinandersetzungen mit Robert Gibbs und Rahm Emanuel waren in den diversen Büchern und Zeitschriftenartikeln über das Obama-Team der ersten Amtszeit hinreichend dokumentiert.

Meine *New-York-Times*-Kollegin Jo Becker schrieb ein Porträt über Jarrett, das im September 2012 erschien. Es enthielt so köstliche Vorkommnisse wie, dass Jarrett bei einem Viersternegeneral einen Drink bestellte, weil sie ihn für einen Kellner hielt.[10] Der Tenor der Anekdoten war, dass Jarrett allzu angetan war von den Annehmlichkeiten der Macht, zu denen etwa der Personenschutz durch den Geheimdienst gehörte.

Jarrett war besorgt über den Artikel, wie sie Kollegen sagte, und besonders ärgerte sie sich über ein Zitat von Axelrod über die Schwierigkeiten der Regierungsarbeit, wenn ein führender Berater im Weißen Haus zugleich eng mit der Präsidentenfamilie befreundet war.

»Es ist eine Herausforderung, mit jemandem klarzukommen, der ein führender Berater und Teil einer Struktur ist und gleichzeitig der Familie persönlich nahesteht, und das gilt nicht nur für Valerie«, sagte Axelrod. »Es liegt auf der Hand, dass es sauberer und weniger kompliziert ist, wenn alle die Dinge in den-

---

10   Becker, Jo (2012): The Other Power in the West Wing. In: The New York Times,
      1. September 2012.

selben Sitzungen besprechen. Aber das ist ein beherrschbares Problem.«

Nachdem Beckers Artikel erschienen war – und die Wahl einige Wochen zurücklag –, ließ ein Berater Obamas mir einige vertrauliche Kernaussagen zukommen, die zur Zeit des Becker-Artikels im Westflügel kursierten. Das Memo stammte von der stellvertretenden Pressesprecherin Jamie Smith und trug die Überschrift »Valeries Magie«. In den schonungslosen 33 Kernaussagen fand sich kein einziges Mal der Ausdruck »beherrschbares Problem«.

★ Valeries Magie beruht auf ihrem Verstand und ihrem Herzen. Sie ist ein unglaublich freundlicher, fürsorglicher und rücksichtsvoller Mensch mit der einzigartigen Fähigkeit, diejenigen auszumachen, die keine Stimme haben, und die Probleme ins Licht zu rücken, an denen ihnen und dem Präsidenten liegt, mit dem Ziel, tatsächlich etwas für das Leben der Menschen zu bewirken.

★ Valerie ist die perfekte Kombination von Klugheit, Geschick und Innovationsfreude.

★ Valerie besitzt unglaubliches Einfühlungsvermögen und Mitgefühl. Das Bedürfnis, geduldig und vernünftig zu sein, und das Bestreben, Ergebnisse zu erzielen und vom Weißen Haus aus so hart wie möglich für das amerikanische Volk zu arbeiten, halten sich bei ihr die Waage.

★ Um zu begreifen, was Valerie antreibt und weshalb der Präsident ihre Meinung so schätzt, ist es sehr hilfreich, sie wirklich kennenzulernen.

★ Valerie hat großes Verständnis für die Erfahrungen der Menschen, für ihre guten und schlechten Zeiten. Sie weiß aus eigener Erfahrung, wie es ist, an seine Träume zu glauben und sie anzustreben.

★ Valerie erwartet von Menschen, dass sie sich für den Präsidenten die Seele aus dem Leib arbeiten und nie vergessen, wo sie arbeiten und welche Auswirkungen es hat.

★ Sie ist alleinerziehende Mutter, eine Frau, die sich in einer männlich dominierten, konkurrenzorientierten Welt bis an die Spitze hochgearbeitet hat, eine Afroamerikanerin, die sich von der Basis bis ganz oben für Wandel einsetzt.

(Mein persönlicher Lieblingssatz über »Valeries Magie« ist: »Valerie ist jemand, von dem andere im Haus wissen, dass sie ihr vertrauen können. (Brauche Beispiele.)«)

Im Weißen Haus sahen viele in Jarrett die eigentliche Treuhänderin der Interessen und Marke Obamas oder zumindest jemanden, der so gesehen werden wollte. Jarretts Verteidiger, von denen es im Weißen Haus viele gab, führten an, dass ihre Effektivität vor allem auf ihrem Desinteresse beruhte, Medienkontakte zu pflegen, und auf ihrer Gleichgültigkeit, wie man sie außerhalb von Obamas Umfeld sah. »Ich habe lange in Washington gelebt«, sagte Cecilia Muñoz, die innenpolitische Beraterin des Weißen Hauses und enge Verbündete Jarretts. »Besonders hier im Haus kann man erkennen, wenn jemand mit einem Auge seine Arbeit und mit dem anderen seinen nächsten Karriereschritt im Blick hat. Zu diesen Leuten gehört Valerie nicht. Sie versucht nicht, eine nächste große Sache für sich aufzubauen.«

Ein anderer treuer Jarrett-Anhänger wies darauf hin, dass viele Berater Obamas den Wahlkampf offenbar genutzt hatten, um sich für Fernsehjobs nach der Wahl zu empfehlen. Berater wetteiferten miteinander um Fernsehauftritte – anscheinend um sich eine bessere Position in eben der Expertenklasse zu sichern, gegen die sie vier Jahre zuvor mit großem Bohei zu Felde gezogen waren. Jarrett machte das nie mit, wie der Kollege sagte, der zudem anmerkte, dass sowohl Axelrod als auch Gibbs innerhalb weniger Monate nach der Wahl hochdotierte Verträge als Mitarbeiter von MSNBC unterzeichneten. Plouffe, der 2008 gegen die »Schakale« in den Medien gewettet hatte, ging als Mitarbeiter und strategischer Berater zu Bloomberg Television, und laut Berichten von Dylan Byers in Politico führte Stephanie Cutter mit CNN Gespräche, die Co-Moderatorin einer Neuauflage der lautstarken Diskussionssendung *Crossfire* zu werden. Ihr konservativer Gegenpart sollte Newt Gingrich sein.

Anfang 2013 besuchte ich Jarrett in ihrem Büro im Weißen Haus, um mit ihr über einige Palastintrigen der ersten Amtszeit zu sprechen. Sie wirkte ungemein gelangweilt von diesem Thema, ließ keinerlei Abwehrhaltung und nur einen Anflug von Selbstgefälligkeit erkennen, dass sie ihre Gegner überdauert hatte. Der Präsident saß für weitere vier Jahre im Weißen Haus und viele erwarteten, dass Jarrett bis Januar 2017 an seiner Seite bleiben würde. Immer wieder lenkte sie das Gespräch über die interne Dynamik auf die Gegenwart, was natürlich Seitenhiebe gegen einige ehemalige Kollegen beinhaltete. »Wenn Sie mit Leuten reden, die jetzt hier sind, werden Sie, glaube ich, hören, dass wir ein großartiges Team haben, das gut zusammenarbeitet«, sagte Jarrett. Ihre vorrangige Botschaft war offenbar, dass sie nach wie vor hier war, gelernt hatte, über den »Ränkespielen« zu stehen, und ihre Widersacher überdauert hatte. Sie sprach mit gleichmäßig hoher Stimme und zuckte ständig mit den Achseln: »Die Hauptstadt bricht einem das Herz. Aber das darf man nicht zulassen.« Wieder zuckte sie mit den Achseln, um ihre Aussage zu unterstreichen oder herunterzuspielen.

14
Die letzte Party

Dezember 2012

Am frühen Dienstagabend vor Weihnachten staute sich der Verkehr hupend an der Parkservicestation in der N Street vor dem Haus von Ben Bradlee und Sally Quinn. Dort im Regen wurde man wieder einmal daran erinnert – falls das nötig war –, dass die an Filmkulissen erinnernden Straßen von Georgetown für Vehikel längst vergangener Zeiten gebaut worden waren.

Auf dem Capitol Hill auf der anderen Seite der Stadt hatten Würdenträger soeben einem anderen Vehikel vergangener Zeiten die letzte Ehre erwiesen: Der demokratische Senator Daniel Inouye aus Hawaii war einige Tage zuvor im Alter von 88 Jahren verstorben. Kollegen lobten ihren Freund und Kriegshelden mit den üblichen Floskeln: »stille Würde«, »Respekt vor der Institution«, »verschiedener Meinung, aber keine Feinde«. Als die Trauergäste an dem aufgebahrten Sarg vorbeidefilierten, trauerten alle der sprichwörtlichen »parteiübergreifenden Ära früherer Zeiten« hinterher.

Eine Woche zuvor hatte ein Amokläufer 26 Menschen – darunter 20 Kinder – in einer Grundschule in Newtown, Connecticut, erschossen. Selbst in Anbetracht unserer beklemmend dumpfen

Routine, was die Auswirkungen von Amokläufen angeht, verschlug einem dieser Fall die Sprache. Obama hielt in Connecticut die wohl beste Rede seiner Präsidentschaft. Er las die Vornamen der Kinder vor und brachte mich zum Weinen.

Dennoch war allen klar, dass schon bald alles wieder in dem üblichen Theater münden würde. Und tatsächlich gab der Vorsitzende der National Rifle Association, Wayne LaPierre, einige Tage später eine weitschweifende Pressekonferenz, über die sich ernste Kommentatoren, für Waffenregulierungen eintretende Demokraten und eine wachsende Zahl händeringender oder von Selbsthass erfüllter Republikaner lustig machten. Alle fühlten sich besser, wenn sie sich über den Waffennarr auf dem Podium lustig machten und sich ihm überlegen fühlten, auch wenn seine NRA nach wie vor mindestens die Hälfte der Hauptstadt an den Eiern hatte und Obama insgeheim zugab, dass er die Waffengesetze wahrscheinlich nicht einschneidend ändern könnte – was sich letztlich auch bewahrheitete.

Aber die Empörung, die Obama kanalisierte, war stark oder fühlte sich zumindest stark an. Der Großteil dieser Empörung richtete sich, wie so oft, nach innen. Die Hauptstadt erlebte einen ihrer wiederkehrenden »Wir-sind-dieses-historischen-Augenblicks-nicht-würdig«-Momente. Das passiert alle paar Monate, meist wenn der übliche Politzirkus mit einer wirklichen Krise zusammentrifft. Noch eine Krise spielte sich gleichzeitig im Kapitol ab, wo die Republikaner einen Vorschlag ihres Sprechers Boehner zur Beendigung des »drohenden Fiskalklippenfiaskos« abschmetterten. An diesem verregneten Dienstagabend vor Weihnachten kam gegen 20 Uhr die Meldung, dass Boehner die Sitzung des Repräsentantenhauses bis nach den Feiertagen vertagt hatte, und nun verlagerte sich das Zentrum des Stillstands in die verstopften Straßen von Georgetown vor Bens und Sallys Laird-Dunlop House im Föderalstil.

Es war nicht irgendeine Party, sondern die »*Letzte Party*«, wie Sally Quinn das lang erwartete Beisammensein getauft hatte. Die Einladung war vor einigen Wochen eingetroffen. Fast alle, die eine bekommen hatten, dachten anfangs, es sei ein besonderes Abschiedsfest für Sallys Mann, den großen Benjamin Crowninshield Bradlee, den Vollblutchefredakteur der *Washington Post* in der Watergate-Ära und darüber hinaus. Mit 91 Jahren ließ Ben anscheinend doch stark nach. Er vergaß Namen und Gesichter, wirkte häufig verwirrt und war einfach nicht mehr der alte. »Nicht wohlauf«, hieß es. »Demenz«, wurde geraunt. Traurig. Ob die nächste Mega-Beerdigung der Hauptstadt wohl Bens wäre? Ob dieses Stammestreffen wohl eine Art »Vorspiel« war, wie Politico es nennen würde?

Ich verehrte Ben wie viele in der Hauptstadt, was natürlich immer angesagt war, aber bei mir stimmte es wirklich. Ich hatte mich in die Version von ihm verliebt, die Jason Robards in dem Film *Die Unbestechlichen* gespielt hatte, in den verwegenen Feuerspucker aus seinen Memoiren *A Good Life,* in denen er seine unbändigen Zeitungsabenteuer ohne jeden Anflug jener sich aufplusternden Unsicherheit schilderte, die weite Teile der Branche heute prägt.

Vieles an Ben war Angeberei, vielleicht übertrieben und mit dem wirkungsvollen Puder der Hollywood- und Geschichtsmythenbildung bestäubt. Aber er verkörperte einen Geist und eine Zeitung, die vor allem etwas bewirken wollten – und tatsächlich etwas bewirkten: den Sturz einer Regierung, eine historische Wende. Wer bewirkte heute noch etwas? Wer erinnerte sich noch, wer im vergangenen Jahr den Pulitzerpreis gewonnen, im letzten Monat die höchsten Quoten erzielt oder in der letzten Woche die besten Sonntagsgäste bekommen hatte? Alles wirkte so flüchtig oder verwickelt und oft beides gleichzeitig.

Ich möchte hier keine übertriebene Nostalgie verbreiten oder unterschwellig klagen: »War zu Nixons Zeiten nicht alles besser?« Es wäre auch nicht richtig zu behaupten, Ben Bradlee sei ein Musterbeispiel für journalistisches Sendungsbewusstsein, Unabhängigkeit und Umsturz gewesen. Seine Karriere war durchdrungen von einer vertrauten Nähe zu den Mächtigen, die viele heutzutage verurteilen würden. Es ist praktisch ausgeschlossen, dass ein Journalist eine so enge Freundschaft unterhalten könnte wie Bradlee zu John F. Kennedy, während er als Leiter des *Newsweek*-Hauptstadtbüros über den Präsidenten berichtete (in einer Zeit, als Kennedy laut vielen Darstellungen mit der Schwester von Bradlees damaliger Frau schlief). Bradlee einen falschen Stempel heutiger Reinheitsmaßstäbe aufzudrücken, würde ihm nur sein typisches »Fuck it« entlocken.

Aber das Glorreiche an der Watergate-Affäre war, dass sie mit einem sauberen Abschuss endete. Die *Washington Post* setzte sich durch, Nixon wurde entlarvt. Es gab eine Ausbeute und Konsequenzen. »Zum ersten Mal hatte ich tief drinnen wirklich das Gefühl, dass wir gewinnen würden«, schrieb Bradlee 1973, als eine Welle von Enthüllungen das gesamte Ausmaß der Rechtsbrüche des Weißen Hauses offenbarte. »Ich hatte noch keine Ahnung, wie das alles enden würde. Aber ich glaubte nicht mehr, dass Watergate in ein Patt münden würde.«[1]

Journalisten diskutieren häufig, ob die Watergate-Affäre heutzutage noch möglich wäre, oder zumindest, ob sie die gleichen Ausmaße annehmen könnte wie vor 40 Jahren. Ganz abgesehen von der Frage, ob Woodward und Bernstein noch die Zeit, den Raum und die redaktionelle Rückendeckung bekommen würden, ein solches Projekt zu verfolgen, hätte Nixons Weißes Haus

---

1 Bradlee, Ben (1996): A Good Life: Newspapering and Other Adventures. New York 1996, S. 350.

heute einen massiven Fox/Rush/Drudge-Medienapparat im Rücken. Eine komplexe Geschichte würde in die gewohnte Links-Rechts-Prügelei ausarten. »Okay, die liberalen Medien fangen schon wieder an«, wäre die erste Verteidigung, und dann würden alle ihre Plätze im Räderwerk der lärmenden Medienmaschinerie einnehmen.

Schon bald wäre Watergate vorbei, vom nächsten Aufreger-Thema in den Hintergrund gedrängt, und niemand würde sich noch erinnern, wer gewonnen oder verloren hat – oder daran, was »gewinnen« oder »verlieren« jenseits der Punktwertungen im Sportkanalstil eigentlich bedeutete. Als Beleg vollzog sich einige Tage später ein modernes Gegenstück hierzu: Nachdem der Kampf um die Fiskalklippe im Kapitol endlich entschieden war, veröffentlichte Mike Allen in Playbook eine »E-Mail du jour« von einem demokratischen Regierungsmitarbeiter. Darin fasste er den aktuellen Spielstand in der komplexen Wirtschaftsdebatte, die die Hauptstadt in den Obama-Jahren durchgängig beherrscht hat, mit der zeitgemäßen, mediengerechten Einfachheit zusammen:

Wir haben also jetzt einen ausgeglichenen Stand: Die Grand Old Party hat die Wahl 2010 gewonnen und dann den Budget Control Act mit sämtlichen Kürzungen und ohne Steuererhöhungen durchgebracht. Obama hat die Wahl 2012 gewonnen und punktet jetzt mit diesem Deal mit sämtlichen Steuererhöhungen und so gut wie keinen Ausgabenkürzungen. Jede Seite hat also jeweils einen Sieg errungen.
Wer den Gesamtsieg davonträgt, wird erst das Entscheidungsspiel im März zeigen. Die Seite, die es gewinnt, ist – mit zwei gewonnen Spielen von drei – der Sieger.[2]

2   Allen, Mike (2013): Fiscal Patch: GOP Leaders Split … In: Politico, 2. Januar 2013.

— ★ ★ ★ —

Ben Bradlee hatte einen Lieblingssatz: »Die Karawane zieht weiter.« Das war seine Art, immer weiterzumachen, ohne sich lange
aufzuhalten. Diese Eigenschaft war bei mächtigen WASP-Typen
(weißen angelsächsischen Protestanten) verbreitet – besonders bei
Kriegsveteranen einer bestimmten Ära, die wie er im Pazifikkrieg
gekämpft und überlebt hatten, und nun »weitermachten«.

In einer Zeit, als Journalismus sich zu einem Modeberuf entwickelte – weitgehend dank der Watergate-Affäre und *All the President's Men* –, wurde Ben zum Gegenstand des größten Personen-
kults in der Hauptstadt. In der ersten Hälfte meiner Karriere
malte ich mir oft aus, wie es wäre, unter Bradlee bei der *Washington Post* zu arbeiten.

Als ich dann 1997 schließlich zu dieser Zeitung kam, war Bradlee seit sechs Jahren im Ruhestand und arbeitete in der Altherrenabteilung im siebten Stock. Er war weit weg von der Nachrichtenredaktion, ließ sich aber noch häufig dort blicken und aß fast
täglich in der Cafeteria. »Ich bin ein Zwischenstopp auf der Tour«,
sagte er damals wie heute. Manchmal schickte er mir nach einem
gelungenen Artikel Fanpost. »Ihr heutiger Artikel macht unsere
Zeitung so gut«, schrieb er einmal, als ich etwa seit einem Jahr bei
der *Washington Post* arbeitete. Wenn ich heute alles, was ich besitze, hergeben müsste bis auf das, was in einen Karton passt, würde
ich diesen Brief mitnehmen.

Ben und ich haben einige Male zusammen zu Mittag gegessen,
meist in einem Lokal in der Nähe, wo er mit dem Küchenchef
französisch sprechen konnte. Als ich überlegte, ein anderes Stel-
lenangebot anzunehmen, sagte er zu mir: »Sie arbeiten für die beste Zeitung der Welt. Seien Sie kein Idiot.« Für ihn gab es nur die
Washington Post, auch wenn er es besser wusste (was durchaus der

Fall war). »Sie sind ein verdammter Verräter«, schimpfte er, als ich 2006 tatsächlich kündigte – und zur *New York Times* ging. »Und jetzt arbeiten Sie für eine Bande Arschlöcher.« Ihm war klar, dass die *Washington Post* »viel von ihren Pferdestärken verloren« hatte und ich wahrscheinlich das Richtige tat. Im Hinausgehen mahnte er mich: »Halten Sie die Ohren steif« – ein typischer Spruch von ihm.

Es stellte sich heraus, dass die *Letzte Party* nicht als besonderer Tribut an Ben gedacht war, jedenfalls nicht offiziell. Sie war vielmehr eine Anspielung auf das Ende der Welt, das nach dem Mayakalender am nächsten Tag erreicht werden sollte. Viele hatten Witze über das Ende der Welt gemacht, und das war Sallys Beitrag – obwohl sie später erzählte, dass ihr die Zweideutigkeit hier durchaus bewusst war. Es ist immer ein Erlebnis, eine Einladung zu Ben und Sally zu bekommen, ganz gleich zu welchem Anlass: Ihr denkmalgeschütztes Haus, das (Abraham Lincolns Sohn) Robert Todd Lincoln gehört hat, steht auf einem Grundstück, das fast einen ganzen Straßenzug einnimmt. Porträts von Bradlees Vorfahren, Josiah und Lucy Bradlee, hängen im Foyer und eine Auswahl des lokalen Hochadels schlendert umher und nippt an Drinks. (Ist »ColinPowellJimLehrerAndreaMitchell« eigentlich ein Wort?)

Meine erste Einladung zu einer Soiree bei Ben und Sally hatte ich genau vier Jahre zuvor bekommen, Ende 2008, einige Wochen nach Obamas Wahlsieg. Bill Burton, der Ex-Pressesprecher des Wahlkampfteams, war da und jede Menge heißer Obama-Neuankömmlinge. Burton war an dem Abend eine gefragte »Anlaufstelle«, genau wie David Gregory, der sich gerade im Wettbewerb um

Russerts Nachfolge als Moderator von *Meet the Press* durchgesetzt hatte.

Mit dem Galaempfang 2008 sollte Marcus Brauchli als neuer Chefredakteur der *Washington Post* in der Stadt begrüßt werden, nachdem er lange Zeit beim *Wall Street Journal* gearbeitet hatte. Mir blieb vor allem in Erinnerung, dass Chris Matthews mich am Büfett wegen eines Porträts zur Rede stellte, das ich einige Zeit vorher über ihn geschrieben hatte. Matthews warf mir vor, der Artikel hätte ihn »einen Job gekostet, den ich unbedingt haben wollte«. Es war nicht ganz klar, was er damit meinte, ich fragte mich allerdings, ob es um den Senatssitz in seiner Heimat Pennsylvania ging, denn er hatte viel Wirbel um seine mögliche Kandidatur gemacht – aber mehr auch nicht, wie sich herausstellte. Jedenfalls stürmte er davon, bevor ich mehr aus ihm herausholen konnte. Ben, der in der Nähe stand und das Gespräch offenbar mit angehört hatte, sah mir in die Augen und zuckte die Achseln. »Zum Teufel mit ihm«, sagte er und klopfte mir auf den Rücken. Und im Weggehen sagte er: »Halten Sie die Ohren steif.«

Vier Jahre später stand Ben in der Eingangshalle und begrüßte die eintreffenden Gäste. Seine Erscheinung ragte wie üblich heraus: silberweißes Haar, breite, vorgestreckte Brust, strahlendes Händeschütteln und ganz der Impresario, der sein Charisma, wenn auch nicht sein Gedächtnis, voll im Griff hat.

Einige Schritte von Ben entfernt nahm Brauchli Beileidsbekundungen wegen seiner Absetzung aus Bens altem Job als Chefredakteur entgegen. Man hatte ihn vor einigen Wochen gefeuert (»den Rücktritt nahegelegt«, falls einem das lieber ist), nachdem die gesamte Branche, besonders aber die *Washington Post,* eine anhaltende Abwärtsspirale sinkender Abonnentenzahlen, rückläufiger Anzeigeneinnahmen und stetigen Personalabbaus erlebte hatte. Gerade an diesem Nachmittag hatte man Brauchli in der

Nachrichtenredaktion der *Washington Post* »überzuckert« – ein Ausdruck für die süßlichen Abschiedsrituale, die in den letzten Jahren regelmäßig in der Zeitung stattfanden. Es war keineswegs klar, ob ein anderer mit diesem Niedergang besser hätte umgehen können als Brauchli. Jedenfalls hatte man ihn jetzt endgültig in die Altherrenabteilung abgeschoben, worüber er alles andere als glücklich war (ebenso wenig wie seine Frau, die ihre Gefühle unangenehm unverblümt auf Facebook geäußert hatte). Das Gute war, dass Brauchli jetzt viel Zeit für Mittagessen hatte, wie er allen erzählte, die ihn bei der *Letzten Party* trösteten.

Im hinteren Teil des Foyers plauderte Susan Rice, die US-Botschafterin bei den Vereinten Nationen, die heute selbst eine aktuelle Anlaufstelle darstellte, weil sie »in den Nachrichten« war. In dieser Woche war ihre geplante Ernennung zur Außenministerin vor allem von Republikanern torpediert worden. John McCain, der vor viereinhalb Jahren Sarah Palin zu seiner Vizepräsidentschaftskandidatin gemacht hatte, hatte Rice als »nicht besonders klug« und »unqualifiziert« für dieses Amt bezeichnet.[3] In Wirklichkeit war Rice bei bestimmten Gruppierungen beider Parteien angeeckt. Sie galt vielen als »barsch« und »allergisch gegen Dummköpfe«, was in der Hauptstadt zum großen Problem werden kann, besonders für Frauen. Richard Holbrooke war ein Musterbeispiel dieses barschen, gegen Dummköpfe allergischen Typs, aber er war ein besonderer Liebling der Meinungsführer, zu denen er über weite Teile seines Lebens gute Kontakte gepflegt hatte. Rice tat das nicht, und wie ein Mitarbeiter des Nationalen Sicherheitsstabes im Weißen Haus erklärte, versetzte ihr letztlich der oberste Meinungsführer persönlich, der *New-York-Times*-Kolumnist Thomas Friedman, den Todesstoß, als er schrieb: »Ich kenne Rice über-

---

3   Robillard, Kevin (2012): John McCain: Susan Rice »Not Qualified« for State. In: Politico, 14. November 2012.

haupt nicht, daher habe ich keine Meinung zu ihrer Eignung für dieses Amt.«[4]

Im Sinne von »zu wenig, zu spät« war es eigentlich paradox, dass Rice sich bei dieser *Letzten Party* blicken ließ. Es war genau die Art von Fete, die Richard Holbrooke sich niemals hätte entgehen lassen. Er hatte hier so viele gute Freunde, angefangen bei Ben und Sally, und in letzter Zeit – zwei Jahre nach seinem Tod – war sein Name häufig in Verbindung mit einem Zwischenfall in den Clinton-Jahren gefallen, bei dem Rice ihm während einer Besprechung mit leitenden Mitarbeitern im Außenministerium den Stinkefinger gezeigt hatte.[5] Kein Stil! Von Richards herablassender Tirade, mit der er Rice angeblich provoziert hatte, war weniger die Rede.

Walter Isaacson[6] belegte Rice mit Beschlag, während Colin Powell ein paar Schritte entfernt vorbeiging. Das war insofern bemerkenswert, als Isaacson nur dafür lebt, mit Leuten wie Colin Powell im selben Raum zu sein. Nicht mit Leuten wie mir, an denen er auf dem Weg zu den Colin Powells immer vorbeirast – wenn er mich überhaupt grüßt, nennt er mich »Matthew«. Ich habe mir nie die Mühe gemacht, ihn zu korrigieren, denn Walter ist so schlau, dass ich sicher tatsächlich Matthew heiße und die ganzen Jahre unter falschem Namen gelebt habe. Die Tatsache, dass Walter Isaacson bei Susan Rice blieb und den großen Fisch ziehen ließ, war jedenfalls ein Beleg, dass sie in der Hauptstadt gerade angesagt war – jedenfalls für einen oder zwei Tage. Schließlich zog Isaacson weiter ins Wohnzimmer, das mit Plüschsofas,

4   Friedman, Thomas (2012): My Secretary of State. In: The New York Times, 27. November 2012.

5   Grove, Lloyd (2012): Susan Rice's Personality »Disorder«. In: The Daily Beast, 12. Dezember 2012.

6   Autor erfolgreicher Biografien über Henry Kissinger, Benjamin Franklin und Albert Einstein. Seine Biografie über Steve Jobs war ein weltweiter Bestseller. Er ist Präsident und CEO des Aspen-Instituts und war Vorsitzender und CEO von CNN. Anm. d. Übers.

frischen Blumen und Vernon Jordan ausgestattet war. Sobald ich den ewigen Hauptstadt-Insider Jordan sehe, fällt mir eine Anekdote von Jeff Connaughton ein. Connaughton war der Ex-Berater von Joe Biden und Superlobbypartner von Ed Gillespie und Jack Quinn und verdiente viel Geld als Lobbyist, bis er von der Hauptstadt genug hatte und nach Savannah, Georgia, zog. Er erzählte von einer Begegnung, die er und Quinn in den 90er-Jahren mit Jordan hatten.

»Lassen Sie uns mal zusammen zu Mittag essen«, schlug Quinn Jordan vor. »Rufen Sie mich doch an.«

»Sie rufen mich an«, erwiderte Jordan. »Sie sind der Juniorpartner in dieser Freundschaft.«

In Obamas Kabinett war Rice noch die Juniorpartnerin. Aber durch ihren jetzigen Status – in den Nachrichten und als nützliche Adresse – war sie auf der *Letzten Party* eine Hauptattraktion. Selbst Vernon Jordan machte sich an sie heran. Während Rice sich durch dieses Affentheater manövrierte und angestarrt wurde wie ein Zootier, fiel mir auf, dass sie die Einzige aus Obamas Regierungsspitze war, die ich hier sah. Es waren auch nur wenige Journalisten unter vierzig da, ganz zu schweigen von den neuen Polit-Superbloggern wie Ezra Klein von der *Washington Post,* den der *Atlantic* gerade zum »mutmaßlichen Dekan des Hauptstadtjournalismus« ernannt hatte.[7]

Senatorin Amy Klobuchar aus Minnesota und die Kongressabgeordnete Debbie Wasserman Schultz aus Florida waren die einzigen gewählten Volksvertreter, die ich hier entdeckte. Wasserman Schultz erklärte, sie komme sich vor, als sei sie »in einen Roman hineinspaziert«. Auffallend war das Fehlen von »Hörmuscheln« auf der Party, die normalerweise auf die Anwesenheit hochkarä-

---

7 Friedersdorf, Conor (2012): The Right's Jennifer Rubin Problem: A Case Study in Info Disadvantage. In: The Atlantic, 8. November 2012.

tiger Angriffsziele hindeuteten. Einer der wenigen Gäste, die einen Security-Trupp verdienten, war der israelische Botschafter Michael Oren, der sich gefährlich weit über das Büfett beugte und einen riesigen Weihnachtsschinken musterte (seine Leibwächter waren lediglich darauf trainiert, ihn vor Terroristen zu schützen, nicht vor nicht koscherem Essen).

Die Partys in der Hauptstadt lassen sich in drei Kategorien einteilen: Partys für den jungen, hyperehrgeizigen Nachwuchs, der den Leuten, die gerade an der Macht sind, kritisch – und sogar höhnisch – gegenübersteht; Partys für Ehemalige, die den derzeitigen Machthabern kritisch gegenüberstehen, weil sie wissen, dass sie es früher besser gemacht haben; und Partys für die aktuellen Amtsinhaber, die die Jungen fürchten, weil sie wissen, dass sie um ihre Jobs herumschleichen und die Alten fürchten, weil sie ihnen ihre eigene Zukunft vor Augen halten. Auf der *Letzten Party* war überwiegend das alte Washington mit einigen aktuellen Einsprengseln vertreten.

Am späteren Abend hielt Colin Powell Hof in der Küche mit einem Journalistengrüppchen, zu dem Isaacson und Jeffrey Goldberg gehörten. Offenbar erklärte Powell allen, *wie die Dinge in der Hauptstadt wirklich geregelt werden sollten,* selbstverständlich gestützt auf seine Erfahrung.

Am Büfett traf ich Chris Matthews, also genau dort, wo er vier Jahre zuvor von mir davongestürmt war. Immer wenn ich ihn treffe, erwähnt er »diesen Verriss«, erklärt aber, er sei mir nicht mehr böse. Er sei nicht nachtragend, was »beweist, dass ich kein echter Ire bin«, wie er sagt. Schön für ihn. Wahrscheinlich werden wir in der Hauptstadt nie zusammen zu Mittag essen, aber die Shepherd's Pie auf Sallys Büfett war hervorragend. An einem Tischchen in der Ecke hockten Alan Greenspan und Andrea Mitchell mit Alans Ex-Freundin Barbara Walters. Ich hörte, wie Barbara etwas über den gut aussehenden ABC-Korrespondenten Jake Tapper sagte, der an diesem Tag seinen Wechsel zu CNN bekanntgegeben hatte, wo er eine eigene Sendung bekommen sollte. Tapper nahm gerade im Wohnzimmer Glückwünsche entgegen – erfüllte seine vornehme Pflicht als Anlaufstelle –, während das Alan-Andrea-Barbara-Trio sich weiter an seinen Getränken festhielt.

In dieser Zeit las ich eine Biografie über Bradlee von Jeff Himmelman, einem ehemaligen Rechercheassistenten von Bob Woodward, der auch an den Memoiren von Bens und Sallys Sohn Quinn Bradlee mitgearbeitet hatte.[8] Die 2012 erschienene Biografie *Yours in Truth: A Personal Portrait of Ben Bradlee* hatte in der Hauptstadt einigen Staub aufgewirbelt, vor allem wegen einiger Zitate aus einem Interview, das Bradlee 1990 während der Arbeit an seinem Buch *A Good Life* gegeben hatte. Darin ließ er offenbar durchblicken, dass Woodward einige filmreife Details seiner Kontakte zu seinem Informanten Deep Throat möglicherweise ausgeschmückt hatte. Diese Enthüllung fand niemand sonderlich weltbewegend – gute Chefredakteure müssen Zweifel haben und die Watergate-Geschichten haben sich im Kern eindeutig als stichhaltig erwiesen. Aber Woodward feuerte aus allen Geschützen auf Himmelmans Buch und warf seinem früheren Protegé vor, er habe ein Interview Himmelmans mit Bradlee von 2010 ignoriert, in dem der Chefredakteur gesagt hatte, er glaube nicht, dass Woodward etwas beschönigt hätte.[9] Sally stellte sich in Bens Namen hinter Woodward. Es versteht sich wohl von selbst, dass Himmel-

---

8 Himmelman, Jeff (2012): Yours in Truth: A Personal Portrait of Ben Bradlee. New York 2012.

9 Byers, Dylan (2012): Jeff Himmelman Calls Out Bob Woodward. In: Politico, 30. April 2012.

man nicht mehr zum Essen eingeladen wurde, geschweige denn zur *Letzten Party*.

Mir gefiel das Buch vor allem wegen seiner Fundgrube an Primärquellen und der Einblicke in Bens Persönlichkeit auf dem Höhepunkt seiner Macht (durch alte Briefe, Reden und Interviews). Es zeichnete eine Welt, in der Journalisten ins kulturelle Rampenlicht gerückt waren wie nie zuvor, besonders nach der Watergate-Affäre. Auch wenn dieses tintenbekleckste Camelot nicht von Dauer war, hat dieser Beruf in der Hauptstadt bis heute seinen Promiglanz behalten, ob mit oder ohne Gewinne. Und da sind wir nun alle.

Bilanz: Die *Letzte Party* war gut – haufenweise Hausmannskost auf dem Büfett, Schutz vor den Elementen und jede Menge Volkshelden. Es spielte kaum eine Rolle, dass der prunkvolle Schauplatz etwas leicht Verstaubtes hatte, ein Stück weit von den Hauptdramen entfernt war, die sich an diesem Abend am anderen Ende der Pennsylvania Avenue im Regierungsviertel abspielten, oder dass es sich weiter als sonst vom festen Boden des realen Amerika entfernt anfühlte. Es war dennoch ein gutes Gefühl, eingeladen zu sein – zum Hauptstadtclub zu gehören, vorerst zumindest. Ich sah, wie Bob Schieffer Mike Allen begrüßte, der am kommenden Sonntag in die CBS-Sendung *Face the Nation* eingeladen war. Dort würde er im Green Room ein Handyfoto von den grün-roten Weihnachtsbagels machen, was wir alle wissen, weil Major Garrett Mike fotografierte, als dieser die Bagels fotografierte, und das Foto dann auf Twitter postete. Im Lauf des Abends hörte ich zweimal, wie Susan Rice von ihrer »außerkörperlichen Erfahrung« erzählte, während Bob Woodward und Carl Bernstein zusammen in den Regen hinausgingen. Ben verschwand mittendrin für ein Weilchen, war aber gegen Ende der *Letzten Party* wieder im Foyer, um die Gäste zu verabschieden, als die Karawane weiterzog.

Epilog

Anfang Januar 2013 erwähnte Mike Allen – Gott segne ihn – in Playbook, dass dieses Buch einige Monate später erscheinen sollte. Er übernahm die Ankündigung aus dem Verlagskatalog und schaltete einen Link auf die Amazon-Seite. Außerdem erwähnte er den Titel, *This Town,* eine Anspielung auf einen Ausdruck, der in vielen Äußerungen (in dieser Stadt) wie ein Refrain immer wiederkehrt – eine Floskel, die Zugehörigkeit, Eingeweihtsein und selbstironische Geringschätzung ausdrückt. »Tja, ich schätze, so ist es nun mal in *dieser Stadt.*«

Mein Verleger David Rosenthal hatte mir den Titel *This Town* einige Monate zuvor vorgeschlagen. Seither war es der Arbeitstitel des Buches, der letzte in einer ganzen Reihe anderer Vorschläge wie »Suck-up City«, »You'll Always Have Lunch in This Town Again« oder »The Club«.

Playbooks Macht ist immer wieder erstaunlich: Nach Allens Erwähnung bekam ich umgehend eine Flut von E-Mails von Freunden in der Stadt, von echten und falschen. Sie gratulierten mir, dass ich mit dem Buch fertig sei (was nicht der Fall war), und viele schrieben, dass sie es vorbestellt hatten (vielen Dank!).

In den folgenden Tagen ertrank ich in Anfragen von Leuten (und Mittelsmännern), die wissen wollten, wie sie oder ihre Klienten darin wegkamen. Andere waren besorgt, gar nicht darin vorzukommen. Wieder andere wollten sich vergewissern, dass ich diesen oder jenen »niedermachte«, weil er oder sie es verdient hätte. Und übrigens, wenn ich diese winzige Kleinigkeit über sie streichen würde, könnten sie mir etwas viel Besseres über einen ihrer »Freunde« geben.

Dieses Ausflippen vor Erscheinen des Buches war an sich schon Bestätigung genug: nicht gerade die schmeichelhafteste Studie der Hauptstadt in ihrem prahlerischen Bieterwettstreit. Alle waren so von ihrem herausragenden Platz in dem schmierigen Ökosystem überzeugt, dass dieses Buch doch sicher von ihnen handeln musste. Sie fürchteten narzisstische Kränkungen, ganz gleich, ob sie darin vorkamen oder übergangen wurden. Dieses verzweifelte Gerangel unterstrich zumindest die keineswegs neue Annahme, dass die Hauptstadt ihren Akteuren ein reflexartig verschlagenes und opportunistisches Verhalten und eine Tendenz aufzwingt, sich mehr um Öffentlichkeitsarbeit und Kontaktpflege zu kümmern als um jeden anderen Aspekt ihres beruflichen – und vielleicht sogar privaten – Lebens. Mehrere hatten mich gewarnt, dass es so kommen würde.

Einen Vorgeschmack auf diesen selbstverliebten Verfolgungswahn hatte ich bei meinen Berichten über dieses Monster schon mehrfach bekommen. Besonders ausgeprägt war es während der Kurt-Bardella-Darrell-Issa-Affäre der Fall. Damals hatten viele erstmals erfahren, dass ich an diesem Buch arbeitete. Als Mike Allen über die Bardella-Geschichte schrieb, hatte er es als mein »Washington-Niedermachbuch« bezeichnet, was er jetzt im Grunde wiederholte.

Die verblüffendste Reaktion auf die Playbook-Erwähnung im Januar war eine E-Mail, die mindestens meine beiden Chefredakteure bei der *New York Times* und vielleicht auch noch andere (nicht aber ich) bekamen. Sie stammte von dem Journalisten Sidney Blumenthal, der früher für *New Republic,* den *New Yorker* und andere Publikationen gearbeitet hatte, völlig berauscht war von den Clintons und 1997 als führender Berater ins Weiße Haus gewechselt hatte. Im Zuge der Lewinsky-Affäre wurde er vor Kenneth Starrs Ermittlungskommission zitiert und musste später als einer von drei Zeugen beim Amtsenthebungsverfahren des Senats aussagen.

Blumenthal war im Umfeld Clintons berüchtigt für seine egoistischen Züge, rückhaltlose Loyalität und lebhafte Fantasie. Kollegen bezeichneten ihn als »G. K.«, »Grassy Knoll« – eine Anspielung auf Anhänger von Verschwörungstheorien. Ab 2007 arbeitete er in Hillary Clintons Präsidentschaftswahlkampfteam und später wollte Clinton ihn ins Außenministerium holen, was eine kleine Palastrevolte im Weißen Haus auslöste.[1] Als Blumenthal als Kandidat für eine Stelle ins Gespräch gebracht wurde, erklärte Axelrod, dann würde er gehen. Gibbs, der neben ihm saß, schloss sich ihm an. Ende der Diskussion.

Das Letzte, was man von Sid hörte, war, dass er an einem Buch oder etwas Ähnlichem arbeitete.

Anscheinend hatte Blumenthal in den 90er-Jahren ein Theaterstück über das Hauptstadtpressekorps mit dem Titel *This Town* geschrieben. Das war mir nicht bekannt. Als ich Dutzenden Insidern aus Politik und Medien von meinem Buchtitel erzählte, erwähnte keiner von ihnen, dass es ein gleichnamiges Theaterstück gab. Ich bezweifle, ob mehr als eine Handvoll Leute überhaupt davon wussten.

Als ich Ende Dezember die *Letzte Party* verließ, sagte mir Sally Quinn, dass ihr der Titel *This Town* gefiel und es übrigens in den 90er-Jahren ein Theaterstück von Sidney Blumenthal mit diesem Titel gegeben habe. Wer wusste das? Aber es wunderte mich nicht.

---

1 Baker, Peter / Zeleny, Jeff (2009): Emanuel Wields Power Freely, and Faces the Risks. In: The New York Times, 15. August 2009.

Es ist ein guter Titel. Ich erinnere mich, dass Elvis Costello einen Song mit dem Titel *This Town* hatte, und ich glaube, auch Frank Sinatra. Es versteht sich von selbst, dass man Titel nicht urheberrechtlich schützen kann.

Aber Sid war dennoch gekränkt. Die Betreffzeile seiner E-Mail an meine Chefredakteure – noch einmal: nicht an mich – lautete: »Re: Mark Leibovich: potenzielles Plagiatsproblem«. Huch!

Blumenthal, dem ich, glaube ich, ein einziges Mal begegnet bin, verlangte in seiner E-Mail, ich sollte zugeben, dass er »eine weithin produzierte und rezensierte Satire mit dem Titel ›This Town‹ über Washingtons Pressekorps geschrieben habe … und dass diese der Ursprung dieses Ausdrucks und Konzepts ist«. Er brüstete sich, sein Stück sei »hervorragend im Washington Press Club aufgeführt« worden, und schloss: »Titel lassen sich natürlich im Gegensatz zu Handelsmarken nicht schützen, sollten aber nicht plagiiert werden. Vielleicht weiß Leibovich nichts von diesem Problem. Vielleicht ist er von gestern. Aber er sollte sich nicht einem dummen Plagiatsproblem aussetzen.«

Das Schlüsselwort lautet »dumm« und ich räume ein, dass meine Referenzen suspekt sind, weil von mir nie etwas »hervorragend im Washington Press Club aufgeführt« wurde. Dennoch tut es mir leid, dass ich Blumenthal gekränkt habe, indem ich ein Theaterstück übersehen habe, das bei nahezu allen in »dieser« und jeder anderen Stadt in Vergessenheit geraten ist. Übrigens auch auf Sydneys Wikipedia-Seite. Also räume ich auf Treu und Glauben ein, dass Blumenthal offenbar in den 90er-Jahren ein Theaterstück mit dem Titel *This Town* geschrieben hat, und zukünftige Auflagen dieses Buches werden hiermit als das Neue Testament bezeichnet werden.

Als Obamas zweite Amtseinführung näher rückte, lastete eine gewisse Tristesse auf *dieser Stadt.* Anscheinend herrschte keinerlei Erregung über dieses alle vier Jahre wiederkehrende Spektakel, schon gar nicht im Vergleich zu dem historischen Fest der Hoffnung vier Jahre zuvor. Die »friedliche Machtübergabe« fühlte sich eher pflichtgemäß an, da keine Macht übergeben wurde, vor allem aber, weil eine weitere massiv privatwirtschaftlich finanzierte Feier der politischen Klasse völlig unnötig und unverdient erschien. Nicht dass das bisher irgendjemanden daran gehindert hätte oder dass Obama und seine Helfer keine Party verdient hätten – aber niemand schien mit ganzem Herzen bei der Sache zu sein.

Außerdem hatten anscheinend alle die Grippe oder Schlimmeres und noch Schlimmeres. Hillary Clinton hatte eine schlimme Gehirnerschütterung und ließ wochenlang nichts von sich hören, außer als sie ins Krankenhaus kam, nachdem man bei ihr ein Blutgerinnsel in Gehirnnähe festgestellt hatte. Oha! Hillary! Die Hauptstadt hatte große Pläne mit ihr und hatte sie schon fest für die 2016-Erzählung eingeplant. Sie konnte doch jetzt nicht gehen. (Zum Glück erholte sie sich gut.) George Herbert Walker Bush, der letzte Gentleman, musste immer wieder auf die Intensivstation. Mindestens ein Sender – in seinem Fall der Rundfunksender WBAP aus Dallas – musste vorzeitig seinen Tod melden, wie es heutzutage regelmäßig passiert.[2] Sie waren die ersten mit der Meldung.

Der großartige Richard Ben Cramer starb am 7. Januar an Lungenkrebs, einem Leiden, vom dem nur wenige gewusst hatten. Cramers ausführliche Porträts von Präsidentschaftskandidaten in seinem Buch *What It Takes* waren ein umfassendes, von unmittelbarem Zugang geprägtes Fest, das kein Politiker heutzutage dul-

---

2 Nicholson, Eric (2012): WBAP Announces Death of George H.W. Bush, Quicky Realizes He's Not Actually Dead. In: Dallas Observer, 28. Dezember 2012.

den würde; wahrscheinlich hätte auch kein Autor mehr genügend Mumm und Genialität (und den genügend geduldigen Verleger), um es zustande zu bringen. Cramer hat mich im Großen und Kleinen inspiriert.

Wenn Leute mich fragen, warum dieses Buch kein Register hat, verweise ich auf eine Äußerung, die Cramer 1992 gegenüber der *New York Times* machte: »Jahrelang habe ich gesehen, wie alle diese Washington-Knilche, alle diese Kongress-, Regierungs- und Behörden-Wichtigtuer und Reporter in die Buchhandlung gehen, ein politisches Buch vom Regal nehmen, ihren Namen nachschlagen, sich die Seite anschauen und das Buch wieder zurückstellen. Washington liest per Register und ich wollte, dass diese Leute das verdammte Ding lesen.«[3] Cramer hat mich auf Lebzeiten für sich gewonnen, als er Ende der 90er-Jahre bei einer Konferenz in Seattle erklärte, der Journalismus sei »von einer biblischen Plage von Schwachköpfen überrollt worden«.

Selbst Tammy Haddad war nicht die alte. Ihr Mann litt an Lymphdrüsenkrebs und man merkte, dass die Krankheit von der Naturgewalt Tammy ihren Tribut forderte. Einige Tage vor der Amtseinführung traf ich sie, als sie gerade von ihrem alljährlichen Ausflug zur Miss-America-Wahl in Las Vegas zurückkam. Zudem musste sie sich auf das Weltwirtschaftsforum in Davos vorbereiten, an dem sie jedes Jahr teilnimmt – was sie mehrfach erwähnt. Ebenso wie ich noch nie in Aspen war, war ich auch noch nie in Davos, was mich traurig macht, aber ich konnte das magische Ereignis durch Berichte wie den Twitter-Feed meines *New-York-Times*-Kollegen Andrew Ross Sorkin miterleben: »Schön, dich zu treffen, @johnlegend«, schrieb @andrewrsorkin. »Ich war vorher

---

3 Fox, Margalit (2013): Richard Ben Cramer, Writer of Big Ambitions, Dies at 62. In: The New York Times, 8. Januar 2013.

schon auf guten Partys @davos, aber dein Auftritt bei @sparkers Fest übertrifft alles.«

Zwischen Las Vegas und Davos würde Tammy am Wochenende der Amtseinführung noch zwei Riesenpartys veranstalten, eine am Sonntag für die Webseite Daily Beast, die andere am Montag im Old Ebbitt Grill für die Denkfabrik Third Way. Sie konnte die Huffington Post überreden, bei der Party im Ebbit Grill mitzumachen, die Tammy gleichzeitig auf ihrer Webseite WHC Insider übertragen würde. Aber am Vorabend der Festlichkeiten starb Tammys Mutter und sie musste nach Pittsburgh fahren und die Hauptstadt ohne sie zurechtkommen lassen.

Es war nicht dasselbe. Die Sonntagsveranstaltung im Café Milano in Georgetown bot die hochkarätigen Diplomaten John Kerry und Colin Powell, als Hollywood-Einsprengsel Eva Longoria und Harvey Weinstein und jede Menge frischen Schellfisch, Cannelloni und nicht ganz so frische Schnurrbartwitze für David Axelrod, der immer freundlich blieb, aber das alles anscheinend ein bisschen über hatte. Chris Dodd beackerte den Saal, aß einen Brownie und lachte über alles.

Jemand stellte mich Powell vor, den ich mit Bedacht mit »General« anredete, nicht mit »Secretary«, weil er solche Dinge angeblich bemerkt. (Manche Mitarbeiter Bushs hielten das für einen Versuch Powells, sich von der Regierung zu distanzieren, mit der er im Clinch lag. Bushs früherer Redenschreiber Matt Latimer äußerte diese Vermutung in seinen Memoiren *Speech-less: Tales of a White House Survivor,* die wenig Beachtung fanden. Aber Powell beachtete sie. Umgehend schickte er Latimer eine E-Mail, in der unter anderem stand: »Jemand hat Ihnen oder Ihren Redenschreibern gesagt, dass ich die Anrede ›General‹ vorziehe, seit ich aus dem Außenministerium ausgeschieden bin. Das stimmt. In der typisch paranoiden Art des Weißen Hauses vermutete man, ich wollte den Ministertitel nicht führen, um mich vom Präsidenten zu distanzieren. Zumindest glaubten Sie das. In Wahrheit ist ›General‹ korrekt. Ich war nicht mehr ›Minister Powell‹, sondern ›Ex-Minister Powell‹. Aber ich bin niemals ›Ex-General Powell‹.« Die E-Mail, die Latimer mir zuschickte, ging noch weiter.)

Der Washington-Außenseiter Terry McAuliffe, der mitten in seinem Wahlkampf um das Gouverneursamt in Virginia steckte, ging über den roten Teppich des Café Milano, wie man es in Roanoke macht. Das Superlobbyistenpärchen Heather und Tony Podesta verließ gerade die Party, als ich kam. Ein paar Tage zuvor hatten sie ihre Trennung bekannt gegeben, »als beste Freunde«, und alle bemühten sich, in dieser schwierigen Zeit ihre Privatsphäre zu respektieren. Sie sagten, sie wollten noch zu einer Google-Party.

»Willkommen im Land ohne Blickkontakt«, sagte Mike Barnicle, der ehemalige *Boston-Globe*-Kolumnist, der sich als Stammgast bei *Morning Joe* neu erfunden hatte. Ständig kamen Leute ganz aufgeregt zu ihm, weil er ja jetzt im Fernsehen war, *eine Präsenz,* was das Wichtigste ist. »Der verdammte Papst könnte hier sein«, sagte Barnicle zwischen Gratulanten, »aber wenn die Leute glauben, dass du ein blöder Wettermann im Fernsehen bist, finden sie es aufregender, dich zu treffen.«

Die Huffington-Post-Party war ganz ähnlich. Arianna konnte nicht kommen, weil sie ebenfalls in Davos war und in einer Diskussionsrunde zum Thema »Wird Washington funktionieren?« saß. Weitere Teilnehmer waren Darrell Issa, David Gergen und einige andere, für die Washington eigentlich recht gut funktioniert hatte. In Ariannas Abwesenheit glänzten reichlich Stars an ihrer Stelle im Old Ebbitt Grill. Paula Abdul kam aus der Unisex-Toilette, als ich davor wartete. Eine aufsteigende Hauptstadtpublizistin, Susan Toffler, machte uns miteinander bekannt und ich wollte

Paula die Hand schütteln, aber sie verlangte eine Umarmung. Wieso? »Weil ich eine Umarmerin bin«, schrie sie, also umarmten Paula und ich uns.

Susan, die Publizistin, erzählte mir, dass sie und einige andere sich bemühten, die unmöglich zu schließende Lücke in der Inszenierung der Party zu füllen, die Tammys Fehlen hinterlassen hatte. »Ständig fragen wir uns: ›Was würde Tammy machen?‹«, sagte sie über die Naturgewalt, als ob sie über Jesus spräche. Und eines Tages wird Tammy wiederkehren wie Jesus. Aber dann war Susan, die kommende Publizistin, verschwunden, bevor ich ihr auch nur alles Gute wünschen und ihr für ihre Dienste danken konnte.

Die eigentliche Amtseinführung fand ich bewegend. Das war überraschend, hätte mich aber eigentlich nicht wundern dürfen, weil ich jedes Mal gerührt bin, egal, wer den Eid ablegt. Den größten Teil des Tages schlenderte ich durch die Straßen: Ordentlich durchgefrorene Menschenmengen, bunter gemischt als sonst in Washington, strömten Richtung Mall und Paraderoute. Kinder saßen auf den Schultern ihrer Eltern und schwenkten Fähnchen, ein Chor sang *God Bless America*. Das waren die schönen Momente bei einem dieser würdevollen Anlässe, die über die fortwährenden Prügel hinausreichen, die die Hauptstadt austeilt. Die Monumentalbauten waren sauber geputzt und die Metro war überfüllt, aber festlich geschmückt und pünktlich. Ich zwängte mich in eine Bar, um mir die Rede des Präsidenten im Fernsehen anzusehen. Sie war kurz und knapp. Dann las ich Tweets, bis David Gregory im Fernsehen mich aus meiner Handytrance riss und für Amerika die bedeutsamen Vorgänge herausdestillierte, die es gerade erlebte.

»Ich denke, was wir von diesem Präsidenten gelernt haben«, reduzierte er die Erzählung auf Expertenklartext, »ist, dass sein

Auswärtsspiel wesentlich besser ist als sein Heimspiel.« Okay, ja, falls wir denn überhaupt etwas gelernt haben.

Und damit war die Zukunft offiziell wieder angebrochen im Politzirkus von Washington.

Danksagung

Unendlichen Dank schulde ich Arthur Sulzberger, Jill Abramson, Dean Baquet, Bill Keller und allen bei der *New York Times* für ihre professionelle – und mehr noch für ihre persönliche – Unterstützung. Ihr macht die beste Zeitung der Welt, vor allem aber wisst ihr, was wichtig ist.

Rick Berke danke ich, dass er mich zur *New York Times* geholt und sich um mich gekümmert hat, und Janet Elder, weil sie ein Engel ist. Im Washington-Büro gilt mein Dank David Leonhardt, Carl Hulse, Bill Hamilton, Paul Volpe und der besten Rechercheurin Kitty Bennett(!).

Dick Stevenson, ein fantastischer Journalist, war und ist mir ein großartiger Mentor und Freund. Fünf Jahre lang war Rebecca Corbett, die bei allen im Haus gefragt ist, meine Lektorin und sorgte dafür, dass die Arbeit rundum besser wurde, besonders das Endergebnis. Vor allem aber ist sie ein wunderbarer Kumpel.

Tagtäglich nötigen meine Journalistenkollegen bei der *New York Times* mir Respekt und Bewunderung ab. Hier Namen zu nennen (Jeff Zeleny, Jim Rutenberg, Adam Nagourney) hieße, andere auszuschließen, dennoch möchte ich Peter Baker und Mark Mazzetti als meine Echtzeit-Mitmasochisten in dem ständigen Balanceakt zwischen den Anforderungen als Buchautor, Journalist und Vater hervorheben. Die Kolumnisten Maureen Dowd und

David Brooks sind durchweg grundanständige Menschen; und ständig denke ich an Robin Toner.

Seit ich vor einem Jahr zum *New York Times Magazine* gekommen bin, profitiere ich von Hugo Lindgrens herausragender Genialität. Zudem ist er ein geduldiger, nachsichtiger und ungemein amüsanter Chef, was mir besonders im Endstadium dieses Buchprojekts zugutegekommen ist. Es ist gut, ihn zum Freund zu haben, wenn unsere Zeit in unserer jeweiligen Stadt einmal abgelaufen sein wird. Joel Lovell ist ein grundsolider, skurriler und risikofreudiger Redakteur, der es versteht, mich vor mir selbst zu schützen. Gerald Marzorati und Megan Liberman bin ich zu großem Dank verpflichtet, weil sie mich als Neuling für das Magazin haben schreiben lassen und mir gezeigt haben, wie viel Spaß es macht. Es ist ein Vergnügen, für Stuart Emmrich und Laura Marmor von der »Styles«-Redaktion zu schreiben, wenn es thematisch passt. Mit Don Graham und allen Kollegen der *Washington Post,* einer großartigen Zeitung, bei der ich neun familiäre Jahre verbracht habe, verbindet mich eine dauerhafte Zuneigung und Dankbarkeit.

Zu diesem Buch haben viele – aus der Hauptstadt und darüber hinaus – beigetragen, unter anderem ein Sonderkabinett weiser Berater (und »Weisman«, also Steve): Frank Foer, Dan Balz, Rajiv Chandrasekaran, Anne Kornblut, Hank Stuever, Susan Glasser, Ned Zeman, Matt Brune sowie ein parteiübergreifender Rat von Freunden/Lesern/Quellen, die ich aus naheliegenden Gründen nicht namentlich anführen kann. Nach einer angemessenen Anstandsfrist werden wir alle wieder miteinander essen gehen.

Elyse Cheney ist die beste Agentin! Ausrufungszeichen! (Besonderer Dank gilt Alex Jacobs bei Cheney Literary.)

David Rosenthal bei Blue Rider/Penguin ist der eigentliche Vater dieses Buches. Ich weiß zwar nicht, welche Rolle mir dadurch zukommt (die des unehelichen Sohnes?), aber von David kam die Anregung zu diesem Buch, als er noch bei Simon & Schuster war, und ich folgte ihm bereitwillig zu Penguin. Sein Umgang mit mir war von Menschlichkeit, Humor und Mumm geprägt. Er ist der Inbegriff eines Verlegers, den ein Autor sich wünscht. Associate Publisher Aileen Boyle ist ein Vollprofi, und ich wüsste sie mit Freuden im nächsten Stadium dieses Abenteuers an meiner Seite. Mein Dank gilt auch Linda Cowen, Linda Rosenberg, Phoebe Pickering, Eliza Rosenberry, Gregg Kulick, David Chesanow, Janice Kurzius und Anna Jardine.

Allen im Wilson Center danke ich für ihre Gastfreundschaft 2011. Besondere Anerkennung verdienen Molly Corbett, die beeindruckende Tochter der beeindruckenden Rebecca, und Lindsay Crouse für ihre außerordentlichen Recherchen und Faktenüberprüfungen in der Nervenzusammenbruchsphase.

Dieses Buch ist meiner erweiterten Familie gewidmet, die viele nicht Blutsverwandte umfasst: meinen ältesten Freund Josh King und die Familie King; Paul Farhi und sämtliche Farhim; meine Freunde aus Michigan und Boston sowie die *comunidad* Oyster-Adams. Große Freude macht mir das kibbuzartige Zusammenleben meiner Familie mit Hanna Rosin, David Plotz und den Markey-Daveys, mit denen wir die heiligsten Feste und die profansten Minivans teilen.

Meine große, ewige Liebe gilt meinen Eltern Joan und Miguel Leibovich, deren Anstand, Überlebenskünste und bedingungslose Unterstützung mich getragen und inspiriert haben, und meiner wunderbaren Schwester Lori Leibovich, an deren Liebe und Freundschaft mir viel liegt. Meine Eltern 2.0 Ted Sutton und Betty Grossman sind ebenso ein Geschenk des Himmels wie meine Schwiegereltern Jack und Barbara Kolbrener, die *hermanos* Bill und Michael Kolbrener, Larry Kanter (von Resistor!) und die

Kids 2.0 Carlos und Clara Kanter. Die Erinnerung an meinen Bruder Phil Leibovich begleitet mich tagtäglich, aber vor allem vermisse ich ihn.

Das Beste zum Schluss: Dank an meine Töchter Nell, Lizey und Franny, die mein Herz täglich millionenfach wachsen lassen. Meine wahnsinnige Liebe zu euch lässt sich gar nicht in Worte fassen. Das Gleiche gilt für meine Frau Meri Kolbrener, die viel zu geerdet ist – und außerhalb des Hauptstadtclubs steht –, um sich etwas aus öffentlichen Bekenntnissen zu machen. »Stell mich ja nicht als langjährig Leidende hin«, sagte sie zu mir. Also lasse ich den Abschnitt über die Opfer aus, die Meri drei Jahre lang gebracht hat – allein die Elternaufgaben zu übernehmen usw. –, und sage lediglich: Sie macht das alles erst möglich, sorgt dafür, dass es Spaß macht, und macht mich zum glücklichsten Menschen.

Journalismus in der sagas.edition

> Die faszinierende Geschichte
> einer Frau. Eine Liebesgeschichte.
> Spannend zu lesen wie ein
> Abenteuerroman.

Ilse Kienzle
Die Frau des Journalisten
Eine Liebesgeschichte

Als »Tochter aus gutem Hause« trifft Ilse Anfang
der 1960er-Jahre den rebellischen Politikstu-
denten Ulrich Kienzle – wie vom Blitz getroffen
verlieben sich die beiden so gegensätzlichen
Menschen ineinander. Für beide wird es die Liebe
ihres Lebens. Gegen den vehementen Widerstand
ihres Vaters, der für seine Tochter bereits einen
Kandidaten erwählt hatte, heiraten sie heimlich.
Und während Ulrich Kienzle als Kriegsbericht-
erstatter zur Medienlegende wird, beginnt für Ilse
ein Leben an den Kriegsschauplätzen im Orient
und in Afrika. Eine berührende Liebesgeschichte.

288 Seiten, 19,99 €, ISBN 978-3-9812510-2-9
sagas.edition 2014

16 Wochen auf der
SPIEGEL-Bestsellerliste

Ulrich Kienzle
Abschied von 1001 Nacht
Mein Versuch, die Araber zu verstehen

»Kienzle hat nicht nur ein Buch über die arabische Welt geschrieben, sondern auch eins über
das deutsche Fernsehen, das man so noch
nicht kannte.«
Claudia Tieschky, Süddeutsche Zeitung

»Es ist das große Verdienst dieses Buches, politische Entwicklungen durch die Beschreibungen
gesellschaftlicher Merkmale im Nahen Osten
greifbar zu machen. Der »Arabische Frühling«
lässt sich deutlich besser verstehen und einord-
nen, wenn Ulrich Kienzles Buch gelesen ist.«
Jörg Biallas, Das Parlament

352 Seiten, 19,90 €, ISBN 978-3-9812510-7-4
sagas.edition 2011